文化创意与传播前沿丛书

新媒体 传播新生态构建

薛 可 著

New Media
The Construction of the New Ecology of Communications

内容提要

本书分新媒体受众研究、新媒体传播模型、新媒体传播效果、新媒体运营模式四个部分，运用定量和定性结合的方式，对新媒体传播理论进行了探索与重构。本书可作为高校新闻传播学师生和相关领域研究人员的学习参考用书。

图书在版编目(CIP)数据

新媒体:传播新生态构建 / 薛可著. —上海:上海交通大学出版社,2017

ISBN 978-7-313-16649-4

Ⅰ.①新… Ⅱ.①薛… Ⅲ.①传播媒介-研究 Ⅳ.①G206.2

中国版本图书馆CIP数据核字(2017)第026166号

新媒体:传播新生态构建

著　　者:薛　可　　　　地　　址:上海市番禺路951号

出版发行:上海交通大学出版社　　　　电　　话:021-64071208

邮政编码:200030

出 版 人:郑益慧

印　　刷:常熟市文化印刷有限公司　　　　经　　销:全国新华书店

开　　本:710mm×1000mm　1/16　　　　印　　张:21.5

字　　数:428千字

版　　次:2017年3月第1版　　　　印　　次:2017年3月第1次印刷

书　　号:ISBN 978-7-313-16649-4/G

定　　价:78.00元

丛书总序

Preface

“文化是民族的血脉，是人民的精神家园”①。中华民族绵延五千多年，已形成了博大精深的中华文化。中华文化已成为民族凝聚力的价值基础，人民创造力的智慧源泉，国家综合竞争力的软实力要素，经济社会发展的精神动力。随着中国阔步走向世界舞台，中华文化的地位将日渐重要！

诚然，文化的价值如此重要，但倘若缺乏诸如传媒、影视、设计等有形产品的载体，其必然难以发挥效应。由此可见，文化的大繁荣、大发展是离不开文化产品创新、创意的。然而，据国家统计局数据显示，2015 年我国文化及相关产业增加值27 235亿元，占 GDP 的比重为 3.97%②。而另据世界知识产权组织统计，2013 年全球文化产业增加值占 GDP 的比重平均为 5.26%，约 3/4 的经济体在 4.0%—6.5%。其中，美国高达 11.3%③。虽然上述两大统计口径和时间并不完全相同，但我们从中不难大致看出中国文化产业与美国等发达国家之间的差距。显然，中国文化产品的创新、创意能力较低，是制约我国综合竞争力提升的重要因素之一。

那么，如何破解我国文化产品创新、创意不足的难题？我们或许从如下案例中能得到一些启示。2004 年美国日报发行量5 462.6万份，2014 年美国日报发行量下降到4 042万份④，10 年下降了 26%；而于 2004 年上线的 Facebook，2014 年用户发展到 13.5 亿，为全球经济贡献2 270亿美元⑤。上述案例展示的冰火两重天的境况，深刻地揭示出未来文化产业发展的一个重要趋势。为顺应文化产业

---

① 中国共产党十七届六中全会.中共中央关于深化文化体制改革、推动社会主义文化大发展大繁荣若干重大问题的决定[OB/EB].http://news.xinhuanet.com/politics/2011-10/25/c_122197737.htm.

② 国家统计局.2015 年我国文化及相关产业增加值比上年增长 11%[OB/EB].http://money.163.com/16/0830/15/BVNONT7G002580S6.html.

③ 国家统计局科研所.世界主要经济体文化产业发展状况及特点[OB/EB].http://www.stats.gov.cn/tjzs/tjsj/tjcb/dysj/ 201412/t20141209_649990.html.

④ NNA.DailyCirculation[OB/EB].http://www.naa.org/Trends-and-Numbers/Circulation-Volume/Newspaper-Circulation-Volume.aspx.

⑤ 露天.Facebook2014 年为全球经济贡献超 2 千亿美元[OB/BO].http://www.techweb.com.cn/world/2015-01-20/2117652.shtml.

未来的发展趋势,我国政府不失时机地制定了“互联网+”行动计划,积极推动工业化与信息化融合战略,以及科技与文化融合战略。

所谓的“互联网+”,是在移动互联网与大数据、智能化、云计算的基础上,互联网与其他产业的融合发展。目前,国内文化、传媒与创意业已在此领域进行了许多探索,譬如中央电视台推出的“央视新闻”,以及为数众多的“双创”基地。与此相应,国际巨头也不甘示弱,掀起了新一轮文化市场竞争,例如英国广播公司(British Broadcasting Corporation, BBC)通过打破传统媒体界限,按照内容重组为“新闻”“视频”“音频与音乐”三类,通过跨平台全媒体播出系统,满足广播、电视、网络、智能手机、互动电视等多个终端受众需求。显然,全球传媒、文化与创意产业将经历一场前所未有的转型变革!

实践是理论的源泉,理论是实践的先导。“互联网+”时代的传媒、文化与创意产业融合创新实践,既为理论研究注入了新的活力,又为理论研究提出了新的要求。“互联网+”时代的传媒、文化与创意产业发展,其本质上是一种跨界融合创新发展。倘若按照传统的单一学科研究的老路来研究,或许对此难以奏效。为此,跨学科、交叉学科研究将是攻克此难题的一条出路。有鉴于此,我们组织新闻传播、影视编导、视觉传达、文化产业管理以及工业设计专业的学者,从不同学科视野,对文化产业创新创意问题进行了探索性研究。

上海交通大学媒体与设计学院成立于2002年。建院之初,中央电视台原台长、我院首任院长杨伟光先生就带领大家制定了“文理相互渗透,学术、技术与艺术融合,数字化、国际化、产学研一体化”的办学思路。继任院长张国良教授进一步提出了“文以载道,传播天下,影像为媒,设计未来”的办学理念。在两位老院长办学理念的指导下,经过全院师生不懈努力,在国际QS学科排名中,2012年传播与媒体学科跻身世界100强,2015年艺术与设计学科跻身世界第28位。为了总结我们在跨学科、交叉学科建设中的经验,特将我院各学科部分阶段性成果撷要结集出版,以飨读者。

鉴于我们的能力所限,加之出版时间仓促,书中疏漏、谬误在所难免,敬请诸位同人不吝赐教!

李本乾

上海交通大学媒体与设计学院院长、教授

上海市社科创新基地——上海市文化创意产业发展战略研究基地主任、首席专家

序
Preface

互联网改变了传统的社会传播资源结构，传播技术的发展与传播工具的普及大大便利了大众自主接触、搜集和信息传播，个人操控社会传播资源的能力被激活。那么，新媒体环境下个人为何被激活，如何被激活，被激活之后又将如何等系列问题接踵而至，对这些问题的追问，最终指向的便是新媒体环境下的传播新生态。“个人被激活”只是传播生态的冰山一角，真正支撑起“个人被激活”的乃是包括媒介技术生态、话语表达生态、传播参与主体生态，新媒体传播环境，以及新媒体传播管控等诸多因子。

“这是一个最好的时代，也是一个最坏的时代”。新媒体的出现不仅给我们增加了新的传播通路和平台，而且用它的社会连接力量构造了一个新的现实、新的生态、新的力量聚集方式和新的游戏规则。这一全新的传播生态中，既有诸如网络公益日益盛行、网络政务日渐透明、社会互动日渐频繁等产生良性社会反应的一面，形成了颇具规模的网络社区正向传播生态，也有兴风作浪的网络水军、日益频发的群体极化事件，甚至是网络暴力、网络欺凌等消极的一面，直接影响到当事人的切实利益，严重干扰了正常的社会秩序，形成网络空间负向传播生态。

技术本身并无对错之分，关键是运用技术的智慧。新媒体技术是加速积极传播生态，还是消极传播生态，取决于我们对新媒体技术的运用智慧和能力。由此，如何理解这场以互联网和移动互联网技术为基础的新媒体传播的内在机理，思考新媒体技术对社会传播生态带来的本质变化，这一变化对人类社会又会产生何种本质的影响等，亟需学界、业界深入系统的研究。

众所周知，新媒体发展一日千里，西方传播学在应对快速发展的新媒体也是力不从心，理论大大落后于新媒体传播实践，已然是当前传播学研究的事实。在这背景下，我倒是觉得中国传播学迎来了巨大的机会，快速发展的新媒体也给国内传播学研究提供了一个快速超越的良机。我的理由有三点，首先，随着新媒体技术的日益发展和普及，国内新媒体传播大环境几乎与西方发达国家是同步，这些新媒体传播实践为国内传播学研究者提供了大量的可供观察、值得分析的鲜活样本;其次,中国特有的国情,尤其是互联网发展历程,又为学者提供了有别于西方新媒体传播环境的研究对象,在中国语境下的新媒体传播实践基础,可以发现更多的新媒体传播理论,如两个舆论场的概念,相信未来会有更多的中国传播原创理论诞生,从而贡献于世界传播学研究;最后,一大批熟悉科学研究方法的国内学者致力于中国传播学研究,传播学属于社会科学,是经验科学,也就是需要大量的包括量化和质性在内的实证研究作为学科的理论支撑,这就需要我们的研究能够熟练运用各类实证研究方法,为传播学大厦添砖加瓦,从而不断丰富传播学理论体系。实证研究在中国传播学研究生根发芽的时间并不是很长,但长势良好,大批研究者加入传播学实证研究中,也是我对国内未来新媒体传播研究看好的一大原因。

近日,上海交通大学媒体与设计学院薛可教授的《新媒体:传播新生态构建》嘱我作序,有机会先睹为快,收获颇丰。该书汇集了薛可教授及其研究团队在新媒体研究领域的成果,分别对新媒体受众研究、传播模型、传播效果等进行了基础理论研究。窃以为,本书具有以下三个方面的特色:首先是研究方法上,大量采用量化实证研究,通过实验法、大数据挖掘等研究方法,对新媒体环境下传播的诸多领域进行实证分析,为建构新媒体传播理论大厦贡献不少实实在在的干货;其次是研究关注的议题具有很强的前瞻性,并形成了清晰的研究体系;最后,跨学科研究视野,作者涉猎传播学、管理学、经济学等学科背景,使得其研究一开始就没有落入单一的传播学研究范式,而是综合传播学、管理学、品牌学、经济学等多学科理论解读新媒体传播,产生了较多诸如国家形象理论评估模型、品牌危机传播意见领袖等交叉研究成果。因此,特向广大读者朋友推荐这部很值得一读的著作。

是为序。

中国人民大学长江学者特聘教授
国务院学位委员会新闻传播学科评议组成员
中国人民大学舆论研究所所长
书于人大新闻学院

目　录

Contents

第一章
新媒体受众研究

1967年戈登·马克首次将“电子录像”称为“new media”(新媒体),之后这一概念在美国开始流行起来,并逐步扩展到全世界。以互联网技术为基础的新媒体,其本质特征在技术上是数字化,在传播上的互动性(匡文波,2008)[①]。美国《连线》杂志认为所谓新媒体,就是“由所有人面向所有人的传播(communications for all,by all)”。新媒体改变了大众传播时代单向度的信息流动模式,受众不再是单纯的“受”众,同时也是信息内容的生产者、传播者,已成为传者和受者的合体。再者,随着互联网,尤其是移动互联网技术的快速发展与应用普及,新媒体迅速赶超传统大众传播媒体,成为当前人类社会信息传播的主流渠道,新媒体传播影响日益显现,已成为人们日常生活不可或缺的一部分。无论是从个体的具体传播活动层面,还是从人类社会的整体信息行为层面,新媒体正在重构人类信息传播活动的新生态。如何认识作为新媒体语境下受众的角色变迁、传播心理、信息行为以及社会参与等问题与现象,是理解当下新传播生态的关键一环,也吸引了学者与业界的共同关注。

受众研究最初起源于对广播听众的调查,真正的受众理论研究则起步于宣传研究(廖圣清,2009)[②]。“to whom”是拉斯韦尔5W模式的五大要素之一,施拉姆在《大众传播学》中亦将“大众传播的对象”列为八大研究主题之一,从某种意义上讲,受众研究最初便是传播研究的核心构成。然而,受社会思潮的影响和方法论的局限,长期以来,传播学界一直以传者——媒介为中心,受众研究只是作为效果研究的一部分,并未能得到充分重视(张国良,2009)。[③] 随着媒介技术发展带来的信息传播模式的改变,以及心理学、信息科学等跨学科研究视角的引入,受众研究逐渐受到重视,最终成为传播学研究的重要领域之一。在受众研究的历程中,诞生了诸如使用与满足、沉默螺旋、议程设置等众多经典学说,麦奎尔

---

① 匡文波.“新媒体”概念辨析[J].国际新闻界,2008,(06):66-69.

② 廖圣清.西方受众研究新进展的实证研究[J].新闻大学,2009,(04):105-115.

③ 张国良.传播学原理[M].上海:复旦大学出版社,2009.

(Denis McQuail,2006)[①]曾根据所持受众观的不同,将受众研究总结为结构性受众研究、行为性受众研究、社会文化性受众研究三大传统研究。由此可见,受众研究经历了一个从不被关注到广为关注的发展过程,且理论学派繁多,观点相差较大,甚至立场完全相左,成为传播学研究的一道独特风景。受众学说之所以众说纷纭,一方面与受众本身的复杂性、多变性相关,另一方面则与媒介技术的发展与变迁有关。梳理受众理论研究发展历程,不难发现受众研究的核心乃是媒介与受众的关系研究。每一次媒介技术的发展与变革,都将对媒介与受众关系带来新的改变,进而引起关于受众研究的新讨论。相较于大众传播媒体,以互联网技术为基础的新媒体,对传统的媒介与受众关系的改变更加彻底,更具颠覆性。这一改变引发了学者们诸多的思考,作为传统大众传播时代的"受众"这一概念本身,是否还能很好地描述某一特定群体的特征?新媒体时代下媒介与受众的关系的本质是什么?传统经典受众学说与理论在新媒体语境下是否还能适用?又将发生何种新的变化?等等,这些问题亟须基于全新的视角,对其全面、系统、深入地进行实证研究与学理思考。所幸的是,随着新媒体对人类社会发展的重要性日益显现,新媒体受众研究开始吸引了大量来自新闻与传播学、心理学、管理学等领域学者们的研究兴趣,他们从不同视野,多维度地探讨了新媒体语境下受众的新变化、新特征以及新问题,并已产生了丰硕的理论研究成果。

麦奎尔在《受众分析》一书中,提到了"新媒体环境下的受众"[②]这一概念,可谓是新媒体受众研究之滥觞。通过梳理国内外研究文献可以发现,在新媒体传播这一时代背景下,受众研究迅速成为传播研究的热点。譬如笔者基于中国期刊网的文献资料库,初步统计从 2000 到 2014 年期间发表的新媒体受众论文数,

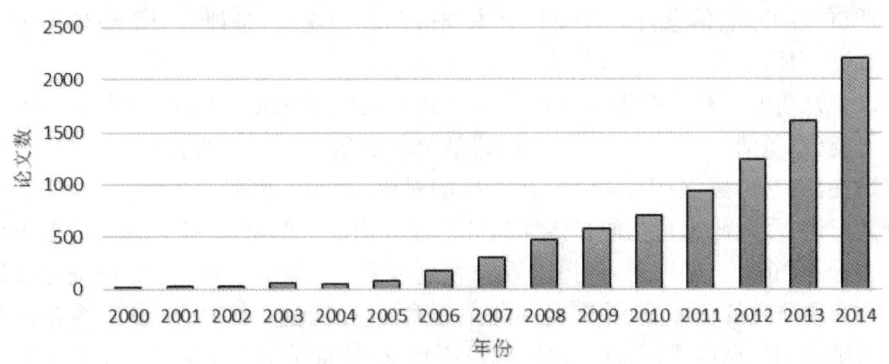

图 1 2000—2014 年新媒体受众论文数研究趋势

---

① Mcquail D, Mcquail D. McQuail's mass communication theory[J]. Sage Pubn Inc, 2010.

② 麦奎尔.受众分析[M].北京:中国人民大学出版社,2006.

其增长速度十分明显，如图 1 所示。已有新媒体受众研究，大体可分为 3 个视角：一是基于新媒体技术的视角，其研究逻辑起点是新媒体技术，认为媒介技术的发展带来媒介功能的转变以及媒介环境的变化，而媒介环境的变化又会引起受众观念与行为的变化，最终导致了受众身份与角色的变化（康彬，2013）①，所以，这一视角的研究偏向新媒体技术对人的影响与改变，主要探讨新媒体技术的发展对受众的认知、情感、价值以及行为的影响，一定程度上是在延续传统的技术决定论和媒介中心论研究的影响；二是基于受众本位的视角，研究逻辑起点是受众，有学者甚至建议不能简单地用"受众"来描述新媒体的"网中人"②，并衍生出诸如产销合一者（prosumer）（Rennie E.2008）③、网众（何威，2010）④等，不一而足，认为技术的革新能否带来媒体消费方式的变革，关键在于它是否吻合了人的现实需求和潜在需求，是否为人们提供了新的实惠和便利（刘滢和吴长伟，2006）⑤，关注的议题包括受众的新媒体使用与满足等；三是基于社会发展的视角，其研究逻辑起点则是新媒体时代受众的传播行为对社会发展的推进，其核心议题包括社会发展与新媒体传播之间的互动，社会发展与受众新媒体使用的关系等，如马友平和汪崇渝（2010）⑥发现，在当下多元化传媒信息体系中，新媒体已成为本土民众接受信息的主要渠道，而新媒体传播模式影响了民众的城市形象观念，并对塑造与宣传城市形象起着极大的作用。

总体而言，研究注重从多个视角关注新媒体与受众这一个核心关系，形成了不少具有代表性的研究成果，为新媒体受众研究奠定了坚实的基础。但大多数研究也多停留在现象描述层面，并未对诸如新媒体对受众的价值、态度的影响等，展开深层次分析与讨论，研究方法上大多采用概念推演、分析等，缺乏实验法、文本分析、问卷调查等系统的实证研究。笔者关注新媒体研究十余年，注重通过运用实证研究方法切入新媒体与受众关系研究，形成了新媒体语境与受众价值、态度与行为的关系与互动等系列研究成果，大体可分为以下两个方面。

第一，新媒体传播之于受众的影响研究，着眼于新媒体对受众价值、态度、社会参与等的影响。《新媒体语境对受众价值取向影响的研究》发现，新媒体语境通过社会认同中介变量对受众价值取向的理论维度和社会维度产生显著的负向作用，对政治维度和经济维度产生显著的正向作用，对审美维度和宗教维度的作

---

① 康彬.受众身份的转变与角色的突围——浅析新媒体时代的积极受众[J].新闻知识，2013，(01)：9－11.

② 揭萍，熊美保.网络群体性事件及其防范[J].江西社会科学，2007，(09)：238－242.

③ Rennie E. Community media in the prosumer era[J].3c Media Journal of Community，2008.

④ 何威.网众与网众传播——关于一种传播理论新视角的探讨[J].新闻与传播研究，2010，(05)：47－54.

⑤ 刘滢，吴长伟.寻找新媒体的受众和需求[J].中国记者，2006，(11)：50－52.

⑥ 马友平，汪崇渝.新媒体参与城市形象塑造与传播的受众分析——以重庆市新媒体实证调查为例[J].重庆师范大学学报(哲学社会科学版)，2010，(02)：109－115.

用不显著;媒体接触频率和接触的多样性在新媒体语境与社会认同关系中均具有显著负向调节作用;在主效应和调节作用中,均表现出对男性的影响大于女性,其影响大小随着年龄的增加而呈减弱趋势。《新媒体使用特征与用户利他价值取向关系研究》得出,新媒体使用频率和多样性通过移情意识对用户社会责任取向、回报取向及公平取向产生显著负向影响,其作用大小顺序依次均为:责任维度、公平维度、回报维度;新媒体使用频率和多样性对移情意识均产生负向影响,而移情意识对用户利他价值取向的三个维度均具有显著积极效应;用户道德水平在新媒体使用频率及多样性与移情意识关系中均具有显著负向调节作用;在主效应中,各路径系数对不同年龄段用户大小存在显著差异。《新媒体语境对受众社会态度影响的研究》发现,新媒体语境通过社会懈怠对受众风险偏好和群体极化倾向产生正向影响,对责任与公平意识、道德发展以及亲社会倾向产生负向影响;媒体接触频率在新媒体与社会懈怠关系中具有显著正向调节作用,而媒体接触的多样性在其中的调节作用并不明显;在主效应和调节作用中,均表现出对男性的影响大于对女性的影响。《新媒体与公民参与的关系建构——基于公共领域理论视角下的环境类事件分析》发现,宁波 PX 事件中公民对新媒体公共性感知不断增强,公民参与度不断提升;新媒体公共性与公民参与度直接存在显著的线性关系:其对公民参与广度的扩大、参与深度的增强、参与效果的提高均有显著影响。

第二,受众的新媒体传播行为研究,重点研究了受众在新媒体语境下的传播行为特点及其影响。《新兴网络行为的特点及产生原因》从功能论的文化社会学观点入手,解读网络文化背景下的网络语言风格、文体特点、流行原因,人肉搜索的界定、发展历程、特点,以及网络命名的特征和产生原因。《意见领袖与受众定位对品牌传播的影响——传统媒体与新媒体背景下的对比研究》发现,新媒体情境显著改变了传统媒体时代下他们之间的影响机制和作用大小,对于企业而言,管理者在选择什么类型的媒介对企业形象或产品形象进行传播时,可以通过比较新媒体和传统媒体对品牌传播的总效果的大小做出决策,在媒体进行受众定位时,经营者可以从性别、文化程度两方面进行分析和决策。《从第三人效果看新媒体受众伦理——以新浪微博末日谣言为例》研究表明,用户对于末日谣言微博的转发行为更多的是出于一种娱乐心理和吸引他人注意的心理,而对于转发行为的道德责任意识较为缺失。《基于微信公众平台的移动微型学习实证研究——以"数据结构公众平台"为例》研究结果表明,微信公众平台在吸引学习者、传播微内容、推进个性化学习与实时效果评估等方面有积极的促进作用,同时也发现微信用户的地域分布、网络环境、知识结构和学习需求存在显著差异,学习资源转换率偏低,学习者之间交流不畅,学习行为可控性较弱等。*Neural Cognition and Affective Computing on Cyber Language* 则从多学科综合的视角，对网络语言中的情感符号进行了分类，分析了不同情感符号的认知特征，及其在神经活动过程的机理模型，构建了基于三维情感模型（PAD）对网络语言进行智能情感计算的模式。

新媒体语境特征与用户态度关系构建的实证研究

一、引言

以互联网和数字化为物质基础的新媒体，使得媒体传播发生了深刻的革命，新媒体为用户提供了丰富的文化信息及互动交流方式，可以让媒体与用户之间以及用户与用户之间任意建立一种“多点对多点”的交流关系，从而彻底改变了用户对信息的接收和处理方式。由于新媒体具有互动性和匿名性等特点，因此它在对整个社会进步以及用户个人发展产生积极影响的同时，也给用户的思维方式和意识形态带来了一些不可忽视的负面影响，如道德判断力削弱、价值取向紊乱、功利化以及责任感缺失等。这些负面现象的出现和凸显，给社会管理以及社会稳定带来了极大的冲击和挑战，成为新媒体时代人们高度关注的社会问题。

为了深入认识媒体语境对用户社会态度倾向的影响，国内外学者一直来都在从不同视角进行着探索研究，然而在过去这些研究文献中，学者虽然对新媒体语境下用户态度的相关维度进行过研究，但研究对象多集中于针对青少年（如姚冰等，2014）①以及大学生（如蒋晓丽等，2010）②，而研究内容多集中于道德缺失（如 Sama 和 Shoaf，2002）③、思维方式（如 Entman，1989）④、政治民主（如 Raboy 等，1992）⑤以及性态度和行为（如 Lou 等，2012）⑥等方面，且多为对各个变量的影响进行单独分析，而较少存在就媒体语境对用户的社会态度各维度的影响进行综合性研究。另一方面，在过去这些研究中学者们多采用定性研究方法，且多为分析这些现象之间的联系，而较少探索它们产生这些现象背后的更具体的作

---

① 姚冰，彭振芳，郭冬岩.新媒体环境对农村青年群体价值观的影响及对策[J].河北大学学报：哲学社会科学版，2014，(01)：97－100.

② 宋鑫.新媒体培养大学生核心价值观的交互机制研究[J].科学导报，2013(08).

③ Sama L M, Shoaf V. Ethics on the Web: Applying Moral Decision-Making to the New Media[J]. Journal of Business Ethics, 2002, 36(1－2):93－103.

④ Entman R M. How the Media Affect What People Think: An Information Processing Approach[J]. Journal of Politics, 1989, 51(51):347－370.

⑤ Hackett R. Media, Crisis and Democracy: Mass Communication and the Disruption of Social Order [J]. Canadian Journal of Communication, 1994, 19(2).

⑥ Lou C, Cheng Y, Gao E, et al. Media's Contribution to Sexual Knowledge, Attitudes, and Behaviors for Adolescents and Young Adults in Three Asian Cities[J]. Journal of Adolescent Health, 2012, 50(3Suppl):S26－S36.

用机制和路径，这可能会使得人们对这些研究结论感觉到难以理解，以及在实际运用中感到可操作性差。因此，在此背景下本文将以实证研究方法探索如下问题：①新媒体语境如何对用户社会态度产生影响？其影响的具体路径如何？②媒介接触频率和媒介接触的多样化在新媒体语境对用户社会态度的影响过程中是否存在显著影响？③不同性别和年龄阶段的用户所受到的影响有何差异？

二、理论基础与研究假设

（一）新媒体语境与社会懈怠

社会懈怠效应是指个人与群体其他成员一起完成某种任务时，或个人活动有他人在场时，往往个人所付出的努力比单独工作时偏少，由此所出现的个人的活动积极性与效率下降的现象（Harkins，1987）[①]。由于以数字技术为代表的新媒体，其最大特点表现为海量信息、碎片化以及虚拟化信息的传播环境，打破了媒介间的壁垒，消除了媒体介质之间，地域、行政之间，甚至传播者与接受者之间的边界。从传播形态上看，新媒体能够在新的平台把传统大众媒体的各种类型综合起来，实现复合型的传播；从传播范围上看，进行的是无边界的传播；从传播形式上看，强调传播的互动性，突出高度综合性特点；从传播内容上看，内容丰富且呈现多元化（陈刚，2006）[②]。新媒体语境这些特征，使得用户在虚拟社区中的工作不记名，他们各自所付出的努力是难以测量的，而所能测量的结果是整个群体的工作绩效而非个人的工作绩效，个体在该情况下就可能不对自己的行为负责任，因而自身被评价的意识就减弱；其次，每一个成员作为整个群体的一员，与其他成员一起接受外来的监督，那么，当群体成员增多时，每一个成员所接受的外来监督就会被分散和减弱，因而个体自我监督的意识就会降低（Latane 等，1979）[③]。在跨越时空的新媒体话语交流平台中，用户虚拟社区的规模很大，个人责任可被追究的可能性会变得很模糊，个人自觉遵守社会规范的意识就低（Lewin，1944）[④]，因此，在这些因素的综合影响下，用户的社会惰化现象表现得很明显。基于此，可以提出如下假设：

H1：新媒体语境对用户的社会懈怠存在正向影响。

---

① Harkins S G. Social Loafing and Social Facilitation[J]. Journal of Experimental Social Psychology，1987，23(87)：1－18.

② 陈刚.新媒体传播的特点及对营销传播的影响[J].国际广告，2006，10.

③ Latane B，Williams K，Harkins S. Many hands make light the work：The causes and consequences of social loafing[J]. Journal of Personality & Social Psychology，1979，37：822－832.

④ Lewin K.The Dynamics of Group Action[J]. Educational Leadership，1944，(6)：823－824.

(二)社会懈怠与用户社会态度

态度是消费者对某一事物或观念所持有的正面或反面认识上的评价、情感上的感受和行为上的倾向性,即个人对环境中的某一对象的看法,是喜欢或厌恶,是接近或疏远,以及由此所激发的一种特殊的反应倾向。它包括三个因素,即认知因素、情感因素和意向因素,具体表现为责任和公平意识、风险偏好、道德发展、极化行为倾向以及亲社会意识等方面(Freedman,1985)①。态度不是与生俱有的,而是在后天的生活环境中,通过自身、社会化的过程逐渐形成,主要受到个人的欲望、知识和个人经验所影响。它的形成主要经历"依从—认同—内化"三阶段的过程(Kelman,1958)②,它的转变主要受到来自信息和背景的作用而产生(Hovland,1953)③,同时也是在社会交往过程中进行的。

道德是社会关系的产物,只有形成了人与人、人与社会之间的相互关系,并意识到自己与他人或集体的不同利益关系以及产生了调解利益矛盾的迫切要求时,才会产生道德。从宏观上看,影响道德的因素主要是文化、社会制度和人的作用三个方面。作为社会个体,总是生活于具体的社会环境之中,群体环境作为人们工作和生活的一种环境,它随时影响着人们的思想观念和价值取向。尽管个体之间存在某些文化差异,但经过群体环境的不断熏染和潜移默化,都有可能在一定程度上被统一于这种群体性格之中。当社会懈怠存在时,用户在其中的决策责任分散,风险共担,即使决策失败也不会由一个人单独承担,加之权责表现不分明,群体决策就不如个体决策谨慎,具有更大的冒险性,这会使得他们的责任和公平意识降低,道德意识也会下降。同样,因为社会懈怠的存在,如果一开始群体内成员的意见比较保守,经过群体的讨论后,决策就会更加保守;相反,如果他们个人意见趋向于冒险化,那么讨论后的群体决策就会更趋向于冒险(Karau 和 Williams,1993)④。而且在讨论层层展开的过程中,这种激烈的情绪和观点不断复制,在群体感染机制影响下,传染给其他成员,造成态度极化。同时由于"去个性化"特征的存在,在群体决策中用户观点会趋于一致,因此容易促发网络群体极化现象。而在对社会的态度和行为中,后果意识和责任归因是与亲社会行为直接相连的一般特征,后果意识和助人行为的责任归因这两个人格

---

① J.L.Freedman,et al.Social Psychology[M](5th ed),NJ:Prentice-Hall,1985:167.

② Kelman H C. Compliance, Identification, and Internalization: Three Processes of Attitude Change [J]. Journal of Conflict Resolution, 1958, 2(1):51-60.

③ Riley M W, Hovland C I, Janis I L, et al. Communication and Persuasion: Psychological Studies of Opinion Change[J]. American Sociological Review, 1954, 19(3):355-357.

④ Karau S J, Williams K D. Social loafing: A meta-analytic review and theoretical integratin[J]. Journal of Personality & Social Psychology, 1993, 65(4):681-706.

因素会受当时情境的影响，即情境能唤起或激活责任意识的责任归因(Schwartz，1977)[①]。而在新媒体语境中，由于结构的松散型和包容性，社会懈怠的产生淡化了用户对后果意识和社会责任意识，从而使得用户亲社会意识就会减弱。基于此，可以提出如下假设：

H2a：社会懈怠对用户责任与公平意识存在负向影响；

H2b：社会懈怠对用户风险偏好存在正向影响；

H2c：社会懈怠对用户道德发展存在负向影响；

H2d：社会懈怠对用户群体极化倾向存在正向影响；

H2e：社会懈怠对用户亲社会意识存在负向影响。

（三）媒介接触频率及多样性调节作用

媒介接触是指两个或多个使用者之间所进行的交流和互动，它可以促使媒介用户就任何一个话题进行自由地参与和沟通。根据触点理论，在具有网络特质的 AISAS 模式中，它不仅说明了互联网所具有的搜索和分享这两个极其重要的功能和属性，而且也强调在 AISAS 流程上的每一步都有相应的媒介接触点进行支持，从而使得在整个接触过程中呈碎片化的媒介接触点在 AISAS 策略下得到整合(Fumito，2009)[②]。新媒体的出现，使得信息出现了碎片化，加剧了分众现在的存在，用户对某一信息的注意力时间趋向缩短。同时，大量而繁杂、有关与无关的信息被迫涌入每个用户的视野，这会使得用户在某种程度上产生抵触心理，从而用户对某一个媒体的忠诚度不断下降。信息触点量是信息接触量多少的量度，认知心理学理论强调，人们对于信息的记忆程度，是自我在内心通过回忆来重温过去的感觉(Dretske，1983)[③]。当用户对媒介接触的频率越大时，对大脑的刺激强度就得以不断强化，就越能增加用户对自身所需要的信息的认知深度和有效回忆状态；当媒介接触多样性越大时，用户所能接触的虚拟人际关系网络就越大，这使得用户可以有更多的虚拟社区或群体加以选择，这从而大大提高了他们能够选择及参与到符合他们自己兴趣和爱好的虚拟群体和空间中去。根据 X 理论(McGregor，1966)[④]及操作性条件反射理论(Skinner，1953)[⑤]，在松散的虚拟群体规则下，用户对新媒体的使用频率和媒介的多样性均会强化用户

---

① Schwartz S H. Normative Influences on Altruism[J]. Advances in Experimental Social Psychology, 1977:221 - 279.

② Fumito K.The modeling of AISAS marketing process[J].Japanese Journal of System Dynamics, 2009, 8:95 - 102.

③ Dretske F I. Précis of Knowledge and the Flow of Information[J]. Behavioral & Brain Sciences, 1983, 6(1):55 - 63.

④ McGregor D.The human side of enterprise[M]. Cambridge MIT Press, 1966:248.

⑤ Skinner B F. Science and human behavior[M].Simon and Schuster Press, 1953:172.

在新媒体语境下的惰性程度。基于此，可以提出如下假设：

H3a：媒介接触频率在新媒体语境与社会懈怠间存在正向调节作用；

H3b：媒介接触多样性在新媒体语境与社会懈怠间存在正向调节作用。

（四）研究理论框架

本文以新媒体语境特征为自变量，用户的社会态度各维度为因变量，社会懈怠为中介变量，媒介接触频率和媒介的多样性为调节变量，以此形成本研究的理论模型。结构如图1所示。

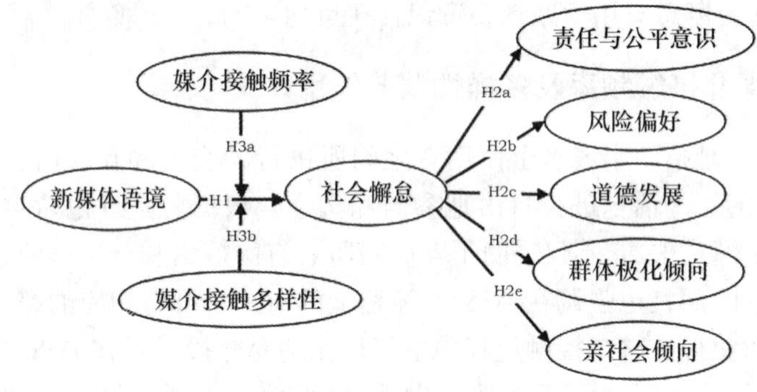

图1 研究的理论框架

三、研究方法与设计

（一）量表与问卷设计

因变量：责任与公平意识，主要采用 Jaques（2013）[①]和 Almås 等（2011）[②]开发的量表；风险偏好，主要采用 Binswanger 等（1980）[③]开发的量表；道德发展，主要采用 Gibbs 等（2013）[④]开发的量表；群体极化倾向，主要根据 Isenberg 和

① Jaques，Elliott.Measurement of responsibility：a study of work，payment，and individual capacity [M]. New York：Routledge Press，2013：216.

② Almås I，Cappelen A W，Lind J T，et al. Measuring unfair（in）equality[J]. Journal of Public Economics，2011，95(7)：488－499.

③ HP Binswanger. Attitudes toward risk：Experimental measurement in rural india [J]. American journal of agricultural economics，1980，62，(03).

④ Gibbs，John C，et al.Moral maturity：Measuring the development of sociomoral reflection[M]. New York：Routledge Press，2013：159.

Daniel(1986)①的研究成果；亲社会倾向，主要采用 Penner 等(1995)②开发的量表。各变量均设 3 个测项，共 15 个测项。

自变量：新媒体语境，主要采用 Lister(2008)③开发的量表，共设 4 个测项。

中介变量：社会懈怠，主要根据 Liden et al.(2004)④的研究成果，共设 4 个测项。

调节变量：媒介接触频率，主要采用 Freedman & Goldstein(1999)⑤开发出的量表，共设 3 个测项；媒介接触多样性，共设 3 个测项。

以上变量的测量除性别外均采用李克特七点度量法，"1"表示非常不同意，"7"表示非常同意。

（二）数据收集

本研究使用的数据来自该课题组于 2014 年 8 月开展的"新媒体语境对用户社会态度倾向影响"的问卷调查。为了进行问卷效度和信度分析，在问卷正式发放之前进行了预测试，选择在上海交通大学发放了共 70 份问卷，回收了 53 份。对回收的问卷进行处理分析，各潜变量的 Cronbach's α、量表总 α 值以及单维度检验均达到满意或显著，而 Q8 题项的纠正条款相关系数为 0.32，小于 0.50，因此删除测量项 Q8，其余测项均保留。正式问卷调查选择在上海市范围内的高校、企业、事业单位等不同行业和领域中进行，其中，调查设计采用分层抽样法。该调查共历时 3 个月，共发放问卷数 1 200 份，回收问卷数为 1 158 份，有效问卷数 1 103 份。该样本资料涵盖了上海市不同性别、年龄、文化程度和职业的抽样个体，从人口学统计特征来看，样本具体的人口统计学特征与上海市整体人口统计学特征相差不大，可以代表整个上海市的抽样总体体征。

四、数据分析与假设检验

（一）效度与信度分析

结构效度检验。先对各变量进行探索性因子分析(EFA)，EFA 分析结果显示，该量表适合提取 9 个因子，该 9 个因子累积所能解释的方差为 83.71%。在

---

① Isenberg D J. Group Polarization: A Critical Review and Meta-Analysis[J]. Journal of Personality & Social Psychology, 1986, 50(6):1141 - 1151.

② Penner L A, Fritzsche B A, Craiger J P, et al. Measuring the prosocial personality[J]. Advances in personality assessment, 1995, 10.

③ Lister, Martin, et al. New media: A critical introduction[M]. New York: Routledge Press, 2008.

④ Liden R C, Wayne S J, Jaworski R A, et al. Social Loafing: A Field Investigation[J]. Journal of Management, 2004, 30(2):285 - 304.

⑤ Freedman P, Goldstein K. Measuring media exposure and the effects of negative campaign ads[J]. American Journal of Political Science, 1999, 43(4):1189 - 1208.

因子负荷指标上，除了测项 Q16 为 0.36 外，其余各项在对应变量上的因子负荷均大于 0.50 的标准值，表明题项 Q16 需删除，其余项均保留，而量表具有良好的整体结构效度。

量表信度检验。使用 SPSS19.0 进行问卷各题项内部一致性检验，检验结果显示，新媒体语境特征、社会懈怠、责任与公平意识、风险偏好、道德发展、群体极化倾向、亲社会倾向、媒介接触频率和接触多样性各分量表的 Cronbach's α 值均处于 0.74～0.92 范围内。同时，整个问卷的总 Cronbach's α 为 0.85，所有 α 值均大于 0.70 的标准，说明该问卷的信度较佳。

聚合效度和判别效度检验。利用验证性因子分析（CFA）对收集的数据进行处理，其检验结果显示，各测量题项与所度量的潜在变量间的标准负荷系数均大于 0.70，其对应的 t 检验均显著。同时各变量 AVE 值均大于 0.50，复合信度（CR）均大于 0.70，说明该调查问卷收敛性较佳。所有潜变量 AVE 值的平方根均大于对应潜变量与其他所有潜变量对应的相关数的绝对值，表明各潜变量间具有较好的判别效度。

（二）路径分析及假设检验

1. 主效应检验

对初始假设模型进行估计，其输出结果为：χ^2 值为 157.64，p 值为 0.000，小于 0.001 的显著水平，拒绝原假设，表明初始假设模型与观察数据无法适配，需要对初始模型进行修正，根据修正指标（MI），需在 Q5 与 Q23 误差变量间建立共变关系，从而至少可以减少卡方值 43.51。在 Q5 与 Q23 误差变量间建立共变关系后，对修正模型进行估计，此时估计结果为：χ^2 值为 891.86，df 为 439（$\chi^2/df=2.03$），NFI 值为 0.96，GFI 值为 0.94，AGFI 值为 0.92，CN 为 753，RMSE 值为 0.018，均达到模型可适配标准。同时 MI 中没有提供需修正的参数，表明修正模型是可接受的路径模型。路径系数如图 2 所示。

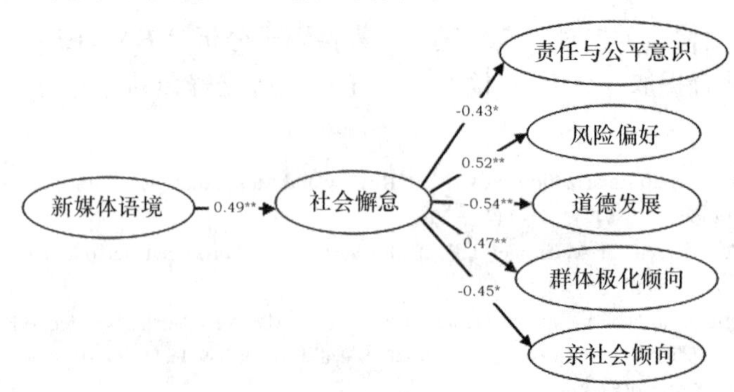

图 2　模型的路径系数

注：** 表示 $p<0.05$，*** 表示 $p<0.01$。

由图 2 可知，所有路径系数均达到 0.05 的显著水平，各路径系数的正负符号表明假设 H1 以及 H2a 至 H2e 的六个假设均得到支持。新媒体语境通过社会懈怠中介变量对责任与公平意识、风险偏好、道德发展、群体极化倾向以及亲社会倾向产生的总效用分别为：－0.211、0.255、－0.265、0.230、－0.221。

在已验证的理论模型基础上，分别对性别和年龄进行群组模型估计，分别除了 AGFI 值（＝0.842）和 CFI 值（＝0.857）未达到模型适配标准外，各自的其他各适配度指标均达到适配度标准，整体而言，性别和年龄的群组分析中修正理论模型均能较好地与样本数据适配，同时模型中的路径系数均处于 0～1 之间，且各系数的 $|t|$ 值均大于 1.96，即均达到 0.05 的显著水平，模型参数估计值合理，修正后的理论模型具有跨性别和年龄的效度（其中估计后的标准路径系数参见表 1）。其中，表 1 中的六个路径系数的绝对值大小显示，性别群组的男性大于女性，年龄群组则随着年龄阶段的增大而呈逐渐减小趋势。

表 1　性别和年龄群组估计结果

路径	标准化系数					
	性 别		年龄阶段（单位：岁）			
	男性	女性	16～25	26～35	36～45	46～55
新媒体语境→社会懈怠	0.48	0.41	0.53	0.49	0.46	0.41
社会懈怠→责任与公平意识	－0.47	－0.37	－0.45	－0.42	－0.37	－0.34
社会懈怠→风险偏好	0.56	0.46	0.58	0.56	0.52	0.45
社会懈怠→道德发展	－0.59	－0.47	－0.58	－0.57	－0.51	－0.48
社会懈怠→群体极化倾向	0.54	0.44	0.52	0.46	0.45	0.42
社会懈怠→亲社会倾向	－0.52	－0.41	－0.50	－0.47	－0.43	－0.41

2. 调节效应检验

使用多元逐步回归法对理论模型中的调节效应进行检验，其检验结果如表 2和表 3 所示。

表 2　媒介接触频率调节作用检验

模型1（因变量：社会认同）							
自变量	β 系数						
	总体	性别		年龄（单位：岁）			
		男性	女性	16～25	26～35	36～45	46～55
新媒体语境	0.41**	0.46*	0.37*	0.44**	0.42*	0.38**	0.36*
媒介接触频率	0.38*	0.39**	0.34*	0.42*	0.36**	0.34**	0.31**
新媒体语境×媒介接触频率	0.47**	0.51*	0.43**	0.51**	0.46*	0.44*	0.39*

表3 媒介接触多样性调节作用检验

模型2(因变量:社会懈怠)	
自变量	β系数
新媒体语境	0.37**
媒介接触多样性	0.26*
新媒体语境×媒介接触多样性	0.12

注:标注"*"表示在0.05水平达到显著,"**"表示在0.01水平达到显著

由表2和表3可知,模型1中各系数的 t 检验均达到0.05的显著水平,而模型2中对应的交互项的 t 检验未达到0.05显著水平,说明媒介接触频率的调节作用显著,媒介接触多样性的调节作用不显著,即假设H3a成立,而H3b未获支持。

五、讨论与结论

(一)结果讨论

通过结构方程模型研究了新媒体语境对用户社会态度的影响过程,得出如下结论:①新媒体语境通过社会懈怠中介变量对用户社会态度倾向的五个方面产生显著影响,其中,对用户风险偏好和群体极化倾向产生正向作用,对责任与公平意识、道德发展及亲社会意识产生负向影响,产生的作用大小顺序依次为:道德发展、风险偏好、群体极化倾向、亲社会意识、责任与公平意识;②新媒体语境对社会懈怠产生正向作用,社会懈怠对用户风险偏好和群体极化倾向产生正向作用,对责任与公平意识、道德发展以及亲社会意识产生负向作用;③媒体接触频率在新媒体语境与社会懈怠关系中具有显著正向调节作用,而媒体接触的多样性在其中的调节作用不明显;④在主效应和调节作用中,均表现出对男性的影响大于女性,其影响大小并随着年龄的增加而呈减弱趋势。

在过去的相关研究中虽然尚未存在与该研究框架类似的文献,但根据过去

学者(Webster,1986[①];Malamuth & Check,1981[②];Shiue 等,2010[③];Ostrov 等,2006[④])相关的研究结论,可以推测出新媒体语境对用户社会态度的影响存在显著性,媒体接触频率在新媒体语境与社会懈怠间调节作用的显著性,以及新媒体语境对男性的影响大于对女性的影响,在这些方面本文的研究结论与过去的相关研究结论相吻合。关于媒介接触的多样性在新媒体语境与社会懈怠之间关系中影响的显著性,Schoberth 等(2003)[⑤]在对真实的在线社区进行探索性分析时得出,随着用户活动的异质性的不断增加,而只有少数人发表的帖子在不断增加。这表明用户活动的异质性会对用户社会惰性产生影响,但本研究结论与此结论不相符,这可能是由于随着新媒体语境的发展,多样化的媒介都在传递着大同小异的信息,这使得媒介接触的多样性并不成为用户社会懈怠程度影响的显著因素。因此,产生该现象的具体原因以及他们之间的关系如何有待进一步的研究探索,这可以作为未来的研究方向。

在上述研究结论中,新媒体语境会对用户的社会惰性产生影响,从而传导至他们的社会态度。同时,用户的媒介使用频率在该影响过程中起着重要调节作用,而且从总体上看,新媒体对男性的影响要大于对女性的影响。该现象产生的主要原因可能有:一方面,网络信息传播的及时性、互动性、虚拟性和匿名性,人们往往会为了一己私利而罔顾法律,使得低俗虚假信息泛滥,谣言传播无处不在,用户因此毫无顾忌地发表偏激言论,久而久之,这些信息便腐蚀了人们的社会道德,造成整个社会诚信丢失,投机主义盛行以及社会风气恶化等现象,对社会风气产生了负面影响。而大量网络虚拟群体的存在,使得情绪感染的潜在危机随时可能引爆,从而增大了人们的群体极化行为产生的可能。另一方面,由于国家在新媒体管理方面的法规制度还不够完善,政府对于网络舆情的监督和引导实施不到位,仍然缺乏对网络等新媒体完善的监督和审核机制,作为信息传播源头的很多供应商,在市场利益的驱使下,他们牟取暴利而罔顾社会责任,一些希望借助谣言传播来博得用户眼球的网络媒体便不顾职业道德,大量散布虚假新闻,造成了网络信息真假难辨,使得网络大幅缺失公信力。同时,由于社会文

① Webster J G. Audience Behavior in the New Media Environment[J]. Journal of Communication, 1986, 36(3):77 - 91.

② Malamuth N M,Check J V P.The effects of mass media exposure on acceptance of violence against women: A field experiment[J]. Journal of Research in Personality,1981,15(04).

③ Malamuth N M, Check J V P. The effects of mass media on acceptance of violence against women: A field experiment[J]. Journal of Research in Personality, 1981, 15(81):436 - 446.

④ Ostrov J M, Gentile D A, Crick N R. Media Exposure, Aggression and Prosocial Behavior During Early Childhood: A Longitudinal Study[J]. Social Development, 2006, 15(4):612 - 627.

⑤ Schoberth T, Preece J, Heinzl A. Online Communities: A Longitudinal Analysis of Communication Activities[C]. 2014 47th Hawaii International Conference on System Sciences. IEEE Computer Society, 2003:216a - 216a.

化所传承下来的社会地位和社会角色中性别差异的存在,男性所面对的工作压力、社会压力及心理压力均大于女性,在当今高度社会竞争的境况下,男性在监控自己的情绪,并识别和利用这些信息指导自己的思想和行为方面的能力相对于女性较差,容易受到情绪感染的影响,面对外来情境的干扰却难以持续保持稳定性的情绪,在情绪管理方面表现比女性差。

(二) 管理启示及研究局限性

新媒体在给人们带来积极影响的同时也对人们的社会态度产生了很多负面影响,如道德缺失、责任意识淡薄以及群体极化行为等,而针对这些问题、研究有效解决对策,对于新媒体的健康发展与社会的和谐稳定至关重要。根据本文的研究结论,可以采取如下措施来对新媒体语境进行治理和引导,遏制用户社会惰性的形成,从而改变他们不良的社会态度倾向:政府要善于借助广大用户的社会监督控制,健全信息审核平台,将不良信息扼杀在初始阶段;完善网络法律法规,逐步形成规范的网络秩序,使民众在享受自己言论自由的同时也可以更好地履行自己的义务,不至于为了追求个人的利益而罔顾他人的合法权利;加强国家政府的舆论管控,引导舆论向正确方向发展,如规定传媒组织的所有制形式,对传播媒介的活动进行法制和行政管理,限制或禁止某些信息内容的传播,对传播事业的发展制订总体规划或实行国家援助等;依托政府支持,加大技术监控治理力度,有效治理新媒体传播产业链;设法使媒体人增强自身自律感,坚守职业道德,提高"公信力",使网民拥有一个健康阳光的网络环境,向社会传递出"正能量"①。

本研究虽已尽力完善研究中的各个环节,但由于客观条件原因,还存在如下局限性:由于本研究仅在上海市范围内进行随机抽样调查,虽然研究的样本涵盖了不同的人口特征群体,也遵循了随机抽样的原则,但样本特征仍然难以充分代表中国的总体人口特征,希望未来能扩大研究调查范围,提高研究发现的普适性。

作者:薛　可、阳长征、余明阳

原载《湖南师范大学社会科学学报》,2015 年第 3 期

① 桂钰涵.新媒体存在的问题及解决对策——以互联网为例[J].今传媒学术版,2014,(04):114-117.

新媒体语境对受众价值取向影响的研究

一、引言

随着网络技术和电子技术的不断发展，媒体传播发生深刻的革命，以互联网和数字化为物质基础的新媒体，为受众提供了丰富的文化信息及互动交流方式，使得媒体与受众之间以及受众与受众之间都可以建立一种横向与纵向交织的多元化交流关系，从而彻底改变了受众所处的信息传播环境。由于新媒体具有互动性和匿名性等特点，它给受众个人和社会整体的发展提供了广大的自由空间，在对整个社会以及受众个人产生积极影响的同时，但也给受众的思维方式和意识形态产生了一些不可忽视的负面影响，主要表现在道德判断力削弱、价值取向紊乱，自我中心化、功利化，以及人格扭曲、诚信危机、责任感缺失等。这些负面现象的出现和凸显，给社会稳定及管理带来了极大的冲击和挑战，成为新媒体时代人们高度关注的社会问题，而针对这些问题的存在形式和特征，政府部门该如何进行有效的网络治理以及正确的受众心理引导已成为了当下迫切需要解决的一个社会课题。

为了深入认识媒体语境对受众价值取向的影响，国内外学者一直来都在从不同视角进行着探索研究，如 Entman(1989)①研究表明媒体显著地影响了人们的思维方式，比如他们的政治偏好及评价；Sama 和 Shoaf(2002)②认为在新媒体语境中人们的道德基本原则在很大程度上不复存在，然而在道德原则存在的地方，也主要是反应性的，以及受到功利主义或相对理性的驱动所产生；Lou 等(2012)③通过对亚洲未婚青年和成年人的调查研究显示，大众媒体的接触和使用会对他们的性知识、态度和行为产生显著影响；蒋晓丽等(2010)④认为新媒体

---

① Entman R M. How the Media Affect What People Think: An Information Processing Approach[J]. Journal of Politics, 1989, 51(51):347－370.

② Sama L M, Shoaf V. Ethics on the Web: Applying Moral Decision-Making to the New Media[J]. Journal of Business Ethics, 2002, 36(1－2):93－103.

③ Lou C, Cheng Y, Gao E, et al. Media's Contribution to Sexual Knowledge, Attitudes, and Behaviors for Adolescents and Young Adults in Three Asian Cities[J]. Journal of Adolescent Health, 2012, 50(3Suppl):S26－S36.

④ 蒋晓丽，董子铭，曹漪那.新媒体培养大学生核心价值观的交互机制研究[J].湘潭大学学报(哲学社会科学版)，2010,34(5):146－152.

技术的发展与普及对当代大学生的思维方式、行为模式和价值观念产生着广泛而深刻的影响,同时也为加强和完善高校思想政治教育工作拓展了新的渠道和手段;姚冰等(2014)①认为新媒体呈现出开放性与多元性、娱乐性和商业性以及去中心化与再组织化等新特点,这些特点在对农村青年群体产生积极影响的同时,也因其受到生活区域、受教育程度以及认知领域等方面的限制而对其形成诸多负面影响,主要表现为弱势与盲从、简单与沉迷以及肤浅与冲动等特征;张晓静(2008)②研究表明新媒介发展的迅速及其复杂性为社会生活带来的冲击是多方面的,对受众的观念、思维以及行为方式均产生显著影响,可以归纳为宏观和微观两个层面。宏观上,新媒介的发展促使受众所处的媒介生态系统发生变化;微观上,新媒介在受众对政治民主的参与、提高受众应对危机传播的能力以及建构新的日常生活方式等方面产生影响,因此,研究新媒体语境对受众价值取向的影响具有重要的理论价值和现实意义。

然而在过去这些研究文献中,虽然学者就新媒体语境对受众价值观产生的影响进行过不同方面的研究,但这些研究多集中于政治参与、态度认知及使用习惯等方面,且多为对各个变量的影响进行单独分析,而较少存在就媒体语境对受众的价值导向各维度的影响进行综合性研究,然而如此把互相影响的各维度分割开来单独研究,由于其缺乏整体性而可能会影响其研究结论的正确性和普遍性。另一方面,在过去这些研究中学者们多采用定性研究方法,且多把其中的作用机制视为"黑箱",较少探索它们之间影响的具体路径,这可能会使得人们对研究结论的来龙去脉难于清晰理解。同时这些结论也主要是建立在对总体样本研究的基础上而得到,而较少关注到这可能会因为受众群体类型的不同(如性别、年龄阶段等)而产生的作用效果也不同,从而会使得过去这些研究结论在具体应用中可能会出现可操作性差或应用效果差等情况。因此,在此背景下本文将以实证研究方法探索如下问题:①新媒体语境如何对受众的价值取向产生影响?以及影响的具体路径如何?②媒介接触频率和媒介接触多样化在新媒体语境对受众价值取向的影响过程中是否存在显著影响?③不同性别和年龄阶段的受众所受到的影响有何差异?

---

① 姚冰,彭振芳,郭冬岩.新媒体环境对农村青年群体价值观的影响及对策[J].河北大学学报:哲学社会科学版,2014,(01):97-100.

② 张晓静.新媒介对受众生活的影响[J].青年记者,2008,(19):55-56.

二、理论基础与研究假设

（一）新媒体语境与社会认同

自从 Goldmark（1967）①首次提出新媒体概念以后，随着科学技术的不断发展，互联网和无线移动的出现，新媒体的内涵和外延不断扩大。就其特征而言，从传播形态上看，新媒体能够在新的平台把传统大众媒体的各种类型综合起来，实现复合型的传播；从传播范围上看，进行的是无边界传播；从在传播形式上看，强调传播的互动性，突出高度综合性特点；从传播内容上看，内容丰富且呈现多样化（陈刚，2007）②。

社会认同（social identity）是指个体认识到他属于特定的社会群体，同时也认识到作为群体成员带给他的情感和价值意义。Tajfel（1974）③认为，社会认同是社会成员共同拥有的信仰、价值和行动取向的集中体现，本质上是一种集体观念，是情感体验经历和价值感获得的心理历程。在其中，个体间的交往、共同活动、目标一致是构成群体的基本条件（Sherif，1967）④。当内外群体的差异标志出现或社会情境中对比线索凸显时，可以激活人们归属内群体的心理需要，诱导个体进行社会认同。在社会认同的形成过程中，首先，个体需要进行社会类别化与自我类别化，个体将自己与某一类别建立起心理联系，与其他相同类属的成员便形成了心理群体的关系；其次，个体把自己的信息与这一划分相联系，形成自己社会类别的所属定位，将自我与社会类别建立归属联系；最后，将各种群体或类别信息进行社会比较，即进行“我们”与“他们”之间的比较，群体成员形成了本群体或本类别的心理独特性（Tajfel，2010）⑤。

在新媒体语境下，虚拟群体多种多样、千差万别，同时由于新媒体环境开放性、匿名性和包容性等特点，这使得社会各方面信息从各不同视角得以全面性和全方位传播，包括社会各种负面信息也得到更全面、深入和及时的互动性传播，而这些群体的多样化以及负面信息的详尽性和深入性影响了受众社会认同形成的各个心理环节，降低了受众对社会的归属和认同程度。基于此，可以提出如下

---

① Goldmark P C. Recording apparatus and medium with discrete level modulation：US，US3354264 A [P].1967.

② 陈刚.新媒体传播的特点及对营销传播的影响[J].国际广告，2006，10.

③ Tajfel H. Social identity and intergroup behaviour[J]. Social Science Information，1974，13(2)：65－93.

④ Sherif M. Group conflict and co-operation：Their social psychology[M]. London：Routledge & Kegan Paul，1967.

⑤ Tajfel H.Social identity and intergroup relations[M]. Cambridge University Press，2010.

假设:

H1:新媒体语境对受众的社会认同产生负向影响。

(二) 社会认同与价值取向

价值观是指人们在认识各种具体事物的价值的基础上形成的对事物价值的总体看法和根本观点,它一旦形成,便具有相对稳定性。一方面,它表现为价值取向、价值追求,凝结为一定的价值目标;另一方面,表现为价值尺度和准则,成为人们判断事物有无价值及价值大小的评价标准。而价值取向是介于价值观念和行为之间的中间环节,人们对价值的认识、判断均需通过价值取向才能在实践中实现。由于人员更替和环境的变化,社会或群体的价值观念并非一成不变,它会受到环境的影响而发生变化。在价值观的研究中,比较为人们所接受的维度划分主要包括理论性(重视经验、理性)、政治性(重视权力和影响)、经济性(重视实用、功利)、审美性(重视形式、和谐)、社会性(重视利他和情爱)及宗教性(重视宇宙奥秘)六个方面,人们的生活方式便是朝着该六种价值方向发展(Allport 等,1970;Vernon 等,1931)[①②]。

过去的研究表明,社会认同会对组织凝聚力、国际关系、族群或族裔冲突、职业流动、社会影响(如从众)、社会运动、宗教行为和社会变迁等诸多方面产生显著影响(章志光,1996)[③]。当人们寻求积极的身份认同时,社会认同的心理过程就会带来一些特有的后果或效应,当人们进行自我类别化、认同定位和社会比较时其结果是获得"内群体"和"外群体"的概念。由内群体概念,个体形成群体自尊、归属感和内群体偏私,即为自己所属的群体特征感到自豪,在行为和态度上偏向自己所属的内群体;由外群体概念,个体形成对外群体成员的排斥和负面的刻板印象。而对内群体的认同,除了会增强内聚力之外,也会产生内群体成员典型性效应(Chiu 等,1998)[④]和外群体同质性效应(Jones 等,1981)[⑤],以及一些内外区隔与内群体偏私效应(Cialdini 等.,1976)[⑥],这些认知和情感性的倾向,在一定的经济、社会和文化条件下,可能会在污名化(stigmatizaion)的作用下引发

---

① Allport G W, Vernon P E, Lindzey G. Manual study of values[M]. Houghton Mifflin, 1970.

② Vernon P E, Allport G W. A test for personal values[J]. The Journal of Abnormal and Social Psychology, 1931, 26(3): 231.

③ 章志光.社会心理学[M].北京:人民教育出版社,1996:271.

④ Chiu C Y, Hong Y Y, Lam C M, et al. Stereotyping and Self-Presentation: Effects of Gender Stereotype Activation[J]. Group Processes & Intergroup Relations, 1998, 1:81-96.

⑤ Jones E E, Wood G C, Quattrone G A. Perceived Variability of Personal Characteristics in In-Groups and Out-Groups The Role of Knowledge and Evaluation[J]. Personality & Social Psychology Bulletin, 1981, 7(3):523-528.

⑥ Cialdini R B, Borden R J, Thorne A, et al. Basking in Reflected Glory: Three(Football) Field Studies[J]. Journal of Personality & Social Psychology, 1976, 34(3):366-375.

歧视与偏见行为,从而导致“自我实现的预言”效应的出现,造成不同群体或类别成员的消极对立,从而影响社会群体间和谐的关系。因此,当个体对社会的认同程度高时,他们感知的内群体规模要大于感知的外群体,社会的分歧程度低,个体便有着较强的社会归属感和凝聚力,在心理上表现出较高的理性思维、和谐意识和亲社会意愿,而非情绪冲动、个人主义和功利导向。基于此,可以提出如下假设:

H2a:社会认同对受众价值观的理论性导向存在正向影响;

H2b:社会认同对受众价值观的政治性导向存在负向影响;

H2c:社会认同对受众价值观的经济性导向存在负向影响;

H2d:社会认同对受众价值观的审美性导向存在正向影响;

H2e:社会认同对受众价值观的社会性导向存在正向影响;

H2f:社会认同对受众价值观的宗教性导向存在负向影响。

(三)媒介接触频率及多样性调节作用

接触(encounter)是指两个或多个互动(interaction)者所进行的相会,它可以促使受众进行深度参与、与其他受众互动沟通以及积极对话。关于触点理论,电通公司提出了含有网络特质的 AISAS 模式,这一模式不仅指出了互联网时代搜索(search)和分享(share)的重要性,而且也强调在 AISAS 流程上的每一步都有相应的媒介接触点进行支持,从而使得在整个接触过程中呈碎片化的媒介接触点在 AISAS 策略下得到整合(Fumito,2009)①。媒体碎片化的存在,使得媒体数量和信息供应量激增以及媒体形态呈现多样化,受众选择与使用媒体的自由度和个性化空前提升,加剧了分众状况,注意力持续时间缩短,从而受众对某一个媒体的忠诚度不断下降。信息触点量是信息接触量多少的量度,人们对于信息的记忆程度,是信息内容储备过程和信息资料使用过程的集合,是自我在内心通过回忆来重温过去的感觉,或是将某一信息内容装载到感觉信号中,经由自己的身体器官表达出来的可能性程度(Dretske,1981)②。

当受众对媒介接触的频率越大时,对大脑的刺激次数也越多,就越能增加信息的认知深度和有效记忆程度;当媒介接触多样性越大时,受众所接触到的信息内容的多样性也就越大,同时也可能会属于更多不同的虚拟群体,这使得他们有了更多群体来选择参与和依赖。由于新媒体具有开放性、包容性和匿名性等语境特征,这使得社会各种的信息从不同视角得以全面性和全方位传播,包括社会

① Fumito.The modeling of AISAS marketing process[J]. Japanese Journal of System Dynamics, 2009, 8:95-102.

② F I. Dretske: Knowledge and the Flow of Information[J]. The Prosody-Morphology Interface, 1981,(83).

各种负面信息，因此媒介接触频率和多样化使得受众对社会这些负面信息在受众中得以更深入和更全面地互动和认知，从而降低了受众对社会的认同感。

H3a：媒介接触频率在新媒体语境与社会认同间存在负向调节作用；

H3b：媒介接触多样性在新媒体语境与社会认同间存在负向调节作用。

（四）研究理论框架

本文以新媒体语境特征为自变量，受众价值取向的六个维度为因变量，社会认同为中介变量，媒介接触频率及媒介多样性为调节变量，以此形成本研究的理论框架。结构如图1所示。

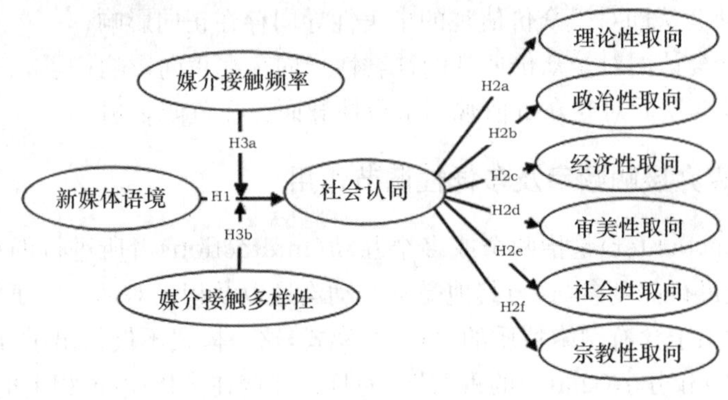

图1 研究的理论框架

三、研究方法与设计

（一）研究方法

因为新媒体语境特征、社会认同、理论性维度、政治性维度、经济性维度、审美性维度、社会性维度、宗教性维度、媒介接触频率和接触多样性均不能直接和准确测量，只能通过一些具体指标从不同维度去反映它们，然而这些变量往往存在大量的测量误差，而传统的多元回归方法只能处理观测变量而且还需假设其观测值不存在测量误差。而结构方程模型（SEM）可同时考虑多个内生变量，可以同时估计模型中的测量指标、潜在变量以及测量误差，也可以评估测量变量的信度和效度，因此选用SEM模型进行数据处理更具有优势。

（二）量表与问卷设计

因变量：受众价值取向的六个维度，即理论性取向、政治性取向、经济性取向、审美性取向、社会性取向、宗教性取向，主要采用 Allport 等(1960)[①]开发的量表。各变量各设 3 个测项，共 18 个测项。

自变量：新媒体语境，主要采用 Flew(2005)[②]开发的量表，共设 4 个测项。

中介变量：社会认同，主要根据 Stets 和 Burk(2000)[③]的研究成果，共设 4 个测项。

调节变量：媒介接触频率，主要采用 Freedman 和 Goldstein(1999)[④]开发的量表，共设 3 个测项；媒介接触多样性，共设 3 个测项。

以上变量的测量除性别外均采用李克特五点度量法，“1”表示非常不同意，“5”表示非常同意。

（三）数据收集

本研究使用的数据来自该课题组于 2014 年 5 月开展的“新媒体语境对受众价值取向影响”的问卷调查。为了进行问卷效度和信度分析，在问卷正式发放之前进行了预测试，选择在上海交通大学发放了共 100 份问卷，回收了 84 份。对回收的问卷进行处理分析，其中纠正条款相关系数(CITC)在题项 Q12 上小于 0.30，其余的题项均大于 0.30；各潜变量的 Cronbach's α 和量表总 α 值均大于 0.70；在因子检验中，每个变量均不存在单维度。因此删除测量项 Q12，其余测项均保留。正式的问卷调查涵盖了上海市高校、企业、培训机构等不同行业和领域。调查采用分层抽样法，先把抽样总体分为学校、服务业、制造业、培训机构、事业单位、党群机关 6 大类，然后采用简单随机抽样，分别从各类中抽取一个子样本，最后将这些子样本合并构成本次抽样的总样本，在整个调查过程中，除了严格遵循随机抽样和社会调查的原则外，为了作为回报，调查组还为能完整填写问卷的每位调查对象提供价值 12 元的小礼物，以提高调查的准确性和有效性。该调查共历时 3 个月，共发放问卷 1 500 份，回收问卷为 1 426 份，有效问卷 1 345份，样本具体的人口统计学特征如下：男性 799 人占 59.41%，女性 546 人占 40.59%；20～30 岁 319 人占 23.72%，31～40 岁 422 人占 31.38%，41～50 岁 286 人占 21.26%，51～60 岁 318 人占 23.64%；大专及以上 768 人占 57.10%，高中 255 人占 18.96%，初中 139 人占 10.33%，小学及以下 123 人占 9.14%；学生 453 人占 33.68%，工人 631 人占 46.91%，其他 261 人占 19.41%。该样本资料

---

① Allport G W, Vernon P E, Lindzey G. Study of values: a scale for measuring the dominant interests in personality[M].(3rd ed.) Boston, MA: Houghton Mifflin, 1960.

② Flew T. New media: An introduction[M]. Oxford University Press, 2005.

③ Stets J E, Burke P J. Identity Theory and Social Identity Theory[J]. Social Psychology Quarterly, 2000, 63(3):224 - 237.

④ Freedman P, Goldstein K. Measuring media exposure and the effects of negative campaign ads[J]. American Journal of Political Science, 1999, 43(4):1189 - 1208.

涵盖了上海市不同性别、年龄、文化程度和职业的抽样个体,从人口学统计特征来看,它与上海市整体人口统计学特征(即男性约占 51.5%,女性约占 48.5%;20~34岁约占 47%,35~65 岁约占 38%;小学及以下约占 14%,初中约占 36%,高中约占 21%,大专及以上约占 29%等)相差不大,可以代表整个上海市的抽样总体体征。

四、数据分析与假设检验

(一) 效度与信度分析

量表结构效度。在对各变量进行探索性因子分析(EFA)前,先进行 KMO 测定和 Bartlett 球形检验,其中 KMO 值为 0.863,大于 0.70,Bartlett 检验的 p 值均为 0.000,小于 0.001,拒绝原假设,说明该测量问卷存在显著的内部相关性,适合进行 EFA 分析。在 EFA 分析中,结果显示可以提取 10 个因子,该 10 个因子累积所能解释的方差为 79.86%,同时除了测项 Q3 的因子负荷为 0.19 外,其他各项在对应变量上的因子负荷均大于 0.50,说明量表具有良好的结构效度,同时删除题项 Q3,其余项均保留。

量表信度。使用 SPSS21.0 进行问卷各题项内部一致性检验,经数据处理,新媒体语境特征、社会认同、理论性取向、政治性取向、经济性取向、审美性取向、社会性取向、宗教性取向、媒介接触频率和接触多样性各分量表的 Cronbach's α 分别为 0.79、0.86、0.74、0.75、0.78、0.81、0.85、0.83、0.76、0.86,整个问卷的总 Cronbach's α 为 0.84,所有 α 值均大于 0.70 的标准,说明该问卷的信度较佳。

利用验证性因子分析(CFA)对收集的数据进行内敛效度和判别效度检验,如表 1 所示,各测量题项与所度量的潜在变量间的标准负荷系数均大于 0.60,其对应的 t 值均大于 3.31($p=0.001$)的临界值。同时各变量 AVE 值均大于0.50,复合信度(CR)均大于 0.70,表明测量变量能有效反映其潜变量的特质,各组测量指标间均具有较好一致性,说明该调查问卷收敛性较佳。对所有变量进行描述性分析,其结果如表 2 所示,所有潜变量 AVE 值的平方根(对角线上的值)均大于对应潜变量所在列所有相关数的绝对值,表明各潜变量间具有较好的判别效度。

表 1　验证性因子分析结果

变　量	观测项	标准负荷	t 值	AVE	CR
新媒体语境	Q1	0.67	7.67	0.68	0.84
	Q2	0.75	6.57		
	Q4	0.83	4.49		
媒介接触频率	Q5	0.75	8.61	0.64	0.75
	Q6	0.67	7.26		
	Q7	0.79	4.17		
媒介接触多样性	Q8	0.67	11.04	0.71	0.74
	Q9	0.83	7.27		
	Q10	0.77	4.94		
社会认同	Q11	0.71	6.42	0.67	0.84
	Q13	0.78	7.12		
	Q14	0.76	8.64		
理论性取向	Q15	0.73	9.39	0.75	0.79
	Q16	0.72	8.96		
	Q17	0.87	6.24		
政治性取向	Q18	0.67	6.91	0.68	0.82
	Q19	0.69	5.42		
	Q20	0.78	7.12		
经济性取向	Q21	0.75	5.83	0.64	0.87
	Q22	0.72	8.39		
	Q23	0.74	6.85		
审美性取向	Q24	0.87	9.95	0.72	0.73
	Q25	0.78	7.25		
	Q26	0.67	8.18		
社会性取向	Q27	0.73	6.42	0.67	0.78
	Q28	0.77	4.12		
	Q29	0.65	5.83		
宗教性取向	Q30	0.78	4.34	0.68	0.85
	Q31	0.85	6.85		
	Q32	0.83	5.94		

表 2 判别效度检验

变量	1	2	3	4	5	6	7	8	9	10
新媒体语境	0.82									
媒介接触频率	0.66	0.80								
媒介接触多样性	−0.54	−0.63	0.84							
社会认同	0.54	0.37	0.61	0.82						
理论性取向	−0.56	−0.67	0.54	0.58	0.87					
政治性取向	0.47	0.52	0.52	−0.45	0.48	0.82				
经济性取向	0.47	−0.48	0.52	0.51	−0.53	0.49	0.80			
审美性取向	0.54	−0.47	0.54	0.48	0.46	0.54	0.64	0.85		
社会性取向	−0.64	0.57	−0.49	0.44	−0.57	−0.63	0.57	0.51	0.82	
宗教性取向	0.52	−0.45	0.54	0.43	0.48	0.44	−0.47	0.52	0.52	0.82

注:对角线上的数值为 $\sqrt{AVE}$,其余的数值均为相关系数。

(二) 路径分析及假设检验

1. 初始模型路径

对初始假设模型进行估计,其输出结果为:χ^2 值为 86.74,p 值为 0.000,小于 0.05 的显著水平,拒绝原假设,表明初始假设模型与观察数据无法适配,需要对初始模型进行修正,根据修正指标(MI),需在 Q19 与 Q28 误差变量间建立共变关系,从而至少可以减少卡方值 28.25。

2. 修正模型路径

对修正模型进行估计,此时估计结果为:χ^2 值为 751.84,df 为 346(χ^2/df=2.12),NFI 值为 0.94,GFI 值为 0.97,AGFI 值为 0.93,CN 为 847,RMSE 值为 0.015,均达到模型可适配标准。同时 MI 中没有提供需修正的参数,表明修正模型是可接受的路径模型。路径系数如图 2 所示。

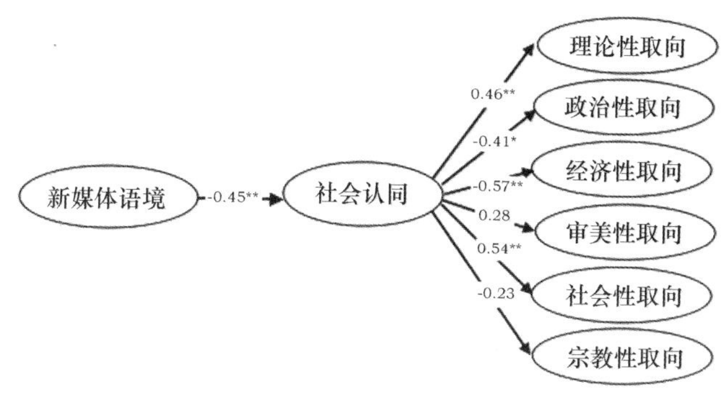

图 2　模型的路径系数

注：** 数值表示 $p<0.05$，未标识“*”号的表示不显著。

由图 2 可知，所有路径系数均达到 0.05 的显著水平，各路径系数的正负符号表明，在假设 H1 以及 H2a 至 H2f 的 7 个假设中，除了 H2d 和 H2f 未获得支持外其他四个假设均得到支持。新媒体语境通过社会认同中介变量对理论性取向、政治性取向、经济性取向以及社会性取向产生的总效用分别为：−0.21、0.18、0.26、−0.24。

表 3　性别和年龄群组分析结果

路径	标准化系数					
	性 别		年龄阶段(单位:岁)			
	男性	女性	16～25	26～35	36～45	46～55
新媒体语境→社会认同	0.49	0.45	0.52	0.48	0.45	0.41
社会认同→理论性取向	−0.45	−0.38	−0.48	−0.44	−0.41	−0.37
社会认同→政治性取向	0.56	0.51	0.59	0.56	0.51	0.46
社会认同→经济性取向	−0.57	−0.53	−0.61	−0.58	−0.53	−0.48
社会认同→社会性取向	−0.48	−0.42	−0.54	−0.49	−0.43	−0.41

在表 3 中所显示的性别和年龄群组模型的估计中，分别除了 AGFI 值(=0.871)和 CFI 值(=0.845)未符合模型适配标准外，各自的其他各适配度指标均达到适配度标准，整体而言，性别和年龄的群组分析中修正理论模型均能较好地与样本数据适配，同时模型中的路径系数均处于 0～1 之间，且各系数的 $|t|$ 值均大于 1.96，即均达到 0.05 的显著水平，模型参数估计值合理，修正后的理论模型具有跨性别和年龄的效度。表 3 中的五个路径系数的绝对值大小显示，性别群组的男性大于女性，年龄群组则随着年龄阶段的增大而呈逐渐减小趋势。

3. 调节作用

在对模型主效应估计后,将受众的媒介接触频率和多样化作为调节变量添加到相关的主效应路径中,用于开发出互动效应检验。在检验各相关调节作用前,先对互动效应模型中的各变量进行标准化处理,然后再进行多元逐步回归分析,并分别以样本总体以及性别和年龄群组对模型进行估计,其检验结果如表 4 和表 5 所示。

表 4　媒介接触频率调节作用检验

模型 1(因变量:社会认同)							
自变量	β 系数						
	总体	性别		年龄(单位:岁)			
		男性	女性	16～25	26～35	36～45	46～55
新媒体语境	0.43	0.45	0.41	0.47	0.45	0.42	0.38
媒介接触频率	−0.26	−0.28	−0.25	−0.29	−0.27	−0.25	−0.23
新媒体语境×媒介接触频率	−0.38	−0.39	−0.36	−0.42	−0.39	−0.35	−0.31

表 5　媒介接触多样性调节作用检验

模型 2(因变量:社会认同)							
自变量	β 系数						
	总体	性别		年龄(单位:岁)			
		男性	女性	16～25	26～35	36～45	46～55
新媒体语境	0.41	0.43	0.39	0.46	0.42	0.41	0.38
媒介接触多样性	0.38	−0.41	−0.36	−0.45	−0.38	−0.35	−0.34
新媒体语境×媒介接触多样性	0.47	−0.49	−0.46	−0.52	−0.49	−0.46	−0.42

在表 4 和表 5 中,各系数的 $|t|$ 值均大于 1.96,即均达到 0.05 的显著水平,由模型 1 和模型 2 中交互项的总体系数的正负性及两者绝对值大小可知,受众的媒介接触频率和多样化在新媒体语境和社会认同间的调节作用均显著,即假设 H3a 和 H3b 成立,且前者产生的影响小于后者。此外,各调节模型内部的交互项系数绝对值大小显示,性别群组的男性大于女性,年龄群组则随着年龄阶段的增大而呈逐渐减小趋势。此外,模型 1 内部的交互项系数绝对值大小显示,性别群组的男性大于女性,年龄群组则随着年龄阶段的增大而呈逐渐减小趋势。

五、结论与讨论

通过结构方程模型及逐步回归模型研究了新媒体语境对受众价值取向的影响过程，得出如下结论：①新媒体语境通过受众社会认同中介变量对受众价值取向的理论维度和社会维度产生显著负向影响，对政治维度和经济维度产生显著正向作用，对审美维度和宗教维度的影响不显著。其中产生的作用大小顺序依次为：经济维度、社会维度、理论维度、政治维度；②新媒体语境对社会认同产生负向作用，社会认同对受众价值取向的理论维度和社会维度产生显著的正向作用，对政治维度和经济维度产生显著的负向作用，对审美维度和宗教维度的影响不显著；③媒体接触频率和媒体接触的多样性在新媒体语境与社会认同关系中均具有显著负向调节作用；④在主效应和调节作用中，均表现出对男性的影响大于女性，其影响大小并随着年龄的增加而呈减弱趋势。

在过去的相关研究中虽然尚未存在与该研究框架类似的文献，但根据过去相关文献的研究结论，如 Malamuth 和 Check(1981)①的研究结果表明暴露在那些描述性暴力行为影视中的受众会增加男性对女性暴力行为的接受程度；Ostrov 等(2006)②通过对两年的纵向调查数据研究的结果显示媒体暴露对不同形式的挑衅和亲社会行为具有预测力；Slater 和 Rasinski(2005)③研究表明媒体暴露对人口统计特征变量和关于风险判断的个人经历的变量有着部分影响作用；Raboy 等(1992)④认为大众媒体对社会政治中的民主产生影响，会对社会秩序产生混乱和危机作用。根据上述学者相关的研究结论，可以推出新媒体语境对受众价值取向的经济性、社会性、理论性以及政治性四个维度均存在显著影响，以及媒体接触频率和媒体接触多样性在新媒体语境与社会认同间调节作用的显著性，因而本文的研究结论与过去学者的相关研究结论相吻合。

关于社会认同对价值倾向的审美维度和宗教维度影响的显著性，Hoove 等

---

① Malamuth N M, Check J V P. The effects of mass media exposure on acceptance of violence against women: A field experiment[J]. Journal of Research in Personality, 1981, 15(4): 436 - 446.

② Ostrov J M, Gentile D A, Crick N R. Media Exposure, Aggression and Prosocial Behavior During Early Childhood: A Longitudinal Study[J]. Social Development, 2006, 15(4):612 - 627.

③ Slater M D, Rasinski K A. Media Exposure and Attention as Mediating Variables Influencing Social Risk Judgments[J]. Journal of Communication, 2005, 55(4):810 - 827.

④ Raboy, Marc, and Bernard Dagenais, eds. Media, crisis and democracy: Mass communication and the disruption of social order[M]. London: Sage, 1992.

(1997)[①]和 Mitchell 等(2003)[②]的研究结论得出媒体与宗教和文化均存在紧密关联和相互影响,但本研究结论未能对此进行验证,这可能是由于新媒体具有匿名性及包容性等特点,受众更容易产生自我中心化,表现出功利性导向,而价值观的审美维度和宗教维度并非新媒体语境下受众所关注的重点,因此在检验它们之间的关系时表现出不显著。然而,产生该现象的具体原因以及它们之间的关系如何有待进一步的研究探索,这可以作为未来的研究方向。

本研究结论具有如下的管理启示:以网络技术和数字化技术为主的新媒体时代以无以阻挡的趋势向前发展,它积极地影响了受众在虚拟及现实环境中呈现的价值导向,虽然任何一个社会组织和机构都无力去改变新媒体时代向前发展的潮流,但人们却可以根据新媒体对受众影响的客观规律制定相关法规政策去正确引导新媒体时代的发展方向,积极影响受众在新媒体语境下产生的意识和态度,预防和避免社会不期望的行为结果。针新媒体语境对受众价值导向的具体影响,媒体传播机构应加强信息传播各个环节的监控和管理,特别是使用权限及规范制度的正确制定,从而使新媒体语境成为一个有益于社会稳定、和谐发展以及受众心理健康的传播环境。

本研究虽已尽力完善研究中的各个环节,但由于客观条件原因,还存在如下局限性:由于本研究仅在上海市范围内进行随机抽样调查,虽然研究的样本涵盖了不同的人口特征群体,也遵循了随机抽样的原则,但样本特征仍然难以充分代表中国的总体人口特征,希望未来能扩大研究调查范围,提高研究发现的普适性。

作者:薛　可、阳长征、余明阳

原载《西南民族大学学报》(人文社科版),2015 年第 3 期

① Hoover, Stewart M., and Knut Lundby, eds. Rethinking media, religion, and culture[M]. Sage Publications, 1997.

② Mitchell, Jolyon P., and Sophia Marriage, eds. Mediating Religion: Studies in Media, Religion, and Culture[M]. Bloomsbury Publishing, 2003.

新媒体使用特征与用户利他价值取向关系研究

一、引言

新媒体主要是指通过使用先进的通信技术、网络技术及数字技术等，借助无线通信网、互联网、卫星以及数字广播等渠道，以电子产品、数字化媒介等作为信息终端设备，从而为用户提供交互式、个性化、即时性传播的媒介形式。由于借助了先进的网络技术、数字化技术及信息技术，在信息传播上它有着很强的交互性、即时性、包容性及匿名性等特征，能较好地融传统大众媒体的功能，并能快速实现对所有信息进行复合化以及无边界性传播。新媒体这些特征使得每个用户在传播过程中均可成为一个独立的信息源，可以根据自身的需求和偏好进行内容生产，从而使得新媒体平台上的信息纷繁复杂、各式各样，表现出虚假信息多、负面信息多以及信息碎片化等特征。与之相比，传统媒体由于它们在信息加工和传播过程中，严格按照一定流程，经过层层把关和筛选，最后整理成符合相应标准的信息传播给观众，因此所传递的信息则表现较高真实性和的权威性，但在与受众的互动和信息传递的实效性上相对新媒体较差①。

以互联网和数字化媒体为代表的新媒体，它在给社会和用户带来各种便利和产生积极影响的同时，也给用户的价值观带来了一些不可忽视的负面影响。然而由于价值观是人们的行为取向的直接决定因素，因此新媒体对用户价值取向所产生的负面影响直接给社会稳定带来了极大的冲击和挑战，成为当下社会各界高度关注的社会问题。为了深入了解新媒体环境对受众价值的影响，一直以来，学术界在新媒体对受众影响方面研究方兴未艾，国内外学者不断从不同视角进行探索和研究。但在过去这些研究中，研究的内容多集中于政治参与(Entman，1989)②、道德发展(Sama 和 Shoaf，2002)③、性取向(Lou 等，2012)④、

---

① 李旸.新媒体与传统媒体的博弈[J].中国传媒科技，2013，(04).

② Entman R M. How the Media Affect What People Think：An Information Processing Approach[J]. Journal of Politics，1989，51(51)：347－370.

③ Sama L M，Shoaf V. Ethics on the Web：Applying Moral Decision-Making to the New Media[J]. Journal of Business Ethics，2002，36(1－2)：93－103.

④ Lou C，Cheng Y，Gao E，et al. Media's Contribution to Sexual Knowledge，Attitudes，and Behaviors for Adolescents and Young Adults in Three Asian Cities[J]. Journal of Adolescent Health，2012，50(3Suppl)：S26－S36.

思维方式(韦文华,2014)[①]以及对青少年的影响(姚冰等,2014)[②]等方面,而关于价值观的研究文献相对较少。然而在当下国家倡导构建和谐和包容的新型社会阶段,利他价值观的弘扬成为解决社会中诸多道德风险问题的关键因素之一。鉴于此,在过去研究的基础上本文将探索新媒体的使用特征,即新媒体使用频率及多样性如何对用户利他价值取向产生影响,以及对不同特征用户群体的影响差异如何,从而为深入了解新媒体时代对用户价值观改变的认知提供一定的研究素材。

二、理论基础与研究假设

培养理论(Gerbner,1998)[③]强调,大众媒体在受众使用过程中对受众的世界观产生潜移默化的作用,该作用具有正面和负面两方面效果,当媒体传播客观或正确的信息时,能对受众价值观产生积极的影响;当媒体传播歪曲或错误的信息时,就会对受众价值观产生消极的影响。在大众媒体对受众价值观的培养过程中,其中主流效应和共鸣效应在新价值观形成过程中具有重要作用。主流效应是指当受众长时间暴露于媒体中,受众的主观现实更趋向于媒体中的拟态现实;共鸣效应是指某些特定群体的受众更容易受到媒介环境的影响,对其中的信息情景易于产生共鸣,得到不断强化和认同的过程。

(一) 新媒体使用特征与移情意识

新媒体环境具有开放性、即时性和包容性等特点,用户可以在新媒体上随时随地地进行用户内容生产,由于匿名性特征,用户可以完全根据自己的认知和情感发布信息,无须担心诸如现实环境面对面交流时受到的影响。同时这些信息凌乱地分布于每个用户节点,各式各样、鱼龙混杂,呈现出碎片化特征。由于新媒体具有良好的联通性,用户可以根据自己的需要自由地选择自己偏好的内容阅读,以及在自己偏好的虚拟社区里进行即时互动,获得自己观点的认同。AISAS模式强调了互联网时代下搜索和分享功能的重要性,而不是一味地向用户进行单向的理念灌输,用户可以根据自己的注意(attention)和兴趣(interest)对新媒体中碎片化信息进行整合(Fumito,2009)[④]。相对于传统媒体,在新媒体

---

① 韦文华.借助微博平台构建思想政治教育新机制[J].中国教育学刊,2014,S5(01):98-99.

② 姚冰,彭振芳,郭冬岩.新媒体环境对农村青年群体价值观的影响及对策[J].河北大学学报(哲学社会科学版),2014,(01):97-100.

③ George Gerbner. Cultivation Analysis: An Overview[J]. Mass Communication & Society, 1998, 1(3):175-194.

④ Fumito K. The modeling of AISAS marketing process[J]. Japanese Journal of System Dynamics, 2009, 8:95-102.

平台上除了正面信息外，关于社会各方面的负面信息也骤然增多，使得社会各种负面现象从不同视角得以全面性和全方位呈现。根据人们对负面信息的敏感性大于正面信息的认知理论（Wildavsky 和 Dake，1990）①，因此用户通过新媒体上全面的负面信息对社会产生了相对于传统媒体更大的消极感知。在此基础上，随着用户使用新媒体的频率和多样性增加，用户对更为敏感的负面信息的认知深度得到不断强化，以及通过新媒体的联通性特征可以从更广的信源获取不同类型的信息，更利于社会负面信息的获取的完整性。同时，不同节点上的信息所表征的社会镜像经过 AISAS 策略整合后，形成了一组倾向于完整的关于社会负面性的知识结构和图式，为社会负面性提供了更具说服力的信息证据，加深了对社会负面性的整体印象和整体认知，而这种整合性的信息可以对个体的知觉、推理等认知过程产生负面能动性的操控作用。因此用户的媒介接触频率和多样化强化了他们对社会负面性的认知深度和广度。

移情是一个人设身处地站在他人立场为他人着想，从而识别并体验他人所处境况的情绪和情感的心理过程，移情意识则为移情产生过程的潜意识状态（Feshbach，1989②；Trevarthen，1994③）。移情意识以认知为基础，通过对他人所处境遇以及心理状态的认知和觉察来对他们产生移情，其中认知则是移情意识形成的主要影响因素（Hogan，1969④；刘俊升，周颖，2008⑤）。在心理发展的高级阶段，个体可以通过各种类型的信息，如他人的表达线索、直接情境线索，或者对他人状况的认识，从而对移情意识的产生影响（Hoffman，2001）⑥。Feshbach（1992）⑦认为认知在移情产生的过程中需要经历两个心理过程，即对相关线索的感知，从而做出移情判断，其中对线索的感知决定着移情判断结果。当在感知中存在负面性时，则会对移情的判断结果产生负面影响，进而形成不同程度移情意愿的潜意识状态。因此用户在新媒体使用中形成的对社会负面认知，影响了他们对社会现象的移情判断和意愿，从而对他们移情潜意识的形成产

---

① Wildavsky A, Dake K. Theories of Risk Perception: Who Fears What and Why? [J]. Daedalus, 1990, 119(4):41-60.

② Rothwell, Bridget. Child Maltreatment: Theory and Research on Causes and Consequences of Child Abuse and Neglect [J]. Sociology of Health & Illness, 1990, 12(1):111-112.

③ Trevarthen C, Aitken K J. Brain development, infant communication, and empathy disorders: Intrinsic factors in child mental health[J]. Development & Psychopathology, 1994, 6(4):597-633.

④ Hogan R. Development of an empathy scale.[J]. Journal of Consulting & Clinical Psychology, 1969, 33(3):307-316.

⑤ 刘俊升，周颖.移情的心理机制及其影响因素概述[J].心理科学，2008,(04):917-921.

⑥ Hoffman M L.Empathy and moral development: Implications for caring and justice[M]. Cambridge University Press, 2001:82-83.

⑦ Sigman M D, Connie K, Jung-Hye K, et al. Responses to the negative emotions of others by autistic, mentally retarded, and normal children[J]. Child Development, 1992, 63(4):796-807.

生了负面影响。因此媒介接触频率和多样化弱化了用户的移情意识。基于此，可以提出如下假设：

H1：新媒体使用频率对用户移情意识产生负向影响；

H2：新媒体使用多样性对用户移情意识产生负向影响。

（二）移情意识与利他价值取向

价值观是指人们在认识各种具体事物的价值基础上形成的对事物价值的总体看法和根本观点，表现为评价事物的价值尺度和准则。由于环境的变化，社会或群体的价值观念并非一成不变，它会受到环境的影响而发生变化。价值观存在多方面的价值取向，如政治价值观、社会性价值观等，其中在利他价值取向方面，Schwartz(1977)[①]和 Berkowitz(1972)[②]等人分别从三个维度对人们利他价值观通进行了定义：社会责任规范，指人们有责任去帮助需要自己帮助的人；回报规范，指有义务回报曾提供过帮助自己的人；社会公平规范，指人们的所得与自己付出之间要形成合理比例关系的规范。

过去对移情的研究发现，移情能力与个体能否获得社会支持紧密相关，一个人的移情水平高低对他们的社会支持产生重要影响(Devoldre 和 Davis 等，2010)[③]。社会支持是个体在与他人进行交流和沟通中所得到对方的尊重、支持以及理解的程度，它在个体产生利他行为的过程中具有重要的意义。丁道群和沈模卫(2005)[④]的研究表明，不同移情水平特征的个体，他们在对社会支持的感受和评价以及获得社会支持的数量、质量方面均存在不同程度的差异，移情水平高的个体更容易感受和获得社会支持，而当个体受到社会排斥而不是社会支持时，由此会给他们造成情感痛苦或缺失，从而影响了他们对利他行为实施意愿和强度(Twenge 和 Baumeister 等，2007)[⑤]。Calvete 和 Orue 等(2010)[⑥]的研究也表明当人们在获得的社会支持时，他们倾向于增加亲社会行为，而减少攻击性行

---

① Schwartz S H. Normative Influences on Altruism[J]. Advances in Experimental Social Psychology, 1977:221 - 279.

② Berkowitz L. Social Norms, Feelings, and Other Factors Affecting Helping and Altruism[J]. Advances in Experimental Social Psychology, 1972, 6:63 - 108.

③ Devoldre I, Davis M H, Verhofstadt L L, et al. Empathy and Social Support Provision in Couples: Social Support and the Need to Study the Underlying Processes[J]. Journal of Psychology Interdisciplinary & Applied, 2010, 144(3):259 - 284.

④ 丁道群,沈模卫.人格特质、网络社会支持与网络人际信任的关系[J].心理科学, 2005, 28(02):300 - 303.

⑤ Twenge J M, Baumeister R F, Dewall C N, et al. Social exclusion decreases prosocial behavior.[J]. Journal of Personality & Social Psychology, 2007, 92(1):56 - 66.

⑥ Calvete E, Orue I, Estévez A, et al. Cyberbullying in adolescents: Modalities and aggressors' profile [J]. Computers in Human Behavior, 2010, 26(5):1128 - 1135.

为意识。从社会交换理论研究视角，也可以推知当一个人拥有较高水平的移情意识，因此获得较高程度的社会支持时，他们可能更倾向通过产生利他行为来作为社会交换的行为(赵欢欢等，2012)[①]。

基于此，可以提出如下假设：

H3：移情意识对用户责任价值观取向存在正向影响；

H4：移情意识对用户回报价值观取向存在正向影响；

H5：移情意识对用户公平价值观取向存在正向影响。

（三）道德认同调节作用

Hart 和 Atkins 等(1999)[②]等人把道德认同界定为“对他人福利的行动路线促进或保护的一种自我承诺”。Colby 和 Damon(1999)[③]认为，道德认同意味着“用道德原则界定自我”。Aquino 和 Reed(2002)[④]把道德认同界定为“围绕一组道德特征而组建起来的自我概念”。道德认同可以视为个人的道德系统和自我系统的同化或融合，从而使得道德观念和个人认同在一定程度上达到统合一致性。道德认同作为产生道德判断的前提，而人都具有一种保持自我概念与行为一致的倾向，当个体具有道德认同时，那么他们就会通过道德判断去实施一种符合道德规范的行为(Blasi，1984)[⑤]。因此，道德认同能够激发道德品质和行为，在道德判断转化为道德行为过程中起着自我调节作用(曾晓强，2011)[⑥]。从社会认知视角，道德认同是通过对那些道德特征进行某种联结而组织形成的自我图式，这种图式涉及个体对道德意识的思考、体验及行为的心理过程，其中包含了关于道德行为的价值、目标、特质以及行为脚本等方面的意识(黄华，2012)[⑦]。个体在使用道德自我图式对相关信息处理的过程首先是通过道德敏感性，快速而准确地识别情境中的道德要素、体验他人观点，然后采取角色行为(Rest，1983)[⑧]。

---

① 赵欢欢，张和云，刘勤学，等.大学生特质移情与网络利他行为网络社会支持的中介效应[J].心理发展与教育，2012，(5)：478－486.

② Hart D. Family Influences on the Formation of Moral Identity in Adolescence: Longitudinal Analyses[J]. Journal of Moral Education, 1999, 28(3): 375－386.

③ Colby A, Damon W.The development of extraordinary moral commitment[J]. Morality in everyday life: Developmental perspectives, 1999: 342.

④ Karl A, Americus R. The self-importance of moral identity.[J]. Journal of Personality & Social Psychology, 2002, 83(6): 1423－1440.

⑤ Blasi A. Moral identity: Its role in moral functioning[J]. Morality Moral Behavior & Moral Development, 1984: 128－139.

⑥ 曾晓强.国外道德认同研究进展[J].心理研究，2011，04(04)：20－25.

⑦ 黄华.社会认知取向的道德认同研究[J].心理学探新，2012，(6)：483－488.

⑧ Rest J R.Morality, Handbook of child psychology[M].1983, 3: 556－629.

移情意识被认为是广泛存在且具有个体差异的一种心理过程。因此可以看做是一种有着个体差异的心理因素(Farrington 和 Jolliffe,2001)[①],在用户对新媒体的使用过程中,当用户的道德认同度高时,用户有着较强的道德意识和道德判断标准,使得自己在面临不同情境时保持着较强地与自我道德概念一致的自我意识倾向,他们的意识会较少受到来自新媒体环境带来的负面影响,更多的坚持自身的道德判断,采取更符合道德规范的意识和行为。移情是道德意识和道德品质中的一部分,它作为一种个体差异的因素广泛地存在于人们思想意识中,高道德认同的用户表现为受到新媒体使用的消极影响较小,表现为较高的移情特征。

基于此,可以提出如下假设:

H6:道德认同在新媒体接触频率与移情意识间存在负向调节作用;

H7:道德认同在新媒体接触多样性与移情意识间存在负向调节作用。

(四)研究理论框架

本文以新媒体使用频率及多样性为自变量,受众利他价值取向的三个维度为因变量,移情意识为中介变量,用户道德认同为调节变量,以此构成本研究的理论框架。其框架如图 1 所示。

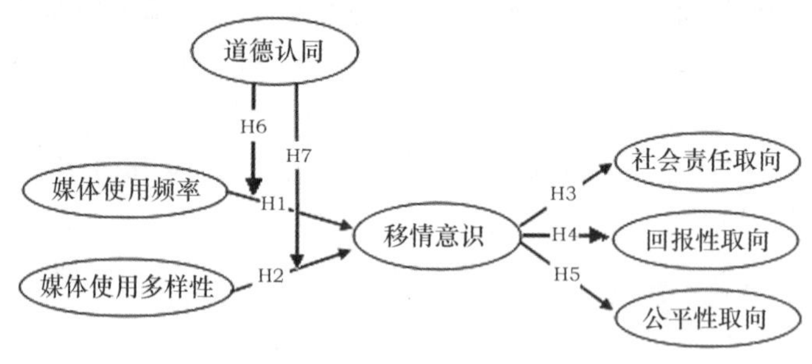

图 1 研究的理论框架

三、研究方法与设计

(一)量表与问卷设计

因变量:受众利他价值取向的三个维度,即社会责任取向、回报性取向、公平

---

① Farrington D P, Jolliffe D. Personality and Crime-International Encyclopedia of the Social & Behavioral Sciences[J]. International Encyclopedia of the Social & Behavioral Sciences, 2001, 2(3): 11260 - 11264.

性取向，其中社会责任取向题项主要根据 Gough 和 MClosky 等(1952)①开发的量表进行提炼，而回报性取向和公平性取向题项主要根据 Schwartz(1977)②和 Berkowitz(1972)③的定义及内涵进行自行设计，各变量各设 3 个测项，共 9 个测项。自变量：媒介接触频率和媒介接触多样性，各潜变量的题项主要根据 Freedman 和 Goldstein(1999)④开发的量表，各设 3 个测项。

中介变量：移情意识，该测量题项主要借鉴 Leibetseder 和 Laireiter (2007)⑤的研究成果，共设 4 个测项。

调节变量：道德认同，该潜变量的测量题项主要依据 Aquino 和 Reed (2002)⑥的研究的量表进行设计，共设 4 个题项。

以上变量的测量除性别外均采用李克特五点度量法，“1”表示非常不同意，“5”表示非常同意。研究量表具体如表 1 所示。

表 1　量表设计

构念	测量内容	题项数	参考文献
新媒体使用频率	所接触新媒体的频率的高低	3	Freedman 和 Goldstein(1999)
新媒体使用多样性	所接触新媒体类型的多少	3	Freedman 和 Goldstein(1999)
移情意识	分别从认知敏感性、情感敏感性、认知关注和情感关注，思维维度设计题项	4	Lei betseder 和 Laireiter(2007)
社会责任取向	用来评估一个人愿意对自己的行为负责任和对社团尽义务的程度	3	Gough，MClosky，Meehl(1952)
回报性取向	接受过帮助的人有义务去回报或回馈提供帮助的人的意愿程度	3	Schwartz(1977) Berkowitz(1972)

① Gough H G, Mcclosky H, Meehl P E. A personality scale for social responsibility.[J]. Journal of Abnormal & Social Psychology, 1952, 47(1):73-80.

② Schwartz S H. Normative Influences on Altruism[J]. Advances in Experimental Social Psychology, 1977:221-279.

③ Berkowitz L. Social Norms, Feelings, and Other Factors Affecting Helping and Altruism[J]. Advances in Experimental Social Psychology, 1972, 6:63-108.

④ Freedman P, Goldstein K. Measuring media exposure and the effects of negative campaign ads[J]. American Journal of Political Science, 1999, 43(4):1189-1208.

⑤ Leibetseder M, Laireiter A R, Köller T. Structural analysis of the E-scale[J]. Personality & Individual Differences, 2007, 42(3):547-561.

⑥ Karl A, Americus R. The self-importance of moral identity.[J]. Journal of Personality & Social Psychology, 2002, 83(6):1423-1440.

(续表)

构念	测量内容	题项数	参考文献
公平性取向	人们所得到的与他们所付出的比例关系的规范的认同和维系程度	4	同上
道德认同	从道德认同自我重要性两个方面设计,包括内在化和表正华两个维度,其中内在化维度涉及“道德品质或做一个道德的人对自我心理重要性”,表征化维度涉及“希望把道德品质表现出来的程度”	4	Aquino 和 Reed (2002)

(二)数据收集

本研究使用的数据来自 2014 年 10 月进行的“新媒体使用特征与用户利他价值取向关系研究”的网络问卷调查。为了提高调查信息的质量和信度,在问卷中插入了一些过滤性问题的题项。为了确保调查时问卷的信度和效度,在进行正式调查之前,先在上海交通大学内随机发放了问卷 200 份进行预调查,其中回收了 175 份,剔除回收中不合格的问卷 7 份,最后有效回收率为 84%。对此进行信度和效度分析,其统计结果显示,预调查问卷的 KMO 值为 0.836,Bartlett’s 球形检验的 p 值均小于 0.01,累积方差解释度为 84.72%,Cronbach’s α 值均大于 0.70。而在进行 CITC 分析中,其中 Q8 的 CITC 指数为 0.16,其余项均大于 0.30,因此需要删除问卷中的 Q8 题项,其余题项均保留。正式调查时,以全国 32 个省份和直辖市(不包括香港和澳门)所有网民作为抽样总体,以全国 32 个省和直辖市为抽样框,参考各省、直辖市最近公布的相关的人口、性别、文化程度和媒体覆盖情况并以此对问卷发放情况进行设计,尽量覆盖多种社交网站和社交网络工具。本数据收集过程历时 4 个月,发放问卷 2 万份,回收问卷数为 3 607份,剔除其中不合格问卷 415 份,有效回收率为 15.96%。

四、数据分析与假设检验

(一)效度与信度分析

结构效度。对量表中的各变量进行探索性因子分析,其处理结果表明,当共提取 7 个因子来表达该量表的所有题型时,所能解释的累积方差为 87.36%。同时,测项 Q19 的因子负荷为 0.23,其余题项在对应的维度上的因子负荷均大于 0.50 标准值,因此需要删除题项 Q19,其余项均保留。该结果表明说明量表在整体设计上的结构效度良好。

量表信度。对问卷各题项内部一致性进行检验，对问卷数据处理，其结果显示新媒体使用频率、新媒体使用多样性、移情意识、社会责任取向、回报取向、公平性取向、道德认同各分量表的 Cronbach's α 分别为 0.86、0.79、0.81、0.78、0.84、0.74、0.79，整个问卷的总 Cronbach's α 为 0.81，所有 α 值均大于 0.70 的标准，说明该问卷各分量表和整体问卷设计信度较佳。

内敛及判别效度。对收集的数据进行验证性因子分析（CFA），其结果如表 2所示，各测量题项与所度量的潜在变量间的标准负荷系数均大于 0.60，其对应的 t 值均大于 1.96（$p=0.05$）的临界值。同时各变量 AVE 值均大于 0.50，复合信度（CR）均大于 0.70，表明观测变量能有效反映对应潜变量的特质，各组观测指标间均存在较好的一致性，说明数据的收敛性良好。对所有潜变量进行相关系数及 AVE 平方根计算（见表 3），所有潜变量的 AVE 值的平方根值均大于对应的相关系数的绝对值，表明各潜变量间的判别效度较佳。

表 2 验证性因子分析结果

变 量	观测项	标准负荷	t 值	AVE	CR
新媒介接触频率	Q1	0.75	5.27	0.79	0.82
	Q2	0.78	7.95		
	Q3	0.83	5.24		
新媒介接触多样性	Q4	0.76	4.84	0.76	0.78
	Q5	0.79	9.25		
	Q6	0.92	6.44		
移情意识	Q7	0.83	8.45	0.67	0.81
	Q9	0.87	4.69		
	Q10	0.88	9.71		
社会责任性取向	Q11	0.78	6.07	0.75	0.87
	Q12	0.92	5.62		
	Q13	0.87	8.16		
回报取向	Q14	0.75	4.93	0.87	0.83
	Q15	0.86	9.67		
	Q16	0.84	15.04		
公平性取向	Q17	0.73	9.21	0.83	0.79
	Q18	0.69	7.93		
	Q20	0.72	8.72		

（续表）

变　量	观测项	标准负荷	*t* 值	*AVE*	*CR*
道德认同	Q21	0.77	7.63	0.74	0.75
	Q22	0.93	8.94		
	Q23	0.71	12.19		
	Q24	0.82	7.96		

表 3　判别效度检验

变　量	*FU*	*DU*	*EC*	*SR*	*RO*	*JO*	*MI*
新媒介使用频率(FU)	0.89						
新媒介使用多样性(DU)	0.65	0.87					
移情意识(EC)	−0.51	−0.61	0.82				
社会责任取向(SR)	−0.56	−0.56	0.43	0.86			
回报性取向(RO)	−0.47	−0.42	0.58	0.57	0.93		
公平性取向(JO)	−0.57	−0.48	0.49	0.43	0.43	0.91	
道德认同(MI)	−0.45	−0.51	0.64	0.56	0.49	0.41	0.86

注：对角线上的数值为 $\sqrt{AVE}$，其余的数值均为相关系数。

（二）路径分析及假设检验

1. 主效应检验

对假设理论模型使用 AMOS 进行估计，其输出的各拟合指标参数分别为：χ^2 值为 216.19，p 值小于 0.05 的显著水平，拒绝原假设，表明理论模型与观察数据无法适配，需要对初始模型进行修正，根据输出结果中的修正指标(MI)，需要在观察变量 PO.3 与 RO.1 的误差项间建立共变关系，从而至少可以减少卡方值 43.86。在对模型进行修正后，其相应的各拟合度指标分别为：χ^2 值为 894.15，d*f* 为 437（$\chi^2/df = 2.04$），NFI 值为 0.96，GFI 值为 0.98，AGFI 值为 0.91，*CN* 为 842，RMSE 值为 0.027，均达到模型可适配标准。同时修正指标输出结果中未有任何需要修正的参数，这表明修正后的模型为可接受模型，路径系数如图 2 所示。

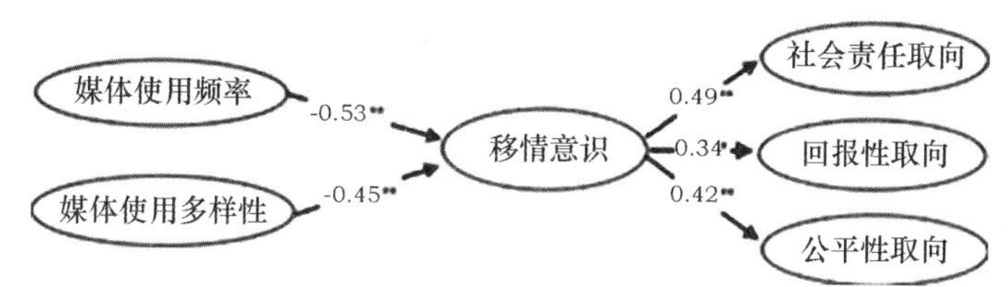

图 2　模型的路径系数

注：** 数值表示 $p<0.05$，*** 数值表示 $p<0.01$，未标识“*”号的表示不显著。

根据标准路径系数图 2 可知，所有路径系数值均介于 0～1 之间，且对应的 t 检验均达到 0.05 的显著水平，根据各标准路径系数的正负性，检验结果表明假设 H1 至 H5 五个假设均获得支持。经计算，新媒体使用频率通过移情意识中介变量对社会责任取向、回报取向及公平性取向产生的总效用分别为：−0.26、−0.18、−0.22；新媒体使用多样性通过移情意识中介变量对社会责任取向、回报取向及公平性取向产生的总效用分别为：−0.22、−0.15、−0.19。

在对性别和年龄群组模型估计时，性别组除了 AGFI 值（=0.869）未达适配标准，年龄 CFI 值（=0.814）未符合模型适配标准，其余各适配度指标均达到标准值，这表明性别和年龄的群组数据整体上能较好地与理论模型相适配。各标准路径系数均介于 0～1 范围内，且各对应系数的 t 检验均达到 0.05 的显著水平，这表明假设的理论模型在性别和年龄群组上均具有跨组效度（见表 4）。

表 4　性别和年龄群组分析结果

路　径	标准化系数					
	性 别		年龄阶段（单位：岁）			
	男性	女性	16～25	26～35	36～45	46～55
新媒体使用频率→移情意识	−0.41	−0.52	−0.35	−0.50	−0.47	−0.31
新媒体使用多样性→移情意识	−0.34	−0.43	−0.26	−0.43	−0.38	−0.27
移情意识→社会责任取向	0.40	0.48	0.32	0.47	0.45	0.30
移情意识→回报取向	0.24	0.31	0.20	0.31	0.25	0.23
移情意识→公平性取向	0.31	0.42	0.30	0.42	0.38	0.25

2. 调节作用

为了检验各相关调节作用，采用多元逐步回归分析法把自变量和调节变量逐个加入回归方程中，根据相关系数及对应的 t 检验显著性判断调节作用大小及显著性。

表 5 中标准系数及对应的 t 检验表明，模型 1 和模型 2 中的各系数的 $|t|$ 值

均大于1.96,均达到0.05的显著水平,该结果表明用户道德认同水平在新媒体使用频率及多样性与移情意识间均存在显著的调节作用,即假设H6和H7成立,且道德认同在使用频率与移情意识间的调节效应大于使用多样性与移情意识间的调节效应。

表5 道德认同调节作用检验

模型1(因变量:移情意识)			模型2(因变量:移情意识)		
自变量	β系数	t	自变量	β系数	t
新媒体使用频率	−0.49	6.75	新媒体使用多样性	−0.38	5.69
道德认同	0.28	4.38	道德认同	0.26	8.24
新媒体使用频率×道德认同	−0.39	7.52	新媒体使用频率×道德认同	−0.34	6.85

(三)结果

根据上述对理论模型的检验,其检验结果如下:①新媒体使用频率和多样性通过移情意识中介变量对用户利他价值观的社会责任取向、回报取向及公平取向产生显著负向影响。其中使用频率和多样性产生的作用大小顺序依次均为:责任维度、公平维度、回报维度;②新媒体使用频率和多样性对移情意识均产生负向影响,而移情意识对用户利他价值取向的社会责任维度、回报维度以及公平维度均具有显著的积极效应;③用户道德认同水平在新媒体使用频率及多样性与移情意识关系中均具有显著负向调节作用;④在主效应中,各路径系数对不同年龄段用户大小存在差异,对36~45岁年龄段的负向影响最大,其次是26~35岁年龄段,再次是46~55岁年龄段,最后是16~25岁年龄段。

五、结论与讨论

(一)讨论

现存的相关文献虽然并未直接就新媒体使用特征对利他价值观进行研究,但根据过去相关文献的研究结论,其中隐含着新媒体使用的频率及多样性对用户利他价值观的社会责任取向、回报取向及公平取向均存在显著影响(Ostrov

等,2006;Slater 和 Rasinski,2005)①②,而本文的研究结论与过去的相关研究结论相吻合。由于新媒体技术的发展降低了用户使用的门槛,用户可以有更多的机会使用到更多类型的新媒体及更大频率的使用。新媒体以其显著的个性化、虚拟性、互动性和双向传播性特征,从根本上改变了传统媒体的信息传播的模式,成为用户信息获取和交流的主要渠道,极大地改变了用户原有的沟通方式、生活方式、思维及观念方式。同时互联网信息传播的草根性特征及虚拟性使得用户可以几乎不受约束的按需生产内容和形成兴趣群体,这成为新媒体对利他价值取向产生负向影响的技术原因;各种传媒产业在经济利益的驱动下不断进行扩张和过度化发展,经济效益成为新媒体发展的主要指标,人们的价值观受到市场规律发展的影响,这是利他价值观受到消极影响经济层面的原因;互联网等新媒体管理制度的不完善和落实不力成为利他价值观负面影响的制度原因(李文冰等,2015)③。此外,在新媒体环境下,媒体的"议程设置"功能受到了很大的弱化,新媒体通过各种信息的渗透,随着用户对新媒体使用频率和多样性的增加,在开阔人们视野的同时,也通过群体传播方式肯定了社会某些负面行为的价值意义,并向用户传播它的价值观和行为方式,促使用户对这些行为及其主体进行效仿,改变着他们的认知方式,对用户产生着潜移默化的影响,形成了一种新的价值评价尺度和价值观念,并进一步植入深层次的价值观念之中,进而从根本上改变了个体和社会的价值标准体系和价值取向。但从社会学的视角看,价值观受到负面冲击影响的技术、市场和制度层面原因的影响,正深层次地反映了当下由于经济及政治资源上的分配不均衡、权力信任危机、社会结构上的失衡、社会角色上出现的精英群体的集体失语,导致了新媒体传播在正逐渐深层次地改变着国民的整体价值取向。

(二)管理启示

根据新媒体使用频率及多样性对用户利他价值取向影响路径过程的研究,发现社会认同是其中一个重要的中介影响因素,它影响着用户对利他价值观不同维度的取向,要对用户利他价值观进行正确的引导,可以从如何加强用户社会认同方面加以考虑:强化主流媒体的议程设置功能。大众媒体,作为当下社会发展进程中的主流媒体,它不但发挥着社会协调和环境监视作用,而且也具有强大的社会守望功能。其中,环境监视和社会协调功能是主流媒介维护社会稳定两

① Ostrov J M, Gentile D A, Crick N R. Media Exposure, Aggression and Prosocial Behavior During Early Childhood: A Longitudinal Study[J]. Social Development, 2006, 15(4):612-627.

② Slater M D, Rasinski K A. Media Exposure and Attention as Mediating Variables Influencing Social Risk Judgments[J]. Journal of Communication, 2005, 55(4):810-827.

③ 李文冰,强月新.传播社会学视角下的网络传播伦理失范治理[J].湖北大学学报(哲学社会科学版),2015(02):13-18.

大重要方式。在新媒体时代,各式各样的信息充斥着用户所能触及的任何生活空间,主流媒体成为政府等权威部门传递社会信息和它们意图的正式途径和平台。所以,充分利用主流媒体所具有的社会协调、社会监控及社会守望等功能优势,强化该媒体的议程设置功能,确保主流媒体发布的权威信息与各种新媒体的传递的信息趋同性,使得新媒体用户在对事物的认知和意识上最大限度地按照政府意愿保持一致性,从而使得新媒体平台的信息传播功能对社会发展产生积极影响。

加强网络监管法律体系建设。不管是现实社会还是网络信息环境中,法律法规成为有效维护社会稳定、社会和谐发展的强制性工具,它能有效地打击各种新媒体用户借助新媒体平台传播或从事破坏社会稳定的行为,通过完善各种类型的网络法律法规,规范用户媒体使用和信息传播的行为,可以有效地预防新媒体信息生态环境受到不同类型的“污染”和“破坏”,保证受众所获得的信息与权威的信息来源一致性,以确保整个新媒体生态环境朝着有利于社会稳定和社会和谐的方向积极健康发展①。

(三)局限性及未来研究方向

本文把新媒体使用频率及多样性视为自变量,用户利他价值观的社会责任、回报性、公平性三个纬度为因变量,用户道德认同作为调节变量来构建理论模型进行研究。本研究选取了移情意识作为新媒体使用特征对受众价值观影响的中介变量,然而除了该研究变量具有中介作用外,还可能存在其他的心理学变量也会影响到它们之间的关系。因此在未来的研究中,可以构建不同模型探索究竟哪些变量是它们之间关系的主要中介影响因素,这可为未来相关的研究的变量选择提供理论基础。

此外,虽然已经尽量完善抽样设计及数据采集方面各个流程和细节,但由于网络调查法固有存在的缺陷,使得受访率低。鉴于此,在以后相关研究中可以考虑在现实人群中进行抽样调查,以提高问卷的回收率和合格率。

作者:薛　可、阳长征

原载《上海交通大学学报》(哲学社会科学版),2015 年第 6 期

① 齐兵.大众群体归属感的流失及应对策略[J].新闻爱好者月刊,2012(20):28-29.

新媒体与公民参与的关系建构

——基于公共领域理论视角下的环境类事件分析

新媒体环境下，公民参与成为政治传播重要问题。国内环境类群体性事件年均增速29%，公众在决策中的缺位是造成该问题的根源之一。而公民参与程度是环境危机评估的参照[①]。社会因媒体成为可能，因新媒体而成为新的可能[②]，新媒体会对公民参与带来怎样影响？

一、公共领域——连接新媒体与公民参与的桥梁

公共领域独立于国家和私人领域向所有公民开放，公共意见在此形成[③]。媒介是公共领域形态必不可少的中间物[④]。关于新媒体对公共领域的建构并无一致性结论，有学者指出新媒体构建起崭新的交流和互动平台，使有关公民利益的话题成为凝聚公众的纽带[⑤]，形成某种意义的媒介"公共领域"，针对公共问题发出了不可忽略的声音。但也有学者针对新媒体的"数字鸿沟、商业化与碎裂化、缺乏把关人"对其公共领域功能提出质疑[⑥]，认为其离哈贝马斯的公共领域理念相去甚远。

公民参与是公民试图影响公共政策和公共生活的一切活动，包含参与主体、参与领域和参与渠道[⑦]。公共领域提供了实现参与制民主的可行性模式，是公民参与的实现场域[⑧]。网络公共领域的开放性、互动性、匿名性、低成本性、低公信力性、弱规范性使其对公民参与的影响具有不确定性。关于新媒体对公民参与的影响也没有一致性结论——新媒体促进了公民参与渠道多样化，提高了公

---

① Fiorino D J. Citizen Participation and Environmental Risk: A Survey of Institutional Mechanisms [J]. Science Technology & Human Values, 1990, 15(2):226-243.

② 麦库姆斯.议程设置大众媒体与舆论[M].郭慎之，等，译.北京：北京大学出版社，2008: 67.

③ 哈贝马斯.公共领域的结构转型[M].曹卫东，等，译.上海：学林出版社，1999:25.

④ 陈钢.公共领域型变的传播学观照[C].中国传媒大学第一届全国新闻学与传播学博士生学术研讨会文集，2007.

⑤ 谢征.论新媒体的公共领域构筑功能[J].求索，2012,(10):98-100.

⑥ 魏明革.基于网络的全球公共领域的建构与消解[J].当代传播，2012,(01):42-45.

⑦ 俞可平.公民参与的几个理论问题[J].青海人大，2007,(1):56-58.

⑧ 王宝霞.民主政治与公民参与[D].济南：山东大学，2005.

民参与效率及真实性①，但也增大了公民参与无序性与暴力性②。

综上所述，学者们运用理论阐释方法对新媒体的公共性进行论述，观点或肯定或质疑。而新媒体除了为公民参与提供场域外，其他的特性也会影响到公民参与。以上研究均是建立在理论阐释基础上缺乏对影响程度实证性论证。新媒体对公民参与产生了怎样的影响，其影响程度如何量化是本研究的重点。

二、研究方法

采用案例研究与调查研究相结合探究在新媒体环境下的媒体公共性与公民参与。

（一）案例研究

1. 样本选取

为全面选择样本，作者从2007—2013追踪了青岛、大连、厦门、宁波、昆明五大城市PX事件，研究发现在青岛与宁波事件媒体公共性和公民参与存在显著性差异，本文将以此为样本①加以比较研究。

2. 类目构建

科恩指出公民参与有三个维度：广度、深度和效能。哈贝马斯认为公平和能力是公民参与的元标准。因此本文将公民参与分为广度、深度、公平性、能力及效能五个维度。

新媒体的公共性：在潘忠党的基础上将其分为新媒介为公众服务的程度，新媒体对公众开放程度、话语公开程度，媒介的使用程度和媒介运作公正程度等维度。

3. 编码员信度

30位传播学硕士作为编码员，通过系统培训后独立编码，每道题目的信度均大于0.70。

（二）问卷调查与深度访谈

采用滚雪球方式向参与到当地PX事件的公民发放问卷各300份，青岛回收有效问卷276份，宁波287份，从中各选取23位参与者进行深度访谈。

---

① 严利华.新媒体与中国公民参与[D].武汉：武汉大学，2011.

② 胡正荣.权利表达与协商民主：辨析新媒体时代的公民网络社会参与[J].郑州大学学报：哲学社会科学版，2012(06).

三、研究结果

（一）公民参与

1. 公民参与广度

科恩指出公民参与广度由公民是否普遍参与来确定。本文从参与主体范围、参与方式来分析，范围包括参与公民数量、社会阶层与地理范围，方式分为直接参与和间接参与，共计 4 个题项，使用 5 点量表来测量(1 程度最低，5 程度最高)。直接参与指公民参与到政策制定，间接参与包括选举出代表自己利益的政策制定者、日常谈话等话语参与①。

从青岛到宁波公民参与主体范围不断增大——由特定人群的呐喊到全市居民，从特定地区人群到周边省市人群，由直接利益相关者到无利益相关者，范围越来越广。公民参与方式变得多样化，直接参与更为直接，间接参与方式更为丰富。

编码员对两个城市公民参与的打分情况如图 1 所示，青岛公民参与广度评价平均得分为 1.5，宁波为 3.5(总体一致性为 82.3%)

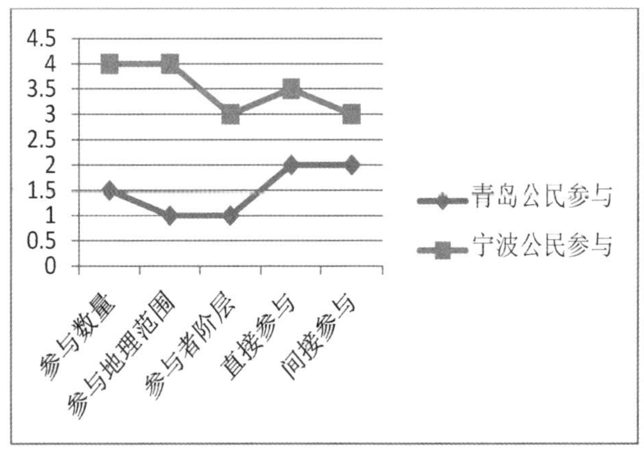

图 1　两地公民参与广度对比

2. 公民参与深度

公民参与深度指公民参与是否充分，是衡量公民参与水平的主要标志，是公

① Shah D V, Cho J, Eveland W P, et al. Information and Expression in a Digital Age Modeling Internet Effects on Civic Participation[J]. Communication Research, 2005, 32(5):531-565.

民参与的质量①,本节从公民参与的诉求、参与程度来解析。清晰明确并具有可实现性的诉求既可以快速传播并获得多数人认可,也更容易被采纳。公民参与程度指公民被包容在未来的发展中、参与到信息分享、目标和政策确立的过程的程度②,Arstein 将其分为:无参与型、低层次表面参与型、高层次表面参与型、深度参与型、高层次参与型。使用 5 点量表来测量(1 为程度最低,5 为程度最高)。从青岛到宁波,公民诉求由模糊不清到简单明确,由缺乏强有力的说服力到有理有据,从当事人的局部利益到上升到全局高度。同时从青岛到宁波事件中公民参与程度不断增强。从无参与型及低层次表面参与到公民可以对相关部门提出要求并影响其决策的深度参与型,公民参与程度不断增强。

编码员对两个城市公民参与的打分情况如图 2 所示,青岛公民参与得分为 1.7,宁波为 4.2(总体一致性为 80.6%)

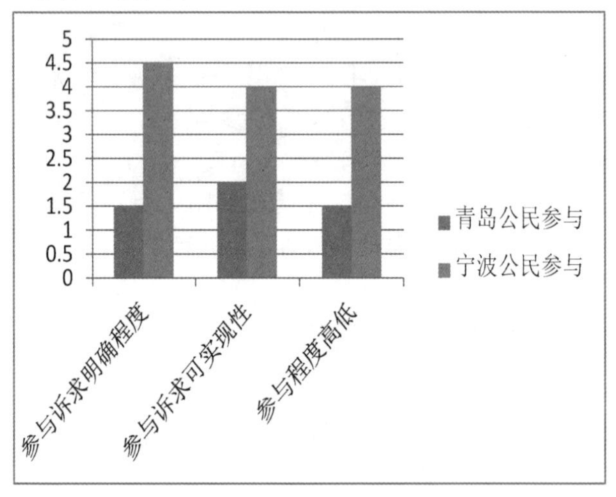

图 2 两地公民参与深度对比

3. 公民参与的公平性

公民参与公平性包括议程、建议、讨论、决定的公平③。议程公平指公民有平等机会将问题提到讨论议程、对议程与规则有平等讨论与决定权利。建议公平指公民有平等提供、反对建议的机会并影响建议。讨论公平指公民自己或代表有平等的机会出现在会场,就会场规则等提出异议。决定公平指公民对政策

---

① 邢建华.从 PX 事件看厦门公民政治参与的实现程度[J].长春理工大学学报(社会科学版),2011,(08):4-6.

② Sherry R. Arnstein. A Ladder of Citizen Participation[J]. Journal of the American Institute of Planners, 1969, 35(4):216-224.

③ Webler T, Tuler S. Fairness and Competence in Citizen Participation Theoretical Reflections from a Case Study[J]. Administration & Society, 2000, 32(5):566-595.

的决策有平等的机会。使用 5 点量表来测量(1 为程度最低,5 为程度最高)。

从青岛事件到宁波事件,由无法实现议程公平到逐渐实现了议程设置,由被说服或请求地位到逐渐获得提供建议机会,由被代表到通过新媒体将相关意见加以呈现,公民参与公平性逐渐提高,但是都无法参与到正式的决策中。

编码员对两个城市公民参与公平的打分情况如图 3 所示,青岛公民参与得分为 0.8,宁波为 2.3(总体一致性为 79.8%)。

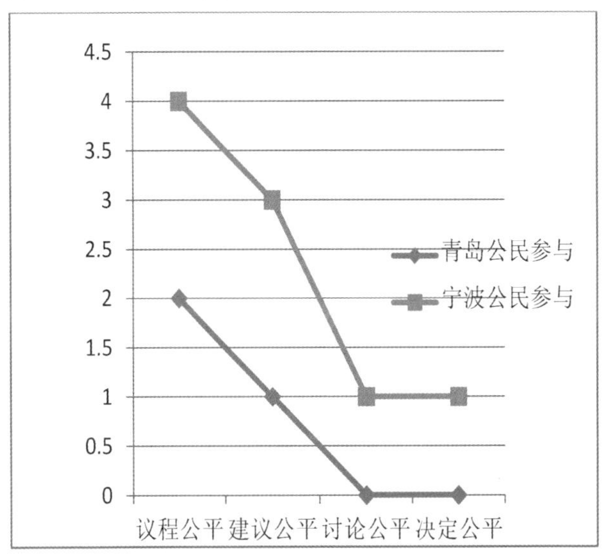

图 3　两地公民参与公平性对比

4. 公民参与的能力

Webler 与 Tuler(2000)[①]指出公民参与能力包括参与个体对相关内容、定义等的理解力,以及获得知识的能力。本文中将其分为公民参与效能感与知识丰富程度。公民参与效能感指公民自我感知到的影响政治过程的能力,包括内部、外部和集体效能感。内部效能感指个体对自身理解政治和参与政治能力的基本信念,外部效能感指其对政府能否进行有效回应的感知。集体效能感指个体对公众作为集体力量所能达到社会或政治结果的信念[②]。公民知识丰富程度指两地参与公民对 PX 相关知识的了解程度。

通过公民参与效能量表与知识丰富程度量表对两地参与过该事件中各 300 位公民参与进行调查,总体一致性为 82.9%。相关得分如表 1 所示。

① Webler T, Tuler S. Fairness and Competence in Citizen Participation Theoretical Reflections from a Case Study[J]. Administration & Society, 2000, 32(5):566 - 595.

② 周葆华.突发公共事件中的媒体接触、公众参与与政治效能——以“厦门 PX 事件”为例的经验研究[J].开放时代,2011(05):123 - 140.

表 1　公民参与效能

PX 事件	内部效能意识(5 分)	外部效能意识(5 分)	集体效能意识(5 分)
青岛 PX	4.5	1.5	2.5
宁波 PX	4.7	2.5	3.5

通过公民参与效能量表测出公民参与效能感，可知两地公民内部效能感都较强，表明随伴着知识文化水平提高，公民对自我参与能力认可度不断增强，但对外部的影响能力感知还比较弱，集体效能感显著高于外部效能感。两地公民参与者内部效能感虽无显著差异($p>0.05$)，但宁波公民的外部效能感与集体效能感要显著高于青岛($p<0.05$)。通过深度访谈证实这与中国传统的“人多力量大”的集体主义意识有关，当更多的人知晓该并参与其中之时，公民对自身影响力的评估会提高。同时两地居民 PX 知识得分并无显著差异($p<0.05$)，青岛被试得分 3.3 分，宁波得分 3.5 分。

5. 公民参与效能

公民参与效能，即公民参与政策过程时，源于政策参与能力而形成的政策参与成效，是公民参与的实现程度①，Hansen 将政策产出性作为公民参与效能的评价标准②。本文从政策与公民诉求的相近性、出台速度及时机三方面衡量，每个题项 6.7 分，共计 20 分。

从青岛到宁波事件，公民求的实现程度更高，政策出台速度更快，同时问题解决由出现问题后参与到政策制定阶段参与。公民参与效能不断增强。

编码员对两个城市公民参与效能的打分情况如图 4 所示，青岛公民参与得分为 1，宁波为 3.5，总体一致性为 84.9%。

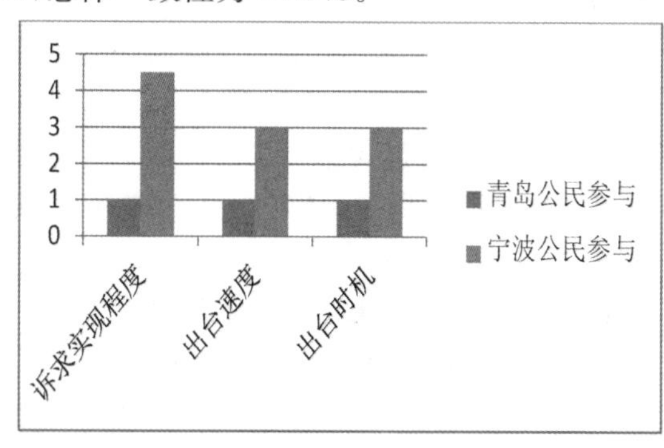

图 4　两地公民参与效能对比

① 涂锋.中国公民政策参与的效能——从经济、社会和文化三个维度的分析[J].行政管理改革，2012，(3):44-47.

② Hansen K N. Identifying Facets of Democratic Administration The Empirical Referents of Discourse [J]. Administration & Society，1998，30:443-461.

通过以上的分析，两者的总体情况见图 5 所示，除了在公民参与能力两者比较相近外，在其他四项中宁波公民参与显著高于青岛，但是在公民参与公平性方面宁波公民参与也没有实现。

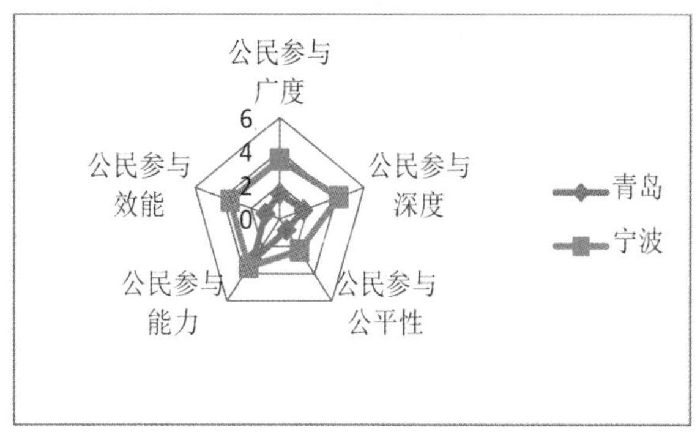

图 5　两地公民参与度整体对比

（二）新媒体的公共性感知

新媒体是相对于报纸、广播、电视、杂志四大传统意义上的媒体，包括了论坛、博客、网站、微博、手机短信等媒体。在本文中主要探究论坛、门户网站、微博、手机短信四类新媒体的感知。在汉娜·阿伦特、哈贝马斯、潘忠党、汤普森等人论述的基础上，使用以下题项的 5 点量表来测量公民对新媒体公共性感知。

(1) 新媒介为公众服务的程度：信息的真实；信息及时发布；信息得以迅速广泛地传播；相关议题可以得到高度关注和认可；具有为公众议程设置的能力(一致性为 85.4%)。

(2) 新媒体对公众开放程度：对所有公众公平开放；具有丰富的信息来源；具有互动性；公民可以充分表达自己的观点立场(一致性为 84.3%)。

(3) 新媒介运作公正程度：新媒体的内容具有客观性；新媒介能协调好公共利益与经济利益；新媒体具有公益性；新媒体能够顾及尽可能多人的利益(一致性为 88.6%)。

(4) 新媒介的使用公正性：具有匿名性；具有平等对话性；人人可以就问题发表意见与开展行为(一致性为 93.4%)。

(5) 新媒介的接触程度：平均每天对新媒体的接触程度；通过对新媒体 PX 信息的关注程度；通过新媒体表达 PX 信息看法的程度(一致性为 80.3%)。

由表 2 可知，从青岛到宁波事件，公民对新媒体的服务程度、对公众的开放程度、媒介运作公正程度、媒介使用公正性以及媒介接触程度都有了显著性的提高，新媒体的公共性进一步显著提升。

表 2　青岛事件与宁波事件中公民对当时新媒体公共性感知对比分析

	为公众服务程度		对公众开放程度		媒介运作公正程度		媒介使用公正性		媒介接触程度	
	均值	F 值	均值	F 值	均值	F 值	均值	F 值	均值	F 值
青岛事件	2.57	$F=338.5$ $p=0.000$	3.16	$F=380.0$ $p=0.000$	2.77	$F=81.0$ $p=0.000$	3.51	$F=73.8$ $p=0.000$	2.25	$F=140.$ $p=0.00$
宁波事件	3.73		3.97		3.18		3.76		3.56	

注：$p<0.05$ 表示两者之间达到了在 95%的置信度。

（三）新媒体的公共性感知与公民参与的线性关系

新媒体的公共性由五大维度构成，本文采取均值的方式获得当时事件中公民对媒介体公共性的感知，对于公民参与值的获取也是如此。进而构建出公民参与度与新媒体公共性之间的线性关系是：公民参与度＝新媒体的公共性×1.326－1.797（$F=76.7$，$\Delta R^2=0.58$），表明新媒体的公共性与公民参与度呈现正相的关系，新媒体的公共性的增强可以解释为何宁波事件中公民参与度的提升。

其中新媒体的公共性感知与公民参与度各维度之间的线性关系为：公民参与广度＝新媒体的公共性×1.474－2.274；公民参与深度＝新媒体的公共性×1.842－3.017；公民参与公平＝新媒体的公共性×1.100－2.010；公民参与能力＝新媒体的公共性×0.147＋2.923；公民参与效果＝新媒体的公共性×1.833－3.684。由相关系数可知，伴随着新媒体的公共性感知的提升能很好地提高公民参与广度、深度、公平以及效果，但是其没有很好的提升公民参与能力。

新媒体传播呈现出去中心化特点，在短时间内将一致的信息传达到更多人，相关话题成为凝聚公众的纽带，并快速形成一致的公民诉求。同时新媒体成为公民参与的重要场所，针对公共问题发出了不可忽略的声音，并达到良好的议程设置效果，其让事件成为公共议题，更多公民参与其中，同时为公民参与提供了广阔平台及更多参与方式。

新媒体成为公民获取信息的重要途径，其虽然没有显著影响公民的内部效能意识，但显著提高了外部与集体效能意识，这与新媒体的交互性、点对点传播特点有关，一条信息可以在短时间内实现核聚变式扩散，加之我国长期集体主义意识的影响，无形中提升了公民参与效能意识。但是其却没有提升公民相关知识丰富程度，这主要由于新媒体环境下信息量大而无章，公民信息加工程度较低。

新媒体的出现为公民参与的公平性创造了可能，新媒体的互动性、社会参与性、私人化与自主性等优势将相关议题迅速扩散，通过议程设置实现议程的公平，同时新媒体拓宽了公民参与的渠道，为实现建议公平创造了条件。虽然其在实现讨论公平与决定公平方面依然乏力，但是其却可以通过前期的意见扩散，间接影响到讨论与决定的公平。

四、结论与讨论

（一）新媒体的介入促使中国公共领域的成型

潘忠党指出媒介公共性指媒介服务对象是公众；对公众开放、话语公开；媒介的使用和运作公正[①]。网络公共论坛、微博空间、微信社群、SNS网站等快速发展，公民可以在这些公共网络空间内拥有自己的ID、就社会公共问题发表意见，形式上实现了媒介作为社会公器服务于公共利益的作用。

在宁波事件前期，公民在网络中发表转发相关内容参与讨论。在这些网络空间公民以虚拟身份就宁波PX事件发表观点，进行平等交谈，针对PX事件发出了理性而不可忽略的声音，影响了公共决策。这些网络空间成为自由、开放、公开、平等、公正和理性的交往平台，符合公共领域的标准："理性、开放、平等的讨论平台、影响公共决策的作用、制衡政治权力"，成为某种意义上的媒介"公共领域"，媒介的公共性一定程度上得到凸显。

（二）新媒体促进了公民参与

新媒体提升了公民素养，拓展了公民的政治知识领域。在宁波事件中维护个体合法利益、具有社会责任意识的公民已经形成；其自身公民权利意识不断提高，相关知识更加丰富。

新媒体为普通的民众和民间组织在话语表达提供了更大的空间，为有效的公民参与提供了多样化途径，促进了公民参与效能提高。新媒体不仅是引发争议、触动公众神经的公共领域，也是舆情迅速大范围传播、汇聚的路径，更是公民动员的主要手段。借助现代的通信工具与网络媒体民众的动员效率得到很大程度上的跃升，使其在短时间内形成清晰明确单一具有可实施性的诉求，同时凭借其即时、大范围的信息传播形成舆论。

尽管公民内部对于个体理性和个人价值诉求越来越强烈，公民作为独立个体对于社会生活的参与感逐渐形成，但个体声音易被忽视和湮没，公民外部效能感较弱。新媒体的积极参与能够使分散的个体意志凝结成为集体意念，促使更多公民参与到相关事务并借助新媒体特有的便捷性和聚合性形成强大的公共舆论，影响政治社会生活。在宁波PX事件发生的最初阶段找准"环境污染"切入

---

① 潘忠党.传媒的公共性与中国传媒改革的再起步[J].传播与社会学刊，2008(06)：9.

点客观引导,以最小的媒体成本和社会成本达到最佳的舆论引导效果。在舆论引导下加强了政府的关注,促成了政府的有效回应。

(三)新媒体对公民参与的局限性影响

数字鸿沟将民众进行了分化,更多无法接触到新媒体的群众无法很好地享有参与机会。如青岛事件中广大退休居民无法很好地利用新媒体。同时新媒体在实现公民参与公平以及提升公民知识等方面依然乏力。新媒体大大促进我国公民参与水平,但也存在某些局限性。在新媒体时代需要对其更好地引导与治理,促使我国公民参与的有序发展。

作者:薛　可、王丽丽、余明阳
原载《西南民族大学学报》(人文社会科学版),2014 年第 2 期

新兴网络行为的特点及产生原因

社会学功能论从系统论的角度考察社会生活，研究的是一个或多个较大的结构中、在特定的各种关系之间相互作用所产生的功能。该理论"假设社会是一个有生命的有机体，而这个有机体的每个部分，都是为了维护这个有机体的生存而存在"①。

功能论的文化社会学观点认为文化的产生是社会功能的需要。文化的本质是维护社会规范的价值工具，文化的意义根据它在人类活动体系中所处的地位、所关联的思想以及所产生的价值而定。此种观点也适用于迅速发展的网络文化。

21 世纪，互联网在世界范围内日益普及，截至 2013 年 6 月底，我国网民规模达到 5.91 亿，互联网普及率为 44.1%②。巨大的网民基数加上网络在学习、工作、生活等各方面的日益渗透，催生出了丰富的网络语言和各色网络行为，也形成了网络文化。即以网络技术为支撑的基于信息传递所衍生的所有文化活动及其内涵的文化观③，它存在于普遍的网络行为之中。本文重点分析以网络语言、人肉搜索及网络命名等典型行为的特点及背后的社会原因，结合现代传媒技术的发展解读功能论视角下的新兴网络行为。

一、网络语言风靡

网络语言指的是随着网络普及和发展而产生的、内涵和外延均有别于传统平面媒介语言的新兴语言形式。网络语言符号大致可分为两种类型，一类是专业化的网络术语；一类是大众日常交流采用的网络语言。本文讨论的是后者。

网络交流中产生了一套新型的、网络上独有的沟通语言。在网民日常交流过程中诞生的网络新词是否能流行开来，主要取决于它本身的生命力。如果新生的网络词汇不仅充满活力，而且经得起时间考验，约定俗成之后即会被人们接受。这类语言具有鲜明的特点。

（1）幽默诙谐、生动有趣。用符号形式来表达含义丰富的表情、动作，是网络语言的一大特征。比如"：－D"表达微笑，其形象生动的表现方式，使得与他

---

① 谢弗.社会学与生活[M].北京：世纪图书出版公司北京公司，2011.

② 中国互联网络信息中心.第 32 次中国互联网络发展状况统计报告[J].互联网天地，2013(10)：22－24.

③ 冯永泰.网络文化释义[J].西华大学学报：哲学社会科学版，2005，24(2)：90－91.

人的远距离交流带有了如同面对面交谈般的亲切感。网络语言的趣味性体现在通过暗喻、借代等修辞手法来增加表现力。

(2) 意译、音译外来词汇。由于计算机和网络本身就是舶来品,现在的网络语言中,直接意译或音译外来词汇的现象不在少数。如:“鼠标”、“烘焙机”、“冲浪”等。

(3) 缩略构词。缩略常见的中英文词语、短语甚至短句来构词,大大缩短了交流的时间,使其在网民中广泛流行。比如“吃饭 ing”意为“正在吃饭”。

(4) 谐音构词。传统语言符号中采用汉语、英语、数字的谐音来构词的现象并不常见,而在网络中,谐音构词是其一大特点。如“886”代表“拜拜喽”,“3Q”代替“Thank you”。

在传统社会交流中,最主要的交流方式是面对面的口语交流,并辅之以面部表情、身体语言等。但网络交流面对的是冰冷的机器,交流的双方都隐藏在机器背后,所以键盘敲击文字成为主要交流途径。当人们局限于单一的文本交流的环境中时,人类的智慧得到了发挥,他们发展出丰富多样的网络符号、短语、缩写等一整套的网络语言,将他们的思想与情感多样化地呈现在网络交流中①。分析网络语言迅速流行的原因,主要有 4 点:

(1) 节约时间和上网成本。高速发展的网络社会,每分钟可能产生的经济价值都是巨大的。简化已存在的词汇,能够有效提升交流速度、节约时间。此外,网民大量利用智能拼音系统默认的同音词汇来代替自己要录入的词汇(如“酱紫”代替“这样子”),由于此类同音词汇录入得多了,反而成为后来居上的固定表达。这是大部分汉语谐音词产生的原因。

(2) 网民喜欢打破传统。活跃的网民群体大多是崇尚自主、开放、包容、追求创新的年轻人,因此,他们不受传统语言语法、规范、标准的约束,另辟蹊径创造网络语言语体。比如运用符号来表达自己的表情动作等,使对方如同面对面交流时那样产生非常直观的了解。这些符号固定下来,成为网络语言的重要组成部分。

(3) 借网络流行词掩饰真实身份。匿名性是网络虚拟世界的特点,多数网民喜欢掩饰自己的真实身份,并借助在网络上改变自身的说话特点、融入网民的整体语言风格来塑造另一个“我”。这就使得网络语言符号愈加流行。如“呵呵”、“嘿嘿” 等在生活中不常用的笑的拟声词,被某些网民用来表现自己的憨厚可爱,后来许多网民都采用这种表达方法。

(4) 用新词凸显个性。网络空间给予网民充分的凸显个性、释放自我的空间。在与他人交流、对话、发帖过程中,有意创造或者使用时下流行的网络热词

---

① John Suler. Communication subtlety in multimedia chat-how many ways can you say‘Hi’ at the palace! [EB/OL]. http://www-usr.rider.edu/~suler/psycyber/hilucy.html, 2013-11-16.

来彰显自己的个性,引起他人注意甚至是好感,这也是网络语言符号风靡的重要原因。

二、人肉搜索

人肉搜索,指的是在现代信息科技条件下,网络信息搜索成为以网络为平台,以网民为资源,逐渐获取某个人或某些人信息,人找人、人问人的关系型网络社区行动。我国"人肉搜索"的发端可追溯到 2001 年曝光微软公司的"陈自瑶事件",早期的"人肉搜索"内容以戏谑、娱乐为主。2006 年"虐猫事件"以后,题材迅速转换为弘扬真善美、贬斥假恶丑的秩序维护和构建为主,它也是第一次真正意义上的大规模人肉搜索。同年"铜须门事件"则让人肉搜索变质,此后的诸多人肉搜索案例,均有"暴力"的字眼出现。从以上提到的人肉搜索经典案例不难看出人肉搜索的特点:

(1) 发问人可以不用顾及自己提问的用词是否准确,因为广大网民总是能很好地理解彼此的意思。

(2) 发问人可以不用去学习如何使用搜索引擎,也不会遇到你想要的信息没有被你常用的搜索引擎收录而失之交臂的遗憾。

(3) 时效性、新闻性、八卦性强的事件,人肉搜索总是先给出吸引人的引爆点。加拿大学者麦克卢汉认为,电子媒介出现之后,人类重新进入部落化阶段,也就是"地球村"。在这个时期,人类生活在由声音和图像营造出的虚拟空间里,人类的交往不仅仅单纯依赖口语和文字,而是需要去看、去听、去想,使得从前被打破的感官平衡重新得到恢复。

人肉搜索符合人类社会"重新部落化"的特征。首先,"人肉搜索"的本质是扩大了的人际传播。与传统的搜索引擎搜索相比,"人肉搜索"更多依靠个体的力量。它不仅是只存在于网络中的信息搜索,同时实现了在现实世界和虚拟世界两者间的穿梭。在"人肉搜索"的过程中,搜索结果的数量和质量首要依赖于参与搜索的人数及其人脉资源,技术的作用退居其后。基于互联网的便利性,广大网民可以随时随地将自己所知晓或掌握的信息通过网络及时发布出去,相互间交流和沟通,以此来实现对目标的搜索,找出相关结果。这样的搜索过程,无形中促使参与搜索的网民自然而然地逐渐聚拢,形成一个虚拟社群——目标一致,发挥集体智慧与力量找出被搜索人的相关信息。而维系这个虚拟社区的所有成员间彼此联系的正是网民在网络世界的交流与沟通。

三、网络命名等其他网络行为

现实社会中,个人的姓名、身份基本是不变的,它使个人会依据相应的身份要求来约束自己的言行举止,这种稳定性是确保现实社会稳定的重要前提。在网络上则不然。网名作为上网者的身份符号,体现着新时代网民群体的个性特征及价值追求。

根据复旦大学钟瑛、刘海贵对"榕树下"站内网络命名所进行的研究,网络命名特征有①:

(1) 网络命名中有明显的性别特征。男名 95% 以上、女名 80% 以上可以立即断定出性别。如"蒋郎憔悴"、"赫赫草芥"和"丁香女孩"、"水晶朱廉"等。

(2) 网络命名中以英语及汉语拼音直接命名。如"woodman"、"KIKI"、"二楼 A 座之 inin 鱼"等。

(3) 以现实原名或与原名相关字命名。如"周国文"、"楚红"等。

(4) 以短句或典故、谚语命名。如"京华烟云"、"刻舟求剑的鱼"、"弥赛亚"等。

(5) 命名以寄情为主。如"菊开那夜"、"江南篱笆"、"何为欢"等。

(6) 一人多个网名的情况较为普遍。这种现象正是体现出网民不愿受单一固定身份的约束而希望在不确定的交流群体中展现自己性格的多重侧面。

综上所述,网络行为的出现和流行,其背后的社会原因是多元的,外在原因有社会的变迁、科技的发展和媒介手段的多样化,内在的原因则主要体现在人类内心的丰富多变。网络行为作为网络文化的代表也是网络社会功能的需要。

作者:邵　帅、薛　可

原载《新闻世界》, 2013 年第 12 期

---

① 钟瑛,刘海贵.网络身份的意义探析[J].复旦学报:社会科学版,2003,(06):78-82.

从第三人效果看新媒体受众伦理
——以新浪微博末日谣言为例

一、引言

十一届全国人大常委会第三十次会议审议通过了关于加强网络信息保护的决定草案,引起了社会的广泛关注。不少专家学者表示,网络不应当是一个肆无忌惮的地方,要通过立法,引导大家在网上理性、负责任地表达自己的观点和诉求。一方面,通过立法维护健康有序的网络环境迫在眉睫,另一方面,从伦理道德角度,加强网民的自律,规范文明上网的行为也十分必要。不同于传统媒体,在 Web2.0 时代,网民不仅仅只是信息的接收者。网民在接受信息的同时,也有可能进行信息的再次传播,成为信息的传播者,而由于网络环境的相对宽松,把关人的减弱,使网络更容易成为谣言滋生的温床。

根据第三人效果理论,人们认为大众传播信息对其他人比对自己有更大效果,而在微博传播过程中,网民同时作为接收者和传播者的网络环境中,是否同样存在第三人效果?网民转发该条微博的动机如何?本研究从第三人效果角度出发,对网络谣言的传播扩散进行分析,并从受众伦理的角度,探讨新媒体环境下,如何营造健康稳定的网络环境。

二、研究方法

采用问卷调查法,以 2012 年 12 月 12 日,中央电视台新闻中心官方微博“央视新闻”播报了一条小行星“战神”到达近地点的消息,引发网友的末日猜想及担忧为例,通过问卷调查,对微博第三人效果进行检验,并对网民的转发行为、转发动机等进行分析。

问卷首先对央视微博所发的关于小行星的微博进行认知和转发行为测量,然后对于用户在转发过程中进行末日信息添加的微博进行了认知和转发行为测量。此外,对用户的转发动机以及转发行为的看法、媒介使用、粉丝数量、对微博内容的信任度等进行了调查。

本次调查共计发放问卷 150 份,其中回收的有效问卷 143 份,所用数据均通过 SPSS17.0 软件进行统计处理。问卷发放对象均为 20～25 岁的在校大学生,均使用微博,其中男生 40%,女生 60%。

三、研究结果

对于曾经广泛流传的世界末日之说,受访者自己相信这一说法的程度较低(M=1.628 6),而认为他人相信世界末日的程度较高(M=2.714 3),可见受访者倾向于认为他人比自己更加相信世界末日的说法,并且有一定的显著差异(F=4.301,*sig*=0.017)。

无论是对央视新闻所发的关于小行星的微博,还是网友在转发中计算出小行星撞击地球时间的微博,受访者均认为微博内容对自己的影响较小,而对他人的影响较大。可见,受访者认为他人比自己更加恐慌。但无论是对原微博的认知(F=8.951,*sig*=0.00)还是对再添加内容的微博(F=7.077,*sig*=0.00)均有显著的差异性。

在转发行为上,无论是对央视新闻所发的关于小行星的微博,还是网友在转发中计算出小行星撞击地球时间的微博,受访者更多地认为他人比自己更可能转发。并且,随着末日内容的添加,受访者认为自我与他人转发的概率也随之增加。

综上所述,在微博用户中,受访者均认为微博上有关末日的内容对他人比对自己的影响更大,同时,其他人的反应比自己更加强烈,表现为其他人会更有可能转发微博。因此,在微博的使用中,同样存在第三人效果,这一假设得到验证。

此外,在调查中,发现受访者在转发微博时更多是出于觉得很好玩,以及为了吸引大家的注意的动机。只是一种哗众取宠的行为,而不是基于微博内容本身希望提醒大家引起注意。

在受访者对转发这条末日微博行为的看法上,受访者对倾向于认为如果信息是假的,那也不是我的错,因此对于微博受访者而言,并没有太多的责任意识,对于微博转发行为更多的是一种娱乐倾向,而并没有想到要为自己转发行为承担责任。

四、结论及讨论

在 143 名受访者中,94.3%的受访者获取信息的主要渠道都是来源于网络,当然这与调查对象均是 20～25 岁的在校大学生有很大的关系,但也说明了一个趋势,现代社会,人们越来越倾向于通过网络渠道获取各种信息。但是,网络上的信息鱼龙混杂,网络在给人们提供了便利的同时,也带来了一系列新的问题和挑战。网络环境亟待规范和治理,除了对于网络媒体的行为规范之外,网民作为网络信息的接收者同时也是内容的制造者，也需要明确网络伦理意识，在享受网络带来的各种便利的同时，也要承担一定的责任和义务，共同营造健康良好的网络环境。

彭雪松、黎滢(2012)[①]提出，从受众角度看，受众的活动包括选择和接收信息、解析信息以及再传播信息三个基本过程。所以，微博传播中的受众伦理是指受众在选择和接收信息，解析信息以及再传播信息三个方面享有权利，同时也需承担相应的道义责任不仅仅是在微博平台上，在 Web2.0 时代，新媒体传播中的受众伦理都可以从这三方面进行分析。

（一）选择和接收信息的伦理

信息选择、接收伦理也就是受众在选择、接收信息时需承担的道义责任[②]。在 Web2.0 时代，人人都是一个自媒体，都可以自由地在网上制造内容，发布信息，而尤其是像微博这样的网络平台，将内容字数限制在 140 字以内，一定程度上降低了创作内容的难度，用户在发布内容时，不需要有逻辑性或是经过系统的思考，而是一种碎片化的表达方式。网上信息鱼龙混杂，不仅有各种时政新闻、生活百科、心灵鸡汤等各种有用和有价值的信息，同时也充斥着各种反动、淫秽和暴力的信息。因而也对受众在选择及接受时信息提出了要求，受众应当选择那些文明、健康的信息，同时拒绝低俗、淫秽和反动的信息。在微博平台上，受众对信息的把握和选择可以通过筛选关注对象的方式进行。受众应该有选择地选取关注对象，对于那些发表反动言论或是低俗内容的微博主，受众应当取消关注。正是因为受众的猎奇心理，为网上的谣言和低俗信息提供了滋生的温床。

（二）解析信息的伦理

在浩瀚的网络信息中，往往是那些具有矛盾争议或是震撼惊讶能够迅速引起大家的注意，并广泛快速地传播。另一方面，在微博平台上，140 字的字数限制传播主体试图呈现的往往不是事件整体，而是其中一个剖面。微博在转发的过程中不断地被用户进行内容的补充和再造，但微博本身却无法完成有效信息的整合从而诞生完整真实的新闻，同时在转发的过程中有可能导致信息的失真，传到最后可能会出现与原始微博意思完全相反的内容。

因此，在信息解析的过程中，受众也应当承担一定的责任。受众可以通过各种其他途径来核实信息的真实性，同时判断自己所接收的信息是否是已经被筛选、加工后的信息而并不是事件本身。在发表意见之前，受众应该尽量多搜集来自不同信源的资料。

---

①② 彭雪松，黎滢.试论微博传播中的受众伦理[J].理论导报，2012，(01)：49-50.

（三）信息再传播的伦理

虽然 Web2.0 时代使得传播的主体和受众合一，但作为信息接收者而言，更多的是先接收信息，再进行信息的二次传播和多次传播。因此，受众在进行再传播行为时，应当有一定的道德意识。不是所有的内容都适合转发传播，为了哗众取宠或博取关注度而转发一些虚假或是反动或是低俗的信息的行为都是不应当被鼓励的。

而事实上，从问卷结果中可以看出，大多数受众并没有这样的伦理意识，有趣好玩能够博人眼球是他们转发微博的一大动机，同时他们普遍认为如果转发的信息是虚假的，这也不是他们的错。因此，无论是对信息的再传播行为，还是信息的接收和解析上，受众的伦理和责任意识都亟待提高。首先，受众应该有辨析信息真实性的意识，其次，在信息符合文明健康网络要求的前提下，在自己能够确信信息真实性的前提下，再进行信息的再传播。而不是当发现信息是虚假的时候，再来一味地撇清责任，虽然信息源头不是自己，但受众的再传播行为也起到了一定的推波助澜的作用。

（四）利用新媒体消减“第三人效果”

受众对末日谣言微博的转发行为，一方面是由于道德责任意识的缺失，另一方面，“第三人效果”也在其中起着作用。对他人在态度及行为上的影响，人们大多倾向认为在面对大众媒介的劝服信息时，明智的自己受到的影响很小，而自己以外的“他们” 所受的影响很大[①]。在转发行为上，即使明知是虚假信息的情况下，不少受众也抱着自己不转别人也会转发的心理，撇开自己的责任，为博人眼球而转发虚假或是谣言微博。在“第三人效果”下，一方面受众认为自己的态度并没有受到媒体的影响，另一方面却已经产生了比媒体的预期更加激烈的行为。也许只是出于提醒他人的目的，但是受众的转发行为却为谣言的传播起到了推波助澜的作用。

调查问卷中，对于微博上存在的“第三人效果”现象已经得到验证，但是合理地使用新媒体，可以消减“第三人效果”，减少对他人的误判。新媒体的出现使人们主动寻求信息变得更加便捷，并且越来越多的人也习惯了在遇到问题时通过网络寻找答案，这在无形中也提高了公众科学认知事物的能力。

（五）采取有效措施，防止谣言滋生

对于受众伦理意识缺失问题，一方面需要通过各种渠道的宣传提高受众的

---

① 张天赦.新媒体应用对“第三人效果”的改变[J].新闻传播，2012(01)：12－14.

责任意识，另一方面，也需要采取有效措施，制订相关规则，对违规行为进行处罚。例如新浪微博从 2012 年 5 月 28 日起开始施行《新浪微博社区管理规定(试行)》，以进一步规范微博用户的使用行为，维护微博社区的秩序。对于发布危害信息或是不实信息的行为，采取删除内容或冻结账号等处罚措施。

此外，作为媒体而言，也应当积极发挥自己的作用，帮助受众认清事实，及时辟谣。在本文所举的末日谣言案例中，新浪微博便专门开辟了＃小行星战神远离地球＃这一微话题，供大家讨论，一方面通过官方渠道进行辟谣，另一方面，网友也可以通过点击“观点参与”自动发出一条关于＃小行星战神远离地球＃的微博内容，通过网友参与的方式进一步澄清末日谣言，消除受众的心理恐慌。而作为传统媒体的凤凰卫视，也专门针对这一微博内容进行了辟谣。

因此，文明健康有序的网络环境的营造，不仅需要网络媒体自身的管理和规范，同时也需要传统媒体的大力参与和协助，更加需要网民自身通过提高伦理道德意识和责任意识，共同维护网络信息的真实、健康。

作者：王舒瑶、薛　可

原载《新闻世界》，2014 年第 11 期

消费者人格对品牌认知的影响研究

人类总是表现出不同的个性特征，而具有不同个性特征的人的世界观也不一样。对同一件事物，不同性格的人对其认识的程度不一样，对其产生的联想也不一样。像品牌这样无生命的物体可以与人类个性特征相联系的说法已经广为社会心理学家和营销专家所接受，基本观点是像品牌这样的态度客体可以与个性特征相连，从而给消费者提供自我表达或象征性利益。品牌被赋予了个性，但品牌在被消费者认知时，由于消费者不同的人格特征，使得不同的消费者对品牌有不同的认识程度，对品牌有不同的联想。

一、关于人类个性特征的研究

由于人类个性特征的复杂性、抽象性、多重性和易变性，个性研究一直处于探索的状态。大五模型（Big Five Model）是所有这些研究中到目前为止得到较为普遍认同的个性结构。Tepus 和 Christal（1961）利用电脑对有关空军个性特征的成千上万份数据资料进行分析，结果发现所有的个性特征都可以被归入五种个性要素的集合。Costa 和 McCrae（1985，1989）、McCrae 和 Costa（1987）、Goldberg（1990）①、John（1990）②等人对个性要素集合不断进行研究和完善，最终形成了人类个性的大五模型，并建立一套完备的测量量表体系。大五模型将各种个性特征都划归到敏感性（neuroticism）、外向性（extraversion）、开放性（openness）、和悦性（agreeableness）以及谨慎性（conscientiousness）五大个性维度和 30 个维度特征（见表 1）。应该说，心理学对人类性格早已作了很多的深入研究，并且对每个维度的意义的研究也是很到位的。

表 1　人格的五大维度

主要个性特征	个性维度
外向性（extroversion）	热情，社交，专断，活跃，寻求刺激，积极

① Goldberg J A. Interrupting the discourse on interruptions: An analysis in terms of relationally neutral, power-and rapport-oriented acts[J]. Journal of Pragmatics, 1990, 14(90):883-903.

② John, Oliver, The 'Big Five' Factor Taxonomy: Dimensions of Personality in the Natural Language and in Questionnaires, in Handbook of Personality[M].Theory and Research, L.A. Pervin, ed. San Francisco: Harper, 1990, 66－100.

（续表）

主要个性特征	个性维度
和悦性(agreeableness)	值得信任,直率,利他,顺从,谦虚,脆弱
谨慎性(conscientiousness)	能干,讲次序,忠实尽职,追求成就,自律,深思熟虑
敏感性(emotional Stability)	焦虑,愤怒,沮丧,自我,冲动,易受伤
开放性(openness to experience)	幻想,艺术,敏感,实践,思考,有价值

二、品牌认知的概念界定

品牌认知是指消费者对品牌的认识、了解、把握的程度。然而,国内学者对品牌认知却有不同的理解。这些不同的理解分别来自对英文 awareness, recognition, perceived 的不同翻译。其中 brand awareness 被不同的学者译成"品牌认知"、"品牌知晓"、"品牌知名度"、"品牌意识",brand recognition 被译成"品牌认知"、"品牌再认"、"品牌识别",而 perceived quality 被译成"品质认知"。

David Aaker 认为,Awareness 是品牌资产的一个重要组成部分。其他的品牌资产组成部分有 perceived quality, brand loyalty 和 brand association。按 Aaker 的解释,brand awareness 是指品牌在消费者头脑中存在的牢固程度。brand awareness 有两个水平,即 brand recall 和 brand recognition。brand recall 又称为 unaided awareness,当让被调查者说出某类产品的品牌时,那些被说出来的品牌就具有 brand recall;brand recognition 又称为 aided awareness,当给出特定产品种类的一系列品牌名称,要求被调查者说出他们以前听说过哪些品牌时,那些被说出来的品牌就具有 brand recognition[①]。可见把 brand awareness 和 brand recognition 都译成品牌认知是值得商榷的。虽然同一学者并不会把 brand awareness 和 brand recognition 同时译成品牌认知,但这确实造成学术上的不便。

Perceived quality 经常被学者译为品质认知或认知质量,这一点争论的意义不大。品质认知可以定义为消费者根据特定目的、与备选方案相比对产品或服务的全面质量或优越程度的感知情况。brand loyalty 和 brand association 分别译为品牌忠诚和品牌联想也存在共识。品牌忠诚度用于反映顾客转向其他品牌的可能性,尤其是当品牌在价格或产品性能等方面发生变化时顾客转向其他品牌的可能性。可能性越小,品牌忠诚度越高,竞争活动对顾客群的攻击力越弱。品牌联想是与品牌记忆相联系的所有的事情。Aaker 认为,品牌形象

① Aaker, David A. Managing Brand Equity[M]. New York:The Free Press. P12(1991).

(brand image)通常是按照一定目的组织的一系列联想。

按 Aaker 对品牌联想的理解,品质认知就应是品牌联想的一部分,因为对产品或服务的认知也是与品牌记忆相联系的事情,但 Aaker 想说的显然不是这回事。Kevin Keller 则把品牌形象做为品牌知识的一部分,他似乎也认为品牌形象(brand image)通常是按照一定目的组织的一系列联想。但他在品牌联想的类型中加入了属性的因素,其中包括非产品的相关属性和产品相关属性①。可见 Keller 所定义的品牌联想包含了 Aaker 所定义品牌联想与品质认知。Keller 同时把品牌联想中的非产品相关属性区分为价格、使用者和用途形象化描述、品牌个性及感觉与体验。在构建品牌资产框架时,Aaker 并没有将品牌美誉考虑在内,Keller 则把品牌美誉作为品牌形象的一部分。

笔者认为,Keller 所提到的品牌知识,就是我们所定义的品牌认知,或消费者认知。其框架如图 1 所示。

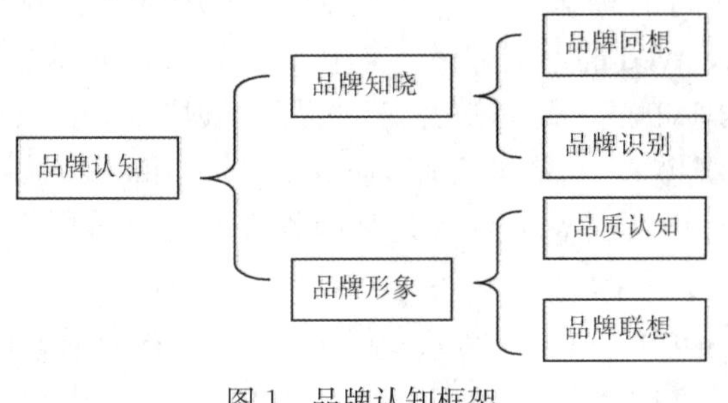

图 1　品牌认知框架

品牌认知是消费者对品牌的认识、了解和把握的程度。首要的是消费者知道不知道该品牌,即品牌知晓(brand awareness)。品牌知晓有两个水平,其一是品牌回想(brand recall),其二是品牌识别(brand recognition),这与 Aaker 和 Keller 的定义是一致的。其次是消费者对品牌了解的程度,或是品牌留给消费者的印象,即品牌形象(brand image)。品牌形象来源于产品的相关属性即品质认知(perceived quality)和非产品相关属性即品牌联想(brand association)。这里的品牌联想是和 Aaker 的品牌联想定义是一致的,或只是 Keller 所定义的品牌联想中的一部分,即非产品相关属性。

品牌的品质认知包括产品性能、产品特色、可靠性、耐用性、适用性、完美性。以手机为例,产品性能是指手机实现通话、发短信等功能的质量;产品特色是指产品在功能或外形的设计上是否与其他品牌手机有不同之处;产品可靠性是指每次使用手机时,手机是否正常工作;产品耐用性是指手机的可使用年限;适用

① Kevin Lane Keller. Conceptualizing, Measuring, and Managing Customer-Based Brand Equity[J]. Journal of Marketing, 1993, 57(1):1-22.

性是指手机对于使用者来说是否有效、胜任、方便;完美性是指手机看上去是否像高质量的商品。

Aaker 和 Keller 都认为品牌个性是品牌联想的一个因素。如果说品牌联想是"提到品牌,消费者想到了什么",那么品牌个性则是"提到品牌,品牌所有者希望消费者能想到什么"。按笔者对品牌认知的阐释,品牌个性是属于品牌联想的范畴,品牌联想也在很大程度上被品牌个性所解释。Jennifer Aaker① 为品牌个性的研究作出了很大贡献,她运用归纳的方法来对品牌个性维度进行系统的研究,把品牌个性归结为五个维度,即纯真(sincerity)、刺激(excitement)、称职(competence)、教养(sophistication)、粗犷(ruggedness),五个维度的框架包括了 20 个品牌个性特质的品牌个性维度。

本研究把关注点放在消费者人格对品牌联想和品质认知的研究上,涉及三方面的变量:一是消费者人格,可以用 Tepus 和 Christal 的五大维度来表达;二是品牌联想,可以用 Jennifer Aaker 的品牌个性的五大维度来表达;三是品质认知,可以用消费者对产品性能、产品特色、可靠性、耐用性、适用性、完美性的认知来表达,由于产品性能与产品可靠性在市场调查时容易让消费者混淆,可以把可靠性因素并为产品性能中。

为此,我们做如下假设:

H1:消费者人格对品牌认知有显著影响。

其中品牌个性有五个水平,即纯真、刺激、称职、教养、粗犷;消费者人格有五个维度,即外向型、和悦型、谨慎型、敏感型、开放型。品质认知有五个维度,即产品性能认知、产品特色认知、耐用性认知、适用性认知、完美性认知。

三、刺激物的选取和市场调查

在本研究中,刺激物即被调查产品的选择十分重要。我们选择了一种购买频率相对较低,但品牌集中度相对较高的产品——手机。据初步了解,目前在大学生中手机的普及率在迅速上升。无论是实际需要,还是追逐潮流,手机已成为大学们的新宠,其精巧美观的外形设计,个性化的自我设定,使其成为最能体现消费者个性的产品之一。同时,从目前手机的生产和营销战略来看,手机生产者走的也是一条展现手机品牌的个性特征,满足消费者个性要求的个性化营销道路。因此以手机作为研究产品,既满足了研究可行性的要求,也使本研究更具商业应用的实际意义。经初步的市场预调查,我们选取了诺基亚、摩托罗拉、西门子、阿尔卡特、波导五个品牌作为本次研究的对象,进行正式调查。

---

① Aaker J L. Dimensions of Brand Personality[J]. Social Science Electronic Publishing, 1997, 34(3): 347 - 356.

在正式调查中,我们发放问卷 350 份,回收 317 份,去掉有缺失数据缺失的样本,有效样本为 290 份。调查包括:①消费者人格调查,让被试者从 30 个描述人格个性的词汇中挑选并排列的 10 字词汇,第一个设定为 10 分,第二个设定为 9 分,依次类推,最后一个设定为 1 分,并归并到外向型、和悦型、谨慎型、敏感型、开放型五个维度中加总,并归一化,便得到相就被试者的人格维度向量。②品牌个性调查,让被调查者针对诺基亚、摩托罗拉、西门子、阿尔卡特、波导五个品牌,根据 Aaker 的品牌个性五大分类模型的 20 个特征对手机的品牌个性进行评价,把排在第一个的词汇设定为 7 分,最后一个设定为 1 分,同样道理得到相应品牌的个性维度向量。③品质认知调查,要求被调查者对手机品牌的品质认知程度进行评价,把完全了解设定为 10 分,完全不了解设定为 0 分,要求被试者给出自己对品牌的了解程度。

四、数据处理及结果

如果把被调查者对品牌认知的均值作为消费者总体对品牌的认知程度,那么对每一个被试者来说,其品牌认知与均值的差则体现了其个人的因素。为此,我们对数据做了如下处理:①计算被调查者对品牌认知的均值;②计算每一个被调查者对品牌的认知与均值之间的偏差;③把每一个被调查者对五个品牌的认知偏差按维度加总。

表 2 为被调查者对品牌认知的均值表。从表中可以看出,在品质认知方面,诺基亚手机具有较高的认知度,相比之下,国产的波导手机的品质认知度最低。在品牌联想方面,各手机都表现出了不同的性格维度,诺基亚手机具有较为明显的称职个性,而阿尔卡特手机在各个性值上相差不大,或者说没有表现出什么个性。

表 2 品牌认知的均值

Mean

品牌	纯真	刺激	称职	教养	粗犷	性能	特色	耐用	适用	完美
诺基亚	.0739	.0961	.4631	.0780	.2890	7.810	7.897	8.552	8.241	8.276
摩托罗拉	.1338	.3243	.2274	.2406	.0690	6.810	7.276	7.155	7.552	7.397
西门子	.2356	.1568	.3054	.1289	.1371	5.879	5.948	6.052	6.155	6.241
阿尔卡特	.1215	.2865	.1897	.1847	.1593	3.759	3.707	3.621	3.586	4.069
波导	.1445	.3177	.0944	.2036	.1880	3.517	3.276	3.655	3.172	3.621
Total	.1419	.2363	.2560	.1672	.1685	5.555	5.621	5.807	5.741	5.921

依据表 1 的结果,按上文所述方法对调查数据进行了处理。对处理后的数据,作消费者个性和认知偏差的相关分析,如表 3 所示。

表3 消费者人格与品牌认知的相关分析

		刺激	称职	教养	粗犷	性能	特色	耐用	适用	完美
外向	Pearson Correlation	−.134	−.214	−.213	−.058	−.028	.025	.172	.246	.096
	Sig. (2-tailed)	.315	.106	.108	.664	.838	.852	.198	.063	.476
和悦	Pearson Correlation	.043	.127	.078	−.046	.003	−.137	−.181	−.221	−.077
	Sig. (2-tailed)	.747	.343	.562	.731	.980	.307	.175	.095	.566
谨慎	Pearson Correlation	.116	.043	.232	−.028	.034	.060	−.009	−.091	−.068
	Sig. (2-tailed)	.387	.748	.080	.833	.800	.652	.944	.498	.613
敏感	Pearson Gorrelation	−.068	.020	−.041	.117	−.231	−.118	−.148	−.045	−.096
	Sig. (2-tailed)	.614	.880	.759	.382	.080	.377	.266	.737	.471
开放	Pearson Correlation	.031	.035	−.036	.077	.118	.141	.110	.092	.094
	Sig. (2-tailed)	.817	.792	.790	.565	.378	.293	.411	.494	.483

从表3中可以看出，消费者人格和品牌认知确有一定的关系。品牌联想方面，外向型的消费者对纯真的个性较为敏感，而经常忽略其他方面的个性；和悦型的消费者确实较为“和悦”，因为他们感到大多数品牌都很“称职”；谨慎型的消费者是和教养型的品牌个性联系在一起的；敏感型的消费者太“敏感”了，他们认为这些品牌都比较“粗犷”；开放型的消费者也许是最宽容的，他的看法最接近均值，认为大家都差不多。

品质认知方面，外向型消费者和开放型消费者似乎更乐于去接受并了解事物，因为他们在品质认知方面有正向的偏差；最封闭的是敏感型的消费者，他们是最保守的一个群体，其品质认知程度要较消费者平均认知度低；和悦型消费者和谨慎型消费者则处于中间，但他们对性能的了解程度要高一些，虽然不是很显著。

已经知道，品牌个性对品质认知存在着影响，为剔除这种影响，我们控制了品牌个性变量，对消费者人格和品质认知作偏相关分析，如表4所示。

表4 消费者人格与品质认知的偏相关分析

Control Variables			性能	特色	耐用	适用	完美
纯真&刺激&称职&教养&粗犷	外向	Correlation	.081	.116	.210	.325	.210
		Significance (2-tailed)	.563	.409	.132	.018	.131
	和悦	Correlation	−.029	−.175	−.196	−.232	−.113
		Significance (2-tailed)	.839	.209	.160	.095	.419
	谨慎	Correlation	−.022	.019	−.013	−.112	−.139
		Significance (2-tailed)	.873	.894	.927	.425	.321
	敏感	Gorrelation	−.251	−.118	−.152	−.060	−.088
		Significance (2-tailed)	.070	.400	.276	.668	.530
	开放	Correlation	.107	.138	.118	.083	.092
		Significance (2-tailed)	.447	.325	.402	.554	.511

控制品牌个性变量之后,可以明显看出消费者人格与品质认知之间的相关关系,其中外向型因子与适用性认知的相关性非常显著,这说明,外向型消费者更关注产品的适用性。同时我们也发现,外向型消费者对品牌的品质认知总体上要高于其他消费者,他们对品牌品质的关注要高于其他消费者,因而对品牌的品质具有较高的了解程度。开放型消费者也是比较关注产品的品质,在产品性能和产品特色的认知上,有较大的相关性。越具有和悦型、敏感型和谨慎型个性的消费者,越倾向于保守,对品质的认知程度也就比较低。

五、结论

通过调查分析,我们可以得出以下结论:对于手机品牌:①消费者人格对品牌联想有一定的影响;②消费者的外向型因子和开放型因子对品牌的品质认知有正向的影响。这两个结论恰是本文研究的目的,应用于实际中,将对厂商在产品定位和宣传上起一定的指导作用。如厂商要分析不同细分顾客群的性格特点,尽量把品牌的性格特点贴近于消费者群体,并且有的放矢地对产品品质的某些方面进行宣传。

当然,我们所选择的刺激物的特点与消费者的心理认知有一定影响,因为不同性格的消费者对产品的敏感程度不一样,某种性格的人对某一类产品敏感,但另一种性格的人对另一类产品敏感,而且不同性格的人对不同类产品产生的联想也不一致。因此,本文的研究还有一定的局限性,进一步的研究将关注消费者对不同种类产品的品牌联想和品质认知,当然这种研究似乎需要比较复杂的设计和调查。

作者:薛　可、余明阳、刘春章

原载《天津师范大学学报》(社会科学版),2007 年第 5 期

基于微信公众平台的移动微型学习实证研究

——以“数据结构公众平台”为例

近年来，随着新型移动技术的不断发展，借助移动终端开展微型学习将有望成为未来远程教育不可或缺的补充模式。微信公众平台率先通过订阅号的账号类型，帮助组织或个人创建移动课程平台，实现课程资源的编辑、发布、检索等智能化管理，以及基于知识内容的双向交互功能。然而，移动微型学习不仅包括资源内容的传输，也是融合教学模式、协作活动、移动交互和支持服务等要素的完整的学习过程，因此，如何进一步改进和完善微信公众平台支持下的课程建设，使之有效地应用于移动微型学习是值得我们探讨的问题。

一、研究现状

（一）移动微型学习

微型学习（micro-learning）是一种基于移动技术，利用微型媒体呈现资源内容的学习方式。相比其他类型的远程学习，微型学习在传播短小、松散、实用的片段化知识信息方面，更能满足人们利用随身携带的移动通信设备，随时随地开展非正式学习的需求（顾风佳等，2008[①]；陈维维，2011[②]；张艳超等，2013[③]）。

微内容（micro content）的构建与传播是微型学习的核心。美国北爱荷华大学（University of Northern lowa）勒罗伊・艾・夏普利斯（LeRoy A.McGrew，1993）[④]教授的“60 秒课程”（60-Second Course）和英国利兹大学（University of Leeds）特・彼・肯伊（T.P.Kee，1995）[⑤]教授的“一分钟演讲”（The One Minute Course，OML）都将微内容的建设聚焦于微视频的制作，力求通过理论引入、诠释和案例支持相结合的 60 秒钟视频教学，使深奥复杂的专业知识以分步解读的方式在学习者中得以普及。此后，大卫・莫・潘若斯（David M.Penrose，

① 顾凤佳，李舒愫，顾小清.微型学习现状调查与分析[J].开放教育研究，2008，(03)：94－99.

② 陈维维.学习自由：学习权利和学习价值的双重实现[J].当代教育科学，2011，(05)：11－13.

③ 张艳超，伍海燕.移动微型学习：新生代员工继续教育新模式——以微信公众平台为例[J].现代教育技术，2013，(11)：79－84.

④ Mcgrew L R A. A 60-second course in organic chemistry[J]. J.chem.educ，1993，70(7)：543.

⑤ Kee，T.P.The one minute lecture[J].Education in Chemistry，1995，(32)：100－101.

2008)①教授正式提出了微课程(micro-lecture)的概念,他将微内容归结于对知识点的构建,认为基于知识挖掘(knowledge excavation)框架平台的微课程能给学习者带来更多的学习自主权,并在相应的评测和互动支持下,获得与传统授课相似的学习效果(Shieh,2009)②。因此,除了短小精悍、通俗易懂、理论与案例相结合的资源内容以外,微课程的学习过程还应该包括讨论、协作、练习、反馈等支持服务(梁乐明等,2013)③。

近年来,新型的移动终端正越来越广泛地应用于微型学习。新媒体联盟(New Media Consortium,NMC)发布的地平线报告指出,移动技术已被列为教育领域具有发展潜力和应用空间的重要技术,将对教与学产生积极影响(王萍,2013)④。由微信、Line 与 Facebook、Skype 等社会化媒体所创建的移动学习环境,将有助于提高学习者的协作能力,增强学习者的学习动机(Jenny, Wei-Chieh Wayne 和 Emily,2013)⑤。周鹏琴(2013)⑥从智能手机的外在特性、学习辅助性、社会环境、技术支持的等方面,分析指出智能手机在处理和传输各类视频、音频、图文格式的文件方面具有较为全面的技术优势,在通过 QQ、MSN、微博、微信等客户终端实现资源交互的同时,为各类网络环境下的微型学习提供便利。由此可见,移动终端在微型学习研究中的价值得到了学者们的普遍认同。

(二) 基于微信公众平台的移动微型学习

微信公众平台是腾讯公司在 2012 年 8 月 23 日正式上线的一款针对各类团体用户和个人用户的微信账号服务,分为订阅号和服务号两类。微信公众平台具有信息聚合、订阅推送和自动回复响应等功能,可以实现资源内容的精准送达、关键词检索和知识存储,学习者无须下载便能在微信公众平台中浏览并保存学习资源(袁磊等,2012)⑦。同时,由于资源开发成本较低、信息传播速率较快、受众影响面较大等特点,微信公众平台将成为移动学习的有益形式(付炜,2013)⑧。

---

① wikipedia.Mircolecture [EB/OL].http://en.wikipedia.org/wiki/Microlecture.2014-11-27.

② Shied,D.These lectures are going in 60 seconds[J]. Chronicle of Higher Education,2009,55(26): A1, A13.

③ 梁乐明,曹俏俏,张宝辉.微课程设计模式研究——基于国内外微课程的对比分析[J].开放教育研究,2013, 19(19):65-73.

④ 王萍.微信移动学习的支持功能与设计原则分析[J].远程教育杂志, 2013,(06):34-41.

⑤ Wang J, Yu W C W, Wu E. Empowering Mobile Assisted Social E-Learning: Students' Expectations and Perceptions[J]. World Journal of Education, 2013, 3(2).

⑥ 周鹏琴.基于智能手机的泛在学习应用[J].中国教育技术装备, 2013,(33):24-26.

⑦ 袁磊,陈晓慧,张艳丽.微信支持下的混合式学习研究——以"摄影基本技术"课程为例[J]. 中国电化教育, 2012,(7):128-132.

⑧ 付伟.微信,让培训更精彩[EB/OL].http://blog.sina.com.cn/s/blog_43b7f3130101du3o.html.2013-05-08.

不少学者就微信公众平台在移动微型学习的实际应用开展研究。首先,针对职业培训类课程,通过学习需求、资源建设、平台搭建、教学设计、教学评价等五个环节的调研,构建微信公众平台支撑下,适合新生代员工的继续教育模式(张艳超等,2013)①,以及探讨微信公众平台在高校教育领域的可能性和现实性(白浩等,2013)②。其次,通过比较微信、QQ 两种技术支持下的协作学习,在分析群聊的发言频数、活跃程度、学习满意度等数据的基础上,验证微信公众平台对学习效果的促进作用(王晓玲,2013)③,然而,李东炜(2014)④的研究也指出虽然微信公众平台在教学辅助方面具有一定的优势,但在实际应用中仍然存在不少问题,如学习资源未能形成规模、用户与学习平台之间缺少有效互动、平台自身的技术局限等,有待进一步解决(柳玉婷,2013)⑤。

综上所述,国内外研究更多从网络技术和信息传播的层面上阐述微信公众平台对移动学习的支持作用,而基于微信公众平台的实证研究和教学实践则刚刚兴起。因此,如何结合具体的课程实践,在对微信用户的特征、学习需求、学习行为和学习效果进行深入分析的基础上,针对微信课程学习过程中出现的问题,从教学设计、资源建设、情境创建和支持服务等方面提供切实可行的改进意见将是本研究的主要内容。

二、研究设计

(一)样本来源

本研究选取了微信公众开放教育项目的“数据结构公众平台”为样本。“数据结构公众平台”是上海交通大学继续教育学院在“数据结构”Moodle 在线课程的基础上开发的移动微型课程。作为计算机专业本科层次的专业基础课程,“数据结构”在资源建设与教学实践方面已有近 6 年的积累,并于 2010 年获得了国家级精品课程(网络教育)的荣誉。

“数据结构公众平台”自 2014 年 3 月 26 日向微信用户正式开放,截至同年 7 月8 日,在近 4 个月的运行过程中,共有来自全国各地的 678 名微信用户通过

① 张艳超,伍海燕.移动微型学习:新生代员工继续教育新模式——以微信公众平台为例[J].现代教育技术,2013,(11):79-84.

② 白浩,郝晶晶.微信公众平台在高校教育领域中的应用研究[J].中国教育信息化,2013,(04):78-81.

③ 王晓玲.微信与 QQ 支持下基于任务驱动的协作学习之比较研究[J].电化教育研究,2013,(11):98-102.

④ 李东炜,萧仲敏.微信公众平台支持下的机械类实践课程建设[J].实验技术与管理,2014,(01):197-200.

⑤ 柳玉婷.微信公众平台在移动学习中的应用研究[J].软件导刊教育技术,2013,12(10):91-93.

自动搜索、朋友圈分享和推荐，选择关注“数据结构公众平台”，其中，80 名微信用户在课程运行期间退出关注，因此，本研究的样本采集实际来自 598 名微信用户的学习数据（见表 1）。

表 1 调查样本情况统计表

类别(N=598)		频数	频率/%
性别	男	463	77.42
	女	97	16.22
	未知	38	6.35
用户属地	北京	88	14.72
	上海	78	13.04
	广东省	65	10.87
	其他省份（包括湖北、江苏、浙江、陕西、四川等 26 个省份）	254	42.48
	香港、台湾	3	0.5
	未知	98	16.39

（二）研究方法

本研究主要采用内容分析和问卷调查的方法。首先，对 598 名微信用户的基本特征、地域分布和增长速率等信息进行分类整理，归纳得出影响学习者规模扩展的主要因素。其次，借助原文的读取、转发与交互的数据分析，梳理资源内容的媒介形式、推送频率与学习者行为之间的关系。并结合微信问卷的调查方法，从形成性评价与总结性评价两个方面评估学习者的学习效果。最后，综合此前的结果分析，为完善微信公众平台支持下的移动微型学习提出可供参考的建议。调查所采集的数据均由分析软件 SPSS 16.0 版进行梳理，使用 Excel 软件绘制相关分析图表。

三、研究分析

（一）微信公众平台的学习者特征分析

“数据结构公众平台”采用腾讯微信公众平台的订阅号服务，微信用户可以通过搜索公众号名称、搜索微信号、图文消息右上角菜单、名片分享等方式获悉并加入“数据结构公众平台”。每日用户人数的增长趋势图显示，学习者人数从

3 月 26 日订阅号推出首日的 16 名，经过了 103 天，逐步增至 7 月 8 日的 678 名，除了中途退出的 80 名微信用户，实际累计有效的学习者共计 598 名(见图 1)。

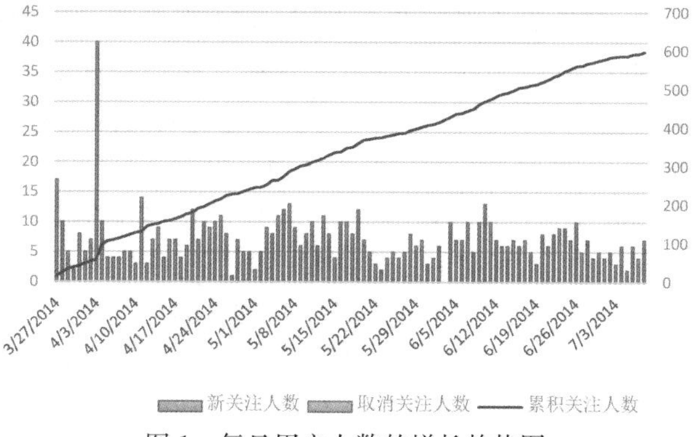

图 1　每日用户人数的增长趋势图

此外，用户新增来源的 30 天数据显示，96.02%的新增用户采用了“搜索公众号名称”加入课程平台。虽然图文消息右上角菜单、名片分享等并未成为用户扩展的主要方式，但 Pearson 相关性统计结果表明，“数据结构公众平台”的新用户增长与学习资源的分享转发频次存在显著的相关性($p=0.001<0.05$)(见表 2)。其中，在资源转发路径方面，使用微信“朋友圈”的比例远高于“好友转发”和“腾讯微博”，转发人数和次数分别达到 50.72%和 52.22%(见图 2)，由此可见，已有用户在微信朋友圈高频率的转发行为对平台用户的增长有着积极的推动作用。

表 2　原文转发次数与新增用户人数的相关性分析

描述性统计量

	均值	标准差	N
原文转发次数	1.84	2.371	37
新增用户人数	224.34	173.210	37

相关性

		原文转发次数	新增用户人数
原文转发次数	Pearson 相关性	1	.665 * *
	显著性(双侧)		.001
	N	37	37
新增用户人数	Pearson 相关性	.665 * *	1
	显著性(双侧)	.001	
	N	37	37

* * . 在.01 水平(双侧)上显著相关。

途径	分享转发人数	分享转发次数
朋友圈	35(50.72%)	47(52.22%)
好友转发	17(24.64%)	23(25.56%)
其他	15(21.74%)	18(20%)
腾讯微博	2(2.9%)	2(2.22%)

图 2　原文分享转发路径分布(2014.03.26—2014.07.08)

从微信用户的人口统计学变量来看,"数据结构公众平台"近600名学习者中,男性463名,占比77.42%,女性97名,占比16.22%,另有6.35%的学习者性别不详。与之相似,上海交通大学继续教育学院2014年春季学期选修"数据结构"Moodle在线课程的213位学生,男女生比例分别为83.10%和16.90%。因此,无论是采用哪一种移动媒体形式,计算机科学领域的男性学习者都是主要的学生群体。

此外,来自北京、上海和广州的学习者分别占比14.77%、13.04%和10.87%,相对其他生源地高出一倍以上,这与2013年7月《中国互联网络发展状况统计报告》有关互联网设备与智能终端的统计结果基本保持一致。报告中指出,我国互联网发展存在地域性差异,北京、上海、广东等省市的互联网普及率相对较高,分别以75.2%、70.7%、66.0%位居全国前三位,而江西、云南、贵州等省份的互联网普及率则相对较低,均不到33%。移动宽带网络的基础性建设,以及由此带来的应用互联网的意识和能力,对移动微型学习者的人数规模有着重要的影响。

(二)微信公众平台的学习内容分析

"数据结构公众平台"教育信息的构建是平台运行的基础,任何形式的信息内容都应具备科学性、目的性、系统性、共享性和多样性(南国农,2010)①。因此,"数据结构公众平台"在梳理前期成果的基础上,根据微型移动学习的碎片化学习的特点,进行了课程资源的筛选和延展,共构建32条知识点内容,包含线性表、单链表、树与二叉树、哈夫曼树的构造等资源内容,以及5条有关教学辅助、学习支持的信息(见表3)。知识点内容的发布时间间隔平均为3~7天,管理类信息则主要集中在运行初期的1~2个月内。

表3 "数据结构公众平台"学习资源分布

章节	微型知识点(条)		教学辅助信息(条)
	图文形式	视频讲解	
第一章概述	2	1	2
第二章线性表	4	1	1
第三章栈与队列	3		1
第四章树与二叉树	5	1	1
第五章图	7	1	
第六章查找	3		
第七章排序	4		
总计	32		5

① 南国农.教育传播学[M].北京:高等教育出版社,2012:64-65.

在资源内容的呈现形式方面,“数据结构公众平台”融合了视频、图表、文字和动画等多种媒介形态。共有 28 条知识点采用图文结合的编排样式,每章文字篇幅不超过 1 000 字。另有 4 条 10～15 分钟的高清短视频用于讲解“哈夫曼树的构造”和“单链表的基本操作”等较为复杂的理论内容。同时发布还有 5 条“欢迎信”、“学习中遇到问题怎么办”和“假期后还有新的学习内容”等管理类信息,以帮助学习者及时掌握移动微型学习的方法和路径(见图 3)。

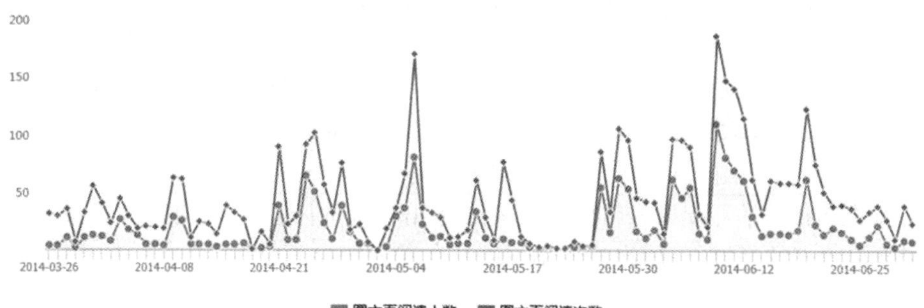

图 3 37 条学习资源的图文阅读量统计(2014.03.26—07.08)

值得注意的是,不同于其他远程教学以教师为主导的内容收集、选取、加工到发布的资源开发过程,“数据结构公众平台”更需要重视学习者的学习需求。例如 4 月 24 日发布的“一道工程硕士的考题”和 6 月 5 日发布的“次小生成树”均是应学习者的微信留言而做的内容补充。“数据结构公众平台”的微信用户散布全国各地,学习者的知识背景、学习能力和学习目标参差不齐,个性化的学习需求尤为突出,因此,学习者在资源内容的组织与推送方面将表现出更强的主导作用。

(三) 微信公众平台的学习行为分析

Candy(1991)①认为个人的学习意愿是决定学习效果的关键因素之一。“数据结构公众平台”用户的初始意愿普遍源于对学习内容的兴趣,正如姜强等(2014)②在大学生移动学习意愿的调查中发现的那样,“容易找到所需的学习资源”是影响大学生智能学习的最大因素。然而,除了学习意愿,自我学习管理也同样重要,它不仅是一种学习态度,更是一种独立学习的意识和能力,具体包括学习内容、进度和方法的选择,以及学习时间、地点和节奏的控制(Dickinson,

① Candy P.Self-direction for Lifelong Learning[J]. European Commission, 1991,3(5):26-31(6).

② 姜强,赵蔚,王朋娇.碎片化学习视域下基于智能手机的大学生移动学习认知研究[J].现代远距离教育,2014,(1):37-42.

1995)[①]。

微信公众平台具有精准的信息推送功能,力求通过微内容的100%到达率为公众平台创造良好的用户黏性,但实际的图文转化率数据却显示,“数据结构公众平台”中单个知识点的平均转化率仅为26.85%,约有73%的用户虽然收到了内容推送的提醒,却并未参与学习。此外,从图4的每周学习资源送达与图文页阅读情况的统计表中可以看到,随着时间的推移,在公众平台开放近1个月后,学习内容的阅读率并未与用户增长的速率保持同步,并且原文阅读与用户数之间的增速差距在明显增大。与之相比,2014春季学期“数据结构”Moodle在线课程为期15周的统计数据显示,每周学习比例始终控制在45%左右。究其原因,除了Moodle在线课程的阶段性考核造成一定的学习压力以外,每周一次的促学和督学也是迫使学习者加强自我学习管理的有效手段。然而,微信公众平台的开放式学习模式容易使学习者表现出较大的随意性,在缺少必要的学习引导与管理的环境下,用户自主学习的持久动力明显不足。

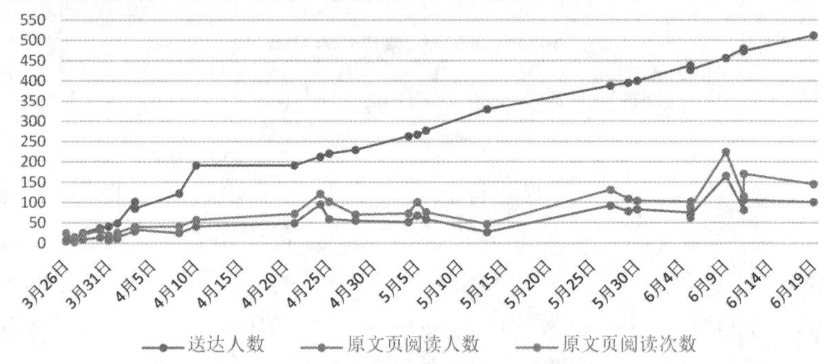

图4　每周学习资源送达人数、原文页阅读情况(2014.03.26—07.08)

除了学习者的自我学习管理以外,微信公众平台的内容推送频率也是影响学习行为的重要因素。学习资源发布7天内原文阅读人数统计图呈现了37条学习资源使用率的变化,每条信息在发布当天都会达到阅读人数的峰值,随后在1～2天的时间内迅速回落,并在之后的5天时间内保持与新增用户数量相当的浏览量(见图5)。因此,微型公众平台的学习内容的用户集中关注时间较短,这对微内容制作与推送的时效性提出更高的要求,适当减少资源发布的时间间隔,并能保持相对平稳,将有助于提升用户参与学习的积极性。

① Dickinson L. Autonomy and motivation a literature review[J]. System, 1995, 23(95):165-174.

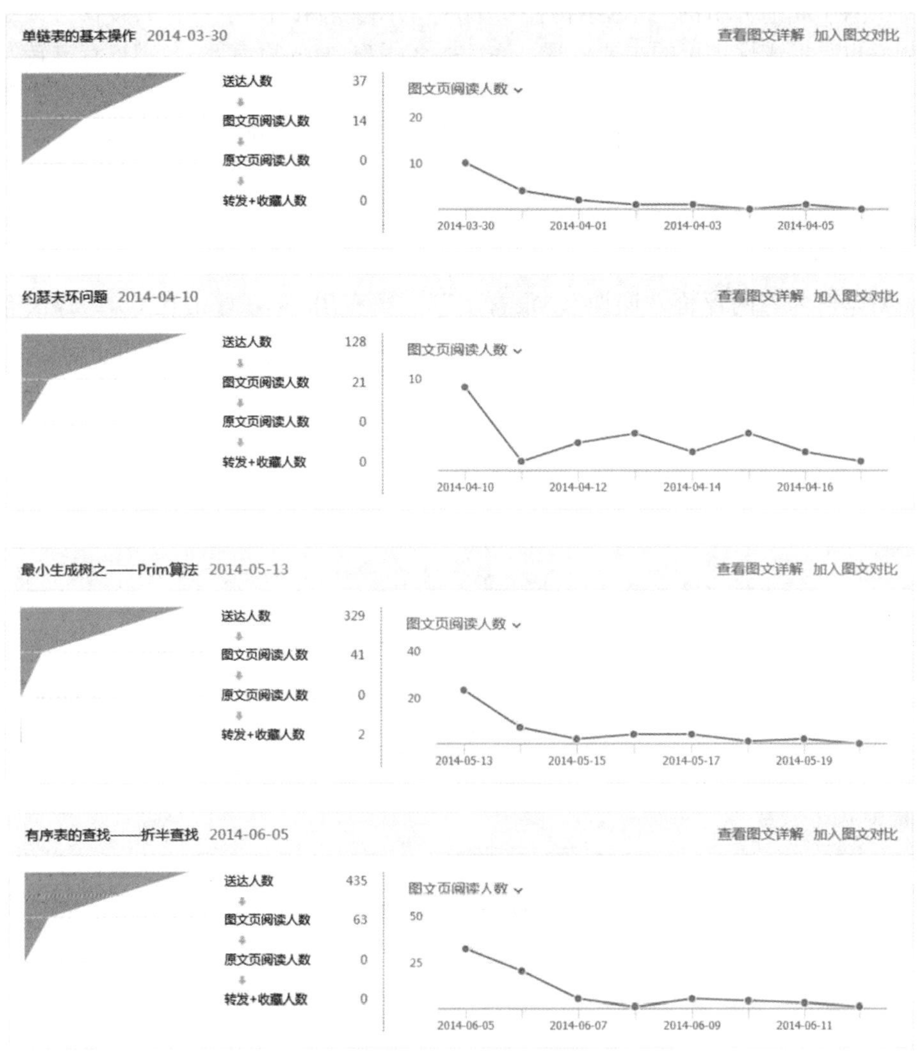

图 5　学习资源发布 7 天内的原文阅读人数趋势图(部分截图)

(四) 微信公众平台的学习效果评价分析

Scriven(1967)[①]提出的形成性评价与总结性评价在远程教育领域得到广泛认同。在"数据结构公众平台"的实际应用中,形成性评价包括了学习者的图文转化率、信息转发行为与师生交互,总结性评价则表现为学习效果的检测评定。

---

① Scriven,E.G.An Analysis of Types of Concepts Used by Fourth Through Ninth Graders in Writing Explanations of Scientific Terms[M].Cornell Univ., Ithaca.NY,1967,157.

除了此前分析的“数据结构公众平台”的图文转化率，学习者的转发与交互频率也是形成性评价的主要依据。在598名用户中，先后有84名用户有过转发学习信息的行为，占比14.05%，人均发送次数2.31次，大部分用户的发送次数集中在1～5次，发布的时间频率较为均衡（见图6）。在师生交互方面，仅有57名（9.53%）的用户给公众平台发送74条微信留言，其中13条信息是针对学习内容所提出的问题，如“有lc-trie树的相关内容吗”，“如果可能的话，希望结合linux路由算法讲解一下”、“中序可不可以创建二叉树”等。另有29条留言是用户对学习内容的评价，“谢谢”、“很喜欢”和“很有用”等好评占比86.2%，仅有4条评价为“不怎么样”、“没什么意思”的中差评，其余32条留言由于其内容不完整，因此不纳入此次统计分析的范畴。

趋势图

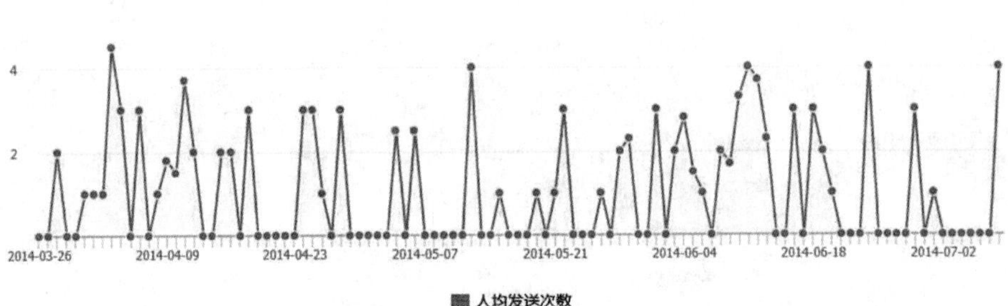

消息发送次数分布图

消息发送次数	消息发送人数	占比
1-5次	82（97.62%）	
6-10次	2（2.38%）	

图6　人均发送次数与信息发送次数分布图

总结性评价的目标是为了评估微信用户的学习质量，因此，“数据结构公众平台”于2014年6月28日至7月4日向所有用户群发了微信问卷用以检测学习者的学习效果（见表4），问卷中包括选自“数据结构”Moodle在线课程的综合测试15道客观题与4项自我评价的调查，共有127名学习者给予了问卷反馈。在学习内容的综合测试方面，共计81.10%的人能够达到75%以上的准确率，其中答对所有选题的有24人，占比18.9%，答错10题以上的人仅占3.94%。错题大多集中在“栈”、“最小生成树”、“排序”等与微信留言较多的知识点，学习资源的媒介形式（图文、视频）与错题率并没有显著的相关性。在自我评价的调查中，大部分人认为学习难度不大，仅有9.45%的人表示“在微内容的理解上存在一定的困难”，造成学习认知差异的原因依次为：“前期学历非计算机专业”、“工作与计算机专业无关”、“缺少与其他学习同伴的互动”、“教师未能给予及时反馈”等。总体而言,“数据结构公众平台”中大部分学习者的学习效果仍较为理想。

表 4 综合测试的结果统计表

综合测试的错误率	人数	占比
0 题	24(18.90%)	
1—5 题	79(62.20%)	
6—10 题	19(14.96%)	
11—15 题	5(3.94%)	

四、研究结论与建议

通过“数据结构公众平台”的教学实践和数据分析,我们认为微信公众平台能够为移动微型学习提供有效支持,但仍需要在课程的教学设计、资源内容、学习环境、支持服务方面进一步完善,在发挥其综合优势的同时,使学习者获得更佳的学习效果。

(一) 注重以“微信用户”为核心的教学设计

教学设计是一项以“学”为中心的系统规划工程,根据学习对象和学习目标,以解决学习问题和优化学习效果为宗旨,按照分析、开发、实施、评价等不同阶段逐步开展教学的过程(何克抗,2010)[①]。本研究数据显示,微信公众平台的用户分布广,网络环境、知识结构和学习需求差异显著,因此,如何针对这一现状进行有效的教学设计是微信课程未来是否能得以扩展应用的基础。

我们建议应以微信用户为核心,将专业知识的社会化普及作为目标来开展课程设计。在此基础上,实时跟踪微信用户的学习需求,开发建设与之适应的资源内容;以有利于网络传输为原则,设计短文本、微图像、微音频和微视频等不同的资源呈现形式;以符合微信用户的使用习惯为导向,适当加快内容更新、助学促学信息的推送频率;结合微信的智能应答、分组管理和实时交流技术,创建多元化学习情境和与之配套的学习支持服务,使微信公众平台支撑下的课程学习能够更好地实现知识信息的制作、传输、获取、接纳与散播,从而扩展移动微型学习的社会效益。

① 何克抗.运用“新三论”的系统方法促进教学设计理论与应用的深入发展[J].中国电化教育,2010,(01):7-18.

(二)加强推送速率与媒介形式并重的资源建设

以往有关微课程内容的应用研究大多以微视频作为主要的媒介形式,然而,本研究发现,学习内容的媒介形式(视频、图文)对资源转化率与学习认知并没有产生显著的影响,微信用户的专业背景、学习需求、学习参与度等方面是造成认知差异的主要因素。此外,资源内容的更新速度对资源转换率的促进作用显得尤为突出,如资源发布后的1～2天往往是图文浏览量最为密集的时段,在引发高频率的用户转发的同时带来了新用户的加入。

因此,在微信公众平台的资源建设方面,我们可以从以下两个方面着手。首先,资源内容的制作遵循媒介"最小代价律"的设计原则,体现方便性、显著性、吸引性、需要性与习惯性(南国农,2010)①。采用适合的信息视觉化形式,在字形、图形、音频、视频和动画媒介形式的编辑方面,尽量避免给学习者的接收、浏览与认知造成不必要的干扰。其次,利用有序的分步式资源推送方式,调整复杂知识的发布序列,形成由简单到复杂的知点渐进的推送顺序以降低理解难度,增强知识点之间的关联性,从而使微信用户在面对零散的资源信息时仍然能清晰地识别学习路径。同时,提升学习资源的送达频率,将资源发布的时间间隔缩减至2～3天,减少学习的整个周期,将有助于学习者在相对较短的学习期间内持续学习热情,更积极地参与微课程的学习。

(三)着力微信技术多元支持下的学习情境创建

英国开放大学的迈克·夏普利斯(Mike Sharples)教授认为移动学习的本质是技术支持下的情境化学习(魏雪峰,2014)②,在这一情境中,既有学习者与学习资源的交互,也包含了学习者与学习者、学习者与教师之间的移动交互过程(Park,2011③;杨彦军,2012④)。令人遗憾的是,由于受到公众订阅号的技术限制,"数据结构公众平台"只能满足微信用户与知识内容、平台管理者之间的沟通,而用户与用户之间的交互需求却无法得以实现。

移动交互功能的扩展与应用是创建学习情境的关键。我们建议在现有公众平台资源推送的单向传输基础上,嵌入问题查询和自动回复的智能答疑模块,增强学习者与公众平台资源内容的双向交互体验。如根据常规问题设置关键词检

---

① 南国农.教育传播学[M].北京:高等教育出版社,2012:64-65.

② 魏雪峰,杨现民.移动学习:国际研究实践与展望——访英国开放大学迈克·沙普尔斯教授[J].开放教育研究,2014,(1):4-8.

③ Park,Y.A.Pedagogical Framework for Mobile Learning: Categorizing Educational Applications of Mobile Technologies into Four Types[J]. International Review of Researching Open and Distance Learning,2011,(12):78-102.

④ 杨彦军,郭绍青.E-Learning学习资源的交互设计研究[J].现代远程教育研究,2012,(01):62-67.

索，让微信用户在发起问题的同时，就能获得类似问题的答案反馈，当智能反馈结果不符合用户要求时，再作为新问题转至公众平台等待教师的回复。此外，为弥补微信公众平台用户交互的不足，提升微信用户与平台、资源、教师之间的黏合度，我们可以协作学习为导向，对不同用户进行分组管理，设立微信小组群，教师不仅能够参与微信小组群的指导学习活动，还可以将线上活动延伸至现实环境中，从而使移动社交技术、协作学习活动和微信公众平台资源推送下的独立学习整合为更加连续的学习过程。

（四）融入情感与认知因素的学习支持服务

任何形式的学习都必须以个人的兴趣和意愿为前提（Davis，2005）①，但个人的学习意愿并不能为学习者提供持久的学习动力（黄荣怀，2007）②。从统计数据中我们不难发现，即便是100%学习资源的送达率也不足以使用户的学习真正发生，单个知识点的平均图文转化率仅占约总人数的四分之一，显然，微信用户对资源内容的选取性注意，很大程度上取决于个人的感受与需要，因此，在移动学习的过程中会表现出较大的随意性。

在日后的实践过程中，我们建议着眼于改善目前微信用户学习参与度偏低的现状，在优化移动学习环境之余，有针对性地提供移动学习支持服务就显得尤为重要。一方面，我们借助微信公众平台，定期发布教学辅助类信息，就学习者在认知方面可能会遇到的困难进行引导与帮助，如推送扩展内容、知识点自测、学习活动指导和学习评价等，以确保学习者的移动微型学习能够顺利开展。另一方面，利用微信社交网络的技术与平台优势，为微信用户的个性化学习提供情感支持和约束性服务。采用带有微信语言特点的学习鼓励、设置移动学习的定时提醒、协助制订微信课程的学习计划等都是行之有效的方法。总之，在规范微信用户的学习认知和行为规范的同时，丰富学习者的学习体验，使基于微信公众平台的学习支持服务能够成为提升学习效果的有效保障。

作者：山　峰、檀晓红、薛　可

原载《开放教育研究》，2015年第1期

---

① Edward，L.Davis. Lessons for Tomorrow：Bringing Americas' Schools Back from the Brink[M]. Orgone Press：288.(2005).

② 黄荣怀，张振虹，陈庚，等.网上学习：学习真的发生了吗？——跨文化背景下中英网上学习的比较研究[J].开放教育研究，2008，13(6)：12－24.

Neural Cognition and Affective Computing on Cyber Language

1. Introduction

In today's society, cyber space has become an important place for people to share information, exchange opinions and communicate emotions. Due to its virtuality, autonomy, openness, inclusiveness as well as the high expressiveness by various technologies of new media, the language creativity of people has been inspired to the extreme and therefore gives rise to the booming of cyber languages[①].

Professor Genyuan Yu at Communication University of China pointed out that cyber language is a "unique natural language" commonly used in cyber space[②]. According to Ferdinand de Saussure's semiotic theory, Chinese scholars classified cyber languages into the two categories of readable symbols and non-readable symbols, and studied their symbol system, ideographic features and the formation rules[③④⑤]. However, there hasn't been a consistent definition of cyber language (network language, Internet language or web language) so far. With the rapid development of modern communication and new media technologies, the Internet, the Internet of things and wireless communication network have been integrated into the omnipresent "ubiquitous network" which features an increasingly varied

① W.T.Chen.The Study on Symbols Formation and Development of Cyber Language[D].Lanzhou: Northweast Normal University, 2010.

② Y.G.Yu.The Generality of Network Language[M]. Beijing: China Economic Publishing House, 2001.

③ W.T.Chen.The Study on Symbols Formation and Development of Cyber Language[D].Lanzhou: Northweast Normal University, 2010.

④ Hong feng H E. Web Language as Viewed from Perspective of Symbolism[J]. Journal of Jianghan University, 2003.

⑤ Y.F.Lu.A Study on the Representing Principles of Netspeak Symbols[D]. Harbin: Harbin Normal University, 2013.

expression patterns of cyber language, including icon, audio, video, text as well as their shapes, colors and brightness. Based on all the findings from previous researches, we define cyber language as "a symbol system that people have agreed on and widely used in communication under the ubiquitous environment".

Cyber languages are very rich in the expression of emotions by either the simple assembly of readable and non-readable symbols, or the complexes of texts, icons, audio or video signs, and their hybrids①. Any changes in the component, shape, color, layout or the presentation sequence may deliver different emotional messages. Cyber language is a fast development trend in all the world major languages such as Chinese, English, Japanese, German, French, and Spanish②③④. In the context of globalization, cyber language has brought new vitality to international language communication and strong capacity for expressing emotions. Therefore, research about emotional characteristics in cyber languages has attracted wide attention from linguistic study to public opinion analysis, internet marketing, service feedback monitoring, as well as social emergency management.

Affective computing, originally presented by Picard in 1997, indicates that the emotional information can be perceived, processed and computed by the machine⑤, which has been applied to cyber space in for online opinion analysis⑥, smart service design⑦, psychological monitoring in ubiquitous

① Huang S, Zhou X, Dai W, et al. Neural cognition and intelligent computing on the emotional symbols of cyber language [C]. Intelligent Computing and Internet of Things (ICIT), 2014 International Conference on IEEE, 2015.

② W.T.Chen.The Study on Symbols Formation and Development of Cyber Language[D].Lanzhou: Northweast Normal University, 2010.

③ Y.G.Yu.The Generality of Network Language[M]. Beijing: China Economic Publishing House, 2001.

④ H.F.He.Web language as viewed from perspective of symbolism[J].Journal of Jianghan University (Humanities Sciences),2003,22(2):74-78.

⑤ R.W.Picard.Affective Computing[M]. Cambridge: MIT Press, 1997.

⑥ W.H.Dai,L.H.Huang,D.R.Xu,Y.S.Duan, W. D. Zhao, X. Q.Wan, H.Z.Hu,X.H.Hu, and H. J. Mao.Information Classification, Dissemination and Cognitive Model in Unconventional Emergency [M]. Beijing: National Natural Science Foundation of China, 2015.

⑦ Y.G. Zhou. On-demand Smart Services Based on Context Awareness [D]. Shanghai: Fudan University, 2012.

learning① and dynamic emotion computation on vocal social media②. In the past decades, although great progress has been made with affective computing on natural language, there are still a lot of difficulties in dealing with the cyber language due to its complexity and variability. Also, the cognition of emotional symbols in cyber language is closely related to the neural activities of human beings and affected by such factors as nationality and cultural background, which requires further multidisciplinary research on this issue.

This paper firstly gave a classification of emotional symbols in cyber language according to the Discovery Learning Theory, and then analyzed the cognitive characteristics of different symbols. Based on our previous research findings, a mechanism model to show the dominant neural activities in that process was put forward. In order to conclude the expressive patterns of emotions in international cyber languages, a comparative study of Chinese, English and Spanish languages was conducted in this paper, and finally an intelligent method was proposed for affective computing on the readable texts and non-readable symbols in a unified PAD emotional space.

2. Emotional Symbols in Cyber Language and Neural Cognition

2.1 Classification of Emotional Symbols

The symbols that can be used to express emotions in cyber languages are very abundant and continuously innovative, and include the simple assembly of readable and non-readable symbols, or the complexes of texts, icons, audio, video signs and their hybrids. For example, Figure. 1 illustrates some samples of emotional symbols from the Internet③.

---

① Dai W, Huang S, Zhou X, et al. Emotional Intelligence System for Ubiquitous Smart Foreign Language Education Based on Neural Mechanism[J]. Jitam, 2014, 21(3):65-77.

② Dai W, Han D, Dai Y, et al.Emotion recognition and affective computing on vocal social media[J]. Information & Management, 2015.

③ S.Huang, X.Zhou, W.H.Dai, M. Ivanović. Neural cognition and intelligent computing on the emotional symbols of cyber language [C]. Proceedings of 2015 International Conference on Intelligent Computing and Internet of Things(ICIT 2015), 2015:164-167.

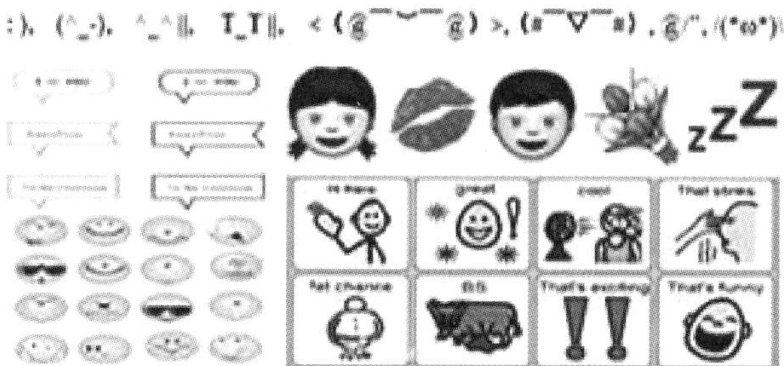

Figure 1　Emotional symbols in cyber language

According to the Discovery Learning Theory, the learning process is realized by the learner's cognitive representation, which refers to the mental process of turning perception of external substances into internal mental facts. The manner of cognitive mental representation will experience three stages as the age grows from the childhood: enactive representation, iconic representation and symbolic representation, which show the sequence in human's cognition of different information types, i.e. enactive information comes first and is followed by image information and then text information.

In order to study the impact of different types of information on emotional cognition in cyber languages, we classify the emotional symbols into six categories(ECSAGT)①②: enactive symbols, color symbols, structural symbols, audio symbols, graphic symbols, and text symbols, each of which delivers emotional messages by following certain encoding and commonly accepted rules.

2.2　Cognitive Characteristics of Emotional Symbols

The analysis of emotional symbols in cyber languages is related to the intention and expression of the information sender as well as the perception and cognition of the information receivers. The emotions of the sender and possible receivers are different, so we should determine that our target is to identify the sender's emotions from his presented symbols, or to judge the

---

① S.Huang, X. Zhou, W. H. Dai, M. Ivanović. Neural cognition and intelligent computing on the emotional symbols of cyber language [C]. Proceedings of 2015 International Conference on Intelligent Computing and Internet of Things(ICIT 2015), 2005:164 - 167.

② W.H.Dai, L.H.Huang, D.R.Xu, Y.S.Duan, W.D.Zhao, X.Q.Wan, H.Z.Hu, X.H.Hu, andH.J.Mao. Information Classification, Dissemination and Cognitive Model in Unconventional Emergency[M]. Beijing: National Natural Science Foundation of China, 2015.

activated emotions of the receivers by the information of those symbols, which will be evaluated based on the statistical significance[①]. In affective computing, we usually consider the later.

According to the researches in cognitive neuroscience, human emotions arise from the external signals, transmitted through peripheral sensory organs and the internal sensory pathways to the brain limbic system where the rapid primary emotion is produced, followed by a relatively slow secondary emotion formed in the interaction of higher cognitive limbic system and cerebral cortex[②③]. This process is controlled by emotional circuits of the human brain and will give rise to activation responses in corresponding brain regions.

Recent researches into human emotions have been well supported by the updated experimental technologies such as EEG (Electroencephalograph), ERPs (Event-related Potentials), fMRI (functional Magnetic Resonance Imaging), and DTI (Diffusion Tensor Imaging). In particular, the blood oxygenation level dependent functional magnetic resonance imaging (Bold-fMRI), with such advantages as being non-invasive, non-traumatic and capable of locating accurately the activated brain areas, has been applied to the studies of language and emotion's neural mechanism[④⑤⑥].

In our previous research, we found that the cognitive responses to different types of symbols varied from one to another through the experimental observation by EEG and fMRI[⑦]. For example, enactive, structural, color and graphic symbols usually take less time and can give rise

① W.H.Dai, D.M.Han, Y.H.Dai, D.R.Xu.Emotion Recognition and Affective Computing on Vocal Social Media[J]. Information and Management, 2015.

② A.R.Damasio.Descartes Error: Emotion, Reason and the Human Brain[M]. New York: Gosset/Putnam Press, 1994.

③ C.E.Izard.The Psychology of Emotions[M]. New York: Plenum press, 1991.

④ Y.H.Wang.An fMRI Study of How a Supra-Modal Decoding Network Exams Interpretation[D]. Taiwan: Tamkang University, 2014.

⑤ R.Horlings.Emotion Recognition Using Brain Activity[D]. Delft: Delft University of Technology, 2008.

⑥ Y.H.Wang.X.H.Hu, W.H.Dai, J.Zhou, T.Z.Guo.Vocal emotion of humanoid robots: A study from brain mechanism[J].Scientific World Journal, 2014: 1-7.

⑦ W.H.Dai, L.H.Huang, D.R.Xu, Y.S.Duan, W.D.Zhao, X.Q.Wan, H.Z.Hu, X.H. Hu, and H. J. Mao.InformationClassification, Dissemination and Cognitive Model in Unconventional Emergency [M]. Beijing: National Natural Science Foundation of China, 2015.

to the rapid primary emotions, which we call the primary emotional information. The semantic text symbols will take up more time while perceived by the advanced cortex in the brain. They usually generate the slower secondary emotions and belong to the secondary emotional information. Audio symbols contain both of representational information and semantic information, and therefore bear the characteristics of the primary and the secondary emotional information, but take more time resource than the first type. The primary emotional information is cross-cultural and independent of languages to a large extent. Once the cognitive rules of emotional symbols come into being, the secondary emotional information plays a vital role in expressing more in-depth emotion. The characteristics discussed above should be considered in the affective computing on the messages composed of mixed types of emotional symbols so as to reflect the dynamic cognitive responses to those symbols.

As one of the essential issues in Principles of Visual Communication (PVC), the cognitive characteristic of visual constructs has been studied for many years[①]. Furthermore, researchers and engineers in the field of human computer interaction(HCI) have developed effective computational models to measure the time characteristics of different elements in that process[②③].

According to the human processor model(a.k.a MHP)[④], the information process includes three sub processes: Perceptual Process, Cognitive Process, and Motor Process, as shown in Figure 2. Time parameters in the Perceptual Process and Cognitive Process can be measured as in Table 1[⑤].

---

① Barnhurst K G, Michael V, Ígor R. Mapping Visual Studies in Communication[J].Journal of Communication, 2004, 54(4):616-644.

② Bauerly M, Liu Y. Computational modeling and experimental investigation of effects of compositional elements on interface and design aesthetics[J]. International Journal of Human-Computer Studies, 2006, 64(8):670-682.

③ Hsiao S W,Chou J R. A Gestalt-like perceptual measure for home page design using a fuzzy entropy approach[J]. International Journal of Human-Computer Studies, 2006, 64(2):137-156.

④ Card S K, Newell A, Moran T P. The psychology of human-computer interaction[M].Erlbaum Associates, 1983.

⑤ Wikipedia.Human processor model[EB/OL]. http://en. wikipedia. org/wiki/Human_processor_model, 2015-03-20.

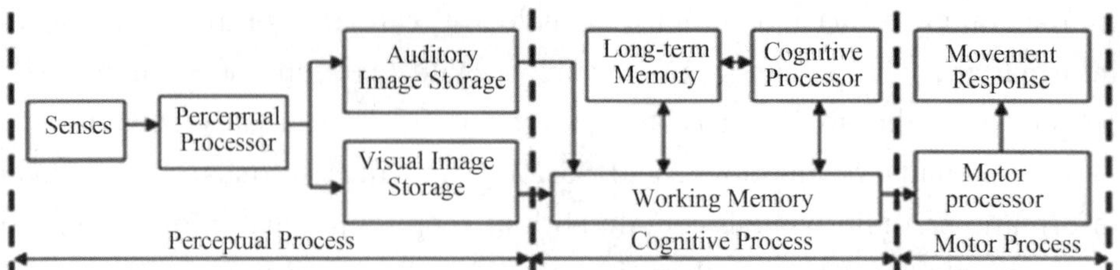

Figure 2 General cognitive characteristics of different types of emotional symbols in cyber language

Table 1 Time parameters in the Perceptual Process and Cognitive Process

Parameter	Mean	Range
Decay half-life of visual image storage	200 ms	90—1000 ms
Decay half-life of auditory storage	1500 ms	90—3500 ms
Perceptual processor cycle time	100 ms	50—200 ms
Decay half-life of working memory	7 sec	5—226 sec
Cognitive processor cycle time	70 ms	25—170 ms

From Table 1, we can find that the processing time of visual information is usually shorter than that of auditory information. However, in our study, the visual information involves enactive symbols, color symbols, structural symbols, graphic symbols and text symbols which have different processing time. If only considering the simple action, color, and structure of those symbols in cyber language, the experiment showed that the faster orders of processing time are: enactive symbols, color symbols, structural symbols, audio symbols, graphic symbols and text symbols in the representational cognition①. Among which although graphic symbols can be fast perceived but they need more processing time than audio symbols in the cognitive process. In the semantic cognition, the processing of audio symbols is much faster than that of text symbols. Therefore, we offer a schematic diagram as Figure. 3, which shows the general cognitive characteristics of different types of emotional symbols in cyber language.

① W. H. Dai, L. H. Huang, D. R. Xu, Y. S. Duan, W. D. Zhao, X. Q. Wan, H. Z. Hu, X. H. Hu, and H. J. Mao. Information Classification, Dissemination and Cognitive Model in Unconventional Emergency[M]. Beijing: National Natural Science Foundation of China, 2015.

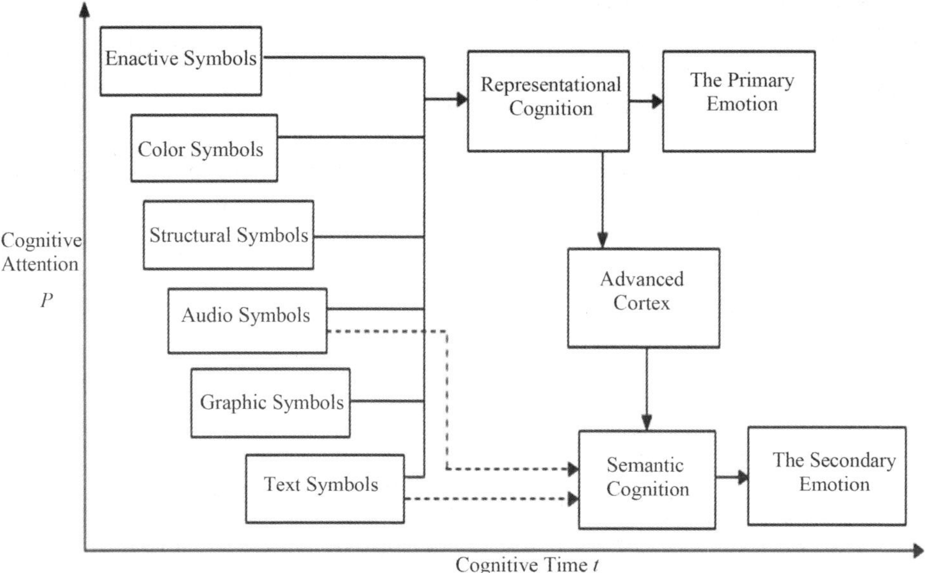

Figure 3 General cognitive characteristics of different types of emotional symbols in cyber language

2.3 Neural Mechanism Model

The brain mechanism of emotions has systematically explored by scholars in the area of affective neuroscience①②. In order to provide a systemic guidance for analyzing the neural cognition of emotional symbols in cyber language, based the summary analysis of existing theories and findings, we put forward a mechanism model to show the dominant neural activities in that process as in Figure. 4③④.

The stimulus signals of emotional symbols will be delivered through the

---

① Damasio A R, Grabowski T J, Bechara A, et al. Subcortical and cortical brain activity during the feeling of self-generated emotions[J]. Nature Neuroscience, 2000, 3(10):1049-1056.

② Davidson R J, Pizzagalli D, Jack B. Nitschke, and, et al. Depression: perspectives from affective neuroscience[J]. Annual Review of Psychology, 2002, 53(1):545-574.

③ Huang S, Zhou X, Dai W, et al. Neural cognition and intelligent computing on the emotional symbols of cyber language [C]. Intelligent Computing and Internet of Things (ICIT), 2014 International Conference on IEEE, 2015.

④ Dai W, Huang S, Zhou X, et al. Emotional Intelligence System for Ubiquitous Smart Foreign Language Education Based on Neural Mechanism[J]. Jitam, 2014, 21(3):65-77.

receiver's sensory pathways to his limbic system and produce the intuitive primary emotion, and then generate the slower but more rational secondary emotion through the cognitive activities of advanced cortex in the brain. Finally, the changes of emotion will lead to the physiological reactions which are perceived by the brain and form the specific emotional experience. Actually, the subjective assessment of an emotional symbol by the information receivers is the judgment of their emotional experiences.

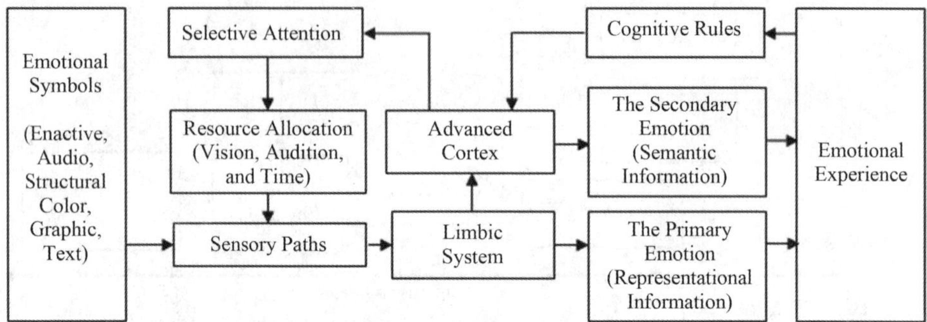

Figure 4 Neural cognition of emotional symbols in cyber language

In that process, the advanced cortex of the brain regulates its selective attention on the sensory pathways, i.e. it distributes the visual, auditory and time resources autonomously. The selective attention depends on the information receiver's motivation, knowledge, memory, cognition and such advanced psychological activities as decision-making. After experiencing the same symbol multiple times, a cognitive rule will be created in the memory to produce the conventional responses to familiar symbols.

3. Expressive Pattern of Emotions in Cyber Language

3.1 Corpus and Affective Vocabulary

When we look at cyber language closely, we will find that it expresses emotions with readable words or non-readable symbols that have specific sentiment orientation. They are in general defined as emotional words, which can be found in a large quantity in world's most used languages such as

Chinese, English and Spanish. For example[①], "Bro" is a short for brother. It sounds pretty warm while "lol" expresses joy and refers to "laugh out loud" or "crack up". In addition, there are also many special terms such as "pffffff", a proud word which means whatever or as you like. "Tmr" is a short for "tomorrow" and refers to something that will be done tomorrow. "N00b" is a newbie or a green hand, usually used to furiously describe those who are clumsy at certain things. "W00t" stands for who or what and is used to describe something or somebody that is exciting or surprising. In some countries, people may use figures or symbols to express their feelings. For example, "1337" looks like "leet" but actually represents "elite", a person who is very competent. This number conveys feelings of surprise and joy. The number "56" means boring in English, aburrido in Spanish and "无聊" in Chinese. The letter "D" is a big laugh. The symbol ":)" is a smile while ":(" means sadness.

A project carried out by the researchers of cyber language worldwide aims to build corpus by collecting and sorting out frequently used cyber vocabulary and symbols such as General Inquirer, WordNet, and Sentiword Net. The corpus will include a large quantity of affective network terms which are vital to the analysis of sentiment orientation of cyber language. A case in point is China's HowNet that has collected 52,000 Chinese terms and 57,000 English words[②]. Among all the published ones, there are 219 words describing the intensity of emotions, 3,116 negative, 1,254 derogatory, 3,730 positive, 836 approbatory and 38 ones for making a proposition. HowNet's Semantics Dictionary has also included a large collection of lexical semantic entries, each of which is composed of semantics and its description of a term. It offers guidance on how to analyze the above-mentioned affective expressions in a specific context.

The sentiment orientation affective cyber language presents is defined as sentiment polarity, which can be divided into three categories: positive, negative and neutral. Every affective word's polarity and intensity correlates with emotional expression and cognition standards of cyber language in the specific context. The polarity and intensity of benchmark emotional words in the typical context can be identified through statistical studies of cyber

①② Z. Y. Yang. The Method of Emotional Calculation and Research of Realizing Technology of International Network Language[D]. Shanghai: Fudan University, 2014.

language and has been covered by many corpuses, such as that of Chinese affective lexicon ontology collated and annotated by Information Retrieval Laboratory of Dalian University of Technology. It provides thorough accounts from different perspectives of a word's part of speech, emotion category, intensity and polarity and therefore offers important standards for the calculating of parameters related to affective cyber vocabulary.

Cyber languages are characterized by wide-ranging vocabulary that is profuse in sentiments and updated rapidly. The utilization of affective vocabulary is the basic method of the expression of emotions in cyber languages. Researchers worldwide have built the corpuses of cyber languages by collecting and sorting out frequently used vocabulary and symbols.

3.2 Expressive Pattern of Emotions

The emotional message of cyber language is decided not only by the affective vocabulary used in the sentence, but also by the expressive pattern in the whole sentence. Therefore, the same affective vocabulary can be completely opposite in meaning when expressed in a different pattern. For example, "When I just heard the news, I was quite upset. But after having lurked for a while, I found hikers were right about that, so just want show up today to share my joy." There are two affective words in this sentence, the negative "upset" and the positive "joy" together with a concession word "but". Suppose P stands for the positive emotion word, N for the negative one and T for the concession, the emotion expression pattern of the above sentence can be generalized as the follows:

$$N+T+P \Rightarrow P$$

In cyber language, conjunctions are critical to the understanding of the emotional messages delivered in sentences and thereafter are important objects to be considered in the analysis of emotional structure and expression patters. Table 2 has included some commonly used connectors in Chinese, English and Spanish①.

① Z.Y.Yang. The Method Of Emotional Calculation And Research Of Realizing Technology Of International Network Language[D].Shanghai: Fudan University, 2014.

Table 2 Commonly used connectors in Chinese, English and Spanish

Functions of Connectors	Chinese	Englisn	Spanish
Alternatives	①不是…就是… ②即不是…也不是… ③或者 ④以及 ⑤和,与,并且 ⑥和…都	①either...or... ②neither...nor... ③or ④as well as ⑤and ⑥both...and	①ni...ni... ②no...tampoco... ③y ④tambien ⑤y ⑥ambos...y...
Cause and Effect	①因此 ②所以 ③总之 ④由于 ⑤基于,由于 ⑥因为	①therefore ②so ③as a result ④because of ⑤due to ⑥because	①porlo tanto ②asique ③por consiguiente ④por ⑤gracias a ⑥es que
Concession	①还未,仍然没有 ②但是,但 ③而,正当 ④相反地说,而是 ⑤可是,不过,然而 ⑥然而	①yet ②but ③while ④on the contrary ⑤however ⑥at the same time	①aun ②pero ③sino ④por el contrario ⑤sin embargo ⑥mientras
Conclusion/Summary	①总之 ②整体上,大体 ③简单地说,简言之 ④总结下就是说 ⑤总共,总计 ⑥概括下说	①in a word ②on the whole ③in brief ④to conclude ⑤in all ⑥to sum up	①en fm ②en general ③cortar el rollo ④para concluir ⑤en total ⑥resumir
Examples	①举例来说 ②在那个安例上 ③解释下,说明下 ④一方面地讲 ⑤打比方说,比如说 ⑥比如,譬如	①for example ②in that case ③to illustrate ④for one thing ⑤such as ⑥for instance	①por ejemplo ②en eso caso ③por ilustrar ④por una parte ⑤tal como ⑥entre ellos

Of course, a complete emotional expression pattern also involves degree, negative words and punctuation marks. For example, the Chinese words "不很高兴", "不高兴" and "很不高兴" express unhappiness of very different degrees. Punctuation marks such as "!", "?", "…" and emoticons, in particular, demonstrate very distinct sentiment orientations. In addition, the sequence of affective words in a sentence will make a difference. For example, the English sentence "We are exhausted now; above all we are so happy for our success." adopts the pattern of "$N+$above all$+P\Rightarrow P$". The emotion of the whole sentence is determined by the phrase following "above all", which is "so happy". Without strict rules regulating cyber language expression, which is ever changing, we will have to use computers to automatically capture new entries and modify them with subjective cognition in order to build open corpuses of expressive patterns of emotions in sentences and analyze the messages delivered by them.

What remains a research issue is the emotional expression through some non-readable symbols such as enactive symbols, audio symbols, structural symbols, color symbols, and graphic symbols. As with in text symbols, the most effective approach to affective computing on those emotional symbols is to establish an open and frequently updated knowledge library based on the ontology of non-readable symbols, which is correlated with the cultural background, language context and social environment and should be processed with emotional notations considering the language application environment[①②]. Among those symbols, the emotions in audio symbols are mainly reflected in the speed, intensity, pitch frequency and spectral parameters of the audio signals, and can be highly cross-cultural and cross languages. In an online conversation, high accuracy rate of emotion recognition can be achieved in the way of pattern recognition without even semantic analysis[③④⑤⑥].

---

① S. Huang, X.Zhou, W.H.Dai, and M. Ivanović. Neural cognition and intelligent computing on the emotional symbols of cyber language [C]. Proceedings of 2015 International Conference on Intelligent Computing and Internet of Things(ICIT 2015), 2015:164 - 167 .

② W.H.Dai, S.Huang, X.Zhou, X.E.Yu, M.vanović, and D.R. Xu.Emotional intelligence system for ubiquitous smart foreign language education based on neural mechanism[J].Journal of Information Technology Applications and Management, 2015, 21(3): 65 - 77.

③ W.H.Dai, D.M.Han, Y.H.Dai, and D.R.Xu.Emotion Recognition and Affective Computing on Vocal Social Media[J].Information and Management, 2015.

④ X.C.Jin.Emotion Recognition Research Based on Speech Signals. Hefei[D]. China: University of Science and Technology of China, 2007.

⑤ D.Ververidis, andC.Kotrropoulos.Emotional speech recognition: resource, features, and methods [J].Speech Communication, 2006, (48): 1162 - 1181.

⑥ B.Li.Research on Emotional Recognition in Multilingual Speech Signal[D].Guangzhou: University of Jinan, 2010.

4. Affective Computing on Cyber Language

4.1 Unified PAD Emotional Space

In order to be processed by the machine, the affective characteristics of an emotional symbol in cyber language should be described quantitatively. The rudimentary description is its positive or negative polarity with quantitative intensity. In most cases, researchers propose the "six big" types of emotions: anger, disgust, fear, joy, sadness, and surprise[①], which has been widely applied to the analysis of graphic, audio and video signals. However, the emotional symbols in cyber language usually carry mixed affective characteristics and reflect dynamic changes in audio and video signals.

A. Mehrabian presented a 3-D model which can describe any kinds of complicated emotions in a PAD emotional space[②③]. It includes three nearly independent continuous dimensions: Pleasure-Displeasure (P), Arousal-Nonarousal(A), and Dominance-Submissiveness(D). Experiment shows that all the known emotion states can be almost described in this space very well, for example, the positions of the typical "six big" emotions are shown in Figure. 5.

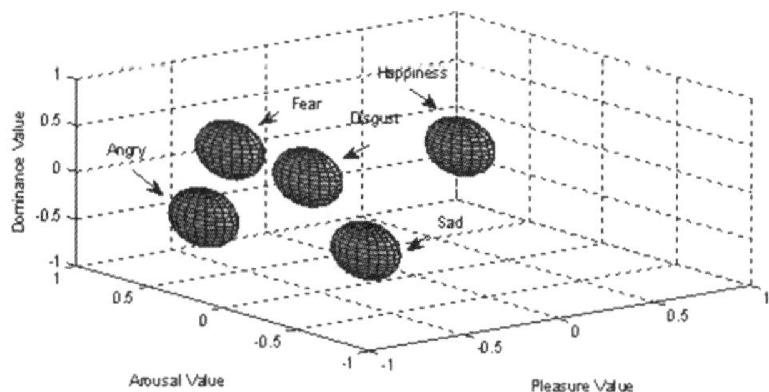

Figure 5 Positions of typical emotions in PAD space

① P.Ekman and M. J. Power. Handbook of Cognition and Emotion[M]. Sussex: John Wiley & Sons, 1999.

② A.Mehrabian. Framework for a comprehensive description and measurement of emotional states[J]. Genetic, Social, and General Psychology Monographs, 1995, 121: 339 – 361.

③ A. Mehrabian. Pleasure-arousal-dominance: A general framework for describing and measuring individual differences in temperament [J]. Current Psychology: Developmental, Learning, Personality, Social, 1996, 14: 261 – 292.

So far, the PAD model has been successfully applied in a variety of areas, such as audio-visual speech synthesis①, micro-blog sentiment analysis②, and music emotion comparison③. The 3-D dimensions of PAD provide a unified space for describing the mixed affective characteristics of all types of emotional symbols in cyber language as well as their dynamic changes. As well, any emotional state in the PAD space can also be described as the percentage rates of typical emotions based on a conversion metric function④⑤.

Usually, the PAD values of commonly used emotional symbols should be firstly evaluated by the subjective assessment according to the perception and cognition of the typical information receivers in the process of emotional notation, and stored in the knowledge library based on the ontology, therefore providing the references for the comprehensive computation by machine. In order to achieve the precise and consistent results in subjective evaluation, A. Mehrabian designed the initial 34-item test questionnaire⑥. However, the application in practice indicates that the questionnaire should be designed according to the specific language due to the differences in language understanding and cultural backgrounds. Table 3 shows the Chinese version of the simplified 12-item questionnaire which was presented by the scholars from Psychological Institute, Chinese Academy of Sciences⑥.

The assessment is based on what kind of feeling is more intense in each item. From the left to the right, it is scaled within the range from"−4" to "4". The scores in each item may be calculated and converted into the normalized values of P, A, and D⑦.

---

① Jia,S.Zhang,F.B.Meng,Y.X.Wang,L.H.Cai.Emotional audio-visual speech synthesis based on PAD [J].IEEE Transactions on Audio, Speech, and Language Processing,2011,19(3):570 - 582.

② H.T.Cao.Chinese Microblog Sentiment Analysis Based on the PAD Model[D]. Dalian: Dalian University of Technology, 2013.

③ K.F.MacDorman, S. Ough, and C. G. Ho.Automatic emotion prediction of song excerpts: index construction, algorithm design, and empirical comparison[J].Journal of New Music Research,2007, 36(4):283 - 301.

④ W.H.Dai,D.M. Han,Y.H.Dai,D.R.Xu.Emotion Recognition and Affective Computing on Vocal Social Media[J]. Information and Management,2015.

⑤ P.H.Sun and L.M.Tao.Emotion measuring method in PAD emotional space[C].Proceedings of the Fourth Harmonious Man-machine Environment Joint Academic Conference, 2008:638 - 645.

⑥ A.Mehrabian.Framework for a comprehensive description and measurement of emotional states[J]. Genetic, Social, and General Psychology Monographs,1995,121:339 - 361.

⑥⑦ Y.Lu,X.L.Fu, L. M. Tao.Emotion measurement based on PAD 3-D space[J].Communications of the CCF,2010,6(5):9 -13.

Table 3　Commonly used connectors in Chinese, English and Spanish

Question	Emotion	−4	−3	−2	−1	0	1	2	3	4	Emotion
Q1	Angry										Activated
Q2	Wide-awake										Sleepy
…	…										…
Q12:	Influential										Influenced
Q1: Angry-Activated;		Q2: Wide-awake-Sleepy;					Q3: Controlled-Controlling;				
Q4: Friendly-Scomful;		Q5: Calm-Excited;					Q6: Dominant-Submissive;				
Q7: Cruel-Joyful;		Q8: Interested-Relaxed;					Q9: Guided-Autonomous;				
Q10: Excited-Enraged;		Q11: Relaxed-Hopeful;					Q12: Influential-Influenced.				

4.2　Knowledge Library and Emotional Notation

The perception and cognition of emotional symbols in cyber languages are not only related to the neural cognition, but also affected by the information receivers' background and features. Therefore, we establish an open and frequently updated knowledge library as shown in Figure.

The emotional symbols as well as their expressive patterns are stored in this library based on the ontology. The commonly used symbols in the library should be firstly assigned with the emotional notation of PAD values as the benchmarks through the subjective assessment which has been discussed before in this paper.

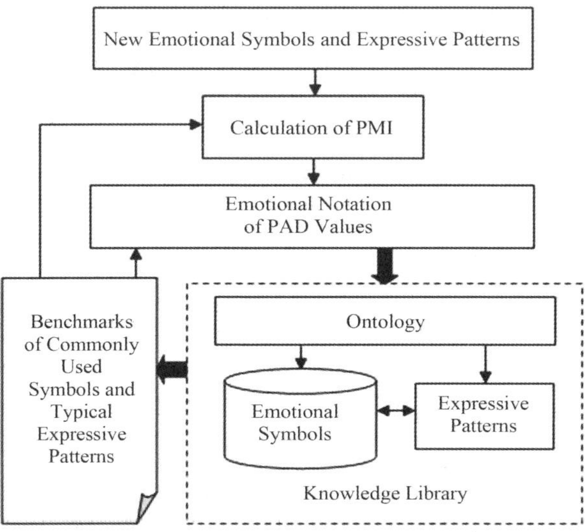

Figure 6　Knowledge library and emotional notation

In order to evaluate the values of the rest or a new emotional symbol, we adopted the PMI (Pointwise Mutual Information) method[①], which is based on the probabilities of the new symbol and its benchmarks in the knowledge library. For example, the improved HowNet-PMI algorithm has been successfully applied to the affective computing on Chinese cyber language[②].

As shown in Figure. 7, in the knowledge library, we build up a semantic dictionary based on the ontology of international cyber languages, which includes both the readable and non-readable symbols. The expressive patterns of emotions in sentences are represented by the knowledge such as the templates and rules which describe the commonly used structures along with the conjunctions, adverbs and punctuation marks.

Based on the knowledge, affective computing can be carried out on a whole message which may contain one or more sentences with the additional non-readable symbols.

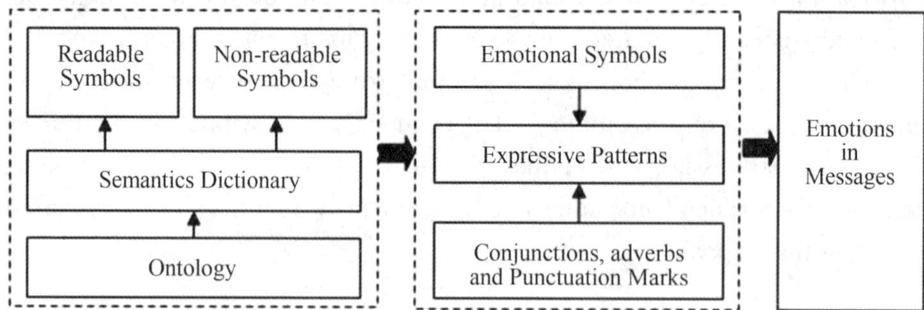

Figure 7　Semantic dictionary and expressive patterns in knowledge library

4.3　Intelligent Computing method

The basic process of affective computing on cyber language is shown as in Figure. 8. It includes the following four steps[③]:

---

① P.D.Turney and M.L Littman. Unsupervised Learning of Semantic Orientation from a Hundred-billion-word Corpus[R]. National Research Council of Canada, 2002.

② X.D.Zhao. The Simulation Research on Information Emotional Cognition and Dissemination in Public Safety Incidents[D]. Shanghai: Fudan University, 2014.

③ S.Huang, X.Zhou, W.H.Dai, M.Ivanovi 0.Neural cognition and intelligent computing on the emotional symbols of cyber language[C]. Proceedings of 2015 International Conference on Intelligent Computing and Internet of Things (ICIT 2015), 2015: 164 - 167.

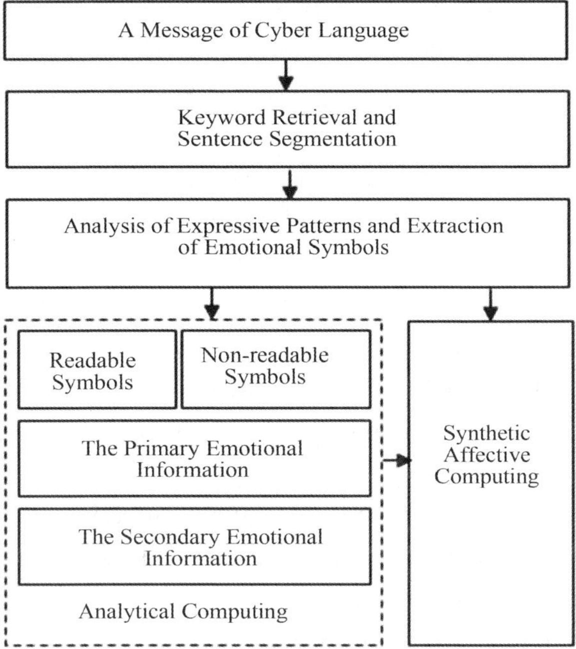

Figure 8 Basic process of affective computing on cyber language

(1) The first step is Keyword Retrieval and Sentence Segmentation. A message of cyber language will be segmented into one or more sentences with possible additional non-readable symbols for further processing by the structure analysis. Chinese, English and Spanish have their different patterns in sentences, which can be mostly structured by the retrieved keywords such as conjunctions, adverbs and punctuation marks.

(2) The second step is Analysis of Expressive Patterns and Extraction of Emotional Symbols. In this step, each segmented sentence need be broken up into a series of separate words by dedicated tools such as the Chinese word segmentation system NLPIR①. Hereafter, the expressive patterns of emotions in sentences with additional non-readable symbols are analyzed, and all emotional symbols in the message are extracted based on the semantics dictionary, structural templates and rules which are stored in the knowledge library.

(3) The third step is Analytical Computing. In this step, the readable

① NLPIR[EB/OL]. http://www.ictclas.nlpir.org/, 2014-12-25.

and non-readable emotional symbols are computed separately. In order to reflect the dynamic affective features in human cognitive processes, the enactive symbols such as flashing signs and video signs, as well as structural, color and graphic symbols, are computed and ranged into the primary emotional information. The semantic text symbols are computed into the secondary emotional information. Especially for the audio symbols, as discussed before in this paper, it contained the representational information and the semantic information. The former is related to vocal emotion only, and can be computed by the LS-SRV estimator which has been successfully applied to Wechat and QQ①. The later should be firstly converted into text sentences by a speech recognition tool, and is afterwards computed similarly to the text symbols.

(4) The final step is Synthetic Affective Computing. The results by the step of Analytical Computing will hereafter be synthesized and adjusted based on the analysis of conventional expressive patterns, and reach a more accurate and comprehensive result. Dynamic affective features in the message of cyber language may be represented by the primary and the secondary emotions as well as the changing positions in a text sentence.

This process in Figure. 8 can be implemented by the intelligent computing method as shown in Figure. 9.

In the proposed method, the processing and computing tasks are accomplished by a multi-agent system intelligently. It includes Monitoring Agent, Preprocessing Agent, Analytical Computing Agent, and Synthetic Affective Computing Agent. Different from the traditional computing on emotions, considering the characteristics of neural cognition, our method can give the results of the primary and the secondary emotions respectively, and shows their dynamic changes. This is significant for the further analysis of emotion propagation through the social media in cyber space②③④

---

① W.H.Dai, D.M.Han, Y.H.Dai, D.R.Xu.Emotion Recognition and Affective Computing on Vocal Social Media[J].Information and Management,2015.

② J.Bollen,H.Mao,and X.J.Zeng.Twitter mood predicts the stock market[J].Journal of Computational Science,2011,2(1):1-8.

③ W.H.Dai, H.Z.Hu, T.Wu, Y.H.Dai.Information spread of emergency events: path searching on social networks[J]. Scientific World Journal,2014:1-7.

④ I.Kompatsiaris, D.Gatica-Perez, and X.Xie.Special section on social media as sensors[J]. IEEE Transactions on Multimedia, 2013,15(6):1229-1230.

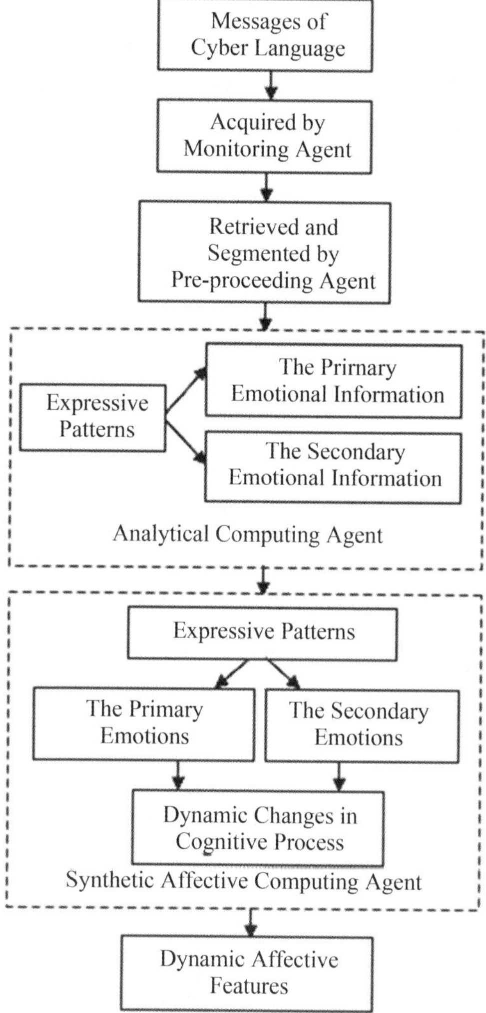

Figure 9 Intelligent computing method

5. Experiment and Result

Figure. 10 is a piece of sports news reported by the famous Spanish newspaper *Mundo Deportivo* and the readers' online comments. There are total 72comments on this news①. Once seeing this footage, the audiences are firstly attracted by the smiling pictures and videos of the news reporter, and produce the joy emotion immediately which is the primary emotion. After computing on the online comments, we get the main types of emotions in different positions of the total comment text as shown in Figure. 11, which reflect the dynamic changes of the secondary emotion in the online comments.

Figure 10 Sports news on *Mundo Deportivo* and the readers' online comments

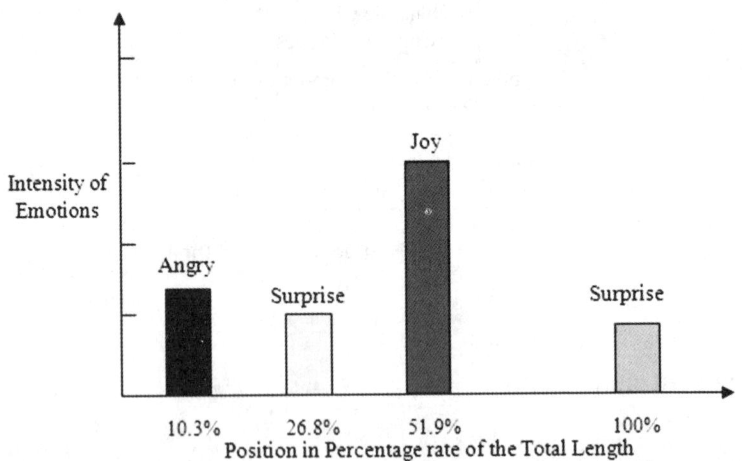

Figure 11 Dynamic changes of affective features in the online comments

① Z.Y. Yang. The Method of Emotional Calculation and Research of Realizing Technology of International Network Language[D].Shanghai: Fudan University, 2014.

Figure. 12 is a feeling description posted by a Chinese survivor on Jan. 1 3:53, 2015, who escaped from the miserable Shanghai bund stampede which took place on at 23:35 on December 31, 2014 and resulted in 36 deaths and 49 injuries. The survivor said: "Tonight's Bund was nothing I could've imagined because of the crowding and trampling accident. I was fortunate to have survived. I saw young lives perished in front of me, but I couldn't save them. They were put on stretchers and sent down to us one after another. We tried CPR for all, one, two, three... until we were all exhausted. Poor people, hopefully 120 and the hospital can do a better job. Have to thank the medical workers, foreigners as well as all the others that participated in the rescue efforts. We have tried our best ...(crying out loud)."

Figure 12 Feeling description by a survivor in Shanghai bund stampede

Figure. 13 shows the PAD values of affective computing result on that description. It represents the strong intensity of the mixed emotions as well as their changes which include grief, despair, helplessness and the gratefulness to the people who were involved in this rescue.

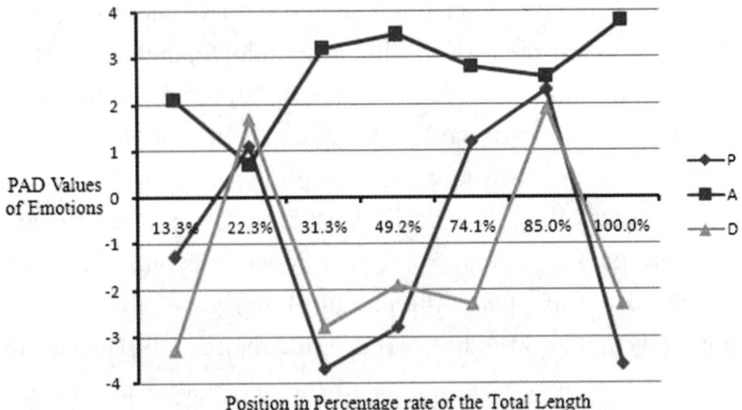

Figure 13 PAD values of affective computing result

6. Conclusion and Discussion

With the rapid development and wide application of the Internet and ubiquitous networks, cyber space has provided people with a new virtual society and convenient living and working platform. Characterized by its customary symbol system and vivid expression patterns, cyber language not only acts as the tool for people to communicate in the cyber space, but also plays a vital role in affective exchange, emotional propagation as well as social psychology and behaviors, and has caused high attention in many areas in recent years.

Due to the open, virtual and dynamic language environment, affective computing on cyber language requires a systemic and interdisciplinary research. This paper presented a classification of the emotional symbols in cyber language, and put forward a mechanism model to show the dominant neural activities in the cognitive process. Furthermore, after analyzing the expressive patterns of emotions in the languages of Chinese, English and Spanish, this paper proposed an intelligent method for affective computing on cyber language in a unified PAD emotional space, which can deal with the multi symbol information and mixed emotions in a cyber message, and show their dynamic changes according to the characteristics of the neural cognition process. Experimental results indicate that this method can reach an accuracy of more than 70% for the computing on text symbols and audio symbols, and provide an effective approach to the application of a lot of areas such as public opinion analysis, internet marketing, service feedback monitoring, and social emergency management. However, the processing of the rest non-readable symbols had to be made by subjective evaluation in most cases.

In the future, the language ecosystem of cyber language and new media technologies will be ever changing and continuously updated. We suggest that future studies can be conducted in the following areas: ① How to build an open and dynamic updated knowledge library to assist the affective computing by applying intelligent monitoring and big data mining techniques; ② how to establish more thoroughly expressive emotional patterns and provide statistical fundamental parameters for the elaborate description of neural cognition by using advanced experimental observation techniques; and ③ how to explore a more effective method for computing on non-readable symbols such as enactive and structural symbols.

Conflict of interests

The authors declare that there is no conflict of interests regarding the publication of this article.

Acknowledgment

This research was supported comprehensively by National Natural Science Foundation of China(No.91324010), National Social Science Fund of China (14BXW046), the 2nd Regular Meeting Project of Science and Technology Cooperation between China and Serbia(No.2-9/2013), Shanghai Decision Making and Advising Project(2014-GR-55), Shanghai Philosophy and Social Sciences Plan, China(No.2014BGL022), Project of Department of Education, Sichuan Province (No. 15SB0219), and Project of Sichuan Conservatory of Music(CY2014173).

Research work of this paper was accomplished by our interdisciplinary team based on the previous work. Shuang Huang and Xuan Zhou are the joint first authors of this paper. Ke Xue and Xiqiong Wan are the joint corresponding authors.

作者：Huang S, Zhou X, Xue K, et al.

原载《Computational Intelligence & Neuroscience》, 2015,(1).

第二章

新媒体传播模型

在新媒体传播时代，一方面人们遭遇了各种新媒体超载信息的传播以及传播渠道难以取舍的困境，另一方面新媒体也出现了传播方式多样，而却无法实现组合上的最优化；传播内容丰富而却受到受众的排斥等多重困境。在面临这种困境的情况下，不同媒体该如何选择和创建适合自身情况的传播模式，已成为了每个新媒体经营者必须认真思考的问题。在不同媒体中，要使信息能够进行有效和高效地传播，需要媒体经营者能够深入了解和掌握自身媒体传播过程的各个环节和影响机制，在此情况下才能选择和构建适合自身状况的传播模式，实现受众能够最大化接受传播的信息，达到预期的传播效果。模型是某种事物功能结构的体现，它能提供各种不同特殊状态一般性的图景，通过对模型的研究，可以较好地揭示系统各构成要素及其之间的关系，从而能清晰地对事物进行整体性认识和把握。为此，传播模型的研究能为深入理解媒体传播的规律、特征和影响因素提供了一条重要的路径和方法。

在传播学发展的历程中，学者根据不同时代传播特征已经提出了许多传播模型。从早期的传播模型建立直至今天以网络媒体为主的各种新媒体传播模型出现，传播模型数已达数百种。据笔者对知网数据资料的初步统计，从 2006 年至 2014 年每年的关于媒体传播模型的研究数量及走向趋势如图 1 所示。但综合起来，所有传播模型的可以分为两大类，一类是用来表征传播过程及结构的模型，如基本模型等；另一类是用来表征传播要素之间关系的模型，如影响模型、效果、受众模型及媒介模型等。前者更倾向于用于对传播本质的整体了解，而后者更侧重于对影响变量及之间关系构架的掌握。在传播学研究中，使用模型方法探讨传播过程，实际上则是对传播过程基本结构、影响因素、作用环节以及相关变量之间关系进行抽象而科学分析的过程。因此，在进行传播模式构建中，有必要借助传播模型对传播的整个过程进行深入了解，从而为不同媒体构建有效和高效的传播模型提供理论指导。

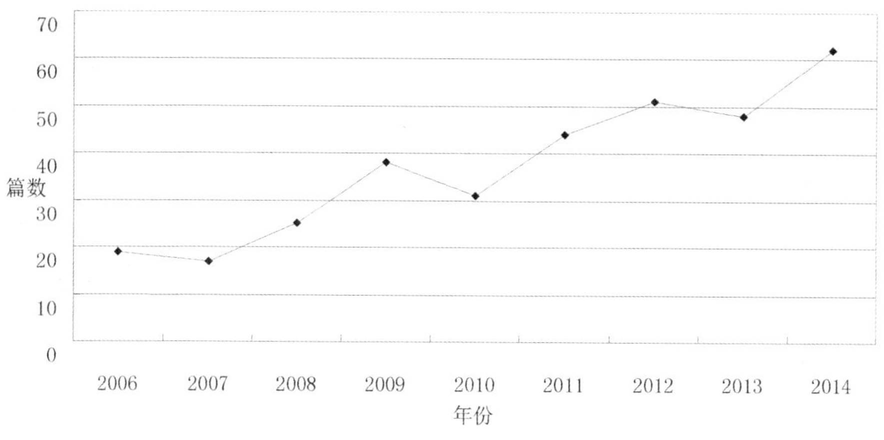

图1 2006—2014年媒体传播模型研究篇数折线图

在过去关于传播模型的研究中，所有模型主要体现为单项线性和双线循环两类。在关于单向线性模型研究中，Lasswell（1948）①提出了“5W”模型，该模型首次将传播过程视为由传播者、传播内容、传播渠道、传播对象和传播效果五个环节和要素构成，即谁说、说什么、通过什么渠道、对谁说、产生什么效果。该模型提出之后得到了广泛引用。“5W”模型能较好地概括传播过程的关键环节，对大众传播研究作出了极大贡献，但它忽略了传播中反馈现象的存在，因此具有局限性。Shannon 和 Weaver（1949）②提出香农-韦弗模型，又称为传播的数学模型，该模型把人际传播过程视为单向的机械系统，并在模型中添加了“噪声”，表明传播过程的受到其他干扰因素的影响，其中的“噪声”不仅仅存在于传播“渠道”中。此模型拓宽了传播研究的视野。在双向循环模型研究中，Katz 和 Lazarsfeld（1955）③提出了两级传播模型，强调“舆论领袖”在传播过程中的作用，整合了大众传播和人际传播的特征，但夸大了“舆论领袖”对大众传播媒介的依赖性以及“舆论领袖”在其中的作用，使得传播过程过于简单化，并将受众简单地分为主动型和被动型、活跃型和不活跃型两种极端，这与传播的实际情况不相符，后来有学者在此基础上将此模型演变为多层次的N级传播模型（Rogers）④。

---

① Lasswell H D.The structure and function of communication in society[J].The communication of ideas，1948，37：215－228.

② Shannon C E，Weaver W.The Mathematical Theory of Information[J].Mathematical Gazette，1949，97(333)：170－180.

③ Katz E，Lazarsfeld P F. Personal Influence，The part played by people in the flow of mass communications[M].Transaction Publishers，1955：59－62.

④ Rogers E M. Communication in Development：Modifications in the Classical Diffusion Model for Family Planning.[J]. Bibliographies，1972：40.

Schramm(1954)[①]提出了施拉姆模型,是一种较为流行的人际传播模型,强调传者和受传者的同一性及其信息的处理过程,其中存在"信息反馈"过程,表明了在传播中符号互动的重要性,同时揭示了传播是一个双向循环的过程。DeFleur(1966)[②]提出了大众传播双循环模型,把传播过程视为一个闭路循环传播系统,受传者既是信息的接收者,也是信息的传送者,传播过程中的各个环节都可能存在噪音,此模型体现了传播过程的突出双向性,被认为可以用来对大众传播过程的进行较为完整描述的模型。Westley 和 MacLean(1957)[③]提出了韦斯特利-麦克莱恩模式,主要由信源、传者、受众、把关人、反馈几部分组成,此模型突出了信息在传播中的地位,同时也特别强调大众传播中把关人的重要作用。

随着新媒体时代的到来及网络技术的快速发展,在过去这些经典的传播理论模型基础上,学者们纷纷对新媒体传播模型进行了研究,也形成颇具代表性的成果。总体而言,现有研究大多还是停留于对新媒体传播形式和特征的描述和论述上,而关于新媒体传播模型构建的细致而具体的研究相对很少,研究方法多为定性分析,而采用量化方法及实证研究的研究仍然缺乏。在此背景下,笔者从量化及实证的角度对此也进行了积极的探索和研究,在相关的研究中主要从人际传播及品牌形象传播两方面进行展开。

首先,新媒体人际传播模型研究。《微博 vs.茶馆:对人际传播的回归与延伸》从麦克卢汉、梅罗维茨等人的媒介技术思想出发,首次以茶馆和微博为一对范本,在对两者的信息传播模式比较的基础上,揭示了微博传播模式不仅是茶馆传播模式的延续,还是整合人际传播和大众传播、融合各种旧媒介、模糊社会身份和等级的一种前所未有的即时性整合传播媒介。《基于信息平衡的网络论坛传播模式研究》通过信息论中信息量与信息熵对网络论坛传播模式的研究,通过对网络论坛中角色的分析和传播模式的特点的解析,提出了信息紊乱是网络论坛影响人际交往行为最本质的因素,并用信息熵平衡模型对网络论坛中人际传播模式进行探讨和分析,提出了网络论坛中的传播三种模式。《BBS 中的"舆论领袖"影响力传播模型研究——以上海交通大学"饮水思源"BBS 为例》在聚类分析得基础上,以实证得方法,对"交大发展论坛"版面中的虚拟群体成员进行分析研究,筛选出"舆论领袖",并对其在舆论形成中的作用机制进行探讨,建立了"虚拟舆论领袖"影响力传播模型。《突发性危机事件中手机短信传播的理论模型》对突发性危机事件中影响手机短信传播因素从传播频度、传播特点、信息流动模

① Schramm W.How communication works[J].The process and effects of mass communication, 1954:3-26.

② DeFleur M L,Ball-Rokeach S.Theories of mass communication[M].Longman,1982:89-93.

③ Westley B H,MacLean M S.A conceptual model for communications research[J].Journalism & Mass Communication Quarterly,1957,34(1):31-38.

式等角度进行了分析，提出突发性危机事件中手机短信传播的理论模型，通过实证研究及案例分析的方法对所提出理论模型进行了验证及修正。《传媒影响力的两级传播模式——广告媒体对广告主的影响研究》借用“两极传播”理论，讨论媒体的影响力如何被施于广告主，及其在广告主中间如何形成两级渗透，由于在广告主中间如何也存在信息不平衡的现象，因而媒体对广告主的影响也是分层逐级到达的。

其次，新媒体中品牌信息传播模型研究。《新媒体语境下非营利组织形象评估模型构建——以“牵手上海”为例》通过定性分析与定量研究相结合的研究方法，对在新媒体语境下的非营利组织形象进行了探讨：从四个维度对非营利组织形象进行分析，找出影响因子；其次，采用实验设计、数理统计及量化分析的研究方法，基于层次分析法创建了非营利组织形象评估的理论模型；结合具体案例验证该模型，并提出具有实际操作意义的非营利性组织形象提升策略。《突发自然灾难报道中的国家形象理论评估模型研究》首先通过问卷调查和专家访谈，梳理了影响突发自然灾难报道中塑造国家形象的主要因素；其次利用层次分析法(AHP)将主要因素划分并界定为若干层次，确定了各因子之间的相互关系，建立突发自然灾难报道中的国家形象理论评估模型，计算出各评价指标的权重，为灾难报道中的国家形象研究提供了科学的理论评估模型。《品牌延伸的消费者心理认知机理与建模》采用了品牌生命体(brand life activity)的概念来分析和描述品牌在消费者心理空间的活动规律，把品牌的延伸看做品牌生命体在消费者心理空间的“繁殖”，消费者对品牌延伸的心理认知过程，在某种程度上可看做是一种在遗传与变异规律影响下的模型匹配过程，采用了生物学中的遗传与变异规律及人工智能模型匹配理论来分析和论述品牌延伸的心理认知机理，建立了相关的理论模型。《品牌延伸中消费者知识演化模式研究》基于联想网络记忆模型和组织知识创造理论的品牌知识模型，能使品牌知识有效地留存在顾客记忆之中，并进行合理的品牌知识创造，从而建构出品牌延伸中消费者品牌知识的静态模式和动态模式，揭示出消费者品牌知识对品牌延伸的影响。

基于信息平衡的网络论坛传播模式研究

国内学者对网络传播模型的研究经历了大致三个阶段:①对传统模式的批判、修正阶段。此阶段的研究主要集中在对5W线性模型的批判和修正上面。如卜卫(1998)在传统的框架下分析了网络传播三要素的变化及其意义,并用传授者互动模型修正了线性的传播模型①。丁柏铨(2002)针对5W进行逐一批判后认为网络传播模式呈现了前所未有的复杂性②。②新模式构建阶段。该阶段以杜骏飞等人的泛媒介传播模型为代表。杜骏飞(2001)运用“媒介成为人”、“人成为信息的一部分”等泛传播的观念,经由对泛层级、泛媒介和泛网络的分析,并从时间和空间的维度构建了一种全新的传播模式③。匡文波(2001)则从网络传播将人际传播和大众传播融为一体的角度构建了新的传播模式④。③社会网络分析阶段。这一理论兴起于20世纪90年代,其出发点在于把人们建立的无形社区与社会关系,以点与线的纵横交错来了解人们在社会关系中的各种关系。该理论在互联网中的运用结构显示,在电脑空间中形成的社会网络并非无关紧要,而是属于人们的社会网络的一种⑤。宫辉和徐渝(2007)采用计量分析模型对西安交通大学BBS信息传递进行验证分析。他们利用样本的点出度和点入度建立了网络虚拟社区成员社会网矩阵,并用回归分析进行了网络影响因素的分析⑥。如上所言,国内学者在这方面的成果已有不少,但这些模式都未能充分、有效地解释受众是如何在不同媒体间选择的。

本文第一部分将借用社会网络分析理论以及网络论坛的传播特点以图示的方法给出网络论坛的传播模式图,旨在说明网络信息量在其中扮演的重要角色。并由此构建新的传播模式来分析网民对新旧媒介的选择行为。

一、网络论坛的传播角色分析

网络论坛在传播中主要有4种角色,这些角色互为因果,相互影响,如图1

① 卜卫.互联网络对大众传播的影响(上)[J].国际新闻界,1998,(3):5-11.

② 丁柏铨.论第四媒体的崛起对新闻传播实践与理论的影响[J].江海学刊,2002,(6):169-175.

③ 杜骏飞.泛传播的观念——基于传播趋向分析的理论模型[J].新闻与传播研究,2001,(4):2-13.

④ 匡文波.网络传播学概论[M].北京:高等教育出版社,2004.

⑤ 鲁曙明.传播学[M].北京:中国人民大学出版社,2007:314-315.

⑥ 宫辉,徐渝.高校BBS社群结构与信息传播的影响因素[J].西安交通大学学报:社会科学版,2007,(1):93-96.

所示。

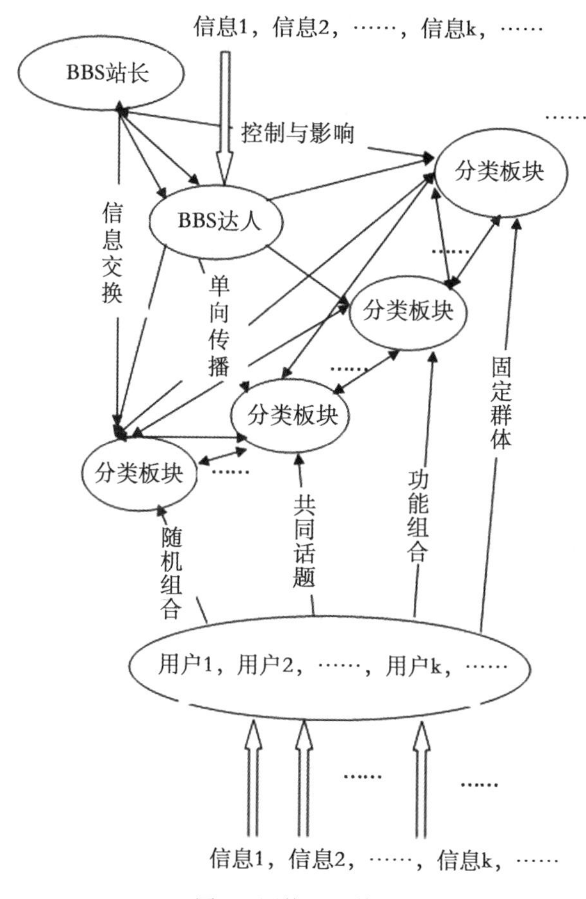

图1　网络论坛传播模式

（一）论坛用户:信息的无限输入

网络论坛系统中每一个登录上网的用户都是信息的携带者,这些信息来自各人所处的现实社会背景以及网络背景。用户的数量可以是无限量的,因为网民是没有地域限制的。用户通过 4 种途径进入各自的分类板块:①随机组合;②共同话题(如军事、笑话、出国等话题);③功能组合(如二手交易、挂牌、问路等);④固定群体,游戏版等比较常见此类用户。

（二）网络版面:信息的无限交换与整合

论坛的聊天单位是网络论坛分类板块(或版面),版面的设置数量是无限的,版面内部的信息容量也是无限的。用户根据上述 4 种方式进入各自论坛并开始讨论。用户之间的交流是匿名的非即时互动的、平等的,彼此一般无法看到对方表情、动作等其他符号语言。不同版面之间的交流相对容易和广泛,通过文章转载即可实现。这直接导致可能性的增多,这种交换和整合使得信息的紊乱度急剧增加。

(三)“BBS 达人”:不固定的意见领袖

网络论坛中的意见领袖具有某些知识和传播技巧方面的特长。在网络论坛各个版面中都有一些被称为“BBS 达人”的人,这些人在版面中享有很高的舆论威望,能在讨论中影响网民的观点。同时“达人”也受到来自站长的控制和影响,他们必须遵循站规和本版传统。是系统中的次中心,仅次于站长。

即便是在同一个板块中,“达人”的数量也是不唯一的,“达人”的信息从理论上也是无穷尽的。同时可以看到“达人”在充当舆论中心的意见领袖时传播的方式是单向的,他并不与版内用户沟通,用户只是被动地接收。当“达人”与他人沟通时,他的角色就变成议程设置的被动者,一个推波助澜的普通“小网民”。

这些“达人”具有信息相对富有、有高超的传播技巧等特点。他们最常用的手段是整合和转载,“达人”通过将同类或相关信息重新整合,再转载到“恰当”的地方,以达到放大效应,从而引起关注、设置议程。信息的富有和“达人”数量的无限保证了论坛中信息量的无限性。

(四)站长:信息的无限储存与检索

网络论坛传播系统中的另一中心便是服务器,它是信息的集中点和论坛的控制中心。管理服务器的人一般是站长。论坛上发表的每一条消息都被储存到服务器里,用户可以通过搜索等途径随时从资料库里调出相应的信息。服务器的信息随着时间的增加而不断增多,因此,从长远看是无限的。可见,服务器与用户的信息交换是通过储存和搜索而实现的。论坛站长通过服务器对论坛各板块进行控制和影响。站长通过发布站规,任命版主,发布版规等措施进行系统控制。版主负责执行版规,通过删帖、敬告、封号等手段监视和控制用户。站长和版主也通过发表文章引导舆论等方式达到影响的目的。

二、网络论坛传播模式的特点

通过上述中对网络论坛的传播模式分析,可以得出一些与传统媒体不同的特点。

(一)传播模式在表现形式上的差异

如交互性、多媒体、检索便捷、超文本、更新速度快、突破时空限制等,这些都属于技术上、形式上的特点。

(二) 海量信息、内容多元

传统媒体的信息量在特定时间和空间内是有限的，并且不能大规模准确储存和搜索，而后者则是无限量的并可以无限复制和准确储存和搜索。网络论坛对信息的迅速、简易和大范围的整合和交换功能，使得这一传播系统内部信息要远复杂于传统的传播方式。根据 C.E. Shannon（香农）的信息量公式：$I(A)=-\lg P(A)$①（$I(A)$称为事件 A 的自信息，$P(A)$为事件 A 发生的概率），如果某一信息的提供能够消除某一事件的不确定性，并且这种不确定性越大，那么这一信息量就越大，信息也越有价值。网络论坛中由于整合和搜索的范围扩大，某一事件发生的可能变得更不确定（观点多元），概率变小，信息量增加。同时事件的数量也是无限的，这导致了更大的信息量。信息量的增加在整个社会系统范围内扮演重要的角色，在某种程度上改变了原有的传播模式。

(三) 网络论坛的无穷紊乱

信息熵是自信息的统计平均值，即某一系统中事件有 N 种发生可能，每一种可能的概率为 P_i，则

$$I=-\mathrm{SUM}(P_i\times\lg(P_i)),\quad i=1,2,3,\cdots,N$$①

熵是对混乱和无序的度量，熵值越大，混乱无序的程度也就越大。考察网络论坛在社会系统中的信息情况：上述公式中 N 可能趋向无穷大，即有无穷种可能；上式仅给出了一个系统的信息熵，而网络论坛的事件可以是无穷的；P_i 之间的大小关系基本是无法确定的。这些都意味着信息熵将变得无穷大。网络论坛信息量的泛滥，导致有效信息含量的相对减少，这完全有可能使本来形成议题的信息淹没在大量的无用信息之中。受众处理信息变得更为困难。信息熵无限增加的传播学解释为：信息量的无穷性；信息整合和交换的多样性；信息获知途径和选择众多性。越多的选择可能就意味着越多的排列组合，熵值就越大。

三、网络论坛传播的信息动态平衡模式研究

信息理论中的熵与冗余的概念在消息内容总中的直接而又实际的运用是由泰勒（Wilson Taylor）在 1953 年发展出的补漏程序（cloze procedure）。这一传统在国内外一直延续多年。国内明确运用熵概念来阐释媒介与受众关系的学者多是从传播心理学的角度。刘京林从认知心理学的角度将信息与图式激活联系

① [美]E.M.罗杰斯.传播学史[M].殷晓蓉，译.上海：上海译文出版社，2005：365.

起来，提出了心理熵的概念。她认为在心理熵的状态下，受者头脑中已有的一些图式是零散的孤立的，未被组合于图示网络系统中，呈现混乱状态，影响受者对媒介信息的接收。而认知图示的有序程度则为心理负熵，它是个体的追求，也是传者的愿望[①]。她还说明了信息量越大受者的可能性选择概率就越低的道理。这在信息论中称为最大信息熵原理，即当上述公式中 P_i 相等时，I 达到最大值 $\lg N$[②]。任何物质系统除了都受到或多或少的外部约束外，其内部总是具有一定的自由度，这种自由度导致系统内的各元素处于不同的状态。而状态的多样性就是用熵来衡量的，熵最大就是事物状态的丰富程度自动达到最大值。换句话说，事物总是在约束下争取最大的自由权，我们把这看做是自然界的根本原则。这意味着可以通过对达到最大熵值的过程来考察人类对虚拟和现实人际交往的选择。其基本假设与理论根据在于下列几点：

(1) 认知心理学认为人的心理资源(mental resource)是有限的，人们只能选择性地注意一些事情，不可能无限量地处理信息和无穷的心理熵。当信息量达到足够大或信息足够紊乱的时候，人类需要选择舍弃一些信息或者通过整合使无序的信息变得有序，以回归到心理平衡的状态，即熵最大时。

(2) 生存决定需要，人类必须获得足够多的信息来满足自己的各项需要。心理学认为人类在信息匮乏的情况，容易感到不安。依赖理论认为人类依赖于媒介以获得不同的信息满足。对生活有追求的人总是在不断获知新的信息，并以此作为决策参考。

(3) 注意的选择功能。英国心理学家布罗得本特用双耳分听实验证明了信息选择的存在性。有限的认知资源必须得到分配[③]。

(4) 不确定性回避。它指的是对模糊情景的回避和逃避，是人们对不确定行的容忍度。吉尔特·霍夫试泰德认为，回避不确定性的人们认为“差异就是危险的”，而不回避的人认为“差异是有趣的”。这与受众不同的文化、教育背景等是相关的[④]。

为了进一步阐明信息熵是如何影响人际交往行为的，可对熵变量做如下假设以方便公式推导和模型分析：

M 为现实社会交往中已经产生的信息熵，且为一个固定值，这是个人从人际交往、传统媒体、学校教育等社会系统中交换信息所产生的总和；

I 为 M 中人际交往的部分；

---

① 刘京林.大众传播心理学[M].北京：北京广播学院出版社，2005：167－169.

② 证明可参见石峰.信息论基础[M].北京：高等教育出版社，2002.

③ 彭聃龄.普通心理学[M].北京：北京师范大学出版社，2004：195－196.

④ [美]理查德·韦斯特，林恩·H·特纳.传播理论导引：分析与应用[M].刘海龙，译.北京：中国人民大学出版社，2005：180－181.

$I(B)$为个人从网络论坛中获取的信息熵（除第一式外，以下均指网络论坛中人际交往所获得的信息熵）；

C 为个人在达到信息满足时所能承受的最大信息熵。

人类为了更好地生存而必须参与人际交往以获得足够的信息量，但信息量的无限增加一般情况下会导致信息熵的剧增（在 0 到 1 区间取对数），从而导致人体内的信息紊乱和不平衡，由上面分析可知，机体为了协调此种信息不平衡，通常会本能地处理信息以使其达到理想的状态：

$$I(B)+M=C$$

因为本文关注的是人际交往影响面，而人际交往和传统媒体、学校教育不具有同质性，不能相互替代，所以特别地当社会系统仅考虑人际交往时上述公式为

$$I(B)+I=C$$

这就是信息平衡公式，在这种状态下信息对人体生理和心理最为有利，人类的最大信息熵得到最充分的利用。这种元理论的分析可以有效地解释对于网络时代人际交往研究所得出的 3 种截然不同的结果和观点：反乌托邦观、乌托邦观和折中观点。

为方便讨论，该公式可用几何图形表示为如图 2 所示。

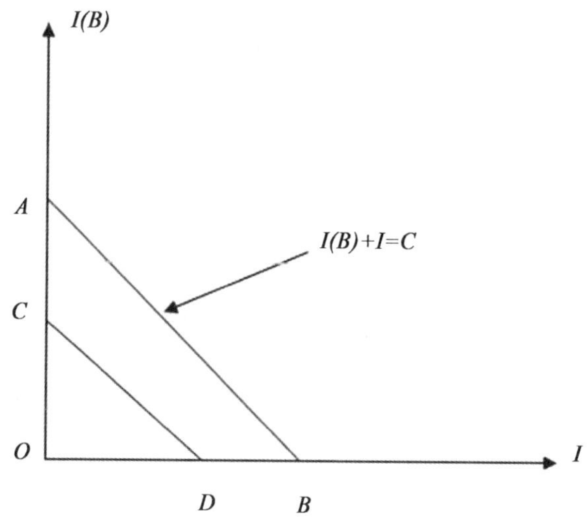

图 2　信息平衡状态

图中 AB 表示 $I(B)+I=C$ 时现实与虚拟人际交往分配的一类组合；而 CD 表示为在交往行为发生变动以前，个人对现实与虚拟人际交往分配的真实组合情况。

1. 模式一：熵值未达最大值

在信息过剩的时代，人们也经常会感到信息不足，如天气预报不准、股市行情变幻莫测等等。信息量较小是原因之一，另一个原因是人们往往因为心理资源的有限而选择接受那些单一观点的信息，使得熵值较低。当 $I(B)+I<C$ 时，

线段 CD 位于 AB 左下方，信息熵没有得到充分利用，个人对信息量的需求存在一定的增长空间，正如假设中所述，人们会不断追求新的信息以至平衡点。个人可以通过三种途径来实现信息的增加（见图 3）：

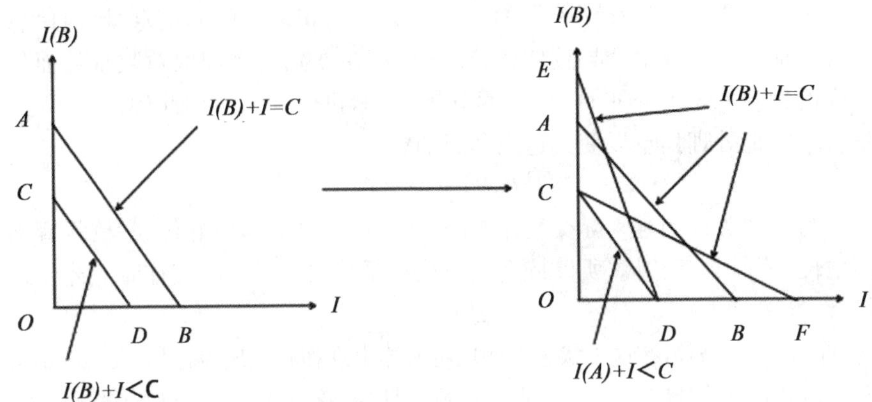

图 3　扩大熵的动态平衡

1）增加现实社会中的人际交往

考虑 I 轴上 D 到 F 的增量，线段 CD 变为 CF，使得 $I(B)+I=C$ 成立。在网络盛行的时代，人们通常不会选择增加现实人际交往来实现信息增加，而是更多地选择网络。因为网络信息量更大、信息选择更多、系统更为复杂、更为紊乱，人们更容易获得信息满足，这是由网络的优势特征所决定的。

2）扩大网络论坛中的虚拟人际交往

增加图示中 $I(B)$ 的量 C 至 E 点，线段 CD 变为 ED，使得 $I(B)+I=C$ 成立。在这一层面上的网络论坛互动增加并不会引起现实生活中人际交往的减少（因为熵存在缺口，新增加的熵由缺口补足而不是靠减少现实人际交往），而相应的论坛互动会增加信息量，带来诸多好处。乌托邦的观点认为网络的互动是一种社会互动，以网络社区和及时聊天软件为代表。范·提（1999）认为（在网络中）人们能投入到更加轻松的谈话和场景，电子群聊天经常能够鼓励比较沉默的人和女性进行更多的参与[①]。汉曼（1999）的人种志学研究认为，互联网沟通和补充了现实世界中的人际关系[②]。

① Dijk.V.The Network Society：Social Aspects of New Media [M].Thousand Oaks，CA：Sage，1999. 范·提在该书中总结了计算机中介通信的一些优点：弥补图像、声音、文本的内容；阅读电子邮件，人们更加关注文本内容；人们能更轻松地投入谈话场景中；电子群聊鼓励沉默女性进行更多参与。

② [美]詹姆斯·E·凯茨，罗纳德·E·莱斯.互联网使用的社会影响[M].郝芳，刘长江，译.北京：商务印书馆，2007：257.

3）同时增加现实的和虚拟的人际交往

分别增加 $I(B)$ 和 I 的量至点 A 和 B，线段 CD 变为 AB，使得 $I(B)+I=C$ 成立。这种选择可理解为现实与虚拟的人际交往间的互动和促进作用。霍华德等(2001 年)分析了 2000 年 Pew 互联网调查数据，结果表明，使用电子邮件与家人和朋友沟通的人中，有 60%报告他们现在与主要家庭成员和重要朋友的联系增多了。同时有研究成果表明青年用户与家人和朋友的沟通因网络而有所改善，如塔普斯科特(1997 年)认为新媒体有能力将已经被工业社会所瓦解的多种家庭活动重新带回到家庭中，从而巩固家庭关系①。在这些研究中都证明了，现实的和虚拟的人际交往是可以同时增加的。

这些观点和研究也受到了另外一些实证研究的挑战，基于统计学变量控制上的差异是至今没有被解决的问题，更缺乏理论支撑。如上述中 Pew 互联网研究中心的研究便与 1997 年瑞发根和肯佛的观点不大一样，他们发现电子邮件减少了本地互动而更多地表现在远程关系上。利用熵平衡公式便可很容易地理解这一差异，调查对象在远程关系系统中的信息是不饱和的，因此可以通过直接互动或发送电子邮件的方式来增加信息，但直接的方式却在多方面受阻，因而电子邮件成为最优选择。但是，在本地交往中的情况却正好相反，这就引入了另一情况。

2. 模式二：熵值超过最大值

即 $I(B)+I>C$ 时，线段 CD 位于 AB 右上方，信息过剩，信息熵急剧增加(对数在 0 到 1 之间)，人体内信息紊乱，在生命科学中被认为是致病因素之一。处于这种情况下的人通常有两种选择：一是不选择，最终死于非命，因网游而死者不计其数；二是自我调节 I 和 $I(B)$ 的量，规避不确定性或者使其有序化，这与模式一中情况对应，可分为以下 3 种情况(见图 4)。

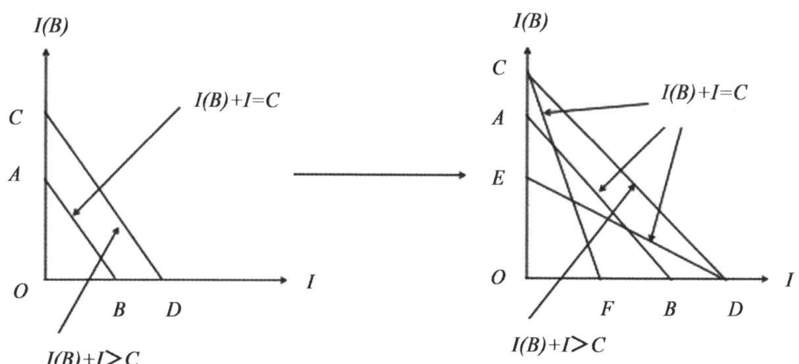

图 4 减小熵的动态平衡

① Tapscott，D.Growing up Digital：The Rise of the Net generation[M].New York：McGraw-Hill，1997. 塔普斯科特对网络新生代(N-Gen)进行了系列研究，他认为网络有利于文字表达能力的提高。同时，因为网络使得孩子第一次在重要事物上比父母要多，这使得传统的权威模式发生了变化。

1) 减少现实社会中的人际交往达到信息平衡

减小图中 I 的量至 F 点,线段 CD 变为 CF,使得 $I(B)+I=C$ 成立。选择这种方式的人一般是那些在现实社会中地位较高、对社会交往较满意的人群。他们通常选择减少在网络论坛上的逗留时间。麦肯和巴格在 2000 年的研究中发现用户越孤独就越可能发展在线关系,这说明了在信息过剩时期人们选择是减少在线还是离线关系的一个标准。

2) 通过减少网络论坛中的虚拟人际交往实现

减小图中 $I(B)$ 的量至 E 点,线段 CD 变为 ED,使得 $I(B)+I=C$ 成立。选择这种方式的人一般是那些在虚拟社会中地位较高、对现状不满的人群。他们倾向于选择减少现实中的人际交往。现在可以来分析下模式一中留下来的那个问题。被调查者在处理本地人际交往与网络人际交往(远程)时,前者相对于后者而言是相对过剩的。对于与远程朋友交往缺乏的不满导致被调查者有意减少本地交往而增加网络交往时间。

这一观点也可有效解释反乌托邦的观点,他们认为计算机中介通信过于冷漠和孤立。其中最为著名的是克劳特的家庭网(Home Net)研究(1998 年)。他们通过科学的研究方法得出的结论是:互联网用户和家庭成员之间的沟通减少,其(现实中的)个人关系网络缩小,压抑和孤独感增加。当人体信息处于理想状态时($I(B)+I=C$),增加 I 必然会导致 $I(B)$ 的减少,这意味着更多的互联网使用预测了孤独和压抑感增加。

3) 同时减少现实的和虚拟的人际交往

分别减小 $I(B)$ 和 I 的量至点 A 和 B,线段 CD 变为 AB,使得 $I(B)+I=C$ 成立。克劳特等人已经注意到他们的样本可能不具有代表性,在稍后的进一步研究中他们发现“负面效应消失了”,随着用户经验的提高,其孤立和压抑的效果渐渐消失。这说明在 $I(B)+I>C$ 公式下,人们开始理性地选择是减少前者还是后者,抑或是两者皆有。当人们意识到现实中的交往信息已经明显不足,并将其归咎于在线交往信息的增加时,他们会有目的地进行进一步调节以达到平衡的状态。

3. 模式三:熵值最大下的自由组合与不同的最大值

即 $I(B)+I=C$(考虑 C 为可变)时。在统计研究中,处于信息熵平衡状态下的受调查者是最不稳定的,研究者往往因控制不同而得出截然相反的观点。詹姆斯·E·凯茨和罗纳德·E·莱斯 2000 年对离线互动的研究表明,在控制人口统计变量后,网络用户在打电话和认识邻居数量上的影响不复存在。同时,他们的在线互动研究表明现实中人际交往较少的人可以在互联网上获得较多的人际交往(贫者变富),而这正与克劳特(1998)和尼(2000)的研究结果相反(富者恒富)。这很有可能就意味着前后的调查样本代表的是不同的人群在 $I(B)$ 和 I

之间的不同选择。

(1) 如果一个人选择 I 少一些而 $I(B)$ 多一些,那么就是"贫者变富"。线段 AB 表示 $I(B)+I=C$,这是假想状态下个人在理论上可能的现实与虚拟人际交往的一种组合,它代表现实人际交往和虚拟人际交往的平均分配。假设现在有一个"贫者",即现实中人际交往较少的人,此时 I 轴上的值 $OD<OB$。可知线段 OA 上的任意一点 Y 与 D 的连线都在线段 AB 的左下方,即此时 $I(B)+I<C$,所以点 Y 必须位于 A 点上方 C 处,使得 $I(B)+I=C$,而此时 $OC>OA$,即虚拟中人际交往高于平均水平,变为"富者"(见图5)。"贫者变富"实际在说某些个体故意选择减少或不增加现实中的人际交往而更多地投入到虚拟的人际交往中。

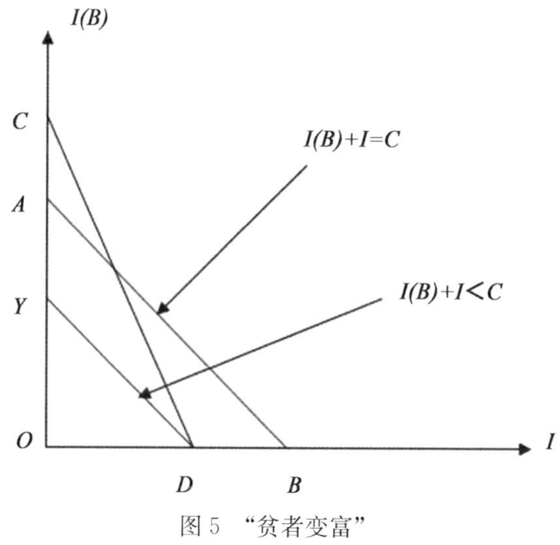

图5 "贫者变富"

(2) 如果某人 C 恒大一些,就可以同时选择增加 I 和 $I(B)$ 达到"富者恒富",只需将 AB 向右上移动至 $A'B'$:$I(B)+I=C'(C'>C)$即可(见图6)。因为不同人的最大承受熵不同,C 值也是在不断变化的。霍夫兰的单方面和正反两方面的消息理论是最好的佐证。霍夫兰的实验证明单方面信息对受教育程度较低者最为有效,而正反两方面消息对受教育程度较高的人最为有效。同时提供正反两方面的信息相对于单一方面信息来说,意味着选择可能性的增加,信息越紊乱,熵值越大。这说明受教育程度较高的人所能承受的最大信息熵要大于那些受教育程度较低的人。同样,古迪孔斯特和松本[①]对全球19个国家和地区的调查显示,不同的文化在不确定性回避方面的表现是不同的。如中国对不确

① [美]理查德·韦斯特,林恩·H·特纳.传播理论导引:分析与应用[M].刘海龙,译.北京:中国人民大学出版社,2005:180-181.

定性回避较低,而日本则较高。

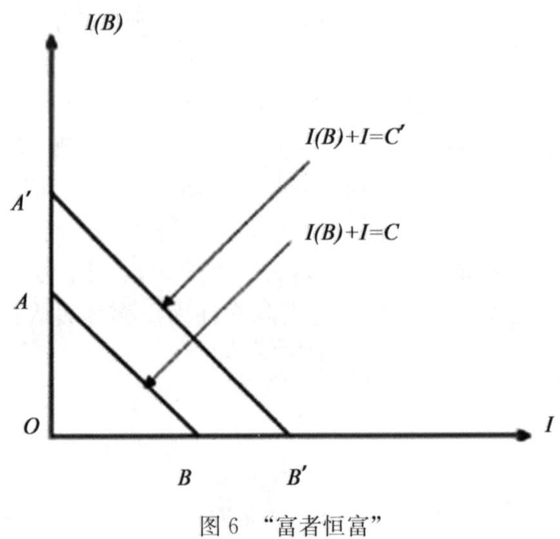

图 6 “富者恒富”

(3) 这样我们还可以预测,当选择 $I(B)$多一些而 I 少一些时的调查结果将会是“富者变贫”。(几何解释与①类似)其实在詹姆斯·E·凯茨和罗纳德·E·莱斯的研究中有一条不起眼的结论增加了这种解释正确的可能性,他们在研究中发现互联网用户与更多离线或在线社会互动之间相关并不是很高。生活中也有类似的经验,许多知识渊博的老教授并不擅长使用互联网获取信息。

三种模型的思想是一致的,即力求平衡,同属于信息平衡公式的延伸。它们适用于不同情况下的行为选择估计:模式一和模式二探讨的是信息不平衡到平衡的两种过程,而模式三在此基础上说明平衡下的不同组合和最大熵值的不同问题。

四、结论与应用

根据上述分析可以得出以下三个结论:①信息紊乱是网络论坛影响网民行为最本质的因素。无论是何种操作形式上的差异都会体现在信息量上面,人们选择网络而不是电视,不是因为上网需要点鼠标。人们习惯了网络论坛的非线性阅听,不是因为可以随便跳到不同的领域,而在于这种非线性形式所蕴含的更大信息熵,人类渴望填充自身闲置的熵阈值。②信息熵平衡公式:人类本能地倾向于达到信息熵与信息量的最大状态。这与人类的感觉是一致的,人总是倾向于获得更多的信息,并企图在信息熵最大的限制下寻求最大的自由度。这种平衡并不是事物间的平衡而是事物内部的平衡,现实的熵与最大熵之间的平衡。

③三种模型用于解释人类在不同信息状态下的人际交往反应，这有效地解决了实证研究中的分歧，并预测了“富者变贫”的情况。这实际上是熵最大值在不同情况下对人类选择何种传播媒介（虚拟的人际交往还是现实的人际交往）的一个例子，可以大胆地预测这种方法同样适用于其他环境和领域。

该理论不仅有利于解释网络论坛对人际交往的影响，而且可以用于解释许多传播学中的经典理论。例如议程设置理论中的不确定性对舆论导向的影响，高关联度和高不确定性的议题预示着对导向的高度需求。但为什么如此？利用上面的结论，高不确定性意味着高信息熵。现在可将受众分为两类：熵已达最大值的和未达最大值的，已达最大的受众将会对议题漠不关心，即关联度低；而未达最大值的受众为寻求信息平衡而积极需求议题信息，即关联度高。综合以上分析，高关联性和高不确定性等价于未达熵最大的受众和高信息熵的信息，而后者条件正好预示了高度的导向需求。

知沟理论中归因分析。知识鸿沟因何而起一直争论不休，观点主要分为两类：社会地位和兴趣。认为社会地位是原因的观点是：社会地位高的人群存在传播技能、文化程度、背景知识等方面的优势。而认为兴趣是原因的观点是：选择性接触、接受和记忆的机制在发挥作用，对于人们普遍感兴趣的信息，知识沟会缩小[①]。传播技能的优势意味着获知信息的途径多元性，这等于是说更大的信息熵。而文化程度较高和背景知识较丰富的人按照上面的论述应当是所能承受的熵最大值也较大的人，因而他们更善于应用熵更大的途径去获得更多的熵。选择性接触、接受和记忆的机制是与认知不协调相关的，当个人对某事件的观点已经形成时，其熵值相对较大。此时若要使个人接触、接受和记忆某种传播途径对同一事件的看法，那么第一种可能就是与先前观点是一致（和谐）的，因为一致的观点所带来的不确定性几乎为 0，不会额外增加熵。而当某种媒介对该事件的看法与个人观点有很大冲突时（不和谐），不确定性增加，熵值变大，除非媒体具有其他吸引力，个人一般不会接受这种观点。

当然，本文所给出的模型假设因时间的原因还未得到数据支持，这有待进一步的实证研究完成。

作者：薛　可、梁　海、余明阳

原载《上海交通大学学报》（哲学社会科学版），2008 年第 4 期

① 蒂奇纳、多那赫赫奥里恩早在 1970 年便列出了 5 种原因，原文可参见“沃纳·塞佛林，等.传播理论：起源方法与应用[M].北京：华夏出版社，1999：45.”，本文做了概括。

BBS中的“舆论领袖”影响力传播模型研究

——以上海交通大学“饮水思源”BBS为例

BBS作为校园网络中最开放、活跃的一个区域，已经成为主要的舆论集散地。一方面，BBS延伸了大学生的视界，成为其与外界进行互动、交流的窗口；另一方面，BBS舆论因开放、自由，呈现出分散性、多元化、情绪化的特点，影响着大学生的价值取向和心理健康，造成了一系列的现实问题。因此，研究BBS的传播特点，消除负面影响，提升BBS的良性传播效果成为高校管理中的重要课题。而BBS研究中最引人关注的群体就是“舆论领袖”。

一、BBS中“舆论领袖”的特征和筛选

（一）“虚拟舆论领袖”的特征

“舆论领袖”(opinion leader)概念最早由拉扎斯菲尔德(Lazarsfeld，1948)等人提出。他们认为信息通常从大众媒介传播到“舆论领袖”，再从“舆论领袖”散布到其追随者①。

随着互联网的普及，人们开始把研究视野转向了虚拟世界，并将“舆论领袖”这一传统的概念进行了延伸。美国Burson-Marsteller公司2002年的调查将互联网重度使用者定义为“虚拟舆论领袖”，发现他们“通过在聊天室、论坛、公司网站和博客上进行的信息传播而创造或改变舆论、建构潮流、引领时尚、左右股市”(Reid，2002)②。

总体而言，“虚拟舆论领袖”的基本特征包括三个主要方面：

第一，“虚拟舆论领袖”是群体中的活跃分子：他们是积极的信息交换者，大量地发布帖子，参与讨论。

第二，“虚拟舆论领袖”是群体中的焦点人物：他们发布的帖子具有高浏览量和高回复量；并且他们的意见能扩散到较大的范围，影响较多的人。

第三，“虚拟舆论领袖”是群体中的意见导向：他们往往能获得较高的支持和认同。

---

① Paul F. Lazarsfield，Bernard Berelson，Hazel Gauset.The People's Choice：How the Votes Makes Up His Mind in a Presidential[M].New York：Columbia University Press，1948：151.

② Goldsborough R.The influence of active online users[J].Office Solutions，2002，19(7)：34.

（二）“虚拟舆论领袖”的筛选

1. 研究对象

鉴于“意见领袖”固有的特征，在实际研究中，对“虚拟舆论领袖”的筛选必须要置于具体群体对象中。所以，本研究将以案例的方式展开实证研究，并采用聚类分析方法对案例中的群体进行分析。

我们以上海交通大学校园 BBS“饮水思源”中的“交大发展论坛”版面内的“讨论串”和“发帖 ID”作为研究对象。数据收集从该版面创建首日 2003 年 1 月 1 日起，到 2009 年 12 月 5 日截止，发现该版面内共有 6 417 个主题帖，其中有 5 412个普通帖，1 005 个被版主归为合集。

一般来说，被归为合集的帖子往往是某一时段中的精华帖或热帖，因此，版面内的“舆论领袖”更有可能出现在这些合集帖中。以这 1 005 个合集帖为基数，我们通过简单随机抽样方法，从中抽出 100 个帖子，其中共出现了 100 个主帖，2 465 个回帖，以及 934 个发帖 ID。

2. 筛选指标

根据特征分析，我们把“虚拟舆论领袖”定义为：“虚拟舆论领袖”是群体中活跃的发言者，在较大的范围内获得了较高的回应量，并且获得了大部分人的认同。

该定义共涉及三个维度——“活跃度”、“关注度”、“认同度”，和四个指标（见表 1）。

表 1　“虚拟意见领袖”的三个维度和四个指标

维度	活跃度	关注度		认同度
指标	发帖量	回复量	扩散量	认同值
内涵	某 ID 所发布帖子的全部数量	对某 ID 发言的全部回复总量	对某 ID 发言进行回复的回复者们的分散程度	根据对某 ID 发言的全部回复，按其态度进行赋值后的加总

发帖量：发帖量既包括一个 ID 所发布主帖的数量，也包括该 ID 为了回复他人所发的帖子的数量。

回复量：指向某 ID 的全部回帖的数量（目前还没有技术途径能对回帖的浏览量进行考察，因此暂不考虑“浏览量”这个指标）。

扩散度：指回复来源的广泛程度，即意见扩散的广度。“扩散度”的计算方法为，“回复的 ID 数量”除以“回复量”。“扩散度”的取值范围在 0 到 1 之间（0<扩散度≤1），“扩散度”越大，意见扩散的范围越大。

认同值："舆论领袖"是意见的引导者，具有较强的号召力和说服力，因此要剔除那些有较高"回复量"，但其观点获得较少的认同的人。根据内容，回帖者的态度可以分为"支持/赞同"、"反对/质疑"、"中立/无明显态度"。分别对这三种态度进行"1"、"－1"、"0"的赋值，并将所有回复进行加总获得"认同值"。

3. 聚类结果

我们采用聚类分析(cluster analysis)的方法对该虚拟群体进行分类。借助SPSS软件，依据四个指标对934个ID进行分类。经过反复多次分类计算，发现当聚集成五类时，最易于分析，其分析结果也最为理想。聚类结果和ANOVA分析结果如表2和表3所示。其中表2为各组中的成员数目。表3表明了各组间在指标上的差异的显著程度。

表2　各组成员数目构成(Number of Cases in each Cluster)

Cluster	1	877.000
	2	2.000
	3	43.000
	4	5.000
	5	7.000
Valid		934.000
Missing		0.000

表3　ANOVA分析结果

	Cluster		Error		F	Sig.
	Mean	df	Mean Square	df		
发帖量	5 600.868	4	8.195	929	683.472	0.000
回复量	9 629.259	4	6.274	929	1 534.819	0.000
扩散量	1.328	4	0.220	929	6.037	0.000
认同值	1 624.662	4	4.087	929	337.969	0.000

各组中成员的ID及其在4个指标上的表现和对比情况如图1和表4所示。为了更简洁地表现6组成员在各指标上的差异，图1中的各组数据均取其均值进行绘制，表4中的第一组和第三组各取其均值作为参考数据。

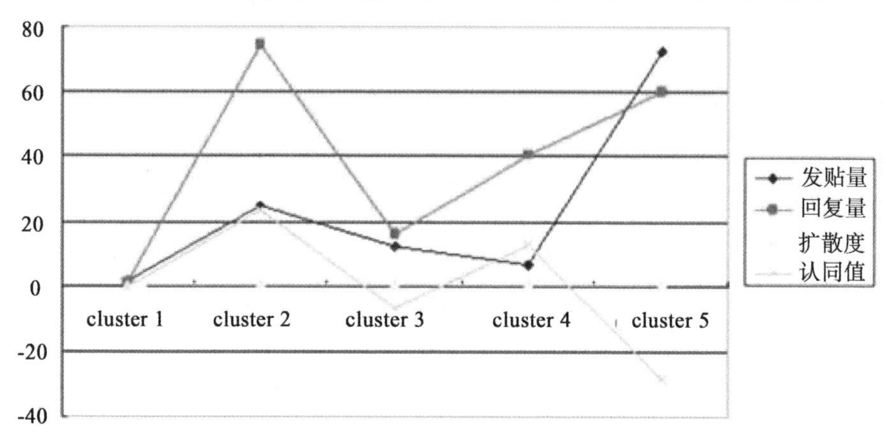

图 1　5 组成员 ID 在 4 个指标上的表现对比（资料来源：自行绘制）

表 4　五组成员 ID 及其在各指标上的表现

组别	ID	发帖量	回复量	扩散量	认同值
Cluster1	877 个 ID	1.83	1.14	0.43	−0.26
Cluster2	Alson	30	83	0.87	16
	TNTdoctor	20	66	0.83	31
Cluster3	34 个 ID	12.14	16.02	0.74	−6.72
Cluster4	cooc	1	46	0.96	31
	Multerpan	13	41	0.78	−2
	ntfear	11	39	0.85	12
	wangtiandu	7	42	0.90	0
	watersky	3	34	0.91	22
Cluster5	biologyer	61	44	0.32	−32
	conspalun	36	41	0.56	−27
	fauna	75	33	0.70	−12
	kitae	50	50	0.48	−10
	PS	45	38	0.55	−10
	RRR	42	29	0.45	−10
	saintY	53	66	0.56	−42

（资料来源：自行绘制）

从以上分析结果来看，这五组成员中，组与组之间的差异明显，而且组内成员之间的相似程度较高。根据各自的主要特征，分别构成了以下五种角色类型（见表5）。

表5　成员的5种角色及其类型特征

	角色类型	主要特征
1	“舆论领袖”	“发帖量”较高；“回复量”、“扩散度”、“认同值”高
2	“参与者”	“发帖量”、“回复量”较高；“认同值”较低
3	“扩散者”	“回复量”远大于“发帖量”；“扩散度”很高；“认同值”较高
4	“争议者”	“发帖量、“回复量”较大；但“认同值”非常低
5	“边缘者”	“发帖量、“回复量”、“认同值”都很低

（资料来源：自行绘制）

二、“虚拟舆论领袖”的作用机制及模型构建

（一）“虚拟舆论领袖”的作用机制

根据上述数据分析可得出，“虚拟舆论领袖”在网络论坛中的作用主要体现在下列方面。

1. “虚拟舆论领袖”与其他成员之间的关系

1）“舆论领袖”与“边缘者”

单个的“边缘者”在群体中的地位和作用都被边缘化了，但作为群体中的大多数，他们的合力则很强大。“舆论领袖”的地位是在获得了大多数“边缘者”的支持的基础上建立并稳固的。从另一个角度看，“舆论领袖”则是那个使大多数人产生共鸣，并且具有号召力的人。

2）“舆论领袖”与“参与者”

在本案例中，“参与者”的数量众多，但是影响力却远不如“舆论领袖”，因为他们所获得的“回复量”相对较少，“认同值”较低（其均值为－6.72），在话题讨论中的活跃性依然有限，也很难在话题讨论中所发挥引导性的作用。

3）“舆论领袖”与“扩散者”

“扩散者”具有将论坛中的其他成员卷入到话题讨论中来的能力。但是“扩散者”的活跃度很低，说明他们与其他成员之间缺乏充分的交流，而且“扩散者”当中存在高低不一的“认同值”。而那些“发帖量”和“认同值”相对较高的“扩散者”则可能是潜在的“舆论领袖”。

4）“舆论领袖”与“争议者”

“争议者”的活跃度非常高，但是“回复量”却比较少，说明“争议者”没有获得

群体足够的关注。同时，“争议者”是那些“认同值”非常低的人，说明“争议者”的观点不为群体所认同。但是，“争议者”具有很强的“反对”能力，而且十分活跃，因此，与其发生观点冲突的成员往往很难成为“舆论领袖”。

2. 制约“舆论领袖”影响力扩散的内外部因素

根据我们的研究发现，“舆论领袖”的影响力通过发帖以及与其他成员之间的讨论得以扩散和传播。但是在影响力的传播过程中，也受到了一些内外在因素的制约。

1）内部因素

内部因素主要是指“虚拟舆论领袖”所具备的一些个人特质会直接影响其信息的扩散度，这些特质主要包括：取信能力、沟通能力、外交能力和感召力。

取信能力：是指能获得虚拟社会群体中其他成员的信任的能力。网络中信息的真实性很难保证，“虚拟舆论领袖”作为某种信息或者观点的发布者，必须通过一些手段证明其信息或观点的真实性和合理性，展现其信息来源的权威性，才能劝服他人接受其信息或观点。

沟通能力：“舆论领袖”影响力的传播必须通过交流得以实现。人们在交流过程中的表现在很大程度上决定了他们能否成为“舆论领袖”，而这种表现的优劣则是由他们的沟通能力所决定的。

外交能力：是指“虚拟舆论领袖”与群体中的其他一些核心成员结成同盟，相互支持，并借同盟者的力量扩散其影响力或实现预期目标的一种能力。这种外交能力不仅能扩大“舆论领袖”自身的影响力，同时也减少了潜在的竞争对手，巩固了自身地位。

感召力：感召力是一种内在的特质，可以从“舆论领袖”的态度、行为迹象当中反映出来，并且通过这种无形的力量影响、感召其他人，使他们产生认同和共鸣。

2）外部因素

（1）把关”机制。“把关”机制包括“把关”依据和“把关人”行动两个方面。“把关”依据主要是指校园网络论坛中的各种管理规章、制度、条例。“把关人”则是指论坛的版主、管理员等人。

“把关人”对“舆论领袖”影响力的调节主要体现在以下各点：

一方面，“把关人”对“舆论领袖”影响力的传播能够起到积极的推动作用。版主、管理员等“把关人”具有推荐热帖、给帖子“加精”①、“置顶”②或“置底”③等

① 加精：版主、管理员等将论坛中的某个帖子加为“精华帖”，“精华帖”是版面内内容或主题较为优秀的帖子，能够获得更多成员的关注。

② 置顶：版主、管理员等将一些“精华帖”或热贴等置于版面顶端的突出位置，以吸引注意。

③ 置底：版主、管理员等将一些“精华帖”或热贴等置于版面底端的突出位置。

职权,并可以通过论坛中的一些机制和制度,将帖子推上社区"首页"。

另一方面,"把关人"对"舆论领袖"影响力的传播也可能起到阻碍或限制的作用。版主、管理员拥有删帖、限制回复,甚至禁止发言的权力。因此"舆论领袖"的发言必须遵循规则,否则当"把关人"施以惩罚时,不但将影响力意见的扩散,甚至危及"舆论领袖"地位的稳定。

(2) 群体的构成。我们认为,群体的构成包括以下三个变量:成员的类型、成员的立场以及成员之间的相互联系。

成员的类型即是成员的角色类型。成员的类型呈现更具多样性,群体的构成呈现更具复杂;而成员的表现更具活跃性,他们的参与能力更强,相对地更趋近于群体的中心位置。

成员的立场是指群体成员在事件、话题中的态度和观点。成员之间相似的立场,使群体结构更为紧密;而成员之间的立场泾渭分明、针锋相对,则可能使群体内形成较为明显的一些派系。

成员之间的相互联系是指除"舆论领袖"外其他成员之间相互联结的紧密程度。根据分析发现,在群体中成员之间的联系并不十分紧密,即呈现出"弱关系"的特点时,"舆论领袖"的作用才能更充分地展示出来①。

(3) 外部社会环境。社会环境的制约因素广泛存在于政治、经济、文化等各个方面,但是其最主要的影响因素还是长期以来形成的社会观念。

(二)"虚拟舆论领袖"影响力传播模型

通过上述对关系和影响因素的分析,我们构建了"虚拟舆论领袖"的影响力传播模型(见图 2)。影响力传播的行为主体是"虚拟舆论领袖",传播的客体对象是影响力。网络论坛中"舆论领袖"的意见或观点通过"发帖"和"回帖"这两种基本的途径传达给群体中的成员,而群体中的成员一般通过"回帖"的方式将自身的观点反馈给"舆论领袖",这样一个意见或观点的回路就构成"舆论领袖"影响力传播的基本路径。

在群体内部,由于成员在特性上的差异,其在群体网络结构中的地位各有不同,那些地位相对更为重要的成员就成了群体中的核心成员。"舆论领袖"的观点既可能直接流向群体中的其他一般成员,也可能通过核心成员再影响到其他成员。

此外,"舆论领袖"的个人特质、"把关机制"、群体构成及外部社会环境等内外因素都可能影响"舆论领袖"影响力传播的效果。因此,"虚拟舆论领袖"在舆论形成中发挥的作用是由其与群体成员之间的互动以及上述各因素所共同决定的。

---

① 王伟,靖继鹏.公共危机信息传播的社会网络机制研究[J].情报科学,2007,(7):979-982.

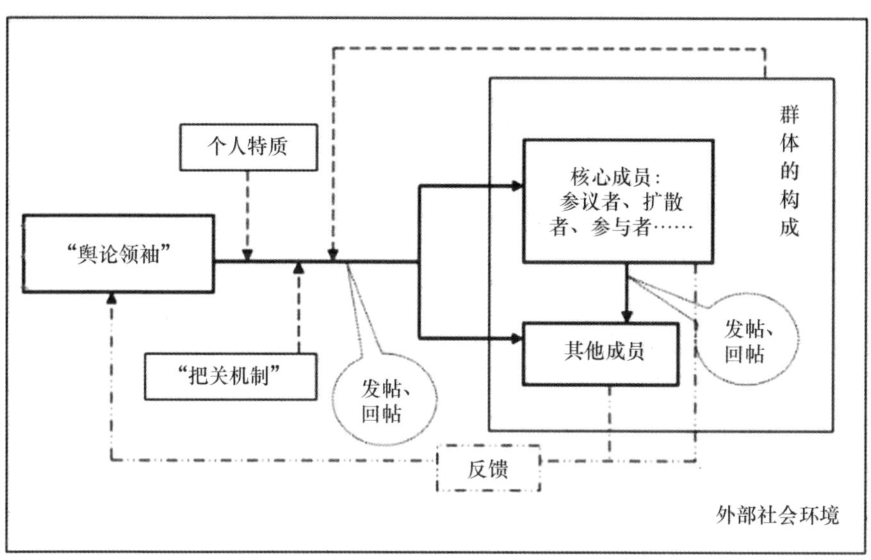

图 2　"舆论领袖"影响力传播模型(资料来源：自行绘制)

三、BBS"虚拟舆论领袖"的管理模式

对 BBS"舆论领袖"的研究，最终的目的是要为建立并提升高校网络舆论管理团提供可行的策略建议。根据研究结果，主要可以从以下三个方面进行管理。

(一) BBS"舆论领袖"的判别

"舆论领袖"是网络中的意见导向，对舆论的演化结果起到较强的决定性作用，因此必须对高校网络论坛社群进行梳理，判别出其中最有"能量"的核心成员——"舆论领袖"，进而对他们的行为进行观察和调节。

1. 判别的方法和指标体系

筛选"舆论领袖"的具体方法已在前文进行了具体的阐述，该方法的关键在于指标体系的选择。在实际的工作中，不同的论坛类型和功能设置可能会对指标的选择产生一些影响。因此这也需要管理者具体问题具体分析，根据监测对象的特征和自身需求，对指标体系进行相应的调整。

2. 监测工作组织和软件

对舆论和"舆论领袖"的监测应当是定期、长期进行的。在突发事件爆发的前后，管理者都可以根据定期监测数据对事件发展过程中的"舆论"进行分析，便于进行管理决策。管理者既可以成立专门的舆论监测小组，也可以利用现有版主、管理员展开版面内的监测进行监管。同时还可以开发出一套相应的“舆论领袖”筛选软件,根据设定的指标体系进行监测和判别。

(二) BBS“舆论领袖”的监管

1. 建立数据库

在判别出“舆论领袖”后,管理者应当建立数据资料库,对“舆论领袖”进行长期的跟踪和观察。一方面,管理者需要观察“舆论领袖”的言论动向,并发展一系列有针对性的教育和辅导措施,来引导和调节其的观点和言论;另一方面,管理者还可以借助“舆论领袖”的影响,来引导其他成员的态度和观点。

2. 建立良性互动的沟通机制

对于网络论坛中的“舆论领袖”,可以采用网上网下相结合的方式与其进行沟通。管理者通过建立一套相应的沟通机制,组织人员进行常规性的沟通工作,通过对于“舆论领袖”的沟通及监管起到引导高校网络论坛社群的作用。在沟通过程中必须遵循一些基本原则:如平等对待,注意沟通;密切注意,预防在先;正面鼓励,宣扬典范等①。此外,还应当定期开展网络安全教育,推广网络应用的规范性,并建立起有效的网络舆论安全管理机制。

(三) BBS“舆论领袖”的培养

除了干预和引导外,培养挖掘更多新的代表高校大学生进步向上的精神风貌和思想言论的“舆论领袖”也是一个可行之道。培养“舆论领袖”的最主要方式就是要促成一些关键成员向“舆论领袖”的转化。

对“舆论领袖”的培养是一个长期的过程,但是相对于僵硬的条框式管理方式来说,通过“舆论领袖”来引导舆论走向更符合新时代教育人性化的发展特点,也更有利于维持高校网络舆论环境的开放与和谐。

作者:薛　可、陈　晞
原载《新闻大学》,2010 年第 4 期

① 惠恭健.大学生 QQ 群聊中“意见领袖”探析[J].南京邮电大学学报:社会科学版,2008,10(1):41-45.

突发性危机事件中手机短信传播的理论模型

国外学者对于危机传播理论研究始于20世纪80年代，Seeger认为目前逐渐发展起来的主要有以下3个理论模式：① Stoven Fink的阶段分析理论；② 以Wiiliam Benoit为代表的战略分析理论；③ Thomas Birkland的焦点事件理论[①]。突发性危机事件传播模式的研究建立在大众传播理论基础上，1884年Grunig Hunt提出的危机传播4种模式——新闻宣传模式、公共信息模式、科学劝说模式、双向对称模式[②]。此后，由Duggan和Banwell[③]提出的危机信息传播模式，对于理解危机信息传播的影响因素起到重要作用。

国内学者对于突发性危机事件及手机短信传播模式的研究始于2003年，“非典”、“香蕉致癌”、“蛆虫柑橘”等一系列突发性危机事件的爆发为这方面的研究提供了契机与素材。魏玖长和赵定涛[④]在借鉴香农-韦弗模式与Defleur的研究，构建危机信息传播模型考量了信息如何得到反馈。钱珺[⑤]认为，媒介时代危机传播是媒介、政府与公众之间的互动，是一个双向信息交流过程。朱伟珠[⑥]提出的危机传播模型，多方面考量了博客、手机与噪声环境对突发性危机事件传播的影响。李霞霞[⑦]、熊茵、项国雄[⑧]等人从个案入手探讨了突发性危机事件中手机短信传播的内容特征、传播效果、受众特征等因素。杨红雨[⑨]提出了基于人际传播的手机短信传播模型。

综上所述，国外学者对突发性危机事件中手机短信传播模型的研究，集中于政府、组织如何运用手机短信进行信息发布及其相关传播模式的探讨。国内研究以个案为主，内容主要包括：对于突发性危机事件中手机短信传播作用、传播模式特点的归纳；从人际传播的角度及手机短信媒介属性的角度对传播模式的分析。本文在此背景下，结合相关理论与焦点小组研究结果，建立了突发性危机

---

① 卫晓君，郭连江，张振中.手机媒介传播的效应分析[J].新闻知识，2009，(03)：61－63.

② 许培瑾.2008年网络媒体应对突发事件的研究[D].大连：大连理工大学，2009.

③ Duggan F, Banwell L.Constructing a model of effective information dissemination in a crisis[J]. Information Research，2004，5(3)：178－184.

④ 魏玖长，赵定涛.危机信息的传播模式与影响因素研究[J].情报科学，2006，24(12)：1782－1785.

⑤ 钱珺.第二媒介时代下的危机传播模式初探[J].新闻知识，2007，(2)：80－81.

⑥ 朱伟珠.数字化时代危机信息传播模式的时段性特征及管理对策[J].现代情报，2009，(2)：60－63.

⑦ 李霞霞.手机“短信事件”研究[D].武汉：华中师范大学，2008.

⑧ 熊茵，项国雄.从“蛆橘”事件再探手机短信传播特征及应对策略[J].新闻界，2008，(6)：52－53.

⑨ 杨红雨.大众传播时代的人际传播盛典[D].成都：四川大学，2006.

事件中手机短信传播的理论模型。

一、突发性危机事件中手机短信传播的假设

（一）信息的角度

信息是指传播特征及内容。

H1：威胁性越大、牵涉面越广的突发性危机事件通过手机短信传播的频度越大。

根据 Greenberg 提出的新闻扩散 J 曲线[①]，对于高知晓度的事件，人们最早从人际传播获得信息的比例超过 50%（而在现今的传播大环境中，个人信源获知“高知晓度”事件的比例远远超过 50%）。突发性危机事件特性所具有的紧迫性、威胁性、突发性和牵涉面较广与政府、组织或企业的危机管理有关，即需要其立即做出相应的回应或措施；威胁性与牵涉程度更容易导致“高知晓度”事件，对传播作用影响很大。

H2：手机短信的不断传播将导致文本信息内容的复杂化与个人化。

根据 Dance 提出的螺旋形传播模式[②]在传播过程中，随着传受双方“认知场”不断扩大，传播螺旋也将逐渐扩散。此外，Gerbner 的传播模式认为[③]，在“交互感知”的方式下，个体的传播内容，取决于其在“假定、见解、经验背景及其他相关因素”作用下对事件的理解。由此可见，在突发性危机事件发展过程中，随着作为受者的个体对该事件认识的不断深入，以及个人观点的逐渐形成，在多次传播的过程中短信文本将进一步复杂化与个人化。

（二）节点的角度

节点是指传者与受者的总和。

H3：节点的聚焦度越高，聚焦的时间越短，突发性危机事件的信息通过手机短信传播的传播效果越明显，传播频度越大。

根据 Kahneman 和 Tversky[④] 对人们在不确定条件下判断的实验证明，人们倾向于以小样本信息来推测大样本的变化。因此当节点与节点之间的聚焦度越高时，代表性直觉偏差越容易让个体相信传播内容的真实性，继而影响传播的

---

① 丹尼斯·麦奎尔.大众传播模式论[M].祝建华，译.上海：译文出版社，2004：63－65.

② 丹尼斯·麦奎尔.大众传播模式论[M].祝建华，译.上海：译文出版社，2004：16－21.

③ 丹尼斯·麦奎尔.大众传播模式论[M].祝建华，译.上海：译文出版社，2004：27－30.

④ Tversky A，Kahneman D.Availability：A heuristic for judging frequency and probability[J].Cognitive Psychology，1973，(5)：207－232.

效果与传播行为；另一方面，经济学家们在研究中发现，人们在决策过程中往往给予最近发生的事件和最新的经验以更多权值。因此，聚焦时间的长短，即个体收到短信时间的接近性也将影响个体的传播行为。

H4：突发性危机事件中手机短信传播的频度与节点的牢固度成反比，与节点之间的距离（疏密度）成正比。

根据 Davison 提出的第三者效果理论[1]，人们倾向于认为媒介对他人的影响比对自己的影响更大。同时，信息传播来源的公信力越高，第三者效果就越低。因此，当个体收到突发性危机事件的短信时，信息来源的可靠度越强，再传播行为的趋势就越低。此外，受众与信息的空间距离与第三者效果的认知成正比。即受众与信息来源的距离越远，第三者效果越强，反之则越弱。

（三）路径

路径是指信息流动模式，包括两个因素：作为受者的节点在收到刺激以后的反馈路径；作为传者的节点倾向于将信息传播至哪些受者。

H5：在突发性危机事件中，当个体首先从手机短信获知信息后，将更倾向于向其他媒介获取更多信息或求证信息，而不是通过短信互动。

Schramm[2] 曾经提出：人们选择不同的传播途径，是根据传播媒介及传播信息等因素进行的。人们选择媒介或信息的或然率＝报偿的保证/费力的程度。因此，如果个体希望获取更翔实的信息时，其他媒介所提供的海量信息远比通过手机短信互动获得的信息更全面，更能满足个体需要。此外，根据焦点小组的访谈结果显示，17 名被访对象中 76.47%的人选择通过网络获取更多信息，而只有 29.41%的人表示会回复短信发送者或进行短信互动。

H6：在突发性危机事件中，个体更倾向于在强关系连接之中进行手机短信的互动传播。

根据 Newcomb[3] 的 ABX 传播模式，如果条件许可，较强的态度和关系将刺激传播。而这种“传播的压力”较容易在原本就互动形态亲密的强关系之间形成。同时，在高度不确定情景下，个人倾向于通过建立强关系获得保护，以降低不确定性。因此，在突发性危机事件的传播过程中，个体将倾向于将信息传递到同节点层次的其他节点。

---

① 李永健.大众传播心理通论[M].北京：中国传媒大学出版社，2008：279－282.

② 威尔伯，施拉姆，威廉.传播学概论[M].北京：新华出版社，1984：176－178.

③ 丹尼斯・麦奎尔.大众传播模式论[M].祝建华，译.上海：译文出版社，2004：41－43.

二、突发性危机事件中手机短信传播的理论模型

在上述假设的基础上建立了突发性危机事件中手机短信的传播理论模型。如图 1 所示：L 为节点之间的距离；D 为节点牢靠度；W 为突发性危机事件的威胁性；S 为突发性危机事件的扩散度；J 为节点聚焦度；T 为节点聚焦时间。

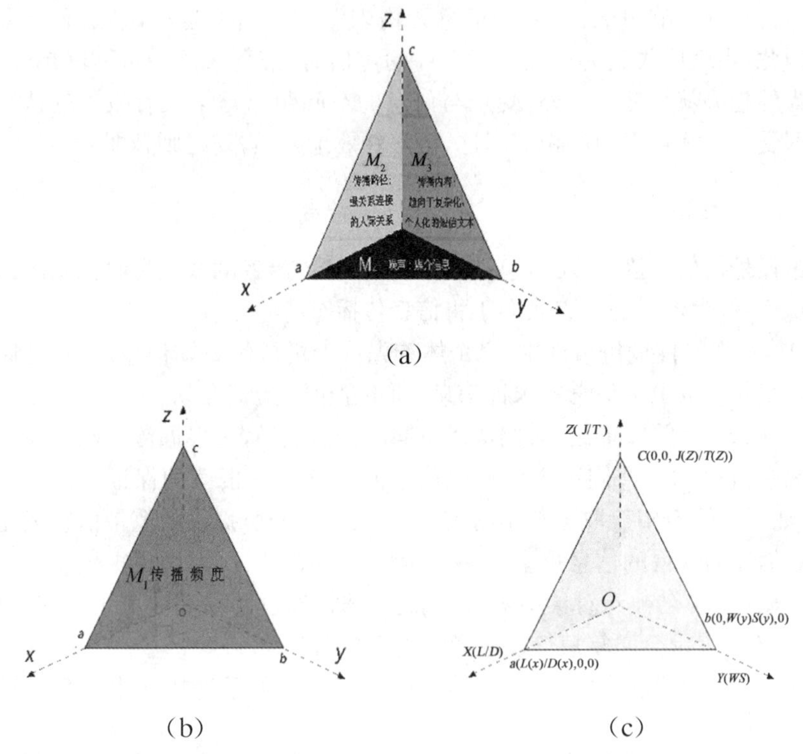

图 1　突发性危机事件中手机短信的传播理论模型分解

z 轴上的数值表示节点聚焦度 J 与节点聚焦时间 T 的函数，点 c 的坐标为 $(0,0,J(z)/T(z))$。

x 轴上的数值表示节点之间的距离 L 与节点牢靠度 D 的函数，点 a 的坐标为 $(L(x)/D(x),0,0)$。

y 轴上的数值表示突发性危机事件威胁性 W 与扩散度 S 的函数，点 b 的坐标为 $(0,W(y)\times S(y),0,0)$。

图 1 中空间直角坐标系 x、y、z 轴上的点表示影响突发性危机事件中手机短信传播的因素，而由点 a、b、c、O 构成的面表示由其中某些因素所导致的传播特点。其主要导致的传播特点如下。

（1）由点 a、b、c 组成的面 M_1 表示传播频度[见图 1(b)]。根据假设 H1、H3、H4，点 a、b、c 所代表因素的总和是影响个体在突发性危机事件中是否选择手机短信作为传播渠道的因素总和，面 M_1 的状态决定了手机短信在突发性危机事件传播频度的大小。

（2）由点 a、O、c 组成的面 M_2 表示传播路径[见图 1(c)]。$L(x)$、$D(x)$、$J(z)$、$T(z)$ 4 个因子是描述节点状态的总和，故点 a、c 与原点构成的面是对整个传播网络的描述，而根据 H6，在突发性危机事件中个体更倾向于在强关系连接之中进行手机短信的互动传播，因此，面 M_2 代表了强关系连接的人际关系网络所构成的传播路径。

（3）由点 b、O、c 组成的面 $M3$ 表示传播内容[见图 1(c)]。节点的聚焦度决定了文本可能被修改的程度、节点的聚焦时间决定了个体获取进一步信息及修改文本的时间，事件本身决定了文本被修改的方向。因此，根据 H_2，面 M_3 表示趋向于复杂化、个人化的传播内容。

（4）由点 a、O、b 组成的面 M_4 表示影响传播的噪声[见图 1(c)]。点 a、b 的因素影响了个体向其他媒介寻求信息的行为。根据假设 H5，面 M_4 表示个体进一步向其他媒介寻求信息。

综上所述，该模型是架构在空间直角坐标系上的正三棱锥形，其与直角坐标轴相交的各点是影响突发性危机事件中手机短信传播的因子总和，其各个面表现为传播频度、传播特点与信息流动模式的效果。

二、理论模型的修正

为了更好地验证该理论模型，在 2010 年 5 月 17—21 日，通过调查问卷的方式，以 7 点量表的方法，对影响突发性危机事件中手机短信传播的因子进行衡量，并进行了相关问题的实证调研。总共发放 300 份问卷，回收有效问卷 278 份。根据胡洗铭和韩巍的调查发现①，15～25 岁以及文化层次相对较高人群是使用手机短信的主要群体，因此本次测试对象设定为上海交通大学、华东理工大学、复旦大学等上海高校的学生。有效问卷中 100%被测人为手机短信的使用人群，其中经常使用和有时使用手机短信的人群占总数的 97.48%。

（一）传播频度的假设分析

为了检验事件本身特性与突发性危机事件中手机短信传播频度的关系，将调查问卷所得的关于事件特性 4 种因素 7 点量表评分比例绘制成图。如图 2 所

① 孙华程.公共危机信息传播系统的网络结构模式研究[J].情报科学，2009，(04)：497－501.

示,低分值的得分率越高,表明该因素对于提高突发性危机事件中手机短信传播频度的作用越大。

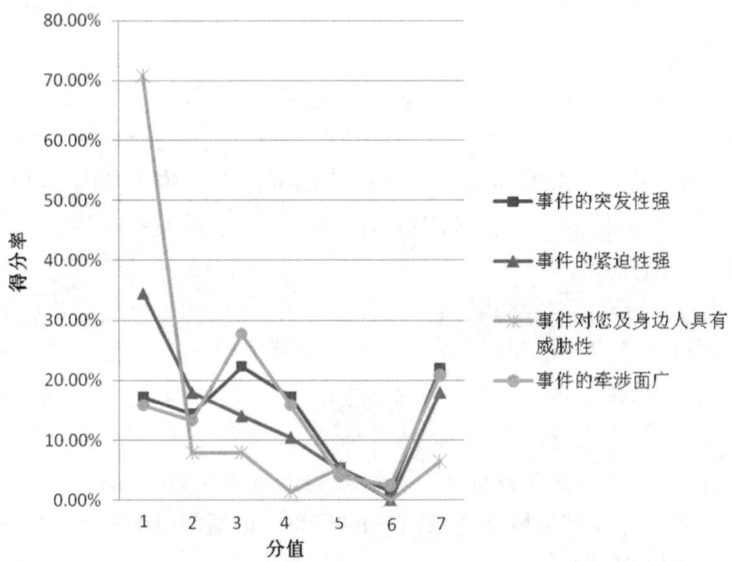

图 2　突发性危机事件的四因素对于手机短信传播频度影响的评分分布

由图 2 可见,就突发性危机事件本身特性而言,威胁性与紧迫性是影响手机短信传播频度的主要因素,而事件的牵涉面与传播频度的关联性不强。因此 H1 不完全成立。

为了验证 H3 与 H4,将调查问卷所得 5 种节点相关的因素评分分别绘制成图。如图 3 所示,低得分所占的比例越大表明该因素对于扩大突发性危机事件中手机短信传播的频度的作用越明显。

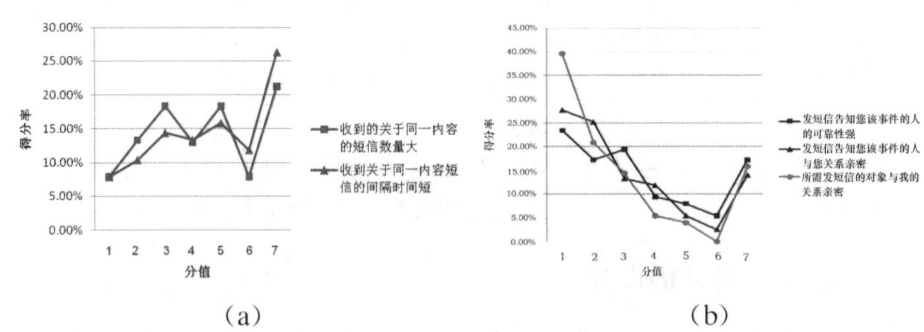

图 3　突发性危机事件中五种节点因素对于手机短信传播频度影响的评分分布

由图 3(a)可见,图中折线呈上扬趋势,这从另一角度说明,手机短信在突发性危机事件传播过程，更多地被用作人际传播，而无法起到大众传播的作用，因此第三者效果理论在此并不适用。

由图 3 的折线趋势可以发现，对传播频度的影响大，节点的聚焦度与聚焦时间不如事件本身特性、节点牢固度及节点之间距离。原因在于手机短信的传播所起到的改变受众态度的影响并不能促使个体对信息的再传播。

（二）传播内容的假设分析

问卷调查数据显示，100%的个体在获悉突发性危机事件后会通过各种渠道了解更多详情，其中在收到短信后，有 60%的考虑转发短信的人会"了解更多详情，并对短信做修改加入新信息后转发他人"。因此也验证了 H2 对于传播内容（M_3）的假设成立。

（三）传播噪声的假设分析

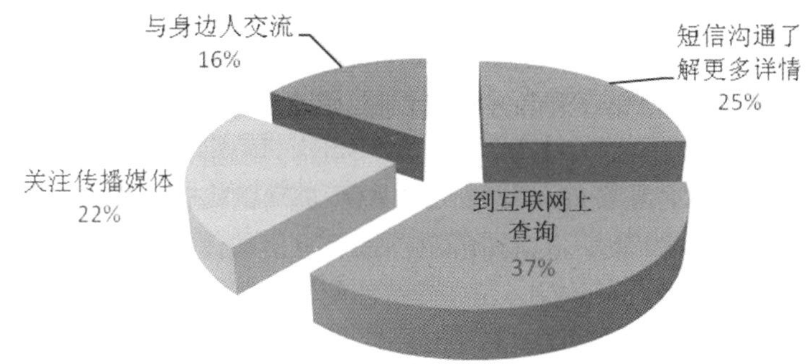

图 4　样本了解突发性危机信息途径分析

图 4 为样本了解突发性危机信息的途径。由图可见：① 样本中 100%的个体都希望通过某种途径获取更多相关信息或对所获得的信息进行求证；② 选择通过短信了解更多详情的只占总量的 25%，而选择通过互联网及电视、报纸等其他媒体了解详情的占总量的 59%。基于以上两点的考量，H5 成立。

另一方面也可以发现，选择与身边人交流的比例也相当可观，媒体与周围环境对个体的行为态度的影响起到了几乎同等重要的作用，因此应对传播噪声（M_4）进行补充，即噪声不但包括其他媒体，还应加入周围环境的影响。

（四）信息流动模式的假设分析

为检验突发性危机事件中手机短信的传播路径，根据调查问卷所得 7 点量表评分绘制分布图。如图 5 所示，得分越低、排名越前，表明个体越倾向于在突发性危机事件中通过手机短信向该群体中传播。

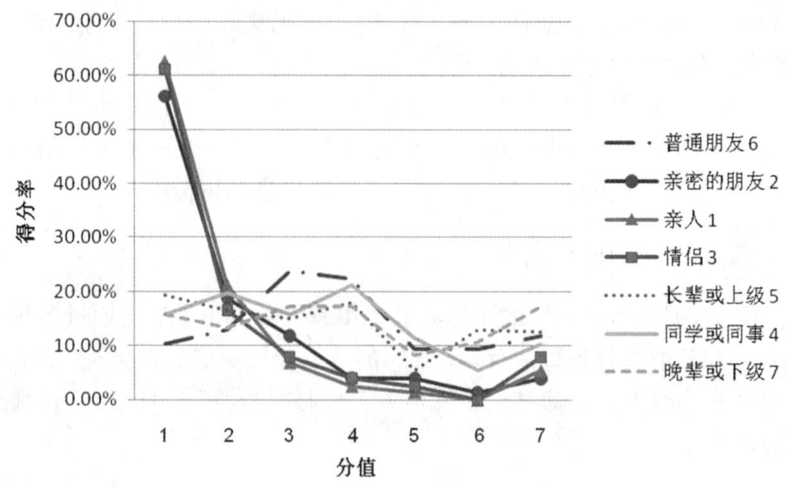

图 5 突发性危机事件中手机短信传播对象评分分布

由图 5 可见,分值最低的三类群体(亲人、亲密的朋友、情侣)是与个体的关系形态亲密的强关系人群;在剩余 4 类人群中,与个体接触交流最频繁的"同学或同事"为个体其次倾向于传播的群体。另一方面,调查问卷的结果也显示,在考虑转发关于突发性危机事件短信的人群中 52.38%的人选择发给个别人而非大规模的群发,也从侧面验证了在该情境下手机短信的传播只在强关系中进行的传播路径。

因此,H6 对于信息流动模式(M_2)的假设完全成立。

四、传播模型的修正

(一)变量的修改

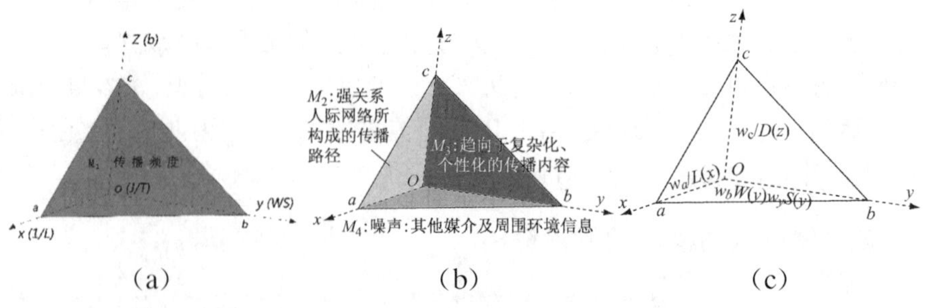

图 6 突发性危机事件中手机短信的传播理论模型修正分解

根据以上数据的分析，对突发性危机事件中手机短信的传播理论模型进行修正，结果如图 6 所示。

表 1　突发性危机事件中影响手机短信传播频度的因素评分表

影响因素	总量	平均值	中值	标准值
事件的突发性强	1 192	4.29	5	20.61
事件的紧迫性强	1 375	4.95	6	28.62
事件对您及身边人具有威胁性	1 700	6.12	7	64.70
事件的牵涉面广	1 196	4.30	5	22.88

根据验证的结果，对 H1 进行修正[见图 6(a)]：点 b 修正为表示突发性危机事件威胁性 W 与紧迫性 S 的函数，且决定了 Ob 的距离。此外，由于紧迫性因素在 7 点量表得分统计中，各得分所占比例离散程度较大(标准值 28.62%，见表 1)，同时，根据问卷调研所得，占抽样样本总量 24.10%的人选择在第一时间将短信发送给他人而不考虑了解更多详情，对于这部分人群，紧迫性因素不会导致认知不协调的产生，因而该因素对这部分人的影响较小。因此，为 $S(y)$ 加上权重 $W_y(0<W_y<1)$。

根据验证的结果，对 H3、H4 进行修正[见图 6(a)]：点 a 表示为节点之间的距离 L 倒数的函数，且决定了 Oa 的距离。点 c 应该表示为节点牢靠度 D 的函数，且决定了 Oc 的距离。

同时，为了保持面 M_1、M_2、M_3、M_4 的有效性，因此点 O 表示为 J 与 T 的函数，且决定了 x、y、z 轴旋转的角度[见图 6(b)]。

根据验证的结果，对 H5 进行补充：由点 O、a、b 构成的面 M_4 所代表的传播噪声，即个体更倾向于向其他媒体获取更多信息的趋势修正为个体倾向于向其他媒体及周围其他人获取更多有关信息。

（二）权重的补充

根据调查问卷数据显示，事件本身、节点牢靠度以及节点之间的距离对于突发性危机事件中手机短信传播频度的影响并不是等量的。因此为了完善模型，Oa、Ob、Oc 的值应该赋予不同的权值 W_a、W_b、W_c[见图 6(c)]，即

$$Oa=W_a/L(x)$$
$$Ob=W_b\,W(y)\;\;W_y\,S(y)$$
$$Oc-W_cD(z)$$

综上所述，突发性危机事件中手机短信的传播模型并不是架构在直角坐标上的正三棱锥，而是其 O 点角度可以变动的不规则三棱锥。

五、案例分析及模型的验证

为了确保理论模型的实际运用，选择 2010 年 4 月 22 日一则在国内广为转发的关于酸雨的短信作为研究案例。该案例是近期发生的较符合本研究所定义的具有突发性、紧迫性及牵涉面广等特点的突发性危机事件。选择该案例，一方面可以避免与前人已经有过充分研究事例的重复研究；另一方面，该事件虽不及“非典”等事件所具有的威胁性强烈，但已经在一定程度上引起社会的巨大反响，具有很强的传播性与关注性，属于本文研究的范畴。

短信内容如下：“从今天到 28 号，请大家不要淋到雨。750 年一次的酸雨，被淋到后患皮肤癌的概率很高。因为欧洲的一个火山的大爆发，向高空喷发了大量硫化物，在大气层 7 000～10 000 米的高空形成了浓厚的火山灰层，强酸性。”

从 M_1 传播频度考虑，虽无法准确验证该短信转发次数，但从媒体报道可以看出其受到了公众广泛关注，不仅仅是手机，包括论坛、MSN、QQ 等即时通信工具上也广为流传。

从 M_4 传播噪声考虑，百度新闻搜索含“750 年”和“酸雨”报道，4 月 22 日共有 358 条，23 日共有 1 190 条报道。至 28 日，7 天内共有 1 470 条报道。正因为有大量“噪声”，虽然该事件的威胁性和紧迫性极强，传播面也非常广，但并没有给社会造成更大的负面影响。

从 M_3 传播内容考虑，7 天内百度新闻搜索包含“750 年”、“酸雨”和“气象部门”的关键词，共有 519 条报道；搜索包含“750 年”、“酸雨”和“专家”关键词，共有 1 170 条报道。由此可见，由于有关部门并没有给出一致解释，使报道信息来源不精确。而这很可能导致手机短信的更广泛传播，同时也将造成传播内容与短信文本的混乱与情绪化。

从 M_2 信息传播路径考虑，因为该事件虽转发规模大，但并未造成严重恐慌，所以有关部门也没有采取措施加强弱关系之间的传播。因此该事件中手机短信的传播路径仍是由个体强关系连接的群体。

在经典突发性危机事件中传播的预控理论的框架下，根据案例分析对模型的验证，突发性危机事件中手机短信传播的预控途径包括：① 增强有效噪声，降低事件紧迫性的危害；② 保持发布信息内容的一致性，尽可能降低文本复杂化等因素所可能造成的信息回流；③保持弱关系中信息流通，增强强关系群体修正错误或片面观点的机会。

作者：薛　可、胡慧婷、余明阳

原载《上海交通大学学报》，2010 年第 12 期

传媒影响力的两级传播模式
——广告传播媒体对广告主的影响研究

关于“传媒影响力”,有许多研究者都曾对于这个词作定义和解释。比如,喻国明教授认为,“传媒影响力是它作为资讯传播渠道而对其受众的社会认知、社会判断、社会决策及相关的社会行为所打上的属于自己的那种‘渠道烙印’。”[①]在这里,媒体的影响力是专指媒体受众的。而郭振玺,丁俊杰在《影响力营销》一书则提到,“媒体品牌的核心价值是什么？是媒体影响力。”[②]营销学学者李光斗则更深入地解析了传媒影响力,认为其包括“①媒体的公信力——媒体在社会传播体系中是否具有权威性;②媒体的垄断能力——消息来源的权威与可信性;③媒体整合资源的能力——媒体的品牌附加值大小;④媒体的前瞻性——创新能力;⑤媒体的品牌价值形象——广告环境的优劣。以上5个元素的综合,构成了媒体的影响力,成为判断广告及传播效果的重要因素。”[③]从这些提法来看,媒体的影响力可以并不单单指向消费者,同样也可以指向媒体广告的投放者,即广告主。然而媒体对于广告主是否也同样存在影响？这种影响又是如何产生和扩大的呢？这是接下来需要重点讨论的问题。

一、关注媒体的第二种市场

传播学界的怪才麦克卢汉早在20世纪60年代就曾经提出,媒介所获得最大的经济回报来自“第二次售卖”——将凝聚在自己的版面或时段上的受众“出售”给广告商或一切对于这些受众关注感兴趣的政治宣传者、宗教宣传者等。也就是说,媒体的价值实现过程不同于一般商品和服务的盈利模式,在媒体中,存在两种市场和两个阶段的销售行为。这样一来,站在媒体的角度来看,媒体就拥有了两种类型的“消费者”:一是普通的媒体受众,他们同时也扮演了被出售的“商品”的角色;另一种就是媒体的广告客户,即品牌所有者。媒体在服务普通受众的同时,还必须要服务于品牌所有者。因此,媒体也就必须拥有两重影响力,分别用以影响这两种不同类型的“消费者”。

---

① 喻国明.关于传媒影响力的诠释——对传媒产业本质的一种探讨[J].新闻战线,2003,(6):24-27.

② 郭振玺.影响力营销[M].北京:中国传媒大学出版社,2005.

③ 李光斗.第四次浪潮下的影响力营销[EB/OL].中国传媒社区网,http://www.yxad.com/Article/HTML/14785.shtml.

但目前关于“传媒影响力”的研究的重点让然还集中在媒体售卖的第一阶段,主要关注媒体对受众的影响。对媒体第二阶段市场行为的研究被单独划出,归入广告主行为研究的部分,主要从品牌所有者的角度来观察如何制定媒体策略,以及如何进行媒体传播效果评估等。而很少有研究者站在媒体的视角,思考媒体如何影响广告主。在笔者看来,这个空白点急需被更多的研究来填补,尤其是在中国目前的媒体经营环境下。因为大部分的传统大众传播媒体,甚至很多新媒体的主要收入来源仍然来自广告。广告以外的盈利模式仍在起步和试验当中,如付费形式的 IPTV 等。而且随着大量新的品牌传播渠道的出现,以及分众化等新的营销理念的推行,广告市场趋向碎片化和小众化。以往某一个强势媒体独大的局面可能将不复存在。在这种形势下,媒体要关注的不仅是对受众的影响力,还要考虑如何影响和吸引广告主,以在激烈的市场竞争中获胜。

二、媒体对广告主的影响

(一)两级传播理论

在传播学当中,关于传播流程研究的理论中有一个著名的理论被称为“两级传播”理论。它是传播学研究的先驱者之一拉扎斯菲尔德(Paul F. Lazarsfeld)在 1940 年主持一项关于总统选举的研究时发现,选民们的政治倾向的改变很少是直接出于受大众传媒的影响,反而是人与人之间的人际交流在选民态度的转变当中产生了关键的作用。信息往往先从某一个信息源,如某一个候选人那里,通过大众媒介再传递给所谓的“意见领袖”(opinion leader),这是信息流动的第一个阶段;然后再通过意见领袖将信息传递给那些普通的选民,这是信息传播过程的第二个阶段。拉扎斯菲尔德等人认为,在第一个阶段中,主要是大众传播媒介在扮演信息传播中介的角色;而在后一个阶段中,则主要是人际影响的扩散在发挥作用。这就是著名的两级传播理论。

这个理论使人们认识到大众媒介渠道和人际传播渠道在人们信息获取和决策中,所扮演的不同角色和发挥的不同作用。同时这个模式还解释了一种更普遍的现象:在信息传播过程中,会出现一种信息不平等的现象,有些人获得信息的渠道比别人更短更便捷,掌握的信息更多更充分,或者信息的质量快高更准确。而那些有更多信息优势,并在某个领域内的有话语权的人,也就是所谓的意见领袖,就很容易成为第二级传播的信息传播者。这是一个信息共同体内自发性消除信息不平衡的现象。

在考察媒体对广告主的影响时,我们可以发现,“两级传播”的现象在一定范围内同样存在。因为在广告主中间同样存在信息的不平衡,这就使一部分人成为“意见领袖”,而另一部分人成为“追随者”。但是产生这种两级传播现象的内部机制却有所不同。媒体对广告主的影响最终还是体现为广告主购买了媒体的广告时段或广告空间。而对于媒体来说,广告客户可以分为现有客户和潜在客户。媒体对现有客户的影响可以借由竞争需求、示范效应等动因,间接影响到其他潜在客户。现有客户扮演了相当于“意见领袖”位置的角色。

(二)第一级传播:媒体对现有客户的影响

广告从20世纪80—90年代开始进入中国。而2000年以来,由于广告市场的发展和竞争的加剧,研究者和媒体从业人员开始越来越多地关注对广告主的研究。

2001年,央视提出“以广告客户为中心”的广告经营战略,标志着电视界在经营思想上的转变。2002年8月,央视股份研究公司做了一项关于“企业在中央电视台广告投放行为”的研究,该研究通过调查问卷的方式,调查了广告主关于媒体信息沟通、收视率、广告格式、广告价格等方面的看法。这是最早由媒体自己组织的大规模广告主行为研究之一。

2002年杜国清在《市场观察·广告主》发表名为《广告主研究与媒体广告经营的创新》的文章。文章从广告主需求、媒体定位和媒体经营创新等角度进行分析,文中提出一个概念:“优化客户结构”,杜国清认为应该从优化客户的区域结构、行业结构和实力结构三个方面入手。

从2004年开始,《现代广告》杂志开始连续三年刊登名为《中国广告主调查专项报告》的研究成果。这项研究大量运用了问卷、访谈、专家小组等调查形式,并对广告主相关问题分专题进行研究。这一研究开始考察广告主自身营销战略对广告投放的影响,同时也涉及对广告主、广告公司和媒介三者相互关系在广告经营中作用的分析。

2004年出版的佘贤君所著的《电视广告营销》,用一章的篇幅分析媒体对广告主的客户服务策略,并且认为电视媒体应该去适应广告主的需求,开发更多的广告形式和更专业的服务方式来满足广告主。这也是媒体广告主研究的重点。

2005年肖建兵也在《广告大观(综合版)》上发表了《电视媒体:如何适应广告主结构的新变化》,提出面对寡头竞争市场形态的形成,电视媒体更应关注自己的老客户,在广告管理工作上应更加规范和策略化等。

2006年,许正林、张惠辛等人在由《中国广告》杂志刊登的《2005年中国媒介广告主评价报告》中指出,广告主认为满意的广告媒体应具备的条件包括媒介影响力、覆盖范围和发行量/视听率/暴露数、受众的商业价值等;而广告主对媒体不满意的因素包括广告价位过高、投放效果差、广告环境差、服务不专业等。

2007年,《市场观察》杂志刊登的《2006—2007年热点行业广告主营销传播趋势及挑战》则从行业角度入手，检视2006年度最为活跃的七大行业广告主营销传播实践现状，探讨广告主营销传播活动中面临的主要问题及挑战，并提出了策略性意见建议。

2007年在《广告人》杂志上刊登的《独播剧对广告主的价值》则分析了独播剧这种新的品牌传播方式能够为广告主所提供的价值，提出了该种形式所适合的广告主类型，并对如何利用该种形式进行品牌传播提出了建议。

从媒体与广告主研究的综述中我们可以发现，目前对广告主的研究并没有同受众研究一样涉及“传媒影响力”这一概念，但各种研究的目的最终指向也是如何提升媒体对广告主的影响，即媒体如何通过改善自身条件和服务素质来吸引和锁住广告主。同时，研究的范围也主要局限在媒体对现有客户，即现有广告客户的影响上。而对媒体通过何种途径影响潜在客户，以及对于现有客户与潜在客户之间的关系的研究仍没有充分的研究成果。

（三）第二级传播：现有客户对潜在客户的影响

按照媒体对广告主的两级传播模式的观点，现有客户在媒体与潜在客户中间起中介的作用，潜在客户可以通过现有客户获得关于媒体的信息，而媒体影响就通过现有客户延伸到潜在客户那里。那么，什么样的潜在客户可以通过现有客户这个渠道获得媒体信息？现有客户为何能影响潜在客户？现有客户影响潜在客户的效果如何？以下我们将一一探讨。

1. 被影响的潜在客户

在考察什么样的潜在客户最容易受到现有客户的影响时，有两个决定因素是值得关注的：一是对传播覆盖范围的需求；另一个是对目标受众的接触需求。

一般来说，有相近的覆盖范围需求和相似的目标受众接触需求的潜在客户最容易受到现有客户的影响。因为在这两种需求上的雷同，意味着两个品牌是在同一区域、同一行业内的直接竞争者。通常品牌所有者都会密切关注同一区域和同一行业中其他竞争对手的经营策略，其中当然也包括他们的品牌传播和媒体策略。

有不同的覆盖范围需求，但有同样的目标受众群体的潜在客户也会在一定程度上受到现有客户的影响。也就是说，不同区域内的同一行业竞争者之间会产生相互作用。因为尽管各自在不同的区域内生存，但是相同行业的竞争者面对的确是相似的受众和受众需求，现有客户的媒体选择和效果会为潜在客户的决策做参考，即使是失败的案例也可以起到很好的警示作用。

而同一区域内的不同行业的潜在客户仍可能接受现有客户的影响。因为从理论上说，不同行业的品牌仍有可能面向的是相似的一个受众群体，尽管他们能满足的受众的需求是不同的。而现有客户的媒体策略仍然可以为潜在客户把握受众群体的特点提供参考。比如，选秀节目《加油，好男儿》的赞助商涉及各个行业，有经营服装、纺织材料以及日化用品等，不一而足。但是这些不同行业品牌的媒体策略仍然会对其他更多面对同一受众群体的行业的品牌做出启示。

2. 影响潜在客户的动因

1）竞争驱动

在同一区域同一行业的直接竞争对手之间，产生影响的最大动因应当是竞争。因为同一个市场内的受众资源和媒体资源都是有限的。在资源有限的情况下，占有优质资源的人就对其他竞争对手产生巨大的压力。为了获得同样或更好的市场绩效，竞争对手之间只能相互争夺不多的优质资源。

2）口碑效果

南京财经大学的任杰在其硕士学位论文《电视媒体广告主交互影响模型研究》当中调查了广告主获得媒体信息的途径，包括招标会、推介会、互联网、相关报纸杂志、洽谈会、电视等，发现广告主使用最多的四种途径是通过广告代理公司、企业间交流、洽谈会和推介会，使用率分别为 84.8%、82.6%、80.4% 和 78.3%。值得注意的是，企业间的交流也是广告主了解媒体状况，制订媒体策略的一个主要信息渠道。这种企业间的交流产生的影响可以视之为“口碑效果”，类似于拉扎斯菲尔德所指的两级传播论当中第二级传播的方式，即信息借由人际交流的形式从“意见领袖”流向一般受众。而媒体的现有客户由于具有与媒体打交道的经验，也就成为媒体客户群体当中的意见领袖。

3）示范效应

示范效应与口碑效果不同的是，它更强调潜在客户的主动性，并不一切依赖客户之间的互动而产生。当市场对现有客户的媒体策略做出评价时，示范效应就随之产生。成功的案例成为潜在客户借鉴和学习的对象，而失败的案例也可以作为分析和反思的材料。

3. 对潜在客户的影响效果

当考察对潜在客户的影响效果时，除了前面所提到的覆盖范围和目标受众两个因素外，还可能相关的因素有：现有客户的市场地位、现有客户媒体策略的市场表现、信息的畅通程度、媒体的数量、潜在客户的市场地位等。对于效果的考察是一项系统的工程，涉及各种复杂的相关因素。但是总结起来，这些因素可以归纳为现有客户方面的因素、潜在客户方面的因素，以及客观环境因素等。

一般来说，如果现有客户是强有力的影响者，各种信息渠道畅通无阻，潜在客户以开放的状态接收外来信息的影响，则影响的效果越强，反之越弱。

综上所述，媒体对广告主的影响并非是一个简单的点对点，或点对面的信息流动过程，它经历了信息的两级传播到达潜在的客户手中。对潜在客户的影响也因加入了现有客户这个中介介质而变得相对复杂。当然，严格来说，这还只是一个粗糙的理论假设,还需要更多的实证研究来证明假设是否成立。但是媒体对广告主的影响力假设是合理的,只有通过更多的研究才能更好地了解这种影响力的本质。

作者:薛 可、陈 晞、余明阳

原载《当代传播》,2008 年第 5 期

微博与茶馆：对人际传播的回归与延伸

在大众传播不发达的年代，信息传播主要依靠“口口相传”的人际传播模式，譬如在中国出现已逾千年的茶馆就曾作为一种重要的信息传播平台而存在。而随着 Web2.0 时代的到来，对互联网的应用扬弃了大众传播模式下信息生产批量化、制式化的特点，转而注重人与人之间的互动和沟通，譬如当下正炙手可热的“微博”就是网络人际沟通的一种重要工具。从传播方式的角度来看，茶馆也好，微博也好，两者都是人际传播方式的典型应用代表。那么是否意味着 Web2.0时代的互联网是对传统的茶馆式人际传播媒介的一种回归与复制？本文将以茶馆和微博这两种形式相似的媒介平台为范例，从媒介技术的角度探讨 Web2.0 时代的网络传播与传统人际传播之间的异同，并从中发现技术变革所带来的传播方式和人类社会的变革。

一、Web2.0 时代的重新部落化：对人际传播的回归

媒介技术论的先驱麦克卢汉关于传播技术曾有许多精辟的见解。在麦克卢汉眼中，除了广播、电视、报纸等大众传播媒介外，“一切人工制造物、一切技术和文化产品，甚至包括大脑和意识的延伸”[①]都是媒介。他认为“媒介是人体的延伸”，即任何媒介都是人的某种功能的延伸。譬如，文字和书籍是人的视觉的延伸，语言和广播是人的听觉的延伸，电子媒介是人类中枢神经系统的延伸。总之，作为媒介的“一切技术都是肉体和神经系统增加力量和速度的延伸”。

而他的另一个著名的论断则是“媒介即信息”，他认为，媒介绝不是消极、被动、静态的信息载体，它们具有积极的能动性，决定着信息内容的清晰度、呈现方式和效果，因此，正是媒介技术本身，而非媒介的内容影响着人类和社会的发展。而任何一种新媒介都是对旧媒介的延伸和突破，“任何媒介（即人的任何延伸）对个人和社会的任何影响，都是由新的尺度产生的。我们的任何一种延伸（或曰任何一种新的技术），都要在我们的事物中引起一种新的尺度”[②]。从他的观点来看，任何一种新媒介的出现都不可能是对旧媒介的简单复制，而是在一个新的尺度上带来了人的进一步的延伸。

---

① 何道宽.媒介革命学习革命——麦克卢汉媒介理论批评[J].深圳大学学报：人文社会科学版，2000，(5)：99－106.

② 马歇尔・麦克卢汉.理解媒介[M].何道宽，译.北京：商务印书馆，2000.

从“媒介是人的延伸”和“媒介即信息”这两个观点出发,麦克卢汉又进一步提出了“感官比率”的说法。他认为,在西方的拼音文字出现之前,人生活在原始的部落世界,这是口语文化占支配地位的世界。在这个空间内中,人们只能面对面地通过语言、表情和手势等来理解彼此。人类的交流互动与信息传播必须要充分调动一切感官,而非仅凭借一种感官。因此,部落世界是一个具有深度的、封闭共鸣的、立体的、有机的“听觉-触觉空间”。

在西方拼音文字和印刷技术出现后,部落化的“听觉-触觉空间”被打破了,取而代之的是与印刷文化相对应的“视觉空间”。麦克卢汉认为,拼音文字是人体视觉功能的延伸,它牺牲了意义和知觉,打破了部落人的感官平衡。“拼音文字的机械社会在空间上把个体与集体分开,因而产生了隐私;在思想上把人分开,因而产生了观点;在工作上把人分开,又因而产生了专门化——因而产生了与个人自由相联系的各种价值。”①

而电子媒介的诞生,则不再只强调视觉,重新分配了各种感官的使用比例,发挥了听觉等其他官能的价值,使人的感官重新获得了平衡。在电子媒介时代生活的人类又找回了长期失落的部落时代的“感官整体”。“电力媒介使人集合在一个地球村里……这里实际上有更多的余地,让人们发挥富有创造力的多样性。”②这就是所谓的“重新部落化”。

尽管麦克卢汉所指的电子媒介主要是广播和电视,而且他本人就倒在了互联网出现的前夜,但是其后互联网这种高度开放和互动的媒介的高速发展和普及,恰恰印证了其预言的前瞻性和精确性。互联网的多媒体特性容纳了多种多样的信息呈现方式,平衡了人的各种感官,使线性思考和专门化分割的机械人又重新趋向完善与整合。同时,互联网具有更高的开放性和可接近性,尤其是Web2.0 的到来,模糊了传统大众媒体中传者与受者的身份限制,强调人际间的直接沟通,是一种更具有交互性质的媒介,使人们从机械时代的个人主义分割与疏离状态又重归到深入互动的、立体的、不可分割的部落化状态。

循着麦克卢汉的思维路径,网络媒介既是对部落时代传统的人际传播方式的部分回归(即“重新部落化”),同时又为人的延伸创造了一种新的尺度。那么,Web2.0 时代的网络媒介究竟创造了什么样的新尺度?它们与最古老的人际传播媒介之间究竟有何异同?下面,本文选取了两种在形式上有很强的共同性的两种人际传播平台——茶馆和微博,分别作为传统社会人际传播以及现代社会Web2.0 网络传播的代表,从媒介技术理论的角度,探讨两者在传播模式上的异同,并试图从中发现 Web2.0 下的网络传播技术给人类和社会所带来的变化。

---

① 陈卫星.传播的观念[M].北京:人民出版社,2004..

② 埃里克·麦克卢汉,弗兰克·秦格龙.麦克卢汉精粹[M].南京:南京大学出版社,2000.

二、茶馆与微博:信息传播模式的比较

(一) 茶馆中的信息传播

茶馆在我国是一种古老的人际交流和文化传播场所。据史料记载,中国最早的茶摊出现于晋代。到唐文宗太和年间已有正式的茶馆,为称之为“茶肆”。据《旧唐书·王涯传》中记载:“太和九年五月涯等仓惶步出,至永昌里茶肆,为禁兵所擒。”此后,茶馆经历了宋、元、明、清等各个朝代,日渐兴盛普及,形态更趋成熟,形式也更为丰富多样,可供人喝茶、聊天、聚会,并提供大鼓书、说书、评书等多种形式的演艺活动。

到了清末民初,茶馆的社会功能进一步得到了加强,成为一种特殊的信息的交换、集中的枢纽。譬如,老舍先生的《茶馆》里就有对“茶馆”的具体描述:“玩鸟的人们,每天……要到这里歇歇腿,喝喝茶,并使鸟儿表演歌唱。商议事情的,说媒拉纤的,也到这里来……总之,这是当日非常重要的地方,有事无事都可以来坐半天……这里,可以听到最荒唐的新闻……奇怪的意见也在这里可以听到……这真是个重要的地方,简直可以算作文化交流的所在。”可见,在大众媒介缺乏的时代,茶馆是一种重要的信息集散地,并且充当着为大众提供文化交流和休闲娱乐的角色,这种工具性和娱乐性的功能都与媒介的两种主要功能不谋而合。

作为信息传播媒介的茶馆的传播模式如图 1 所示。

1. 信息的传播者和接受者——茶客个体

茶馆里的每一位茶客都是信息的携带者,他们抱着不同的目的来到茶馆,通围坐在一张四人茶桌上喝茶聊天,交换着不同的信息。通常当茶客选定茶桌后,会与同桌茶客交谈。交谈内容多纷繁复杂,而聊天方式除了口头传播外还包括体态等多种符号的传播模式。茶客们既可以信息的提供者,传播他们所掌握的信息,也可以作为信息的接收者,从他人处获得新的信息。他们在信息传播者和接收者之间的角色更替,总与其对新信息的保有量有关,因此那些更接近于信息源的茶客,更容易成为信息的传播者。

2. 信息交换与整合——茶客群体

以茶桌为单位,可以将作为个体的茶客组合为一个个小的茶客群体。而茶客围坐同一张茶桌的途径基本可分为四大类:固定群体、随机组合、共同话题、功能组合。

固定群体:茶馆是主要供茶客喝茶聊天的休闲娱乐场所,因此茶客可以在此见客会友,联络情感、维系人情关系。这样的茶客组合属于固定搭配,从社会网的角度来看,属于一种“强关系”,即个体之间具有高度的互动,来往较为密切,信息交流更为充分。譬如《茶馆》中的两位常客常四爷和松二爷。

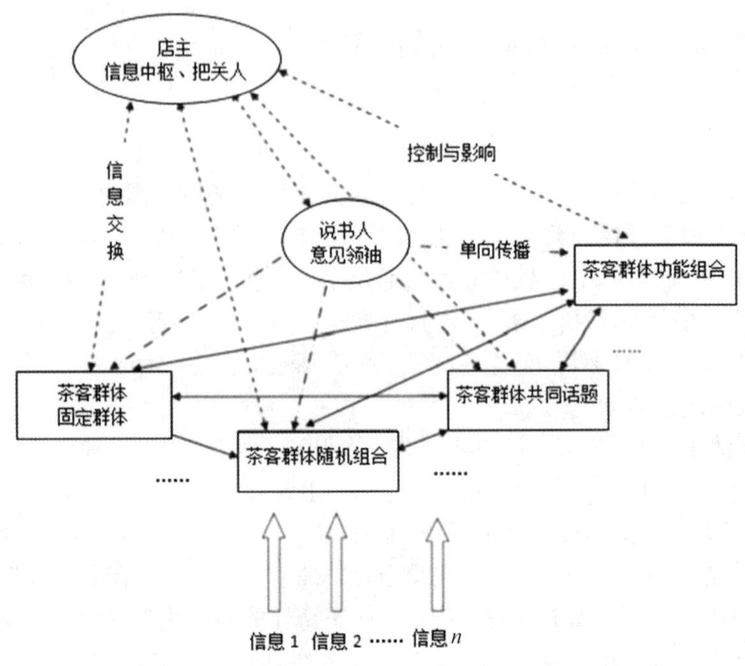

图 1　茶馆传播模式(资料来源:作者自制)

随机组合:随机组合也是茶馆中茶客组合的一种常见方式。与固定群体不同,随机组合的茶客在茶馆外的社会生活中可能并无交际,更无既有的人情关系。他们在茶馆中的一室共处可能只是一种“萍水相逢”的状态,因此,这些茶客间的关系属于“弱关系”,即个体间的关系疏远,互动并不频繁,信息沟通也不充分。但是,“弱关系”的茶客组合在信息传播中并非就处于劣势,美国学者 Granovetter 曾提出“弱关系的强势”观点,认为弱关系的个体间具有较高的非同质性,在信息扩散方面,更可能传播未知的、新鲜的,也更有价值的信息[①]。

共同话题:茶馆中的茶客间出于共同的话题或兴趣爱好,也可能获得一种新的组合方式。譬如,茶客中为数不少的一群“听客”,即茶馆内说书、评弹等演艺活动的受众,也可能出于这种共同的爱好和话题构建出一个信息沟通和交流的场阈。但是,由于共同话题而形成的茶客组合之间交流的信息焦点通常也比较明确,不会过多地偏离于话题之外,因此,在信息传播的过程中,可能会存在较多的“冗余信息”。

功能组合:茶馆除了作为信息传播与休闲娱乐的场所外,还可能承担起一些

① Granovetter Mark. The Strength of Weak Ties[J]. American Journal of Sociology, 1973, 78(6): 1360 - 1380.

其他的社会功能，譬如前文所提到的“说媒拉纤的，也到这里来”。这样的信息交流活动，带有很强的目的性，信息的扩散范围往往也极为有限。

3. 意见领袖——说书人

说书人是整个茶馆系统的次中心，他通过阅读古籍、小说、打听明间轶事等途径获得信息进行再加工而进行信息传递。其作用主要有二：一是娱乐；二是传递各种信息。从茶馆系统看来，说书人的表演是单向的人际传播，表现为传者和受者的分离（虽然也有零星互动，如提问、质疑等，但并非主流形态）。说书人的观点在茶馆内具有很强的影响力，从人际传播的角度来说，说书人的角色就是团体传播中的“意见领袖”。

4. 信息中枢和把关人——店主

店主整个茶馆系统的中心点，在系统中的作用要更为明显和突出。店主可以通过直接接触而有效地与每个茶客及茶客所在的茶桌单位进行互动，这种有效性使他成为整个茶馆信息最完全和集中的人，并能将信息按时间、重要性和自己的价值取向积累、筛选，再次传播。茶客和说书人都也可通过与店主搭讪等方式获取信息的交换。同时，对于敏感信息，店主还可以作为“把关人”直接进行控制，譬如，老舍《茶馆》中“莫谈国事”便是一例。

（二）微博中的信息传播模式

微博客（简称“微博”）是一种允许用户及时更新简短文本（通常少于200字）并可以公开发布的博客形式。它允许任何人阅读或者只能由用户选择的群组阅读。随着发展，这些消息可以以很多方式传送，包括手机短信、即时消息软件、电子邮件、MP3或网页[①]。作为Web2.0时代的最新产物，微博一经问世就受到了广大用户的欢迎，成为时下人际交流的传播的一种新型方式。与以往其他的互联网信息传播平台（如博客、BBS、SNS网站）相比，微博具有一些独特的功能设计，由此也带来了在传播方式与传播效果上的变化。

首先，是对信息篇幅的严格限制。微博网站大多将每条信息的字符上限设置在140。由于篇幅的限制，用户在编辑信息时不必经过大脑的深加工，大大地消解了由语言表达能力而带来的精英优势。在微博上，每个用户都是信息传播者，而信息传播的速度与范围也更多地只取决于信息本身的价值，而非由优美语言所带来的附加价值。

其次，是用户交互方式的创新，以“背对脸”补充“脸对脸”。传统SNS网站上，用户之间主要通过“互加好友”来建立互动关系，这是一种“脸对脸”的方式。而在微博上，除了“加好友”外，还可以通过“跟随”（follow）的方式来获得对方的

① Micro-blogging[EB/OL/].http://en.wikipedia.org/wiki/Micro-blogging.

信息,而不必征得对方的同意。“背对脸”是一种不对称的人际关系,这种松散的关系可以保证信息的充分流动,形成广播式的信息扩散模式。

此外,微博还打通了移动通讯和互联网之间的隔阂,建立了移动互联的信息模式,为用户间的即时互动创造了可能。而且移动网与互联网的打通交织成一张更为庞大,可吸纳更多用户的传播网,产生难以估量的传播效果和传播价值。

而与茶馆中的茶客相似的是,微博用户一般也可以形成四种组合,如图 2 所示。

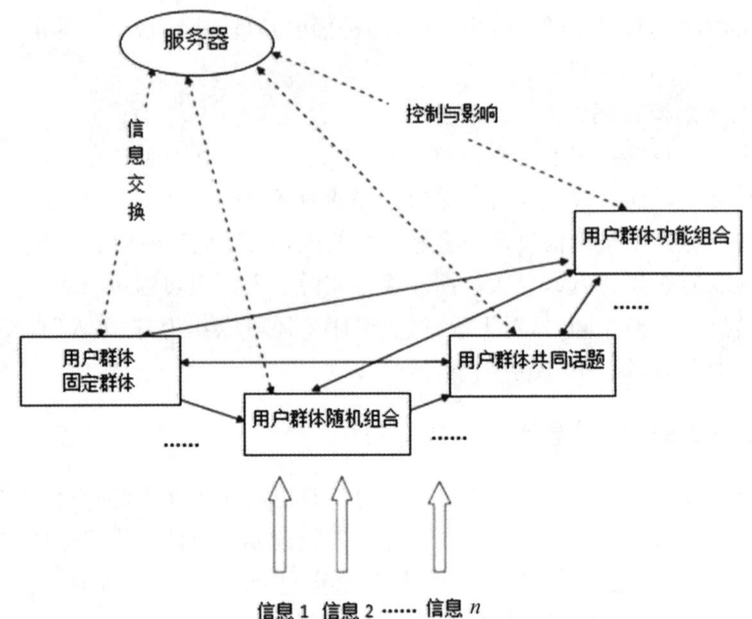

图 2 微博传播模式(资料来源:作者自制)

(1) 固定群体:美国学者 Java 等人通过对微博用户的使用动机和用户类型进行调查发现,微博中大部分的社会关系都是基于友情关系而展开的,其中也存在许多次属类型的友情关系,如在用户的好友或跟随者中可能有他的朋友、家人、同事等①。因此,微博中的此类互动关系实际上可以说是现实关系的一种延伸,由此而形成了一个个固定群体。

(2) 随机组合:微博中的“跟随”关系则通常是一种随机组合。“跟随者”基于获取有价值的信息等目的,而非基于既有的友情关系,主动跟随其他用户,并可以即时获得其他用户的信息更新,由此而形成随机组合。与茶馆中的茶客相

① Java A,Song X,Finin T,et al.Why we twitter:understanding microblogging usage andcommunities [C]. Proceedings of the 9th WebKDD and 1st SNA-KDD 2007 workshop on Web mining and social network analysis.ACM,2007:56 - 65.

似,随机组合的用户群体通常属于一种弱关系,因此更容易在群体中传播和扩散新的信息。

(3) 共同话题:微博用户之间除了固定组合与随机组合,也能通过在共同话题上的交谈形成小群体。在 Java 等人的研究中,研究者通过对用户之间的回复内容进行内容分析发现,部分用户群体中存在一个相对固定的讨论主题,如"游戏"、"技术"等。这些讨论主题使这些用户之间具有更紧密的互动,从而将他们与其他群体区分开来①。

(4) 功能组合:由共同话题而形成的交谈者之间通常不具备特定的目的,而那些具有特定目的的交谈者就构成了一种功能组合,如借助微博平台而展开的二手交易、征婚等。随着微博的普及,微博的传播力量也逐渐被一些社会机构和团体所借重,从而延伸出更多的社会功能。2008 年的美国选举中,奥巴马利用微博网站对选民进行拉拢就取得了良好的效果。奥巴马与他的大量微博"好友"及"跟随者"之间就形成了一种功能组合。

(三) 微博与茶馆信息传播模式的比较

1. 微博用户与茶客:无限输入量

由于虚拟平台具有海量的容纳性,微博的用户总数已非茶馆茶客数量可同日而语——2010 年 10 月份,Twitter 的用户则已达到 1.75 亿②;新浪微博的用户总数也达到了 5 000 万③。同时,作为"地球村"中的部落之一,微博也消除了传统村落的地理界限,不仅用户的数量无限扩大,用户的来源与背景也更趋复杂。

2. "被跟随者"与说书人:不特定的意见领袖

说书人基于自己的学识和高超的传播技巧而成为茶馆中的"意见领袖"。而微博中的意见领袖则通常是那些高价值信息的提供者。这些作为信息源的用户通常占据了网络的中心,并且拥有大量的跟随者。他们可能只在固定时段内更新或较少更新,而且也很少主动跟随他人,但是由于他们所更新的信息的重要性和稀缺性,将会得到大量的跟随。虽然这些"被跟随者"们在充当舆论中心的意见领袖时传播的方式主要也是单向的,但他们的身份并非固定,也就是说这是一个不特定多数的群体,当他们在某一话题或领域内充当意见领袖时,在其他的互动群体中却可能只处于边缘。因此,微博中的社群结构更趋向于一种"无处是边

---

① Java A, Song X, Finin T, et al. Why we twitter: understanding microblogging usage and communities [C]. Proceedings of the 9th WebKDD and 1st SNA-KDD 2007 workshop on Web mining and social network analysis. ACM, 2007: 56 - 65.

② 凤凰网科技. Twitter 每日增加 37 万新用户——用户总数达 1.75 亿[EB/OL]. http://tech.ifeng.com/internet/detail_2010_11/01/2963134_0.shtml.

③ 浙江省林业厅. 嘉善县花卉协会召开理事会议[EB/OL]. http://www.zjly.gov.cn/xwwt/22225.htm.

缘,处处是中心”的状态。

3. 服务器与店主:无限储存与检索

微博上发布的每一条消息都被储存到服务器里,用户可以通过搜索等途径随时从资料库里调出相应的信息,可见,服务器与用户的信息交换是通过储存和搜索而实现的。而服务器的信息也会随着时间的增加而不断增多,从长远看将是无限的,这也是它与茶馆店主之间的最大区别。此外,茶馆店主的信息“把关人”角色在微博中似乎也趋向于淡化与消解。

三、微博与茶馆:Web2.0 对传统社会人际传播的延伸

(一) 整合两种传播,提高传播效率

Web2.0 下的互联网已不仅仅是一种原始的人际传播,而是同时呈现出人际传播与大众传播的特征。依旧以微博来说,尽管直接的交流与互动可能仅仅发生在一个或几个群体中,但是信息的可接近性却是面向全体大众的,这也是人际传播与大众传播之间的最大区别。微博平台的无限存储域和检索能力正是带来这种变化的主要原因。

其次是“背对脸”的特性,使得微博中的用户交互结构被重新定义,信息能够通过“跟随”的方式被更多的用户所获取。而跟随者又通过其他跟随者形成信息的分级扩散,当在线人数达到一定规模时,就能产生核裂效应,实现信息的即时扩散①。这种信息扩散机制下的微博传播已经很难再被认为是一种单纯的人际传播,而更应当被认为是人际传播与大众传播的整合体。这种整合兼收了大众传播快、远、广的特点,以及人际传播的特定性和双向互动性,消除了单纯的大众媒介传播缺乏反馈的不足,弥补了人际传播范围的狭窄性和内容的局限性,大大地提高了人类传播活动传播的效率,带来了前所未有的信息扩散效应。

而与 BBS 等其他网络媒介平台相比,一方面,BBS 等虽然实现了用户生产内容(UGC),但是用户仍需编辑标题、编排段落、选择类别,才能最终完成信息发布,这些机制难免局限了信息在第一时间的有效发布,同时也对用户的文字表达能力提出了较高的要求,而微博则不仅大大提高了信息发布的效率,打破了文字表达能力上的樊篱,并促使用户以更高的频率在这一平台发布信息;另一方面,微博中有大量采用真实姓名和身份注册的用户,其中不乏掌握大量关键信息的名人、机构,为在微博平台上发布的信息的真实性和时效性提供了更多的保证。因此,可以说微博是一种前所未有的即时性、高效性的整合传播媒介。

---

① 刘兴亮.微博的传播机制及未来发展思考[J].新闻与写作,2010,(3):43-46.

（二）以旧媒介为内容的新媒介

麦克卢汉进一步认为，任何一种媒介的内容总是另一种媒介。"文字的内容是言语，正如文字是印刷的内容，印刷又是电报的内容一样。"[①]可见，每一种新媒介的出现都不是对以往媒介的简单否定，而可以说是对以往媒介的延伸。同时，"我们的任何一种延伸（或曰任何一种新的技术），都要在我们的事物中引起一种新的尺度"[②]。也就是说，新媒介的产生创造了一种新的尺度，或者说新的环境，而这种新环境的内容则往往是奠定在旧媒介的基础上的。

在茶馆中，说书人传播的信息内容奠定在各种小说、话本的文本基础上；而在微博中，文字、图片、音频、视频、URL（网页地址）都是信息的内容，甚至一种被称为"微小说"的文本也成为微博信息传播的内容。可以说，与以口语为主要信息内容的传统茶馆式人际传播相比，微博更广泛地融合了以往的各种媒介，将各种旧媒介的特征和谐地纳入到了新的体系之中，这也是传统人际传播所不可企及的。

（三）消失的身份与等级

麦克卢汉的继承者梅罗维茨在其著作《消失的地域》中写道，"我们'信息时代'的许多特征更像是狩猎和采集的社会——和游牧部落的猎人们一样，固定的具体的地点不再重要，我们很少有'地点的感觉'；不再在记忆中或家里进行知识储备，而是相信在有需求时一定能马上获取道信息；成人的行为儿童也能看到，很难对信息进行'隔离'……"[③]。

在融合英尼斯和麦克卢汉的媒介技术思想，以及戈夫曼的场景理论的基础上，梅罗维茨提出，电子媒介不是通过内容，而是通过社会生活的"场景地点"来产生影响。在场景理论看来，社会场景是规范语言表达和行为方式的一个框架，人们对不同的场景有不同的定义，并相应地制定规则和扮演角色。传统上，场景以地域为界限，但随着电子媒介的普及，"场景"之间已经"相互交叉"了，难以再用地域进行区分，同时这也引起了社会舞台与社会行为的重组，产生一些新的社会现象，如"儿童与成人概念的模糊，政治英雄与普通市民的等同"等。或者说，电子媒介的出现模糊了私下行为和公共行为的界限，隔离了环境"地点"和社会"地点"的传统联系，由此而造成了社会群体身份的模糊，以及社会等级的消失[③]。

---

①②马歇尔·麦克卢汉.理解媒介[M].何道宽，译.北京：商务印书馆，2000.

约书亚·梅罗维茨.消失的地域：电子媒介对社会行为的影响[M].肖志军，译.北京：清华大学出版社，2002.

③　殷晓蓉.网络时代：麦克卢汉何以东山再起[J].新闻大学，2003，4(78)：83－87.

与麦克卢汉相比,梅罗维茨与互联网时代之间的距离更近,尽管他的论述主要以电视作为代表,但是他所讨论的电子媒介也更趋近于我们今天的互联网媒介。仍以微博为例,微博中的信息传播在更大程度上切断了环境"地点"与社会"地点"之间的联系,人与人之间的交流以网络为连接点,而非地理因素;信息的开放性和个性化,也显示出私人行为与社会行为之间边限的消融,譬如微博中的"晒心情"、"晒幸福"等行为的出现;而微博所带来的更深层次意义上的变化,则是社会群体身份的平等化,及由此而形成的等级与特权的消失,微博是一个更为开放、更为平等的大众空间,在这里已经不再有传统意义中较为特定的"意见领袖"(如茶馆中的说书人)和"把关人"(如茶馆中的店主),而是以信息本身的价值来衡量用户在信息传播过程中的地位和作用,这也是与茶馆式的人际传播模式相比,以微博为代表的 Web2.0 时代的信息传播媒介所带给我们的最显著和最具有社会学意义的变化。

作者:薛　可、陈　晞、梁海
原载《当代传播》,2011 年第 6 期

新媒体语境下非营利组织形象评估模型构建
——以“牵手上海”为例

一、非营利组织的理论综述

非营利组织的概念最早是从美国的财务会计理论中借鉴过来的①。1985年美国财务会计准则委员会(Financial Accounting Standards Board,FASB)决定以“非营利”(not-for-profit)一词取代“非商业”(nonbusiness)②,由此“非营利”一词从美国产生并流传开来。

以非营利组织为对象的“第三部门”(third sector)研究兴起于20世纪80年代的美国③,随后盛行于北美和欧洲。一些著名学者从非营利组织在政治、经济、社会系统中的功能的角度进行研究,取得了重要成果,如罗伯特·帕特南(Robert Putnam,1993)从政治学的角度、特德·斯科普尔(Theda Skocpol,1994)从社会学的角度、迈克尔·修德森(Michael Schudson,1995)从媒介社会学的角度等,将非营利组织纳入了公民约定(civic engagement)、政治参与的范畴,认为通过非营利组织形式实现的公民参与决定了政府机构的效能、社会运动的特征、公民身份的性质、社会福利政策变迁以及福利国家的出现④。

在中国,20世纪90年代初,非营利组织还是个较为陌生的概念。但从1995年以来,中国民间非营利组织有了实质性的发展,其政治、社会功能逐渐体现⑤。国内学术界对非营利组织的研究也从概念和理论的引进转向关怀本土经验的实证研究,从单一的国外经验模式介绍转向综合的比较研究和分析⑥。民间非营利组织研究成果不断涌现。截至2004年,对于非营利组织研究的著作已经超过120本。政府和民间机构的资助和支持也推动了我国非营利组织研究的深入,

① 扶松茂.开放与和谐——美国民间非营利组织与政府关系研究[M].上海:上海财经大学出版社,2010.

② 厄尔·R,威尔逊,苏珊·C,卡特鲁斯,里昂·E.政府与非营利组织会计[M].北京:中国人民大学出版社,2004:15.

③ Salamon,Lester M. America's nonprofit sector: A primer[M].New York: Foundation Center,1992.

④ Hall P D. Globalization: A Chapter in the Sociology of Knowledge[J]. Panel on Discerning Globalization,Language,Identity,and Emergent Transnational Collectivities,Social Science History Association, St. Louis, MO, 2002.

⑤ 邓国胜,王名.1995年以来中国NGO的变化与发展趋势[A].2003.

⑥ 熊跃根.转型经济国家中的“第三部门”发展:对中国现实的解释[J].社会学研究,2001,(1).

其中较有影响的包括:喜马拉雅研究发展基金会资助出版了“NGO论丛”;1999年财政部资助的重点会计课题“非营利组织会计问题研究”。在国家自然科学基金委员会、亚洲基金会、喜马拉雅研究发展基金会等以及国家民政部、全国妇联等机构的委托或资助下,清华NGO研究所围绕中国民间组织发展的理论、政策、法规、管理和能力建设等一系列问题开展了深入的实证性调查和研究。

对于非营利组织的研究在世界范围内成为一个新兴的研究领域,研究成果在不断丰富。菲利普·科特勒和艾伦·安德里亚森对以消费者为导向的营销理念、营销战略规划和组织、营销资源的开发以及营销组合策略等方面进行了详细论述,建立了非营利组织营销的基本研究框架①。詹姆斯·盖拉特对非营利组织营销4P的基本要义、21世纪非营利组织的发展趋势及非营利组织公共关系等方面进行了研究并提出了具体实施方案②。其研究也为非营利组织的组织形象研究提供了进路,但这一角度的研究只占著作一小部分,且詹姆斯提出的具体实施方案并不适用于所有的非营利组织。在我国,目前尚未有从组织形象角度对非营利组织进行考察的研究。

对于非营利组织的研究正逐渐成为国际学术界的焦点,但学者们主要从概念界定、产生原因、结构形态等角度进行研究,从组织形象学角度进行研究的成果却很少,而嫁接新媒体语境来进行研究的更是凤毛麟角,这既是现在学术研究薄弱点,也成为日后的研究重点。

二、新媒体语境下非营利组织形象的理论模型

考虑到影响新媒体语境下非营利组织形象的各因素的复杂性,并为了对这些因素进行全面、综合的分析考察,同时最大限度地避免主观性的影响,我们认为可以将影响新媒体语境下非营利组织形象的主要因素划分为若干层次,并利用层次分析法(AHP),提出了非营利组织形象的评估模型。

(一)影响新媒体语境下非营利组织形象的主要因素及其界定

目标层:非营利组织形象(W)。

中间一层:组织竞争力(P)、网络组织形象传播执行(C)、受众接受度(R)、环境因素(E)。

中间二层:组织专业度(P1)、组织创新力(P2)、组织定位度(P3)、组织知名度(P4)。

---

① 菲利普·科特勒,艾伦·R·安德里亚森.非营利组织战略营销[M].北京:中国人民大学出版社,2003:97.

② 詹姆斯·P·盖拉特.21世纪非营利组织管理[M].北京:中国人民大学出版社,2003:46-66.

网络组织形象传播内容(C1)、网络组织形象传播渠道(C2)、受众的背景(R1)、受众反馈机制(R2)、同行竞争环境(E1)、政府政策环境(E2)、组织特色服务领域外在环境(E3)。

对于上述各因子的概念作如下界定：

目标层：非营利组织形象(W)。

组织形象，即社会公众对组织综合评价后所形成的总体印象。组织形象包括的内容很多，如组织精神、价值观念、行为规范、道德准则、经营作风、管理水平、人才实力、经济效益、福利待遇等，组织形象是这些要素的综合反映。

1. 中间层：组织竞争力(P)

非营利组织竞争力是指组织在服务市场参与竞争的综合能力，是由于个性定位、独特表现方式以及不易被竞争对手模仿的动态优势而形成的可持续发展的竞争力，也是组织存在的价值。①底层：组织专业度(P1)。包括非营利组织在招募工作人员、进行工作人员培训的专业度；组织社会服务项目的设计、开展过程的专业度。②底层：组织创新力(P2)。组织创新力是指非营利组织有效的创新，是能满足受众新需求的创新。如服务项目的开发、激励机制的创新、传播方法的革新等。创新力主要包括创新资金、创新团队、研发转化为执行的能力。③底层：组织定位度(P3)。指非营利组织的活动特色与吸纳工作人员的特色，是依据组织优势、受众评价的风格选择、服务领域选择、接受社会服务者选择和发展战略选择，而具有的个性化、独特化、专门化的特点。任何组织都有其定位，任何组织都在展示其特定定位，不管组织创立者是主动、自觉地寻求定位，还是被动、自发地接受定位，公众对组织的定位评价是与组织共存的，是构成组织竞争力的不可或缺的因素。④底层：组织知名度(P4)。指非营利组织被公众知晓认识、实际参与、指明参与和忠诚参与的程度，是构成组织竞争力的基础。组织之所以有竞争力，是因为受众对其有认知，没有这一基础，组织的专业性、定位度、创新性都无从所知、无从施展，品牌竞争力即无法体现。

2. 中间层：网络组织形象传播执行(C)

网络组织形象传播就是组织以互联网为手段针对网络公众进行的主体是组织、传播媒体是互联网、客体是网络公众的行为，目的在于快速并持久地维护和改善组织形象、提升组织知名度，扩展组织忠诚度网络组织形象传播的执行可以从网络组织形象传播内容、网络组织形象传播渠道进行探讨。①底层：网络组织形象传播内容(C1)。非营利组织网络组织形象传播内容涉及组织网站传播内容、邮件传播内容以及在其他交流网站——如豆瓣、博客等的传播内容。这些内容的考量包括时效性、新鲜性、真实性、接近性。②底层：网络组织形象传播渠道(C2)。指非营利组织网络组织形象传播的渠道选择、传播频率等。选择适合的传播渠道既有助于更直接、更精准地将组织信息传播给组织定位的受众，又能省去了不必要的信息资源浪费、渠道浪费以及资金和时间的浪费；同时传播频率的调整也是至关重要的。

3. 中间层：受众接受度（R）

受众接受度指的是受众接受非营利组织组织形象传播信息后，个人对于组织信息的接受程度以及其给予反馈的能力。受众接受信息后产生对于组织的知晓是一个方面，另一方面在于受众也可以作为“意见领袖”，将自己接受的信息传播给更多大众的过程，更多大众了解组织信息后，尝试通过组织网站等方式主动与组织建立联系，这是个反馈机制。①底层：受众的背景（R1）。受众的背景影响着受众的接受度。受众的背景包括受众年龄、受众职业、受众教育背景、受众宗教文化、受众地域。②底层：受众反馈机制（R2）。作为“意见领袖”，受众会将自己接受的信息传播给二级受众，进行二级传播过程。受众在了解组织信息后，尝试通过组织网站、邮箱、电话、登门拜访等方式主动与组织建立联系，这是一个反馈机制。反馈机制的运行，除了受到受众人际传播的影响，还受到组织反馈渠道影响。

4. 中间层：环境因素（E）

非营利组织的组织形象传播，除了受到组织自身竞争力、传播的内容与手段、受众接受度的影响外，一个不可忽视的因素，就是环境因素。甚至可以这么说，尽管上述三个要素完全一样，非营利组织的组织形象传播在不同环境因素条件下完成，完全有可能出现成功或失败两种结局，同行竞争环境、政府策略环境以及整体服务领域环境，其影响可以是决定性的。因此，环境因素是指非营利组织组织形象传播中，影响并决定其组织形象传播成功与否的除自身竞争力、传播执行和受众等因素外的其他综合要素的统称，其集中表现为同行、政府和服务领域三个方面。①底层：同行竞争环境（E1）。指对同行情况进行系统的考虑，包括同行的品牌力、同行竞争程度、同行推广力等因子。服务领域容量有一定量度，在一定量度下，占有率与接受率此消彼长，在同行竞争弱的领域与同行竞争力强、推广力强的领域，显然组织形象传播作用力是不一样的。②底层：政府策略环境（E2）。指中国政府对于非营利组织发展的方针策略，是鼓励非营利组织的进入、为政府分担责任与义务，还是限制非营利组织的发展。在中国，政府策略环境极大决定了非营利组织的发展状况，在政府支持的环境下，非营利组织的网络组织形象开展也会非常顺利。具体说来，政府策略环境受政府政策和政府资源分配因子的影响。③底层：组织特色服务领域外在环境（E3）。指整个服务领域的综合环境因素，包括静态服务领域容量、保有量、动态服务领域成长性、需求量等因子。不分析服务领域环境而贸然进入进行组织形象传播，风险比较大。例如在美国发展较好的以社区服务为组织定位的非营利组织或许并不适合在中国继续使用组织形象传播发展，中国的社区服务体系已较成熟、政府已承担起相关工作等。

(二) 层次分析法(AHP)

为了进一步确定上述各因子对非营利组织形象的影响程度及其次序,采用了层次分析法(AHP)。我们选择了40名多年从事品牌的学者,以及多年从事非营利组织工作的专家、管理人员,对各层次之间的因子相对重要程度进行评分,评分采用9分制。如在比较A、B两因子的重要程度时:

得分	含义
①	A、B两因子同样重要
③	A因子比B因子稍微重要
⑤	A因子比B因子明显重要
⑦	A因子比B因子强烈重要
⑨	A因子比B因子极端重要

当元素的重要关系处于上述两相邻判断之间时,分别给予2、4、6、8分。

1. 构造判断矩阵及一致性检验

1) P、C、R、E相对于W的判断矩阵

$$\boldsymbol{d}_{\mathrm{W}}=\begin{bmatrix}1 & 1.8 & 1/1.3 & 1.4\\ 1/1.8 & 1 & 1/1.6 & 1/1.2\\ 1.3 & 1.6 & 1 & 1.9\\ 1/1.4 & 1.2 & 1/1.9 & 1\end{bmatrix}$$

2) P1、P2、P3、P4相对于P的判断矩阵

$$\boldsymbol{d}_{\mathrm{P}}=\begin{bmatrix}1 & 2.1 & 1.9 & 2.1\\ 1/2.1 & 1 & 1/1.3 & 1.4\\ 1/1.9 & 1.3 & 1 & 1.6\\ 1/2.1 & 1/1.4 & 1/1.6 & 1\end{bmatrix}$$

3) C1、C2相对于C的判断矩阵

$$\boldsymbol{d}_{\mathrm{C}}=\begin{bmatrix}1 & 1.1\\ 1/1.1 & 1\end{bmatrix}$$

4) R1、R2相对于R的判断矩阵

$$\boldsymbol{d}_{\mathrm{R}}=\begin{bmatrix}1 & 1.3\\ 1/1.3 & 1\end{bmatrix}$$

5) E1、E2、E3相对于E的判断矩阵

$$\boldsymbol{d}_{\mathrm{F}}=\begin{bmatrix}1 & 1/2.4 & 1.1\\ 2.4 & 1 & 2.4\\ 1/1.1 & 1/2.4 & 1\end{bmatrix}$$

2. 一致性检验

单一准则下各元素的排序向量可通过计算相应矩阵的最大特征根 λ_{max} 所对应的特征向量 $\boldsymbol{W}$ 来表示，其计算步骤如下：

1）计算判断矩阵每行所有元素的几何平均值

$$\boldsymbol{W}'=(w'_1,w'_2,w'_3,\cdots,w'_n)^{\mathrm{T}}=\left(\sqrt[n]{\prod_{j=1}^{n}a_{1j}},\sqrt[n]{\prod_{j=1}^{n}a_{2j}},\cdots,\sqrt[n]{\prod_{j=1}^{n}a_{nj}}\right)^{\mathrm{T}}$$

2）将向量 W' 的每个元素归一化

$$\boldsymbol{W}=(w_1,w_2,w_3,\cdots,w_n)^{\mathrm{T}}=\left(\frac{w_1{}'}{\sum_{i=1}^{n}w_i{}'},\frac{w_2{}'}{\sum_{i=1}^{n}w_i{}'},\cdots,\frac{w_n{}'}{\sum_{i=1}^{n}w_i{}'}\right)^{\mathrm{T}}$$

3）计算判断矩阵的最大特征值 λ_{max}

$\lambda_{max}=\sum_{i=1}^{n}\frac{(AW)_i}{nw_i}$，式中 $(AW)_i$ 为向量 AW 的第 i 个元素。

4）进行判断矩阵的一致性检验，采用一致性检验指标

$$CI=\frac{\lambda_{max}-n}{n-1}$$

及随机一致性比率指标，即

$$CR=\frac{CI}{RI}\quad(n\geqslant 2\text{ 时})$$

对各判断矩阵进行检验，当 $CR<0.10$ 时，矩阵具有满意的一致性。这里 RI 为平均一致性指标，其取值根据矩阵的不同阶数如下表所示。

N	1	2	3	4	5	6	7	8
RI	0.00	0.00	0.58	0.90	1.12	1.24	1.32	1.41

计算结果如下，即

（1）$\boldsymbol{W}=[0.284\,8,0.177\,0,0.340\,3,0.197\,8]$

$\lambda_{max}=4.017\,2$，$CI=0.005\,7$，$RI=0.90$，$CR=0.006\,3$；

（2）$\boldsymbol{W}_{\mathrm{P}}=[0.400\,3,0.199\,1,0.240\,7,0.159\,7]$

$\lambda_{max}=4.018\,3$，$CI=0.006\,1$，$RI=0.90$，$CR=0.006\,8$；

（3）$\boldsymbol{W}_{\mathrm{C}}=[0.523\,8,0.476\,1]$

$\lambda_{max}=2.001\,0$，$CI=0.001\,0$；

（4）$\boldsymbol{W}_{\mathrm{R}}=[0.565\,2,0.434\,7]$

$\lambda_{max}=2.001\,1$，$CI=0.001\,1$；

（5）$\boldsymbol{W}_{\mathrm{E}}=[0.234\,5,0.545\,3,0.220\,1]$

$\lambda_{max}=3.000\,9$，$CI=0.000\,5$，$RI=0.58$，$CR=0.000\,8$。

3. 结果顺序

根据计算结果，对影响非营利组织形象的各因子权重进行排序，如表1～表5所示。

1）目标层

表1 相对于非营利组织形象（W）

因子	权重
R	0.340 3
P	0.284 8
E	0.197 8
C	0.177 1

2）中间一层

表2 相对于组织竞争力（P）

因子	权重
*P*1	0.400 3
*P*3	0.240 7
*P*2	0.199 1
*P*4	0.159 7

表3 相对于网络组织形象传播执行（C）

因子	权重
*C*1	0.523 8
*C*2	0.476 1

表4 相对受众接受度（R）

因子	权重
*R*1	0.565 2
*R*2	0.434 7

表 5　相对环境因素(E)

因子	权重
$E1$	0.545 3
$E2$	0.234 5
$E3$	0.220 1

根据以上计算所得各层因子相对权重,可建立非营利组织形象评估模型。

(三) 非营利组织形象的理论模型构建

根据以上各因子的权重及层次关系来构造非营利组织形象评估模型。假设对某非营利组织形象进行评估,通过社会调查及专家评定的方式对其在中国组织形象的各底层因子进行打分,评分采用 10 分制。设 $t_i^4(i=1,2,\cdots,34)$为对上述底层因子的评分,而 $w_{ij}^3, w_{ij}^2, w_{ij}^1(i=1,2,\cdots m;j=1,2,\cdots,n)$分别表示在 2、1(自上至下)层中下层因子 j 相对本层因子 i 所占的相对权重,m、n 为本层因子与下层因子的总数目,则第 k 层相对第$k+1$ 层的得分的递推公式如下:

$$t_i^k=\sum_{j=1}^{n} w_{ij}^{k+1}t_j^{k+1} \qquad k=3,2,1;i=1,2,3,\cdots,m \tag{2-1}$$

计算完各层的 t^i 后,采用如下模型对非营利组织形象进行评估:

$$W=\frac{1}{10}\sum_{i=1}^{4} t_i^1\times 100\% \tag{2-2}$$

式中 t_1^1、t_2^1、t_3^1、t_4^1 分别为组织竞争力(P)、组织形象传播执行(C)、受众接受度(R)和环境因素(E) 相对于非营利组织组织形象的计算得分。而最后所得的 W 值即为所求的非营利组织形象的评分。

三、非营利组织形象理论模型的实证研究

(一) 评估模型的实证研究——以“牵手上海”为例

本研究案例选择的是在国内网络传播中知名的非营利组织——“牵手上海”。其隶属于 2002 年在纽约成立的国际知名非营利性组织“牵手纽约”。成立至今,“牵手网络”在全球已有 300 多个分支点。

下面以在 2011 年 3 月 31 日至 4 月 22 日间,利用对于 41 场服务活动的“牵手上海”工作人员、活动协调员以及志愿者进行面对面问卷调查,发放问卷 370 份,回收问卷 370 份,其中有效问卷 364 份。其中工作人员为 29 人,占 7.97%;实习生为 5 人,占 1.37%;活动协调员为 23 名,占 6.32%;志愿者为 307 人,占

84.34%。以此检验上述模型对其组织形象评估的完善度进行评估(见表6和表7。10分为最高,1分为最低)。

表6　"牵手上海"中间二层因子得分(由社会调查或专家评估得出)

中间二层因子	权重	评分
组织专业度($P1$)	0.400 3	7.886 6
组织创新力($P2$)	0.199 1	7.054 1
组织定位度($P3$)	0.240 7	6.995 2
组织知名度($P4$)	0.159 7	7.184 1
网络组织形象传播内容($C1$)	0.523 8	8.521 6
网络组织形象传播渠道($C2$)	0.476 1	7.387 1
受众的背景($R1$)	0.565 2	7.675 3
受众反馈机制($R2$)	0.434 7	7.678 0
同行竞争环境($E1$)	0.545 3	6.859 7
政府政策环境($E2$)	0.234 5	7.099 0
组织特色服务领域外在环境($E3$)	0.220 1	6.969 0

表7　"牵手上海"中间一层因子得分(由计算得出)

中间一层因子	权重	评分
组织竞争力(P)	0.284 8	7.392 5
网络组织形象传播执行力(C)	0.177 1	7.980 6
受众接受度(R)	0.340 3	7.675 7
环境因素(E)	0.197 8	6.939 2

由上述结果,利用公式(2-2)可以计算,"牵手上海"的形象高度为

$$W=\frac{1}{10}\times(0.284\,8\times7.392\,5+0.177\,1\times7.980\,6+0.340\,3\times7.675\,7+0.197\,8\times6.939\,2)\times100\%=75.03\%$$

在"牵手上海"这个个案中,其形象评估结果是比较高的。尤其是组织服务专业度、网络传播内容真实性、网络传播内容接近性都有较高评价。同时,从该模型中,我们可以看到一些较高权重的因子得分较低。如同行竞争程度、政府资源分配、同行竞争环境等。在这些方面,"牵手上海"需要采用一些策略来适应中国这个环境,在面对政府资源分配不够、同行竞争环境较弱的情况下,通过调整

组织形象传播策略而提升形象。

(二)非营利组织形象的提升路径

通过与对“牵手上海”的调查分析,就某些方面提出一些建设在新媒体语境下具有该组织特色形象的可操作性建议。

通过问卷调查发现(见图 1),“牵手上海”在网络中的组织传播执行力明显高于其他 3 个因子。而作为权重较大的两个因子——组织竞争力以及受众接受度评分均落后。这表示,“牵手上海”的组织竞争力以及受众接受度有待提升。此外,环境因素权重居第三,但得分更是远远落后,表示环境因素还有很大的提升空间。

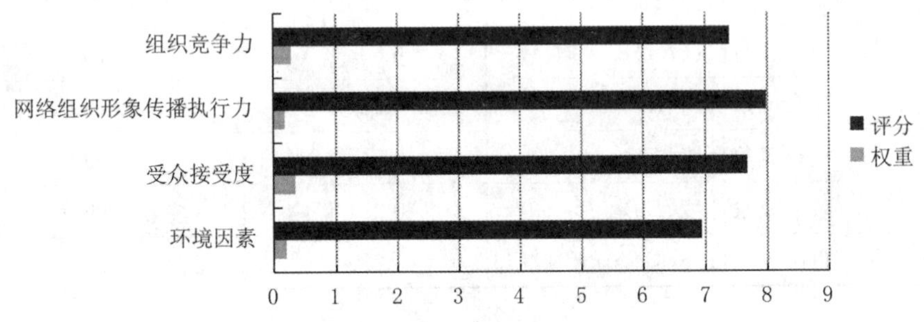

图 1　中间一层因子的权重与评分

(数据来源:层次分析与调查结果统计)

1. 组织竞争力的提升

在组织竞争力方面,根据图 2 可知,权重第二的组织定位度评分最低,权重第三的组织创新力评分第三,可见,从组织定位度、组织创新力两方面的改进是提升组织竞争力的主要途径。

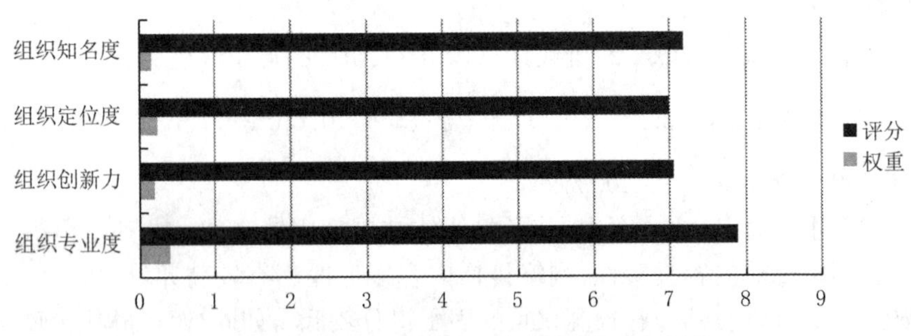

图 2　组织竞争力中间二层因子的权重与评分

(数据来源:层次分析与调查结果统计)

1）组织定位度的提升

调查发现，“牵手上海”以其特有的“服务外来民工子女、服务儿童医院、服务敬老院等系列服务弱势群体”而得分较高。相比之下，其工作人员定位得分较低。

在焦点访谈与调查问卷中，当被问道“您对‘牵手上海’组织形象传播策略的改进建议”时，73%的被访谈与被调查者提到：建议成立专门的公关部或者网络部来负责其组织形象传播有关事务。据访谈对象所述，“牵手上海”未有独立公关部门，正式工作人员中，2 名个人志愿者小组成员承担着网站更新、发送 newsletters 等组织形象传播的工作。除了组织形象传播外，其余的大部分工作也都是由工作人员身兼数职来完成的。这种情况下，组织缺乏统一性，规章制度也不完善。

因此，需提升工作人员定位度意识。网络组织形象工作由专业公关人员执行，相应的，人事工作由专业的人事人员执行、项目创新人员、项目经理、项目监督员、项目协调员都应该各自执行、术有专攻。组织架构更加清晰了，那么组织的工作效率也能有效提升。

2）组织创新力的提升

非营利组织通常具有公益性的特点，被认为是在“做好事”，它们往往对管理和管理创新的认识比较模糊。其实，由于非营利组织缺乏盈亏数字的约束，应当比企业更加需要管理和管理创新。虽然非营利组织必须保持公益性特点，但也应当认识到良好的意愿并不能替代科学的组织和管理，不能替代责任、绩效和结果，这些都需要精益求精的管理和管理创新。除了成立创新团队外，其他部门也需要积极配合创新团队的工作，对于创新结果试运行、并进行修正，从而提升研发转化力。创新力是组织发展的核心，只有不断开发新项目、更新组织管理、调整运营方式，才能不断进步。事实上，利用网络新媒体进行组织形象传播有很多创新的点子可以试行的。

在访谈与调查问卷中，19%的被访者与被调查人提到建议网络组织形象传播方式有所创新，例如与“校内”、“开心”、“豆瓣”、“微博”结合等。而中国“福基会”现与“拉手网”合作进行的“拉手公益·孩子的免费午餐”活动即充分体现出了非营利组织创新力量。短短 2 天时间，已募得 380 025 元好成绩。这样的募集方式对于其他非营利组织是有启发意义的。

2. 网络组织形象传播执行力的提升

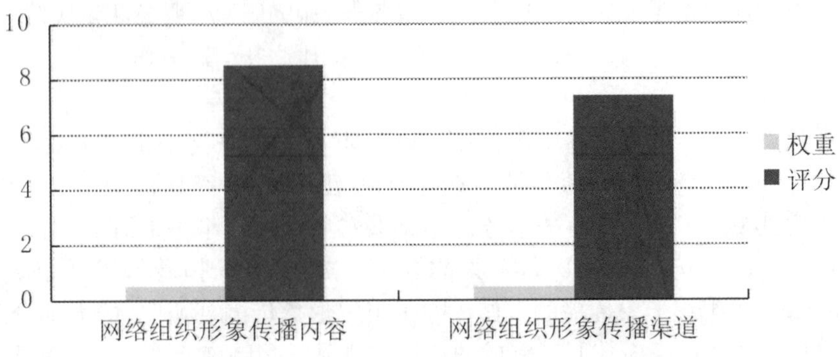

图 3　网络组织形象传播执行力中间二层因子的权重与评分

(数据来源:层次分析与调查结果统计)

如图 3 所示,权重较高的网络组织形象传播内容评分居首位,权重较低的网络组织形象传播渠道评分居第二。

1) 网络组织形象传播内容的提升

组织客观的活动地点、时间、过程都是既定能够提升传播内容新鲜性的地方,即是项目创新性以及传播内容排版等后期工作。其中,项目的创新性有赖创新团队的开发。想到其他组织未想,定位其他组织未能服务的对象,则能体现出组织项目的创新性,传播内容就有了新鲜感。新媒体语境下一些非营利组织,以“壹基金”为例,利用“团购”网站进行募捐,这样的组织形象传播内容充分具有新鲜性,也吸引了一大批受众。另外,对于传播内容的排版等后期工作,需要公关部门的专员负责设计、执行。总而言之,传播内容的新鲜性提升需要创新部门与公关部门的共同努力。

2) 组织形象传播渠道的提升

许多非营利组织已经从工作经验中得到切实体会,充分利用传播手段能够为机构发展带来意想不到的效果,至少筹款和机构声誉这两个标准的指标与传播息息相关。尽管新媒体的概念是媒体制造出来的新名词,不过,其他领域进步和创新的确能够刺激公益领域朝前发展,无论是被动跟风还是创造性利用。其间策略需要一个试水之后逐步完善的过程,而受益的理应是通过各机构公益宗旨来实现。根据“The Foundation Center”2010 年 9 月的调查结果,非营利组织网络组织形象传播各渠道的使用率如图 4 所示。

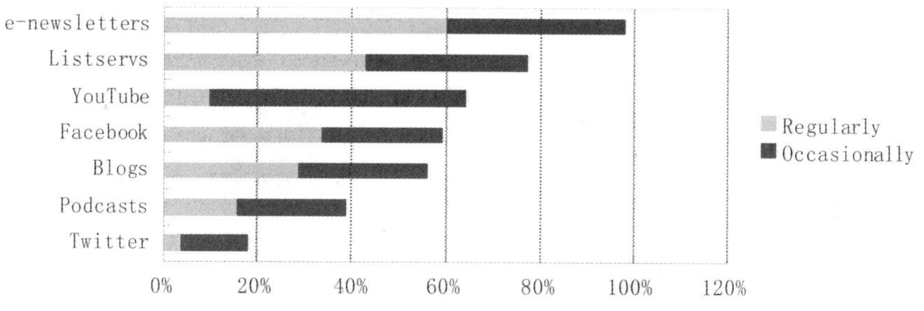

图 4　非营利组织网络组织形象传播渠道的使用率

（数据来源：http://www.ecauses.org/）

可见，非营利组织对于新媒体的使用极其普遍，利用 e-newsletters 进行组织形象传播的组织数量接近 100%。此外，对于新媒体的使用还体现于向 SNS (Social Network Service)的靠拢。在美国，据马萨诸塞州德特默斯大学市场研究中心对福布斯排行榜前 200 家大型公益组织的研究显示，在 2008 年，就有近 90%的公益组织与包括 SNS、博客、播客等新媒体保持了紧密关系，这个数据要高于 2007 年的数据，甚至高于学术领域和商业领域使用新媒体的比例。而就相关数据显示，美国网民越来越倾向于运用新媒体进行捐赠。

但是，在 SNS 网站上注册了，并不代表着网友自然而然就会过来，而是需要用心进行专业性的运作，需要策划不同的选题，创造吸引人的内容，让网友很好地去互动，这个过程需要专业人才的大量时间投入。除非是网友已经足够多，可以自己发起讨论话题。事实上，对于非营利组织而言，最重要的还是筹款和招募志愿者，但对于大多数非营利组织而言，这两项重要的任务还未在新媒体上展开，新媒体的利用还处在单纯的宣传层面，而它们需要的、新媒体能够提供的，远不止提高知名度这么简单。

3. 受众接受度的提升

如图 5 所示，权重较高的受众背景评分居首位，权重较低的受众反馈机制评分居第二。两者评分均超过 7.6，处于较高水平。提升受众接受度可通过与 SNS (Social Network Service)、博客等新媒体的合作来实现。

如今，e-newsletters 被绝大多数非营利组织广泛采用，因为这样的操作方式非常简便。工作人员只需按资料库的会员信息，将组织新闻群发出去，便完成了整个传播过程。

但是这样的传播方式是有局限性的。e-newsletters 更像是一个单项传播的模式，适合于组织与用户之间的传播。在传播过程中，其他受众无法获知其传播过程，因此具有广泛响应力并能把自己观点加载在其他受众脑海中的“舆论领袖”功能会被限制，只能通过人际传播的方式进行“意见领袖”式的二级传播。因

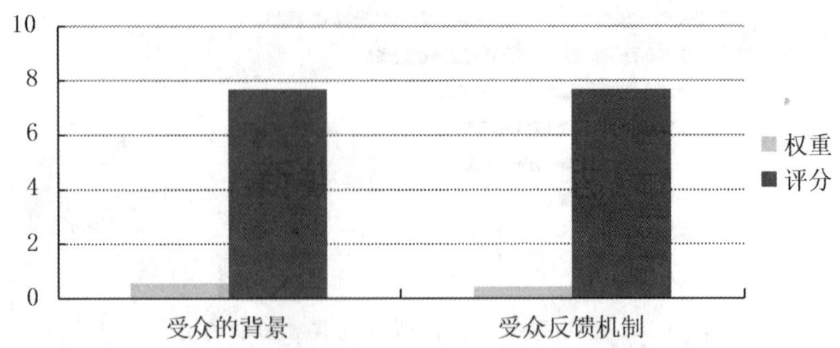

图 5　受众接受度中间二层因子的权重与评分

（数据来源:层次分析与调查结果统计）

此,在新媒体语境下 SNS 的互动传播方式更适合于受众的多级传播。当组织发布信息给会员时,会员的好友都可以看到该信息,这样自动完成了多级传播的过程,受众的接受度也会相应提高。

4. 环境因素的控制

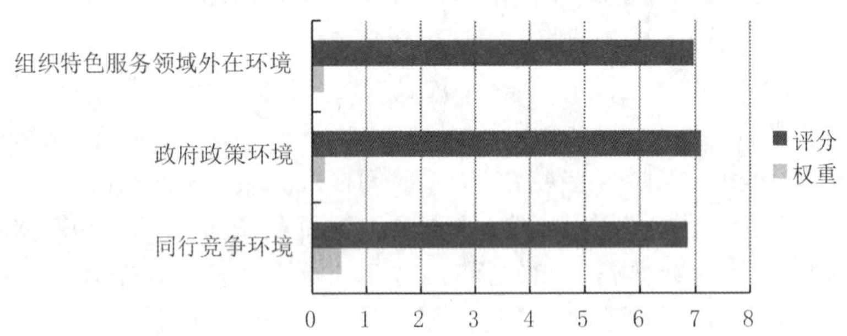

图 6　环境因素中间二层因子的权重与评分

（数据来源:层次分析与调查结果统计）

如图 6 所示,权重最高的同行竞争环境评分居末位,权重第二的政府政策环境评分居首位,权重居末位的组织特色服务领域外在环境评分居第二。值得注意的是,三个因子的评分均未超过 7.1,整体评分较低。因此,对于提升组织形象来说,从控制环境因素入手是必要的,具体如下所述。

1）同行竞争环境的提升

对于非营利组织来说,能够提升同行竞争环境的重点不在于竞争,而在于合作。通过与其他非营利组织的合作,达到共赢。这样的合作对于非营利组织来说能够互相借鉴管理方式、项目设计等,可以共享资源、利用新媒体建立起庞大的网络,有效提升各组织的竞争力。组织间的合作可以通过项目合作的方式实现，也可以通过工作人员交流来实现。项目合作时，组织可以共同进行组织形象传播，这样能够加大宣传力度；各组织工作人员也可以一同完成项目，互相交流经验、加深了解等。

2）政府政策环境的提升

目前，非营利组织在中国并未得到政府的全力支持。这对非营利组织的发展来说是不利的。这样的情况下，非营利组织要通过组织形象提升来争取更多的政府政策、资源支持。

从本地尺度来说，要得到各级领导的认可；从组织自身来说，要得到国际总部的认可；从学术上来说，要得到专家学者的支持。用实际的方案去帮助政府解决困扰着当地政府的问题，通过非营利组织的工作得到政府层面的认可与支持，而不仅仅是揭政府的短、把当地的问题暴露给社会大众。

非营利组织应该积极与政府建立合作关系。在美国，非营利组织接近 30% 的收入来自美国地方、州和联邦政府，政府跟慈善组织有很多合同关系或有合作。美国的部分对外援助工作通过非营利组织执行，国际开发总区有很多非营利组织伙伴，比如"国际美慈公司"是一个大规模的对外援助非营利组织，在 40 个国家开展减轻苦难、贫困和压迫的工作。"国际美慈"成立的初衷是帮助全世界的弱势群体，有 3 600 名雇员、合同人员，是名副其实的非营利组织。他们与政府的合作非常密切，美国国际开发总署 2008 年向"国际美慈公司"提供了 4 700 万美元支持他们的人道主义项目。比如海地发生地震时，政府有直接帮助海地，也有一部分钱给非营利组织，让他们进行人道主义援助，以达到更好的援助效果。所以，与政府之间的合作也是非营利性组织提升组织形象的重要手段。

通过"牵手上海"对评估模型的实证检验，发现在新媒体语境下，对非营利组织形象的建立与传播已不同于传统的单一形象传播模式了，它需要对组织竞争力、网络组织形象传播执行力、受众接受度和环境等角度进行多方位的思考，已适应新媒体时代的需求。

作者：薛　可、左雨萌
原载《同济大学学报》（社会科学版），2011 年第 5 期

突发自然灾难报道中的国家形象理论评估模型研究

一、研究缘起

国家形象是一个系统概念，具有极大的影响力，体现一个国家的整体综合实力[①]。它不仅取决于这个国家的经济实力、政治实力，还在一定程度上是通过媒体镜像塑造而来。国家形象正是媒介通过对信息的选择和加工影响了人们对于一个国家形象的总体印象和判断，影响在公众意识中所塑造的主观印象。

综览国家形象的研究，近年来它俨然已经成为研究热点之一，传播学、政治学学科等对此都有所研究。现有关于国家形象的研究主要表现在：对国家形象建构的概念理论探讨；对提升中国对外传播影响力的策略建议研究；重大事件对塑造国家形象的影响；媒体报道对国家形象的影响[②]。媒体报道在塑造国家形象的过程中具有不可取代的重要地位，媒体对于重大灾难事件的报道关系到国家形象和新闻声誉。然而，在目前的研究中关于如何采用定量的方法对突发自然灾难事件报道中的国家形象进行评估还尚未有人研究。因此，本文采用层次分析方法（analytic hierarchy process，AHP）[③④]构造突发自然灾难报道中的国家形象理论评估模型，确定评价指标体系和指标权重。

二、突发自然灾难报道中的国家形象理论评估模型

（一）研究方法

自然灾难是指来自自然界、人类不可抗拒的力量或非人为因素而导致的重大事故或自然灾害[⑤]。自然灾难和人为灾难都属于灾难事件，广义上的灾难报道指媒体对天灾人祸等自然灾难和人为灾难所进行的报道，这些灾难事件常带

---

① 管文虎.国家形象论[M].成都：电子科技大学出版社，1999：23。

② 参见徐小鸽1996年的研究，徐学江1998年的研究，张毓强2002年的研究，刘小燕2002年的研究，赵雪波2006年的研究，程曼丽2007年的研究，王眉2007年的研究，刘康2008年的研究，A.B.格鲁莎、王丽梅等2008年的研究，吴非、冯韶文2008年的研究，曹碧波2010年的研究，李扬2012年的研究，郑保卫、李晓喻2012年的研究，吴飞、陈艳2013年的研究.

③ 杜栋，庞庆华.现代综合评价方法与案例精选[M].北京：清华大学出版社有限公司，2005.

④ 薛可，余明阳.媒体品牌竞争力评估的理论模型[J].新闻大学，2007，(3).

⑤ 郑亚楠.放开自然灾难报道后媒介权力的实现[J].现代传播，2010，(12)：50－52.

来巨大的人员的伤亡和财产的损失，成为舆论的中心（任金州等，2011）[①]，进而影响到灾难发生国的国家形象塑造和传播。本研究则主要关注突发自然灾难事件报道，在突发自然灾难报道中，影响到国家形象的因素是多种多样的，各个因素之间的重要程度也各不相同，在目前情况下还难以建立精确的定量数学模型对灾难性事件报道中的国家形象进行较好地描述和评估。为了对这些因素进行全面、综合的分析考察，最大限度地避免主观因素的影响，在正式建立理论评估模型前，我们采用了问卷调查兼专家访谈的形式进行因子的探索性研究。

（二）研究步骤

（1）问卷调查：在 2013 年 1 月到 3 月期间，面向民众、从事新闻传播学研究的专家学者、新闻从业人员以及多年从事国家形象研究的专家等发放 200 余份问卷，从问卷调查中初步梳理出广泛提到的因子 20 余个。

（2）在问卷调查整理出的若干因子基础上，我们通过滚雪球抽样的方法确定了 10 位从事新闻传播学研究的专家、10 位从事国家形象研究的专家和 10 位资深的新闻从业人员等共计 30 位深入访谈的对象，把突发自然灾难报道中影响国家形象塑造的主要因素进行分析和总结，梳理出认同度较高的因子 17 个。

（3）最后，通过层次分析方法（AHP）确定了这些因素的先后次序及重要程度，在此基础上划分为若干层次，提出评估突发自然灾难报道中的国家形象理论模型。

（三）突发自然灾难事件报道中国家形象的理论评估指标构建（见表 1）

表 1　评估指标

目标层	中间层	底　层
国家形象（A）	媒体行动（B1） 政府行动（B2） 非官方行动（B3）	报道时效性（C11） 报道客观性（C12） 报道真实性（C13） 报道平衡性（C14） 报道持续性（C15） 政府应急能力（C21） 政府人文关怀（C22） 政府物质救济（C23） 政府媒介素养（C24） 政府修复措施（C25） 国际援助（C31） 群众自发互助（C32） 国内非官方组织援助（C33） 公民记者媒介素养（C34）

① 任金州，杨臻，任效松.灾难报道中的媒体行为及其思考——以日本 NHK 地震报道为例[J].现代传播，2011，(6)：49－52.

(四) 层次分析法(AHP)

为了进一步确定上述各因素对突发自然灾难事件中国家形象的影响程度及其次序,我们采用了层次分析法(AHP)。选择了10位从事新闻传播学研究的专家、10位从事国家形象研究的专家和10位资深的新闻从业人员等,请他们对众多相关因素进行两两比较,即对各层次之间的因子相对重要程度进行评分,评分采用9分制。如在比较 i、j 两因子的重要程度时(见表2)。

表2 判断矩阵标度及其含义

序号	重要性等级	A_{ij} 赋值(得分)
1	i,j 两元素同等重要	1
2	i 元素比 j 元素稍重要	3
3	i 元素比 j 元素明显重要	5
4	i 元素比 j 元素强烈重要	7
5	i 元素比 j 元素极端重要	9
6	i 元素比 j 元素稍不重要	1/3
7	i 元素比 j 元素明显不重要	1/5
8	i 元素比 j 元素强烈不重要	1/7
9	i 元素比 j 元素极端不重要	1/9

注:$A_{ij}=\{2,4,6,8,1/2,1/4,1/6,1/8\}$表示重要性等级介于 $A_{ij}=\{1,3,5,7,9,1/3,1/5,1/7,1/9\}$。这些数字是根据人们进行定性分析的直觉和判断力而确定的。

1. 构造判断矩阵

对30位专家的评分进行平均计算后,构建如下判断矩阵:

1) B1、B2、B3 相对于 A 的判断矩阵

$$\boldsymbol{d}_1=\begin{bmatrix}1 & 4 & 8\\ 1/4 & 1 & 5\\ 1/8 & 1/5 & 1\end{bmatrix}$$

2) C11、C12、C13、C14、C15 相对于 B1 的判断矩阵

$$\boldsymbol{d}_2=\begin{bmatrix}1 & 1/7 & 1/4 & 3 & 1/7\\ 7 & 1 & 3 & 8 & 4\\ 4 & 1/3 & 1 & 7 & 1/2\\ 1/3 & 1/8 & 1/7 & 1 & 1/5\\ 7 & 1/4 & 2 & 5 & 1\end{bmatrix}$$

3）C21、C22、C23、C24、C25 相对于 B2 的判断矩阵

$$\boldsymbol{d}_3=\begin{bmatrix}1 & 4 & 2 & 3 & 1\\ 1/4 & 1 & 1/6 & 1/7 & 1/6\\ 1/2 & 6 & 1 & 1/2 & 1/3\\ 1/3 & 7 & 2 & 1 & 1/2\\ 1 & 6 & 3 & 2 & 1\end{bmatrix}$$

4）C31、C32、C33、C34 相对于 B3 的判断矩阵

$$\boldsymbol{d}_4=\begin{bmatrix}1 & 1/4 & 1/6 & 1/4\\ 1/4 & 1 & 1/5 & 2\\ 1/6 & 5 & 1 & 5\\ 1/4 & 1/2 & 1/5 & 1\end{bmatrix}$$

2. 一致性检验

单一准则下各元素的排序向量可通过计算相应矩阵的最大特征根 $\lambda_{\max}$ 所对应的特征向量 $\boldsymbol{W}$ 来表示，其计算步骤如下：

1）计算判断矩阵每行所有元素的几何平均值

$$\boldsymbol{W}'=(w'_1,w'_2,w'_3,\cdots,w'_n)^{\mathrm{T}}=\left(\sqrt[n]{\prod_{j=1}^{n}a_{1j}},\sqrt[n]{\prod_{j=1}^{n}a_{2j}},\cdots,\sqrt[n]{\prod_{j=1}^{n}a_{nj}}\right)^{\mathrm{T}}$$

2）将向量 $\boldsymbol{W}'$ 的每个元素归一化

$$\boldsymbol{W}=(w_1,w_2,w_3,\cdots,w_n)^{\mathrm{T}}=\left(\frac{w_1'}{\sum_{i=1}^{n}w_i'},\frac{w_2'}{\sum_{i=1}^{n}w_i'},\cdots,\frac{w_n'}{\sum_{i=1}^{n}w_i'}\right)^{\mathrm{T}}$$

3）计算判断矩阵的最大特征值 $\lambda_{\max}$

$\lambda_{\max}=\sum_{i=1}^{n}\frac{(\boldsymbol{AW})_i}{nw_i}$，其中 $(\boldsymbol{AW})_i$ 为向量 $\boldsymbol{AW}$ 的第 i 个元素。

4）进行判断矩阵的一致性检验，采用一致性检验指标

$$CI=\frac{\lambda_{\max}-n}{n-1}$$

及随机一致性比率指标，即

$$CR=\frac{CI}{RI}\quad(n\geqslant 2\text{ 时})$$

对各判断矩阵进行检验，当 $CR<0.10$ 时，矩阵具有满意的一致性。这里 RI 为平均一致性指标，其取值根据矩阵的不同阶数如表 3 所示。

表 3　平均随机一致性指标

N	1	2	3	4	5	6	7	8
RI	0.00	0.00	0.58	0.90	1.12	1.24	1.32	1.41

按照层次分析法的原理，本研究借助层次分析法软件 Yaahp V6.0 软件，计算出各判断矩阵的一致性比率分别为 0.090 4、0.085 1、0.072 8、0.092 3，均小于 0.1，即以上矩阵皆通过一致性检验。

3. 结果排序

根据调查及计算结果，对影响突发自然灾难事件报道中国家形象的各因素权重进行排序，如表 4～表 7 所示。

1）目标层

表 4　相对于突发自然灾难事件报道中国家形象的重要性比较(A)

因　素	权　重
媒体行动(*B*1)	0.698 6
政府行动(*B*2)	0.237
非政府行动(*B*3)	0.064 3

2）中间层

表 5　相对于媒体行动的重要性比较(B1)

因　素	权　重
报道客观性(*C*12)	0.49
报道持续性(*C*15)	0.236 2
报道真实性(*C*13)	0.181 4
报道时效性(*C*11)	0.057 8
报道平衡性(*C*14)	0.034 7

表 6　相对于政府行动的重要性比较(B2)

因　素	权　重
政府修复措施(*C*25)	0.328 1
政府应急能力(*C*21)	0.302 5
政府媒介素养(*C*24)	0.189 8
政府物质救济(*C*23)	0.139 5
政府人文关怀(*C*22)	0.040 2

表 7 相对于非官方行动的重要性比较(B3)

因 素	权 重
国内非官方组织援助($C33$)	0.609 8
群众自发互助($C32$)	0.196
公民记者媒介素养($C34$)	0.138 6
国际援助($C31$)	0.055 7

(五)突发自然灾难性报道中的国家形象理论评估模型构建

根据以上各因子的权重及层次关系来构造突发自然灾难性事件报道中的国家形象评估模型。假设对某灾难事件报道中其所在国的国家形象进行评估,通过面向灾难发生国的民众进行调查及专家评定的方式对其国家形象的各底层因子进行评分,评分采用 10 分制。设 $t_i^3(i=1,2,\cdots,14)$为对上述 14 个底层因子的评分,而 $w_{ij}^2, w_{ij}^1(i=1,2\cdots,m;j=1,2,\cdots,n)$分别表示在 2、1(自上至下)层中下层因子 i 相对本层因子 i 所占的相对权重,m、n 为本层因子与下层因子的总数目,则第 k 层相对第 $k+1$ 层的得分的递推公式如下:

$$t_i^k=\sum_{j=1}^{n} w_{ij}^{k+1} t_j^{k+1}(k=3,2,1;i=1,2,3,\cdots,m) \tag{2-3}$$

计算完各层的 t_i 后,采用如下模型对突发自然灾难性事件报道中的国家形象进行评估:

$$W=\frac{1}{10}\sum_{i=1}^{3} t_i^1\times 100\% \tag{2-4}$$

式中,t_1^1、t_2^1、t_3^1 分别为媒体行动(B1)、政府行动(B2)、非官方行动(B3)相对于灾难性事件报道中的国家形象的计算得分。而最后所得的 W 值即为所求的灾难性事件报道中的国家形象的评分。

三、研究讨论

通过层次分析法所建立的上述国家形象评估理论模型在一定程度上避免了进行国家形象评估时评分人员个体主观认知差异和刻板印象带来的干扰影响,提供了可供操作的定量分析方法,解释了不同因子间的内在逻辑关系,在实践中也证明是可能的和有效的。如以 2008 年汶川地震为例,在这个个案中中国的新闻媒体史无前例地对此进行了全方位、大规模的报道,国家形象的评估结果是非常高的,特别是在媒体行动和政府行动方面都得到了较高的评价,其评估结果与来自国内群众和国内外媒体的赞同是一致的。

国家形象评估理论模型的提出为突发自然灾难性事件发生国在灾难处理中如何重塑积极的国家形象提供了系统的参考指标,如果这些指标都在实际行动中表现良好,将有助于该国在灾难报道中转“危”为“机”。同时该模型在国家形象的理论研究方面也有所贡献,将灾难报道与国家形象的塑造结合一起进行研究,并将传统关于国家形象的研究从定性研究推向了定性研究和定量研究相结合的方向。

然而,该方法提供的各因子的相对权重系数是固定的,而实际上对于不同国家的突发自然灾难事件而言,影响成功塑造国家形象的各因子相对重要程度则是有所区别的。这些问题有待进一步研究完善,较好地解决这些问题的途径为以下几点:

(1) 评估具体的突发自然灾难事件发生时对其所在国国家形象的影响,考虑到每个国家的国情和文化环境不同,应当邀请不同国家相关专家学者进行各因子的相对重要性行进整合性的判断,重新确立具有普遍性的各因子相对权重系数。

(2) 建立具有权重系数自适应调整机制的评估模型。在当前大数据云计算时代,如果可以收集大量关于灾难性事件及其对国家形象影响的海量数据,不断调整进行模拟评估,可以优化评估模型的使用效果。

(3) 要尽可能使各因子评分的准则客观化,同时邀请数量更多的专家学者进行打分,尽量减小误差,增强评估的准确度。

作者:薛　可、邓元兵、余明阳

原载《现代传播》(中国传媒大学学报),2013 年第 12 期

品牌延伸的消费者心理认知机理与建模

一、品牌延伸的消费者认知理论

品牌延伸能否被消费者所认同和接受是延伸是否成功的关键，消费者对品牌延伸的心理认知是一个复杂的动态过程。多年来，很多著名的学者从不同的角度对这一问题进行了各种实证研究，Aaker 和 Keller(1990)①在该领域做出了开创性的研究。他们提出了评估模型，指出影响品牌延伸成败的消费者层面的因素为其对原品牌的态度(attitude towards the original brand)、延伸产品类别与原有产品类别的契合度(fit between the original and extension product class)、对于品牌延伸难易程度(perceived difficulty of making the extension)。Aaker 和 Keller 在 1993 年发表的文章中还指出，文化和激励因素的不同会导致消费者对于品牌延伸在心理认同方面有差异②。Bousch 和 Loken(1991)③，Farquhar，Herr 和 Fazio(1990)④的研究提出了一个消费者认知模型。该模型把消费者对于品牌和类别关系的认识分为三种：品牌到类别(brand to category)、类别到品牌(category to brand)和类别到类别(category to category)。品牌到类别是指消费者把对品牌的了解扩大到该品牌所属类别。该研究发现，如果某品牌是其所属类别中的典型时，那么该品牌延伸到与其类别相似性大的类别，其成功率会高于延伸到类别相似性小的类别。Hartman，Price 和 Duncan(1990)⑤的研究也提出了消费者对于延伸产品认知的理论模型。该模型的五大要素为：①对原品牌以及延伸产品类别的了解。②对延伸产品和原品牌契合度的看法。③认识延伸产品的兴趣大小。④对延伸产品的印象。⑤来自个人和环境的影响。该研究发现，如果延伸产品能与消费者头脑中的既有知

---

① Aaker D A，Keller K L. Consumer Evaluations of Brand Extension. Journal of Marketing[J]. Journal of Marketing，1990，54.

② Aaker D A，Keller K L，Aaker D A，et al. Interpreting cross-cultural replications of brand extension research[J]. International Journal of Research in Marketing，1993，10(93)：55－59.

③ Boush D M，Loken B. A Process-Tracing Study of Brand Extension Evaluation[J]. Journal of Marketing Research，1991，28(1)：16－28.

④ Farquhar P H，Herr P M，Fazio R H. A Relational Model for Category Extensions of Brands[J]. Advances in Consumer Research，1990.

⑤ Hartman C L，Price L，Duncan C P. Consumer Evaluation on Franchise Extension Products：A Categorization Processing Perspective[J]. Advances in Consumer Research，1990，(1)：120－127.

识产生联系,那么消费者会对该延伸产品产生较高的兴趣。Boush 和 Loken (1991)①的研究通过运用分类理论发现,如果延伸产品与原产品属于典型的同类,则消费者对该延伸产品的接受很快。此外,消费者对宽品牌(可延伸至众多类别产品的品牌)的非同类延伸产品接受程度高于窄品牌(延伸领域比较窄的品牌)的非同类产品。Herr 等(1996)②的研究认为,如果消费者用分类(categorization-based)的思维方式来评估延伸产品,会对宽品牌向相似性高的产品延伸带来不利影响,而对窄品牌往相似性高的产品延伸产生有利影响。Henrik Sattler,Franziska Volckner 和 Grit Zatloukal(2003)③对众多学者的研究提出的影响消费者对于品牌延伸评价的全部因子进行了测试,发现原品牌和延伸产品类别的契合度以及原品牌的品质对于消费者评价延伸产品最具影响。该研究还发现,不同类的消费者在评价延伸产品时所考虑的因素是有差别的,因此研究消费者对品牌延伸的心理认同需要注意这一类别差异。他们从多个角度揭示了消费者心理认知过程的特点。

二、品牌延伸的消费者心理认知机理研究

我们在前人研究的基础上,提出通过品牌生命体来描述品牌延伸在消费者心理空间的活动规律,我们把消费者对品牌延伸的心理认知过程,看作是一种在上述遗传与变异规律影响下的模式匹配过程(见图 1)。

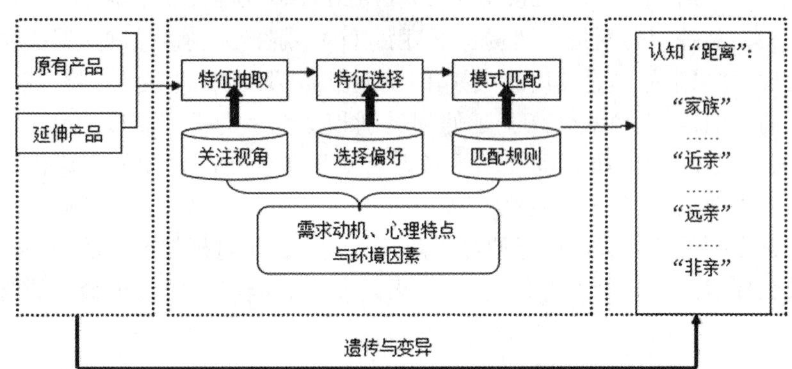

图 1 消费者对品牌延伸的心理认知过程

① Boush D M, Loken B. A Process-Tracing Study of Brand Extension Evaluation[J]. Journal of Marketing Research, 1991, 28(1):16-28.

② Herr P M, Farquhar P H, Fazio R H.Impact of dominance and relatedness on brand extensions[J]. Journal of Consumer Psychology,1996,5(2): 135-159.

③ Henrik Sattler. Franziska Volckner and Grit Zatloukal.2002.Tor Zor Welt der Wissenschaft[M]. www. HenrikSattler.de ISSN 1618-8985.

消费者对品牌延伸的认知首先是一个特征抽取的过程，那些被消费者所关注的产品属性特征（如知名度、品质档次、价位等）被消费者所感知，并依照不同消费者的个人特征选择偏好（如 11～12 岁的孩子对于产品的感官属性具有偏好，低收入者对产品的价格属性具有偏好）被选取出来进行比较和匹配，最终形成对延伸产品的认知结果。认知过程中的关注视角、特征选择偏好与模式匹配规则又要受到不同的消费者需求动机、个性心理特点与环境因素的影响。

从心理认知过程来看，品牌的延伸可以看作是原有品牌在延伸空间的一种遗传与变异。从这一角度看，品牌的延伸能否被消费者所接受，将取决于以下几个方面的因素：①消费者对品牌的认识与态度；②体现品牌核心价值的“遗传物质”（DNA）在延伸产品中能否被消费者所感知与认同；③延伸产品中的“变异”部分能否满足消费者心理变化的需要。

根据以上机理，我们从不同的角度对国内外已有的实证研究结论在理论上作进一步分析：

（1）类别相似性研究，根据上述机理在品牌延伸的心理认知过程中，延伸产品与原产品的类别相似性实质上是一种基于消费者所选择特征的模式匹配过程。如果这些特征的匹配程度高度一致，则可能被认知为同类产品而获得消费者较高程度的认可与接受。

（2）文化背景的影响，具有不同文化背景的消费者会在特征抽取规则与特征选择偏好方面形成不同的差异，这种差异将影响到模式匹配的对象，进而对认知结果产生影响。

（3）品牌类型的影响，对于不同的消费者而言，由于其收入水平、对服务的需求程度不同以及相关的环境因素影响，在特征抽取规则与特征选择偏好方面也会产生一定的差异，影响到品牌延伸的认知结果。

（4）消费者类别差异的影响，消费者类别差异将对心理认知过程中的特征抽取规则、特征选择偏好与模式匹配规则产生重要的影响。比如，在模式匹配规则中，11～12 岁的孩子可能只对感官属性的特征进行简单匹配，而成人却会进一步从技术特征等深层次进行匹配认知。

（5）对原品牌认知的影响，从人类心理认知的特点来看，人们对于事物的态度对其认知过程会产生很大影响，人们对于具有较高信赖程度的事物的行为往往会产生较高的认同感，其认知过程的模式匹配规则比较简单。而反之，若对事物持怀疑或否定的态度时，其认知过程的模式匹配规则将更加复杂。因此，在很多情形下，消费者对于企业品牌的信赖程度往往就成为影响其延伸产品成功与否的唯一重要因素。

三、品牌延伸的消费者认知心理动态建模

(一) 特征抽取、选择与模式匹配

1. 特征抽取、特征选择

从品牌认知心理的角度看,产品的特征是指那些被消费者所关注的、能够在消费者心理上体现品牌与众不同特点的属性。值得注意的是,它和产品的物理或化学属性不同,是这些客观属性在心理空间的某种映射。

特征抽取过程可用表示如下:

$$\boldsymbol{X}=E(a_1,a_2,a_3,\cdots,a_N)$$

式中:$a_1,a_2,a_3,\cdots,a_N$是指产品的属性集合;$\boldsymbol{X}$ 是经过抽取后所形成的特征向量。特征抽取往往是通过对消费者所知晓的同类产品比较获得的。

例如,以下是某种酒类产品的属性信息:

规格:450mL/瓶;

包装:古色陶瓷;

浓度:52°;

类型:浓香型;

价格:420 元/瓶;

产地:中国贵州;

……

经过与同类产品进行比较后,消费者依据上述属性信息所获得的产品特征有:

$$\boldsymbol{X}=(\text{陈年老酒,符合大众品位,价格高档,较高品质,}\cdots)^{\mathrm{T}}$$

随着关注视角的不同,我们可以从不同的维度来抽取特征。在品牌延伸中,最能引起消费者关注的,往往是那些原有产品中所熟知的、有价值的特征。

实证研究中发现,消费者对品牌延伸的心理认知往往会根据自己的偏好,只选择某些与偏好有关的特征进行比较,以确定延伸产品与原有产品的相似程度。也就是说,不同的特征对具有不同偏好的消费者敏感程度是不一样的。如高收入者对价格档次不如低收入者敏感,注重口味的消费者对包装不如注重外观美感的消费者敏感。

特征选择的过程可表示为

$$\boldsymbol{X}^*=P(\boldsymbol{X})$$

式中 $P(\cdot)$为由消费者偏好所决定的选择函数。

2. 模式匹配

品牌延伸的消费者心理认知过程可以看作是对所选择的特征进行模式匹配

的过程，这一过程可表述如下：

$$R=M(\boldsymbol{X}_1^*,\ \boldsymbol{X}_2^*)$$

式中：$\boldsymbol{X}_1^*$ 和 $\boldsymbol{X}_2^*$ 分别为对原有产品和延伸产品所选择的特征；$M(\cdot)$为匹配运算，与所采用的匹配规则有关，R 为心理认知的“距离”。

（二）认知过程的动态建模

消费者对品牌延伸的心理行为认知过程是一个动态过程，其认知过程要受到图 2所示的四个步骤影响。其中，品牌延伸基础中的“遗传”特性能使消费者获得对原有品牌的亲缘关系与“家族”认同感，“变异”特性能使消费者感知品牌内涵的新颖性，满足消费者心理变化的需要。延伸品牌视觉体系的建立，目的在于利用消费者的心理反应特性突出品牌在延伸产品或服务中的“遗传”与“变异”特点，引起关联联想、刺激心理需求和促进购买行为。

消费者对品牌延伸的心理行为认知模型如下：

$$R=f(B,P,M,t)$$

式中：R 为品牌延伸受众消费者群体对品牌延伸的心理认知程度；B 为品牌延伸的基础，包括原有品牌的属性、延伸产品或服务相对于原有品牌的“遗传”与“变异”性；P 为品牌延伸受众群体的属性，包括受众群体与原有品牌消费者群体的相关程度、受众群体的内在特性；M 为外部环境因素，包括市场环境和品牌延伸的传播力度；t 为时间因子，反映出消费者对品牌延伸的心理认知程度随时间的变化特性。

值得注意的是，上述各变量关系是非线性的时变关系，我们用具有增益的能量扩散模型对上述关系进行研究：

B 为初始能量，P 为目标物体的属性，M 传播介质属性，t 为时间参数，R 为目标物体所吸收的能量，并定义如下参数：

α：目标物体对能量的吸收系数(由 P 的属性决定)；

β：传播介质对能量的增益(β 为正)或衰减系数(β 为负)(由 M 的属性决定)；

ζ：时间常数；

γ：遗忘因子，随着时间的增加，如果缺乏新的刺激，消费者对品牌的认知将逐渐模糊并遗忘。

建立如下方程：

$$R=B[\alpha\beta(1-\mathrm{e}^{\zeta})]\mathrm{e}^{-\gamma}$$

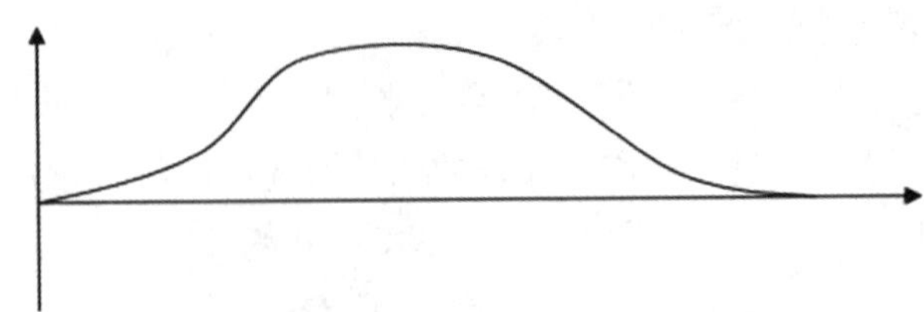

图 2　消费者对品牌延伸心理认知的动态变化过程

品牌延伸对消费者心理认知的模型需要建立在大量实证调查的基础之上，因此，我们还会在今后的研究中进一步完成数据收集和分析，在此基础上，将研究深入下去。

参考文献

[1] Lederer C, Hill S. See your brands through your customers' eyes[J]. Harvard Business Review,2001,79(6): 125-133.

[2] Heien D. Habit, seasonality, and time aggregation in consumer behaviour [J].Applied Economics,2001,33(13): 1649-1653.

[3] 王静.哪类品牌对消费影响大[J].品牌,2001,(8).

[4] 华之.在延伸中生存[J].品牌,2001,(8).

作者：薛　可

原载《市场营销导刊》,2005 年第 4 期

品牌延伸中消费者知识演化模式研究

随着市场竞争程度的加剧和广告费用的日益高涨，以及消费者需求的不断变化，新产品的市场导入已面临着越来越大的风险。在企业向市场推出的新产品中，大量的新产品因为不被消费者所接受或者因为过高的市场初期导入费用而失败。解决上述问题的有效途径之一，就是充分利用已有的品牌名称和品牌资产，通过延伸转移到新的产品和服务，从而降低新产品进入市场的门槛，提高新产品进入市场的成功率。

成功的品牌延伸可以将现有品牌的优势注入新产品中，使其凭借主力品牌的力量打开市场，吸引消费者，获得成功，并且再以成功的延伸品牌的某些特质强化主力品牌，使之更具有吸引力与竞争力。但是，以辩证的观点来看，任何事物都有两面性。品牌延伸一旦失误，就会削弱原品牌的形象，淡化原品牌的特性，使消费者反感。

为了使品牌延伸获得成功，我们必须研究其内在机理。品牌延伸是一个复杂的过程，而消费者的认知架构又是其中最为关键的因素，是否在消费者头脑中具有可认知、可联想的品牌要素，直接影响到品牌延伸的成败。

从国内外文献来看，还没有一个完整描述品牌延伸对消费者心理及行为影响的模型。本文试图从消费者品牌知识认知的角度，在探索品牌知识的静态结构和动态演化过程的基础上，研究品牌延伸过程中消费者品牌知识的内在机理演化机制。

一、模型综述与分析

消费者品牌知识已经被研究了几十年。随着时间的推进和主流研究范式的不同，每个时期的品牌研究的一个重要推进，是试图理解品牌知识在本质上与真实的物质产品或服务形式不相关的、更加抽象的、无形的方面。

通过创造差别化的消费者反应和影响创建品牌的营销方案的成功，品牌知识成为品牌资产的来源。品牌知识的各个方面及其营销影响被研究了很多年，但这些方面经常是被比较孤立地研究的。目前把品牌知识整合起来综合地进行研究的，大致有两种范式：基于联想网络记忆模型的品牌知识模型和基于组织知识创造理论的品牌知识模型。

(一)基于联想网络记忆模型的品牌知识模型

营销人员必须找到一种能使品牌知识留在顾客记忆中的方法。在认知心理学中使用的联想网络记忆模型认为,记忆是一个由许多表示信息与概念的节点(node),以及连接这些节这些信息或概念之间联系的强度。信息的回忆是通过扩展性激活产生的。当一个节点接收到来自内部或外部的信息时,它就被激活;激活达到一定程度时,该节点的内容将被回忆起来。这种激活会从这个节点扩展到记忆中与之相连的其他节点中。很多学者对品牌知识的研究都是基于此模型的。

基于联想网络记忆模型,Kevin Lane Keller(1998)[①]将品牌知识概括为在记忆中呈现的品牌及许多与之相关联想的节点。品牌知识由以下两部分组成:品牌意识和品牌形象。品牌意识与记忆中品牌节点的强度有关,它反映了顾客在不同情况下确认该品牌的能力。品牌形象是顾客关于品牌的感觉,它反映为顾客记忆内关于该品牌的联想。品牌联想是记忆中与品牌节点相关联的其他信息节点。

Keller(2003)[②]进一步指出消费者品牌知识可以被定义为储存在消费者记忆中的关于一个品牌的个人含义,也就是说,所有与品牌相关的描述性的和评价性的信息。品牌知识有多种维度,同时创造品牌知识也有多种来源或方式。品牌知识的多种维度为:意识(awareness)、属性(attributes)、利益(benefits)、形象(images)、思想(thoughts)、感情(feelings)、态度(attitudes)和体验(experiences)。

Li(2004)[③]实证检验了Keller的品牌知识模型,发现由于在其若干个变量间存在着高度的多重共线性,Keller的模型拟合得不是很好。将Keller的一些品牌知识成分合并后得到的新模型拟合得很好。结果表明,外生品牌属性比品牌意识或内生品牌属性对感知利益的影响大。品牌态度直接影响消费者的购买决定。

Franz-Rudolf Esch等(2006)[④]认为营销者在考虑当前和未来的消费者购买行为时,不仅要考虑品牌知识,还要考虑品牌关系。当前购买主要受品牌形象的直接影响,受品牌意识的间接影响。而未来购买不受品牌知识的任何一个维

① 凯文·莱恩·凯勒.战略品牌管理[M].李乃和,等,译.北京:中国人民大学出版社,2003.

② Keller K L.Brand synthesis: The multidimensionality of brand knowledge[J].Journal of consumer research,2003,29(4): 595-600.

③ Li X.How brand knowledge influences consumers' purchase intentions[M].2004.

④ Esch F R, Langner T, Schmitt B H, et al. Are brands forever? How brand knowledge and relationships affect current and future purchases[J].Journal of Product & Brand Management, 2006, 15(2): 98-105.

度的直接影响;品牌知识主要是通过包括品牌满意、品牌信任和品牌归属的品牌关系路径来影响未来购买。因此,在长期中为创建强势品牌而只考虑品牌知识是不够的;还必须考虑品牌关系因素。

联想网络记忆模型的品牌知识模型从记忆的角度研究了深植于消费者头脑中的品牌联想,并以此勾画出品牌延伸对消费者心理认知的影响。但这类模型偏重于各种品牌关系的要素对消费者记忆的影响,而较少涉及品牌延伸过程中要素知识在消费者头脑中的整合、演化而对消费心理与消费行为的影响。

(二)基于组织知识创造理论的品牌知识模型

Ian 等(1998)①提出品牌知识(brand knowledge)"建立在与用户的持续的对话的基础上,导致对产品或服务的真正的理解,和对现有知识的拒绝"。"我们认为品牌知识不仅与从数据解释、内部系统和流程产生的形式知识(explicit knowledge)相关,更与关于品牌的暗默知识(tacit)相关,这种知识由于难以沟通而被隐藏起来,通常不被共享……品牌的本质是知识",包括"营销者对于产品、顾客、市场、品牌、营销组合运作的知识,顾客的品牌知识,分销渠道对于品牌的渠道力量的知识"。

竹内弘高和野中郁次郎(2005)②认为记忆网络的知识视角虽然可能很适合于对有记忆的联想进行可视化及监测,却不适于对暗默知识创造过程的阐述;而他们的基于组织知识创造理论的视角能够阐述品牌知识的创造过程。组织知识创造理论假设人类知识是通过暗默知识与形式知识之间彼此互动而创造并得以不断扩充。形式知识是能够用文字和句子明确表述的知识类型,而暗默知识是主观和实用的知识,包括思想、视角、技术诀窍、试验图式(schema)及心智模式,难以通过文字和句子进行表达。在品牌知识创造过程中,我们可以视产品为形式知识的具体体现;暗默知识主要是指通过体验而得到的品牌概念,顾客通过使用产品,对其进行体验,然后将这种被物化的想法、思想和情感铭记于心。

组织知识创造理论的品牌知识模型偏重于从消费者的体验中研究品牌知识整合对延伸品牌的消费心理及行为的影响模式。这类研究弥补了联想网络记忆模型的品牌知识模型的缺陷,但同时也忽略了消费者的知识结构,体验背景都是由平时的品牌要素累积而成的。

由此可见,现存的联想网络记忆模型的品牌知识模型和组织知识创造理论的品牌知识模型虽然能从不同角度整合各种对消费心理及行为影响的品牌知

---

① Richards I, Foster D, Morgan R. Brand knowledge management: Growing brand equity[J]. Journal of Knowledge Management, 1998, 2(1): 47 - 54.

② [日]竹内弘高.知识创造的螺旋——知识管理理论与案例研究[M].李萌,高飞,校译.北京:知识产权出版社,2006.

识,但都因过于专注自身研究的领域,而忽略了品牌知识的积累是一个从多种要素的集合到要素的演绎与体验的过程,缺少其中的任何一个部分都不可能形成良性的品牌延伸环境。

二、静态演化模式

综合学者们的模型,我们认为在延伸中影响消费品牌知识结构的模型实际上可看作一个分层次的框架(见图 1)。

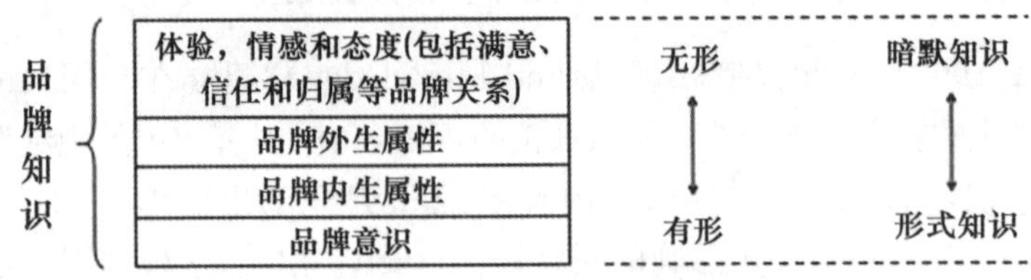

图 1 品牌知识模型

其中,品牌意识是影响消费品牌知识结构的基础,只有在强有力的品牌意识的基础上,才能产生各种联想,形成对品牌的总体态度,结成某种品牌关系。而品牌的内生属性(与物质产品直接相关的属性,有的学者称为基于属性的联想)和外生属性(不与物质产品直接相关的属性,有的学者称为非基于属性的联想)是影响消费品牌知识结构的主体,是消费者头脑中关于品牌的联想。而基于体验所产生的消费者对于品牌的信任、归属、满意等情感和品牌关系,是影响消费品牌知识结构体系的灵魂,它决定着顾客的长期购买行为。

由此可见,从品牌知识模型来看,消费者需要知晓的知识结构从最底层的品牌属性、品牌质量、品牌形象到最高层的品牌关系,是一个从有形到无形,从形式知识到暗默知识的过程,是一个递进的过程,缺少中间任何的步骤都不可能完成品牌知识的构建。在这个梯形结构模型中越往上(即非产品属性的联想和品牌关系)越趋向于无形,越难以用语言来完整清晰地表述,往往需要靠体验来获得。而暗默知识对于消费者的品牌选择行为影响显然比形式知识要大,并且直接影响着品牌延伸的范围和广度。B.P.Pine 和 J.H.Gilmore 在《体验经济》、Bernd H.Schmitt[①] 在《体验营销》中均提出,“体验价值”是围绕品牌进行变化的环境中最重要的发展趋势。没有品牌体验的品牌缺少丰富的暗默知识,以支撑品牌内涵的理念及其延伸。

根据图 1 的消费者品牌知识模型可知,品牌延伸的过程是品牌知识(主要是

---

① Schmitt B. Experiential marketing[J]. Journal of marketing management, 1999, 15(1-3): 53-67.

各种品牌联想）在母子品牌之间的转移，以此成为消费者心理认知的品牌延伸基础。我们假设消费者的记忆中存在着一些关于母品牌的正面联想，而且其中至少有一部分可以被品牌延伸所利用。也就是说，母子品牌间有一些共享的品牌联想（见图 2）。

这种共享联想可以是基于属性的（如物理性质），也可以是不基于属性的（如品牌的使用者、声望）。例如，劳力士能够从手表延伸到手镯上，就在于该产品存在很多适应延伸的包括技术、声望等，有形的、无形的品牌资源的基础。

从图 2 可知，不管是什么样的品牌延伸，要完成消费者的心理认知，毫无例外地都必须用有一定程度的品牌联想，无论是基于属性还是基于形象，越能产生正向度的品牌联想，越能在消费者心中形成品牌延伸的认知。反之亦然。

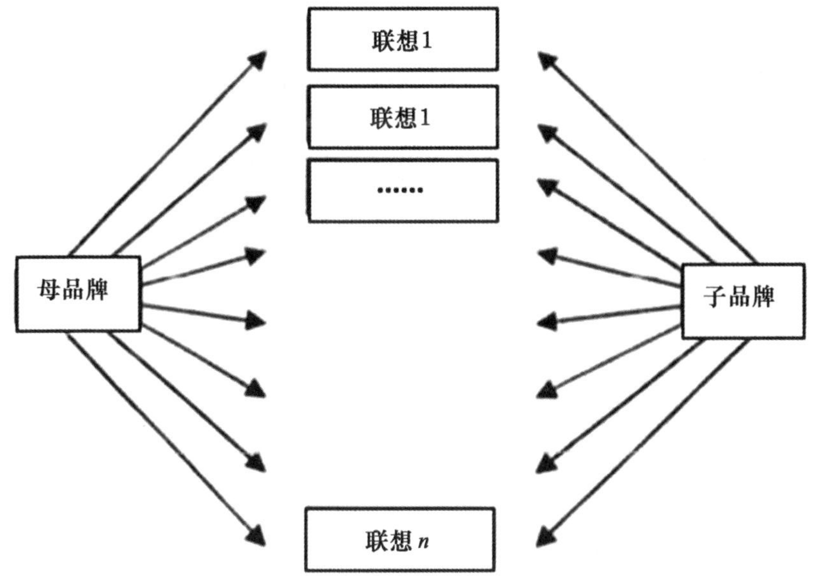

图 2　品牌延伸中的消费者品牌知识的静态演化模式

三、动态演化模式

品牌延伸除了品牌联想之外，还有两方面也影响着消费者的品牌知识：①创造新的品牌知识；②影响现有的品牌知识。品牌知识代表由信仰和态度组成的记忆中的结构。知识能被新的、相关的信息所影响，因为消费者能更强烈地联想到新的信仰并且改变他们对现有信仰的联想的强度[①]。品牌延伸实际上代表着新的、与母品牌相关的信息:新信息是因为它们在不同的种类;相关的信息是因为它们共享着母品牌的名称。因此,品牌延伸能创造出新的关于子品牌的品牌知识,也能改变对于母品牌的信仰。

借鉴组织知识创造理论,我们可以发现在品牌延伸中品牌知识在母子品牌之间发生转移与反馈的动态演化模式。组织知识创造理论假设人类知识是通过暗默知识与形式知识之间彼此互动而创造并得以不断扩充。通过表出化、联结化、内在化和共同化这四个过程,知识在形式知识和暗默知识这两种形式之间不断转化,形成一个知识创造的螺旋。基于这一理论我们认为品牌延伸中的消费者品牌知识的动态演化模式同样是一个知识创造的螺旋(见图 3)。

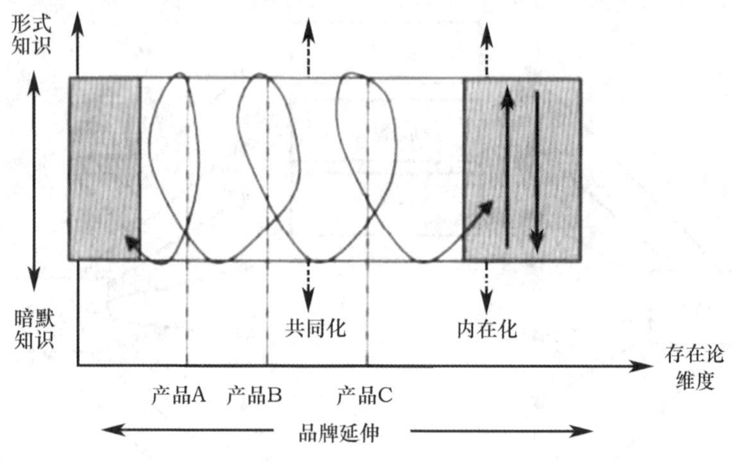

图 3 品牌延伸的消费者知识动态模式

此模型的两个维度为认识论维度和存在论维度。产品 A 是母品牌, 产品 B、产品 C 是延伸品牌。消费者的品牌知识可以在这些品牌间转移,流动。当暗默知识与形式知识之间相互作用、在存在论维度从母品牌向延伸品牌动态地转换时,螺旋便应运而生。我们的螺旋的箭头是双向的,说明在产品的品牌延伸中不仅发生了从母品牌向子品牌的知识转移,而且还有从子品牌向母品牌的知识反馈。

新知识是通过暗默知识与形式知识之间的相互作用而创造出来的。品牌延伸中消费者的知识转换存在着 4 种模式。

① Crocker J, Fiske S T, Taylor S E.Schematic bases of belief change[M].Attitudinal judgment. Springer New York, 1984:197-226.

（一）共同化模式：从暗默知识到暗默知识

共同化(socialization)是人们共享各自体验,从暗默知识中创造暗默知识的过程。人们可以通过观察、模仿和练习来学习暗默知识。共同化可以发生在新产品开发人员与消费者之间。在产品开发之前,以及产品投放市场之后与消费者的相互作用,事实上是分享暗默知识及创造改进想法的永无止境的过程。新产品开发人员可以就若干可能的品牌延伸与消费者进行交流,分享消费者对延伸的适合性的看法。共同化还可以发生在消费者与之消费者间。喜好某个品牌的消费者往往会形成一个品牌社团,或品牌共同体,以使自己具有归属感。他们在这种聚集品牌用户的"场"里互相交流使用品牌的体会,对于品牌的信念,通过观察、模仿和练习,实现了暗默知识的共同化。对于品牌延伸来说,他们可以分享对于某个产品延伸的看法,对于其中的共享联想进行评价。

（二）表出化模式：从暗默知识到形式知识

表出化过程将个人的暗默知识转化成用文字和编码表示的形式知识。在知识转换的四种模式中,因为表出化从暗默知识中创造出新的形式知识,所以它对知识创造至关重要。知识转换的表出化模式一般被视为创造概念的过程。产品开发人员和顾客通过比喻、类比和构造模型,将其关于品牌延伸的信念表达出来形成消费者的品牌知识,实现延伸产品的商品化。

（三）联结化模式：从形式知识到形式知识

联结化是在对得以表述的形式知识进行分类和组合之后,创造新形式知识的过程。在品牌延伸中,联结化体现在对延伸产品品牌识别的定义和提炼,将各种概念综合成为一个知识体系,以此在联想的基础上提升消费者对品牌知识的认知与理解。

（四）内在化模式：从形式知识到暗默知识

内在化是将表述出来的形式知识重新结合到个人的暗默知识的过程。消费者通过购买、使用延伸产品,直接获得对延伸产品的体验,形成对品牌的某种信念。内在化也可以发生在没有实际体验经历的场合。比如消费者接受关于延伸产品的宣传,阅读品牌故事,也可以把品牌识别知识体系变成一种暗默的心智模式。

从产品 A 到产品 B 的延伸过程中,知识创造的螺旋经过了一个完整的动态循环。同样从产品 B 到产品 C 的延伸过程中,知识创造的螺旋又经过了一个完整的动态循环。每一个循环都是双向的,也就是说,通过知识创造的四种模式,母品牌的一些联想与延伸品牌共享，实现了从母品牌向子品牌的知识转移，创造了新的品牌知识；同时，成功的品牌延伸能使已建立的母品牌联想更显著，或者修改此联想，而这又能进一步提高消费者对于品牌在更远的品类中的延伸的评价。品牌延伸就是这样通过共同化和内在化影响消费者现有的品牌知识。登喜路就提供了一个好例子：它将品牌逐渐延伸到不同的产品种类中去并且沿着这条路改变了它的品牌识别（见图 4），而其延伸品牌又强化了原有品牌的品牌认知度。

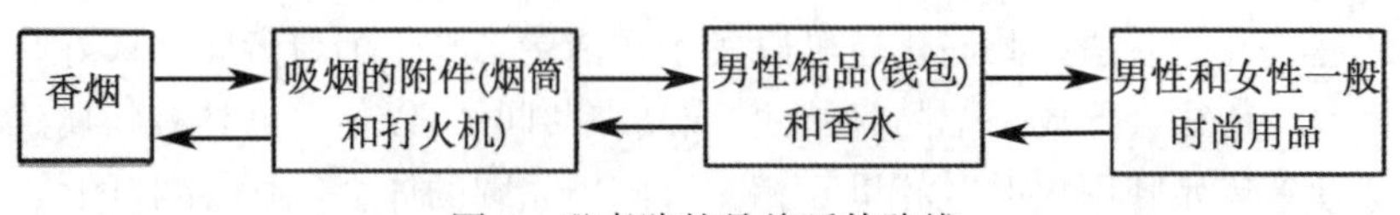

图 4　登喜路的品牌延伸路线

从所经营的产品来说，登喜路从香烟一直延伸到了男性和女性一般时尚用品。经过一步步地延伸，它也发展、影响了现有品牌知识。它通过香烟品牌（基于产品性质定位）的知识逐步移动到了一个时尚品牌（基于声望定位）。而时尚用品所产生的品牌力又反过来强化了男性用品，成为一个典型的品牌延伸中的消费者品牌知识动态演化模式。

品牌延伸中的消费者品牌知识构成及其演化的内在机理是一个十分复杂的过程，也是一个既包括静态也包括动态的演化过程。因涉及的参数较多，实证调查难度较大，本文现仅从理论模式的角度进行了初步的研究，实证的验证将是我们下一步研究的工作。

作者：薛　可、高　昉、余明阳

原载《深圳大学学报》（人文社会科学版），2007 年第 4 期

第三章

新媒体传播效果

传播效果的问题，历来是传播学研究的重点。新媒体的广泛运用，难以避免地会对新闻传播的效果理论产生冲击。回首20世纪以来的大众传播效果研究历程，我们不难发现，一些20年前还占据主导地位的形形色色的效果理论，在网络到来时，或因强化而成为学者们关注的焦点，或因弱化而成为争论的对象。网络用自己特有的传播模式对以往所有的传播效果理论进行了一次大规模的检阅。所以对于网络传播环境下的传播效果理论，我们需要重新审视。根据知网数据资料统计，从2005年至2014年间的关于新媒体传播效果的研究数量及走向趋势如图1所示。

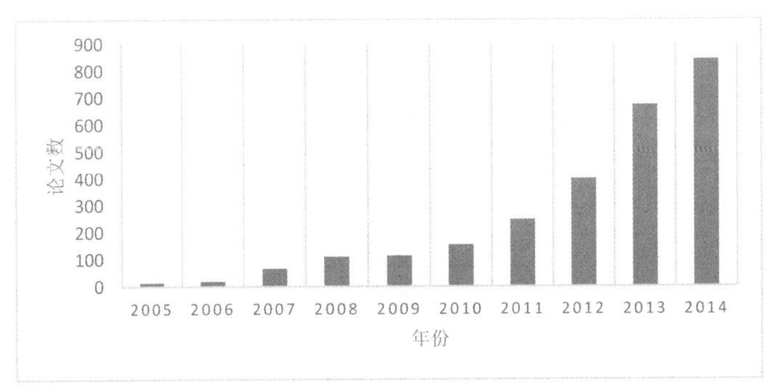

图1　2005—2014年新媒体传播效果研究论文数趋势图

“媒介融合”的概念最早由美国学者普尔教授提出，指各种媒介呈现多功能一体化的发展趋势，这一概念最初的想象集中在将电视、报刊等传统媒体融合在一起。网络数字媒体模糊了媒体之间的界限，改变了媒体行业的生存格局，传统媒体固守阵地的同时不断发掘新的生存空间，新媒体已经到了以全面创新提升核心竞争力、整合发展的阶段。“并存、互补、融合、创新，这四个词基本概括了今天的媒体生态。”[①]新旧媒体虽然有形态上的诸多差异，但是新媒体在销售、广告、宣传、说服等其他诸多行为上和传统媒体是非常相似的。新媒体需要传统媒体的内容，而传统媒体需要依托新媒体的传播平台，两者从博弈逐渐走向整合。传统媒体吸收了新媒体的优点，嫁接了传统媒体的内容和商业运营模式，发展出了很多新型的媒体形式。可以说，新媒体对传统媒体带来的冲击是一种适应性的冲击，而不是取代性的冲击。新技术对传统媒体的革命性意义在于它为受众提供了表达的平台、参与的平台和交流的平台，改变了受众被动接受的局面。媒体环境的变化使得传统媒体和众多新媒体都在寻找出路，寻找自己的目标受众、寻找广告主、寻找利润点，稳固了市场才有可能生存下来。

如今，品牌传播迎来了一个新旧媒体融合的时代，企业主开始重新认识传播环境，纷纷调整传播策略。品牌传播是一个复杂的过程。在新旧媒体融合的时代，过去单向的传播模式被改变，传者不再是信息绝对的掌控者，受者可以根据个人的需求来选择性的接触媒体，选择性地记忆媒体传播的相关信息[②]。Web2.0的广泛应用让传统媒体的受者转变为新媒体的传播者，加之媒体形式的增加、品牌种类的增加、消费者碎片化趋势加强，品牌传播的效果受到影响的因素越来越多。新媒体环境下的品牌传播显著特点之一就是互动性，互动性越好，品牌传播的效果越好。

互联网和手机媒体的蓬勃兴起增加了品牌与消费者互动的机会，也就是说新媒体的媒体卷入程度较高。新媒体的力量已经渗透到了社会的众多角落，在为大众消费者提供各种信息的同时，也为品牌传播提供了新的平台。新媒体不仅能够满足消费者个性化和互动性的信息需求，而且使传统媒体难以实现的、超越时空阻隔的方式成为现实；消费者从单纯的信息接收者向信息制造者、传播者和接收者的复合角色转变，消费者的话语权在新媒体环境下得到了更大的发挥。尤其是互联网的蓬勃发展和手机媒体的迅速普及使品牌无时无刻不在传递信息，消费者接触品牌信息的渠道增多、时间增长、频率增多，企业的品牌管理难度加大，品牌传播的效果难以精确衡量。新媒体的蓬勃发展给传统媒体带来了巨大的冲击，不仅分流了传统媒体的受众，也夺走了传统媒体的广告份额，新媒体的触角已经伸长到社会的各个层面。媒体环境的改变、消费者接触信息的方式改变必然会促使企业改变品牌传播策略。

传统媒体传播效果主要是注目率、到达率等，传播效果无法与品牌传播信息发布同步，大多是事前的预计和事后的测量。新媒体最大的优势是传播效果的精确衡量，媒体技术的发展为品牌传播效果的衡量提供了后台支持，传播效果变得更及时、更客观、更精确。新媒体环境下，品牌传播受众的数量可以准确统计，

---

① 熊澄宇.整合传媒：新媒体进行时[J].国际新闻界，2006，(07)：7-11.

② 于潇.社交媒体时代品牌传播策略分析[J].新闻界，2011，(04)：122.

并进行数据分析，通过网络还可以收集目标消费者的个性化资料①。可见，新媒体的有效性是吸引广告主的重要因素之一，尤其在媒体形式多样化的今天，品牌传播的最终目的是获得消费者的认可。虽然新媒体为品牌提供了新的传播平台，但某一种新媒体无法像传统大众媒体那样产生广泛的传播力。新媒体产生的效果是小而精确，那么，这就意味着企业的品牌传播策略要灵活多变，根据不同的媒体消费者制定不同的品牌传播策略。新媒体环境下消费者与品牌之间的接触点不断扩张，这就需要对接触点进行管理，在适当的时间、通过最适合的渠道和接触点把品牌和消费者连接起来②。

本章从多个视角对新媒体传播效果进行了研究。《突发事件下网络论坛用户声望的影响因素研究：跨层次的分析》在案例和实证研究的基础上，对网络论坛中的突发事件讨论网进行分析，从用户个体和整体网络两个层次分别验证了论坛用户声望的影响因素，对明晰突发事件的网络舆论传播具有积极的意义。《专业信息传播效果的影响因素研究：媒介类型与既有知识》以"毒胶囊"事件为例，研究相关专业信息传播过程中，微博和报纸两种媒介类型与受众既有专业知识多少，对受众认知和态度改变的影响，结果显示，媒介类型对认知改变影响不显著，对态度改变影响显著、微博对态度改变影响较大；既有知识多少对认知和态度改变影响显著，既有知识较少的受众认知和态度改变较大。《社会互动对敌意媒体效果的影响》以特定主题词作为研究对象，研究了在中国媒体环境中，当在低政治卷入程度和一致的媒体口径下，社会成员之间的互动是如何影响人们对媒体的偏见认知，揭示了关系密切、相似观点者之间的频繁讨论会增强这种偏见的认知。《从播客现象解读网络的亚文化传播对社会个体现实行为的影响》从播客的传播现象着手，分析网络亚文化传播与社会个人形象之间的影响。《微博口碑传播对综艺节目收视意愿的影响》通过对微博关系强度、微博口碑信息传播量及微博口碑信息价等三个变量进行控制实验，研究受众在不同情境下的收视意愿，研究发现，对于综艺节目而言，网络口碑传播量是影响收视意愿的重要因素，伴随着量的增加，对受众收视意愿不断增强；口碑传播量正、负面评价对收视意愿影响并不显著；微博口碑信息传播者与接收者的关系强度会对网络口碑传播量的影响具有调节作用，关系强度提高，传播量对收视意愿影响减弱。《社会化媒介对品牌资产的影响——基于品牌成熟度的调节效应》基于品牌资产的4个维度，从成熟品牌和非熟悉品牌两个视角出发，研究发现品牌成熟度差异在社会化媒介营销活动中对企业的品牌资产增值有着调节效应。《奢侈品品牌传播中语意形式及群体规范对说服效果影响》以奢侈品品牌传播中的提示模式、释

---

① 张琳.新媒体环境下的品牌传播研究[D].重庆：重庆工商大学，2010.

② 奥斯汀.还有人看广告吗？[M].北京：高等教育出版社，2005.

义模式和诉求模式作为自变量,以说服效果作为因变量,以文化程度作为个体层次调节变量,以群体规范作为群体层次调节变量,构建理论模型,研究发现在奢侈品品牌传播中,单面提示、明示结论和感性诉求能产生较佳的说服效果;文化程度和群体规范在信息单面性程度与说服效果间以及诉求的感性程度与说服效果间存在正负向调节;文化程度在结论明示程度与说服效果间具有正向调节作用,但群体规范在其间的调节作用则不明显。

突发事件下网络论坛用户声望的影响因素研究：跨层次的分析

随着互联网的发展，人类的社会结构也在经历着复杂而持续的变化。网络创造了人们以身体不在场为基础的全新交往模式，并导致由这种全新的交往模式所塑造的虚拟社群的崛起（黄少华，2002）①。在 Web2.0 时代，网络论坛用户的舆论参与热情空前高涨，由他们所形成的虚拟社区更具有规模和凝聚力，而他们的舆论力量也在很大程度上影响着现实世界的政治经济秩序。从近几年的实例来看，一些大规模突发事件的形成和走势也明显地受到了网络论坛舆论的影响。

研究网络论坛用户在虚拟社群中的参与行为及其后果，对明晰突发事件网络舆论的传播模式、提高突发事件应对的能力都具有重要的意义。本文将在案例和实证研究的基础上，对论坛中的特定突发事件讨论网进行分析，探讨论坛用户声望的影响因素，揭示在突发事件讨论网中什么样的用户在社群舆论圈中具有更高的影响力。

一、文献综述和研究假设

（一）网络论坛意见领袖的影响力与声望

对网络意见领袖的界定主要来自传播学中对意见领袖的大量研究。Katz & Lazarsfeld（1955）②发现观点经常从大众媒介流向意见领袖，然后再流向不太活跃的人群，即信息首先影响了群体中的意见领袖，然后再通过这些意见领袖将“翻译”过的信息传递给其他人。

在虚拟社区中，意见领袖的身份特征和影响力并没有消失。一方面，传统的中介层级在普通受众中“沉没”下去，而媒介内部的信息源元素（采集者、编辑者、把关人、特邀组织者）都由于同样的原因浮现出来，成为隐约与受众身份对等的“类受众”——这就从传播本质上使他们有可能变异为泛意义上的传播层级（杜

---

① 黄少华.论网络空间的人际交往[J].社会科学研究，2002(04)：93 - 97.

② Katz E，Lazarsfeld P F，Roper E. Personal influence：the part played by people in the flow of mass communications[J]. Canadian Journal of Economics & Political Science，1955，80(13)：1583 - 1583.

骏飞,2004)[①]。较新的研究则将网络意见领袖定为那些怀着促成舆论的意愿,通过在不同的论坛中与他人进行讨论来扩散信息或意见的人(Weimann,1994)[②]。意见领袖与其追随者之间的关系非常明确,意见领袖是由他们吸引追随者和创造回应的能力而催生的。

声望(prestige)是意见领袖影响力的一个重要构成维度。一般而言,声望是指来自个体或集体的,对杰出表现或品质的尊重、敬佩或认可(Goode,1978)[③]。但是在社会网络分析(social networks analysis,SNA)中,声望具有不同的内涵,它更多的是一个结构性的概念。

社会网络分析是对社会个体之间的互动关系及其关系结构进行有效分析的一种研究范式,用多个点来代表社会个体,用各点之间的连线代表个体之间的关系。在网络论坛中,信息主要由用户的发帖行为所产生,而用户之间的发帖与回帖关系的集合也可被映射为一种虚拟的社会网络。由于个体之间的关系具有双向和单向的区别,因此在一个有向图中,个体与外部联结的程度可以被分为出度中心度(out-degree centrality)和入度中心度(in-degree centrality)(Scott,2000)。在网络论坛中,用户的出度可以由其"发帖"、"转载"、"引用"等内容生产行为的数量所构成,入度则可以由其他成员的"回帖"数量所构成。而声望指的就是个体在社会网络中获得的正向选择的程度,它由正向的入度中心度这个指标来反映。入度中心度代表个体所获得的外部连接的数量,成员的正向入度中心度越高,说明其受到的关注或追随越多,在群体中的声望越高。

(二)用户的社会网络特性与声望

在一个有向图中,出度中心度代表的是成员向外部寻求联系的程度,成员的出度中心度越高,说明其在群体中的活跃度也越高。出度中心度为人们提供了更多通向获得各类促进成功的资源的捷径(Sparrowe 等,2001)[④],因为信息渠道的多元化可以使人们获得更为全面的观点,并且减少人们对某一单一信源的依赖,这使得他们能够更好地发挥信息的效用。Huffaker(2010)[⑤]证明了活跃的在线社区成员能够获得更多的关注,即成员在群体中的联系人越多(出度中心度

---

① 杜骏飞.弥散的传播[M].北京:中国社会科学出版社,2004.

② Weimann,G.The influentials:People who influence people. Albany,NY:State University of New York Press.

③ Goode W J. The celebration of heroes : prestige as a social control system[M].University of California Press,1978.

④ Sparrowe R T,Liden R C,Wayne S J,& Kraimer M L.Social networks and the performance of individuals and groups[J]. Academy of Management Journal,44,316 - 325.

⑤ Huffaker D. Dimensions of Leadership and Social Influence in Online Communities[J]. Human Communication Research,2010,36(4):593 - 617.

高），也越容易获得他们的回复（入度中心度高）。我们认为，在网络论坛中，用户的对外联结不是其获得声望的充分条件，但却是一个必要条件。因此：

H1：用户的出度中心度与声望具有正向关系，出度中心度越高，其声望越高。

对成员在群体中的中心地位的描述也可以通过中间中心度（betweenness centrality）展开。如果个体处于许多网络路径上，就是居于一个重要位置，因其可以"通过控制或者曲解信息的传递而影响群体"（Freeman，1979）①，尤其是在弱联结的群体中，这一位置上的个体作为中间人（broker）就可以获得结构洞（structure hole）上的战略性竞争优势（Burt，1992）②。在网络群体中，中间人同样存在并在社群中具有更强的影响力（Ganley & Lampe，2009）③。在此，我们认为：

H2：用户的中间中心度与声望具有正向关系，中间中心度越高，其声望越高。

出度中心度表达了联结的重要性，中间中心度表达了结构的重要性，而互惠性（reciprocity）表达的则是交换的重要性。互惠性考察的是任意一对成员之间是否相互选择。Putnam（2000）④认为，互惠性是增强社会资本的一个重要因素。尽管 McClure 等（2009）⑤认为在线社群中的用户之间很少具有"针锋相对"（tit for tat）的互惠性关系，但是 Huffaker（2010）⑥的实证研究发现，互惠性高的成员越容易获得更多回复（入度中心度高）。在此，我们认为：

H3：用户的互惠性与声望具有正向关系，中间中心度越高，其声望也越高。

中心度代表个体在群体中接近中心的程度，而中心势则是一个整体层次的概念，说明该图是否具有较高的中心趋势（Freeman，1979）⑦。度数中心势与度数中心度相对应，通过计算点与点之间的连线数量来描绘图的结构，网络的度数中心势越大，说明图中点的度数中心度差异越大，越存在一个向核心聚拢的趋

① Freeman L C. Centrality in social networks conceptual clarification[J]. Social Networks, 1978, 1(3):215-239.

② Burt R S. Structural Holes: The Social Structure of Competition[J]. Economic Journal, 1994.

③ Ganley D, Lampe C. The ties that bind: Social network principles in online communities[J]. Decision Support Systems, 2009, 47(3):266-274.

④ Putnam, RD. Bowling alone: The collapse and revival of American community. New York: Simon & Schuster, 2000.

⑤ Wasko M L, Teigland R, Faraj S. The provision of online public goods: Examining social structure in an electronic network of practice[J]. Decision Support Systems, 2009, 47(3):254-265.

⑥ Huffaker D. Dimensions of Leadership and Social Influence in Online Communities[J]. Human Communication Research, 2010, 36(4):593-617.

⑦ Freeman L C. Centrality in social networks conceptual clarification[J]. Social Networks, 1978, 1(3):215-239.

势。度数中心势大的图中成员间的互动性和互惠性通常较差,信息流动不充分。因此,我们认为:

H4:讨论网度数中心势与用户声望之间具有负向关系,中心势越低,成员声望越高。

网络密度是指图中实际存在的联结数量占所有可能联结的数量的比例,它反映的是社会网络关系的密切程度,密度越大,表明网络成员之间的关系越密切(林聚任,2009)[①]。在一个密度较高的网络中,成员之间存在较高程度的互动,信息交换更为充分,关系更为紧密。而紧密的强联结则通常在危机出现时,为网络成员提供更多的情感、心理上的支持(Granovetter,1973)[②]。因此,我们认为:

H5:讨论网密度与用户声望之间具有正向关系,网络密度越高,成员声望越高。

(三)信息内容与声望

网络论坛中用户的声望除了与其社会网络特性相关,也受到其所创造的信息内容和使用的语言的影响。Huffaker(2010)[③]发现,在网络社区中,成员发布的内容越长,就越能获得群体中其他人的注意,从而得到更多的回复,因为较长的内容能够更好地满足社会交往的需要,使成员之间能够实现充分的对话和互动。因此,我们认为:

H6:用户发布的内容长度与其声望之间具有正向关系,信息长度越大,成员声望越高;

而在内容长度正向影响声望的假设中还隐含了另一个假设,即长内容中可能包含了更多有价值的信息。根据以往的研究,对信息的寻求是人们使用网络论坛的一种主要动机(Rafaeli, 1996)[④],尤其是在突发事件或危机环境下,受到环境变化的不确定性的影响,人们对信息的需求大大增加,而充当"信源"的用户能够提供更多高价值的新信息,也就越容易受到其他人的关注和回复。因此,我们认为:

H7:用户发布的内容新鲜度与其声望之间具有正向关系,发布新鲜信息的成员声望更高。

此外,用户发布内容的框架,即用户如何编辑信息内容也是影响他人对信息

---

① 林聚任.社会网络分析[M].北京:北京师范大学出版社,2009.

② Granovetter M. Threshold models of collective behavior[J]. American Journal of Sociology, 1978, 83(6):1420-1443.

③ Huffaker D. Dimensions of Leadership and Social Influence in Online Communities[J]. Human Communication Research, 2010, 36(4):593-617.

④ Rafaeli N. Why communieation researehers should study the Intemet: A dialogue[J]. Joumal of Communieation, 46:4-13.

采纳程度的一个重要影响因素。框架就是选定一些被感知的现实的侧面，并在一个传播文本中凸显它们，其手段包括创立一个特定问题的定义、随意的解释、道德评价、推荐对待方式等（Entman，1993）[①]，而情感在很大程度上影响着我们的认知、记忆以及判断和决策，所以包含了情感框架的内容可能更加容易引起人们的注意和共鸣。因此，我们认为：

H8：用户发布的内容框架与其声望之间具有正向关系，使用情感框架的成员声望更高。

二、研究方法

（一）样本

2011年"3·11"日本大地震发生后，地震消息立即在互联网上传播，并在国内的各个论坛中引发了网民的广泛讨论。本研究以"日本大地震"为主要的突发事件背景，选取"天涯虚拟社区"、"强国论坛"和"饮水思源论坛"为主要的样本来源，通过随机抽样选取来自这三个论坛的共9个讨论串进行分析。在剔除了个别广告帖和空白帖之后，共计获得由425个ID所发布的936个有效帖（见表1）。

表1 各论坛讨论网中的参与者与帖子数量（单位：个）

	天涯虚拟社区			强国论坛			饮水思源论坛		
	1	2	3	1	2	3	1	2	3
参与者	105	78	48	50	31	14	56	15	8
帖子	111	138	58	456	34	14	96	22	8

（二）变量的测量

本研究涉及的自变量包括：

出度中心度：根据Freeman（1978）[②]的定义，通过计算某一用户直接回复的其他用户的数量获得该用户的出度中心度，考虑到不同规模网络之间的差异，将采用标准化后的出度中心度进行检验。

---

① Entman R M. Framing: Toward Clarification of a Fractured Paradigm[J]. Journal of Communication, 1993, 43(4): 51-58.

② Freeman L C. Centrality in social networks conceptual clarification[J]. Social Networks, 1978, 1(3): 215-239.

中间中心度：根据 Freeman（1978）[①]的定义，假设点对 X 和 Z 之间存在 n 条捷径，则点 Y 的中间中心度为经过点 Y 并连接 X 和 Z 这两点的捷径数与这两点之间捷径总数之比。考虑到不同规模网络之间的差异，将对该变量进行标准化。

互惠性：通过测量某一用户所参与的互惠对（mutual dyad）的数量实现。一个互惠对是指两个用户之间存在相互回复的关系。互惠性也将被标准化以消除网络规模差异的影响。

网络度数中心势：首先找到图中最大中心度的值，计算该值与其他点中心度的差，获得多个差值，再计算这些差值的总和，并除以理论上各差值总和的最大可能值。

网络密度：在有向图中，网络中最多可能的连线为 $N(N-1)$，假设实际的连线为 L，则该网络密度为 $L/N(N-1)$。

内容长度：通过测量某一用户发布的所有信息内容的长度（字符数）除以该用户发布的信息数量获得平均内容长度。

内容新鲜度：根据时间序列对所有用户发布内容进行编码，由编码员对发布内容是否含有此前时间序列的内容中所未含有的新信息进行判断。

情感框架：由编码员对所有用户发布内容进行编码，判断某一内容中是否采用了情感框架，如采用了较为强烈的表达情感的词汇："愤怒"、"悲伤"、"兴奋"等。

本研究所涉及的因变量为用户的声望。根据定义，用户声望将由正向的入度中心度这个指标来反映。某一用户的正向入度中心度为对其进行正面回复（表达支持、赞同等正向态度）的其他用户的数量，对这一数值也将同样进行标准化处理。

（三）编码和信度检验

对本研究所涉及的所有社会网络变量（出度中心度、中间中心度、互惠性、网络密度等），将根据用户的发帖-回复关系分别建构不同讨论串中用户双向的关系矩阵。通过 UCINET 软件对关系矩阵进行分析，测量上述的各社会网络变量。

对于本研究所涉及的其他变量（内容长度、内容新鲜度、情感框架、成员被回复内容的态度倾向）采用内容分析的方法，由编码员根据所有成员所发布的信息内容进行编码。本研究共由上海交通大学的两名在校生担任编码员。两名编码

---

① Freeman L C. Centrality in social networks conceptual clarification[J]. Social Networks, 1978, 1(3):215－239.

员在正式编码前，均按照统一的编码手册接受了编码培训。在培训结束后，我们对其进行了编码前的测试。

在测试中，我们随机选择了2个讨论串要求两名编码员进行编码。编码结束后，我们对两名编码员的在各个类目上的编码员间信度（inter-coder reliability）进行了检验，发现两名编码员除了在“内容长度”上的编码达到完全一致（100%）外，在“内容新鲜度”、“情感框架”和“被回复内容的态度倾向”三个类目上的信度（Scott's pi）分别为0.89、0.75和0.82。在重新修订了编码手册后，我们对编码员进行了二次培训。同时在不一致性较高的项目“情感框架”上，引入了第三名经过同样培训的编码员，由其对二者间的不一致进行重新选择。

三、研究结果及其启示

（一）主要研究结果

1. 描述性统计

本研究的描述性统计结果（各变量的均值、标准差以及两两相关系数）如表2所示。除了网络度数中心势（$p=0.080$）和情感框架（$p=0.044$）这两个维度外，用户声望与用户出度中心度、中间中心度、互惠性、网络密度、内容长度和内容新鲜度之间均存在显著的相关。

在各个自变量中，用户出度中心度与中间中心度、互惠性和网络密度之间，用户中间中心度与互惠性之间存在较强的相关性，出度中心度与网络度数中心势、内容新鲜度之间，中间中心度与网络中心势、网络密度、内容长度、内容新鲜度、情感框架之间，互惠性与网络中心势、网络密度、内容新鲜度之间，网络中心势与网络密度、内容新鲜度之间，网络密度与内容长度、内容新鲜度、情感框架之间，以及内容长度和内容新鲜度之间也存在一定的相关。不过，共显性诊断的结果显示，各个变量的容忍度均远大于0，而VIF均小于20（出度中心度 tolerance=0.252，VIF=3.974；中间中心度 tolerance=0.464，VIF=2.156；互惠性 tolerance=0.424，VIF=2.359；网络中心势 tolerance=0.947，VIF=1.056；网络密度 tolerance=0.496，VIF=2.017；内容长度 tolerance=0.867，VIF=1.153；内容新鲜度 tolerance=0.858，VIF=1.165；情感框架 tolerance=0.972，VIF=1.029），排除了共线性的问题。

表 2　各变量的相关矩阵、均值和标准差

	1	2	3	4	5	6	7	8	9
1. 用户声望	—								
2. 用户出度中心度	0.469 * *	—							
3. 用户中间中心度	0.587 * *	0.681 * *	—						
4. 用户互惠性	0.627 * *	0.696 * *	0.642 * *	—					
5. 网络度数中心势	−00.68	−0.129 * *	−0.127 * *	0.170 * *	—				
6. 网络密度	0.282 * *	0.656 * *	0.375 * *	0.311 * *	−0.167 * *	—			
7. 内容长度	0.240 * *	0.031	0.126 * *	0.081	0.000	0.117 *	—		
8. 内容新鲜度	0.223 * *	0.161 * *	0.219 * *	0.174 * *	−0.010 * *	0.159 * *	0.320 * *	—	
9. 情感框架	0.083	0.085	0.107 * *	0.049	−0.006	0.193 * *	0.087	0.079	—
Mean	0.023 9	0.033 5	1.167 8	0.009 1	0.316 6	0.024 4	85.581 2	0.207 1	0.169 4
SD	0.0838 4	0.047 49	4.656 80	0.028 17	0.181 11	0.027 71	228.300 60	0.405 68	0.375 56

* $p<0.05$(双尾)，* * $p<0.001$(双尾)整体网络个数=9 个,用户=425 人

2. 层次线性模型分析

为了检验各个自变量与因变量用户声望之间的关系，我们采用了 HLM6.0 软件进行层次线性模型(hierarchical linear modeling)分析。HLM 通常用以分析嵌套性的数据结构，说明组间和组内的差异(Gelman 和 Hill，2007)①，对于本研究来说，采用该分析软件可以同时考虑个体层次(出度中心度、中间中心度等)和整体网络层次(网络中心势、网络密度)自变量对因变量的共同影响。同时 HLM 在推测预测变量(predictor variables)和测量标准误(standard errors)上也被认为更加有效(Gelman 和 Hill，2007)②。

我们首先考察了两层均不纳入自变量的零模型(null model)，结果如表 3 所示。整体层面的随机方差 $\tau_{00}=0.000\ 91$，个体层面的随机方差 $\sigma_2=0.006\ 55$，根据两层的随机效应计算组内相关系数，$\rho=\tau_{00}/\sigma_2+\tau_{00}=12.20\%$，表明用户声望的变异有 12.20%来自整体层面的差异，有 87.80%来自用户个体层面的差异。整体层次的变量在相当程度上影响了用户的声望($\rho>0.1$)，说明有必要对整体层次的因素进行分析。

在模型中共同纳入用户个体层次和整体网络层次的各个自变量，结果如表 3所示。在个体层次上，用户的中间中心度、互惠性和发布的信息内容的长度对于用户声望均有显著的正向关系，假设 2、3、6 均被支持，而内容新鲜度与情感框架与用户声望之间的影响关系并不显著，假设 7、8 未获得支持。值得注意的是，出度中心度并未如假设的那样正向影响用户声望，反而是与之存在显著的负向关系，假设 1 也未被支持。在整体网络层次上，网络密度被证明与用户声望之间存在显著的正向关系，假设 5 也获得了支持，而度数中心势与用户声望之间的负向影响关系则并不显著，假设 4 未获得支持。

(二) 研究结果的启示

1. 个体层次的影响因素

在个体层次上，用户的两个社会网络变量中间中心度与互惠性都被证明与用户声望之间存在正向的影响关系，用户的中间中心度越高，与网络中的其他用户结成的互惠对越多，都对其声望的提升有积极的作用。根据前文的讨论，中间中心度揭示了某一用户在网络成员连接路径中的重要性，中间中心度高的成员在群体中承担着“中间人”(broker)的作用，“中间人”能够比其他人拥有更高的

① Hill J L. Data Analysis using Regression and Multilevel/Hierarchical Models[J]. General Information, 2007, 30(1):94－97.

② Gelman, A., & Hill, J. Data analysis using regression and multilevel/hierarchical models. Cambridge: Cambridge University Press, 2007.

声望。但是这一发现与 Huffaker(2010)[①]的研究结论有所差异,他发现,在 Google Groups 中,成员的"中间人"角色(中间中心度)对于其影响力(包括入度中心度)不存在显著的预测作用,他认为这可能是由于网络中的信息都是透明公开的,因此中间人的中介作用被降低,同时中间人在组内的连接作用可能远没有在组间的连接作用来得重要。而在本研究中,我们以论坛环境中的突发事件讨论网为样本,在日本大地震这一突发事件的讨论中,三个论坛上都充斥着各种不同的观点和声音,因此中间人在其中不止发挥着信息传递的中介作用,更多地可能是作为一种仲裁者和调停者的身份而存在,是调和各方观点和声音的缓冲器,这也就可以解释为何其会比其他成员拥有更高的声望(正向的入度中心度)。

表 3 用户声望的影响因素分析结果

			用户声望	
			模型一	模型二
截距				0.042 840* *
第一层自变量	用户社会网络变量	出度中心度		−0.275 447*
		中间中心度		0.005 311* *
		互惠性		1.623 906* *
	用户生产内容变量	内容长度		0.000 064* *
		内容新鲜度		0.003 432
		情感框架		0.003 715
第二层自变量	整体社会层次网络变量	度数中心势		−0.016 485
		网络密度		0.885 399* *
方差分析	Sigma_square		0.006 55	0.003 61
	Tau		0.000 91	0.000 00

* $p<0.05$(双尾),* * $p<0.001$(双尾)整体网络个数=9 个,用户=425 人

互惠性是另一个影响成员声望的重要的个体因素。根据前文中对互惠性的定义,在一个有向图中,拥有更多互惠对(mutual dyad)的成员在群体中拥有更多与之具有较强关系的"朋友",这些强关系对于提升该成员的声望具有显著的支持作用,因为人与人之间的关系更紧密也越可能接受对方的观点

① Huffaker D. Dimensions of Leadership and Social Influence in Online Communities[J]. Human Communication Research, 2010, 36(4):593-617.

(Granovetter,1978)[①]。这一发现也印证了 Huffaker(2010)[②]等人的发现,在线社区的互动不仅仅是简单的信息交换,而且还鼓励了忠诚的支持关系,积极发展互惠关系的成员在社群中影响力更高,也更不容易被孤立。

出乎意料的是,分析的结果显示成员的出度中心度与声望之间却存在较显著的负向关系。这一现象或许可以解释为,因为本研究中,声望只考虑了正向的入度,这个概念提示的是成员的言论在群体中获得支持的程度,而成员的对外连接越多并不能自然而然地获得更多的支持。用户出度中心度与声望之间的关系可能还受到了该用户言论的影响,涉及突发事件的敏感言论难以获得支持,反而容易引发质疑和辩论。这一发现也暗示了,网络论坛是一个自由开放的舆论环境,价值观的多元化和话语权的分散化使得观点很难被统一,因此用户简单的对外连接数量并不能解释其观点所能获得的支持,还必须要考虑其他更多的因素才能进行预测。

对于信息内容变量的分析发现,用户发布的内容的长度对声望有显著的正向作用,而内容是否新鲜、内容是否采用了情感框架则与其声望无关。我们认为,内容长度允许了讨论的充分性和深入性,更容易获得理解和支持,而过于简短的表达则容易使对话中,因此无法获得支持。而用户发布的内容中是否包含新的信息并不能显著影响声望,可能是由于人们对于网络虚拟环境中的信息具有较强的防备心理,网络虚拟环境是一个复杂的信息环境,很多人认为网络信息的可信度较低,因此新的信息在被证实之前难以获得其他人的信任和支持。而用户发布的内容是否使用了情感框架也与用户声望无关,说明强烈的情感表达并不能获得更多人的支持。这一现象在一定程度上说明了在网络论坛中,情绪表达并不能淹没理性思考,情感框架可能吸引更多的关注,但是能否引起情感共鸣还受到其他因素的干扰。

2. 整体层次上的影响因素

在本研究中,我们发现,整体网络的度数中心势与用户声望之间存在负向的关系,但是这一关系并不显著($p=0.350$)。而整体网络的密度对于用户声望却具有显著的正面影响,即在密度越大的讨论网中,用户声望越高。根据前文中对网络密度的定义,密度高的网络中连接路径更为密集,因此信息的流动性更强,而从关系的层面来看,密度高的网络中用户间的连接更为紧密,社群的凝聚性较强,而紧密的连接关系和社群凝聚力都是产生用户间支持的重要条件,因此在密度高的网络中,用户也更容易获得高声望。

---

① Granovetter, M. S. The strength of weak ties[J]. American Journal of Sociology, 1973(78), 1360-1380.

② Huffaker D. Dimensions of Leadership and Social Influence in Online Communities[J]. Human Communication Research, 2010, 36(4):593-617.

四、研究结论和展望

本研究探讨了在突发事件的背景下,由虚拟社区用户所构成的讨论网中哪些因素对于用户的声望(正向的入度中心度)具有显著的影响,我们发现,在用户个体层次上,用户的中间中心度("中间人"角色)、互惠性和发布内容的长度对于声望具有显著的正向影响,用户的出度中心度(对外连接程度)则与声望存在显著的负向关系,而内容新鲜度(是否含有新的信息)以及内容是否采用了情感框架则与用户声望的变异无关;在讨论网的整体层次上,网络密度对于用户声望有显著的正向影响,网络度数中心势与用户声望之间的关系并不显著。

本研究也存在一些局限,首先本研究以日本大地震这一事件作为案例,研究结果是否在一定程度上受到所选择的案例本身的特性的影响为未可知,因此后续可以探讨更多案例本身的特性,将其作为控制变量以减少干扰,以便获得更为精确的研究结果,或者采用多案例的方式,以便尽可能地消除单一案例的不良影响;其次,本研究仅讨论了自变量与因变量之间的主效应,而对各变量之间进一步的复杂关系未作深究,未来还可以从各层次因素间的中介、调节等作用进行研究,以便揭示更为完整的关系图景。

作者:薛　可、陈　晞

原载《新闻大学》,2012 年第 4 期

专业信息传播效果的影响因素研究:媒介类型与既有知识

研究以“毒胶囊”事件为例,采用2×2实验法,研究相关专业信息传播过程中,微博和报纸两种媒介类型与受众既有专业知识多少,对受众认知和态度改变的影响。结果显示,媒介类型对认知改变影响不显著,对态度改变影响显著、微博对态度改变影响较大;既有知识多少对认知和态度改变影响显著,既有知识较少的受众认知和态度改变较大。

一、研究背景与假设

传统劝服理论认为,影响劝服效果的三大因素包括:传者条件、内容构成、受者特性,主要的关注焦点是传者信誉、内容结构和语言及受者所属群体。本研究认为,传者条件对传播效果的影响并不仅仅是信誉的问题,媒介作为传者、其自身类型(新、旧媒体,如微博和报纸)的差异及内容呈现方式的根本差异,都可能带来传播效果的差异;微博内容呈现更趋情感化、更具有为平民言说的倾向,更易感染读者。由此引出假设1。

H1a:面对相似专业信息,接触微博的该类信息受者相对接触报纸的该类信息受者,会发生更大程度的认知改变。

H1b:面对相似专业信息,接触微博的该类信息受者相对接触报纸的该类信息受者,会发生更大程度态度改变。

“毒胶囊”事件作为一次危机传播,相关信息必然真假交织,而该信息又涉及药学专业领域,受者对信息的辨析必然受到既有药学知识的制约;故有必要考察受者既有知识多少对认知和态度改变的影响。学界也非常重视对专业信息传播规律的探讨。由此,引出假设2。

H2a:面对相似专业信息,既有知识较少的受者相对既有知识较多的受者,会发生更大程度的认知改变。

H2b:面对相似专业信息,既有知识较少的受者相对既有知识较多的受者,会发生更大程度的态度改变。

二、研究设计与分析

(一) 被试与实验设计

本研究针对上海交通大学学生进行,按既有知识多少分为药学院(其既有知识较多)和其他学院2个大组。药学院40人,其中男性20人,女性20人;其他学院30人,其中男性22人,女性8人;两组抽样男女比例均与实际比例接近。然后将2个大组随机均分成阅读微博与阅读报纸2个小组,形成2(媒介类型:微博/报纸)×2(既有知识:少/多)组间设计。抽取政府微博和媒体微博关于"毒胶囊"事件的代表性文本与主流报纸对"毒胶囊"事件的报道,作为实验刺激材料,保证文体和篇幅一致;刺激前后,分别用相同问题进行问卷测试。

(二) 研究分析

问卷中有4道认知题,按回答正确与否编码为1和0;4道态度题,按5级李克特量表编码为1—5。然后分别计算4题均值和前后测差值,整合为认知改变和态度改变2个变量。以媒介类型为自变量、认知改变和态度改变为因变量,进行单因素方差检验,如表1所示。

表1 媒介类型对认知和态度的影响

		平方和	d*f*	均方	*F*	显著性
认知改变	组间	0.129	1	0.129	0.647	0.424
	组内	13.514	68	0.199		
	总数	13.643	69			
态度改变	组间	3.214	1	3.214	11.409	0.001
	组内	19.157	68	0.282		
	总数	22.371	69			

可以看到,媒介类型对认知改变影响不显著($p=0.424$, $F=0.647$),对态度改变影响显著($p=0.001$, $F=11.409$);表明阅读微博和阅读报纸的受者在认知改变上没有显著差异,但在态度改变上有显著差异,阅读微博的态度改变更大;不支持假设H1a,支持假设H1b。

以既有知识为自变量、认知改变和态度改变为因变量,进行单因素方差检验,如表2所示。

表2 既有知识对认知和态度的影响

		平方和	df	均方	F	显著性
认知改变	组间	1.543	1	1.543	8.671	0.004
	组内	12.100	68	0.178		
	总数	13.643	69			
态度改变	组间	3.536	1	3.536	12.766	0.001
	组内	18.835	68	0.277		
	总数	22.371	69			

可以看到，既有知识对认知改变（$p=0.004$，$F=8.671$）和态度改变（$p=0.001$，$F=12.766$）均影响显著；表明既有知识较少和较多的受者在认知和态度改变上有显著差异，既有知识较少的认知和态度改变更大；支持 Hb1 和 Hb2。

三、结果与讨论

（一）通过上文分析，本研究得出的结果

（1）针对相似的"毒胶囊"事件信息，在认知层面，微博和报纸的影响没有差异，在态度层面，微博比报纸具有更显著的影响。

（2）针对相似的"毒胶囊"事件信息，不论在认知还是态度层面，既有专业知识较少的受者都更容易受到影响。

（二）对结果的讨论

微博限于140字的篇幅、只能呈现最基本信息，报纸报道也会在标题、导语等处表明最关键的信息；所以在事实认知层面，两者对受者的影响没有差异，这是可以理解的，即表明微博和报纸都能实现最基本的"告知"功能。

但在对基本事实之外的信息进行阐述时，微博限于篇幅和创作者投入的时间，多无法提供完整的事理逻辑，而代之以"标题式"或者"结论式"的判断，受者在没有更多信息支持的情况下，最可能依从该微博的判断，或受其潜移默化的影响。相对而言，报纸报道有足够的篇幅和精力进行详细阐述，在综合性的信息中，受者更不易简单判断一件事。

对于专业信息，既有知识较多的受者受到信息传播的影响较小，这本没有什么稀奇的，但却从反面显示出，不具备相应专业知识的受者（这应该是大众的常态）对信息准确性和完整性的依赖程度是很高的。

这或许表明,在出现类似于“毒胶囊”这类危机事件、需要传播较多专业知识的时候,主流媒体和意见领袖等需要更有意识地提供准确和完整的信息,以免引起社会的不解或者恐慌。特别是短、平、快的微博,在事实传递方面可以发挥效率,在态度判断方面却更应慎重。

四、总结

总之,在专业信息传播中,大众的认知和判断明显依赖所接触的媒体,其中,微博更易导致态度的直接变化;传播引导应注重受者教育和完整事理逻辑的建构。

作者:董　啸、薛　可

原载《中国传媒科技》,2013 年第 18 期

社会互动对敌意媒体效果的影响

“敌意媒体效果”(hostile media effect),意指媒体在报道具有争议性话题中,尽管以比较客观的立场去报道,但还是经常会被对立的双方都认为是带有偏见的,并且这种偏见与自身立场相对立。这里的“敌意”并非指对立的双方,而是媒体的报道,媒体的报道常常被各方面都认为是具有“敌意”的。

敌意媒体效果研究在西方国家已经有半个世纪的研究历史,最近的十几年里,西方传播学者开始注意受众在对待新闻报道时积极、主动的认知加工过程(Vallone, Ross 和 Lepper, 1985)[①],并开始探索敌意媒体效果的前因(Eveland 和 Shah, 2003)[②]和后果(Christen, Kannaovakun 和 Gunther,2002; Gunther 等,2001)[③]。大量的研究已经证明这一领域对政策制定和新闻报道的巨大作用,如对舆论的影响(Gunther 和 Christen, 2002; Gunther 和 Storey, 2003)[④],他们认为受众是主动的,新闻的真实性是被感知的,是人们对媒体真实(media reality)的反映。很多人认为媒体报道有偏见这种看法其实是很有偏见的。媒体的“敌意”其实是人们认识上的一种偏见。在对媒体现实和社会现实认知这对关系上,传统的研究倾向于将前者作为自变量,如涵化理论[⑤](Gerbner, Gross, Morgan 和 Signorielli, 1994),探讨了媒体对社会的描绘是如何影响人们对现实世界的看法;近期的研究倾向将后者作为自变量,如第三人效果(对媒体影响的知觉)和敌意媒体现象(对媒体内容的知觉)(Eveland 和 Shah,2003)探讨社会现实是如何影响人们对媒体影响的看法,而敌意媒体现象探讨的是社会现实如何影响人们对媒体内容的评价。

---

① Vallone R P, Ross L,, Lepper M R. The hostile media phenomenon: biased perception and perceptions of media bias in coverage of the Beirut massacre[J]. Journal of Personality & Social Psychology, 1985, 49(3):577 - 585.

② Evel and W P, Shah D V. The Impact of Individual and Interpersonal Factors on Perceived News Media Bias[J]. Political Psychology, 2003, 24(1):101 - 117(17).

③ Cindy T. Christen, Prathana Kannaovakun, Albert C. Gunther. Hostile media perceptions: Partisan assessments of press and public during the 1997 United Parcel Service strike [J]. Political Communication, 2002, 19(4):423 - 436.

④ Gunther A C, Christen C T. Projection or Persuasive Press? Contrary Effects of Personal Opinion and Perceived News Coverage on Estimates of Public Opinion[J]. Journal of Communication, 2001, 52(1):177 - 195.

⑤ Gerbner G, Gross L, Morgan M, et al. Growing up with television: The cultivation perspective[J]. J.bryant & D.zillmann Media Effects Advances in Theory & Research, 1994,(6).

因为政治体制和媒体性质的不同，对于中国"敌意媒体效果"的相关研究还不常见。本研究将在中国大陆这一媒介环境下，在一个互动的社会网络中探讨社会互动对敌意媒体效果的作用。敌意媒体效果在中国的媒体生态下是否存在？即对于非中立的报道，以及缺乏高政治卷入动机的情况下人们是否仍有这种媒体"敌意"的感觉？社会成员之间的人际互动又是如何影响人们对媒体报道评价的偏差的？对于这些问题的探讨，不仅有助于媒体自身在公众中形象的提高，更有利于整个社会环境的协调、沟通和整合。

一、学科研究溯源与假设命题的建构

（一）敌意媒体效果（HMP/HME）的概念

在 Vallone 等人（1985）①的经典研究中，敌意媒体效果被定义为卷入程度较高的受众视"中立"媒体内容存在与自己意见相悖的偏见的一种现象。卷入（involvement）是指受众在主观上所感受到的所呈现的信息与自我之间的相关性程度。高卷入的受众是指那些对媒体所报道的内容特别感兴趣、感受到较高接近性的受众群体。他们通常对报道的事件具有相当的了解和相对稳定的看法。即使媒体中立地报道了不同态度者的观点，高卷入的受众仍然会觉得媒体是偏向另一方的。比如 1982 年贝鲁特大屠杀的电视报道，亲阿拉伯的人认为电视报道是偏向以色列一方的，是敌对的。

Gunther 等人（2001）②延伸了这个概念，提出了被称为"相对敌意媒体效果"的概念。他们指出，不管新闻内容是否客观中立，政见相对的政党或组织对新闻报道倾向的感知都会是不一样的，并指向与自己对立的一方。这一定义扩大了敌意媒体研究的范畴，并使得研究不再局限于"中立"新闻，极大地方便了实证研究中对敌意媒体效果的测量，为准确地研究受众对新闻认知偏差提供了新的研究思路和理论根据。但在探讨低卷入下人们对媒体偏见的认知情况，Gunther 等人的定义却认为低卷入下的媒体偏见认知并不能被称为"敌意媒体效果"或者根本不存在这种效果。

---

① Vallone R P, Ross L, Lepper M R. The hostile media phenomenon: biased perception and perceptions of media bias in coverage of the Beirut massacre[J]. Journal of Personality & Social Psychology, 1985, 49(3):577-585.

② Gunther A C, Chia C Y. PREDICTING PLURALISTIC IGNORANCE: THE HOSTILE MEDIA PERCEPTION AND ITS CONSEQUENCES[J]. Journalism & Mass Communication Quarterly, 2001,78(4):688-701.

Petty 和 Cacioppo[①] 的精细加工可能性模型(elaboration likelihood model)对低卷入受众进行了研究,他们认为低卷入的受众更倾向寻找信源、情感、社会角色等边缘线索来进行判断和决策。将这些寻找边缘路径的倾向定义为一种新的卷入,即将这一方式看着是受众的一种动机,如 Johnson 和 Eagly 所提出的印象相关卷入(impression-relevant involvement)便可视为是低卷入下根据社会反应(即社会互动的过程)这一边缘线索来判断的倾向。根据 Petty 和 Cacioppo 的定义,Gunther 等人所指的敌意媒体效果是在传统高卷入下的那部分,因为还有一部分是被他们忽略掉的"低卷入"者的效果。而 Vallone 等人所指的对"中立报道"的敌意媒体效果是 Gunther 等人所指效果中的一段——媒体中立报道的部分。Petty 和 Cacioppo 定义也并不是假定传统低卷入下的敌意媒体偏见认知一定存在,而只是将敌意媒体效果视着一个连续的变量,放宽其限制,更便于全面地研究受众面对"敌意"媒体的感知。

(二) 敌意媒体效果与人际影响:受众的社会互动

家庭成员、朋友和同事之间的人际关系网是政治观点和政治评估的一个重要来源。当人们与具有相似观点(like-minded)和相反观点(unlike-minded)的人讨论政治话题的时候,人际间的联系增强了他们各自的偏好。因为人们总是喜欢与自己相似的人交往,所以对于大多数的人而言,群体内部的讨论都是在相似观点的人群中进行的,并倾向于使群体成员的初始观点得到深化,产生群体极化;如果只有少部分人意见不一致,那么就可能产生沉默的螺旋效应[②]。这种人际的影响将改变人们对媒体现实(media reality)的认知。受众是被嵌入在特定的人际关系网中间,人际的互动影响着受众态度的改变,并通过态度影响人们的认知。人际网络不仅仅会增强对媒体偏见已有的信念,同时也为带偏见的主流意见得以传播提供了路径。

人际网络通过对人们认知和态度的改变来影响人们对媒体偏见的敌意认知。第一,偏见信息加工(biased information processing)。在评价一则新闻是否有"偏见"倾向的时候,首先必须具备一个"没有偏见"的标准,然后人们利用人际环境和传达给他的信息来推断"真实"是什么样子的,再用这个推断的"真实"和新闻内容进行比较,最后将两者的不一致定义为"偏见"。由于通常自己所推断的"真实"都是有利于自己立场的,所以结果就导致了敌意媒体效果。第二,偏见取样(biased sampling)。Eveland 和 Shah 结合社会网络分析(social network

---

① Cacioppo J T, Petty R E. The Elaboration Likelihood Model of Persuasion[J]. Advances in Experimental Social Psychology, 1986, 19(4):124-205.

② Mackuen M, Brown C. Political Context and Attitude Change[J]. American Political Science Review, 1987, 81(2):471-490.

analysis)的视角(引用来源请注明)，认为同样的信息即使没有被不同的加工同样可能产生敌意媒体效果。他们认为人们在判断新闻内容公平、公正的时候都可能运用不同的标准。随着的时间的推移，受众就会在这种标准下的社会互动中发展出一种启发式(heuristics)的加工方式。当媒介内容和固有的规范(norm)相联系的时候，启发式加工就会被自动启动①。对于某些受众而言，如果他们从社会中的选样存在偏差，启发式就会导致歪曲认知。

（三）社会连带在社会互动中的作用

Eveland和Shah(2003)②认为讨论一般都是在相同意见的人之间展开的，他们将其称为安全讨论(safe discussion)，这可能会增加媒体的敌意效果；而在相反意见人之间的讨论(危险讨论，dangerous discussion)则会减弱敌意媒体效果，因为这种情况下会使得社会取样更具整体代表性。最终的调查结果显示，安全讨论被证实，而危险讨论的假设并没有得到支持

Eveland和Shah的研究涉及两种意见环境下讨论的频次对敌意媒体效果的影响，而没有进一步地讨论对社会连带(social tie)和个体动机(motivation)的作用，而这两个因素可能会导致受众在态度和认知角度上非常不一致。危险讨论的假设未被证实可能是这一作用非常重要的一个暗示。

社会网络分析认为关系的连带是影响态度改变的重要原因，因为不是所有人都能影响任意另一个相连的人。虽然人际间影响力是很强大的，并不会必然导致态度的一致性。两个行动者可能是朋友或敌人，彼此的反应都会影响对方，但并不能时时都建立起一致性的认知态度③。个体的相互关系处在从“强连带”到“弱连带”的连续光谱之中。强连带经常互动、有高度情感涉入；而弱连带则几乎不涉及情感，不需要相互信任的关系，这种弱连带在现代社会中常常可见，十分普遍。弱连带可以传递信息、知识；强连带则可以传递影响力、信任和情感支持④。强连带关系中的人更容易被彼此影响，尽管可能是来自对立面的意见。在相似观点的讨论中，伴随着强连带的激烈讨论可能更容易导致态度的一致性和偏见的增多，态度拒绝维度范围的扩大，敌意媒体效果的增强。这里产生作用的机制可能是态度的加强，从而造成偏见加工和偏见取样的结果。

---

① MoscoviciS, & ZavalloniM. The group as a polarizer of attitudes [J]. Journal of Personality and Social Psychology, 1969, 12: 125-135.

② Giner-Sorolla R, Chaiken S. The causes of hostile media judgments[J]. Journal of Experimental Social Psychology, 1994, 30(2):165-180.

③ Shrum L J, Oguinn T C. Processes and Effects in the Construction of Social Reality [J]. Communication Research, 1993, 20:436-471.

④ Evel W P, Shah D V. The Impact of Individual and Interpersonal Factors on Perceived News Media Bias[J]. Political Psychology, 2003, 24(1):101-117(17).

但对于强连带不同观点间的讨论可能并非如此，Eveland 和 Shah 的结论证明了这一点。许多社会影响的模式都假定社会互动的必然结果就是同化，一致的观点。但现实的世界并非如此，这种简单的一致化模型并不能解释世界的多样性。许多证据都表明社会影响并非都是同化的，在一些特定的环境下，人们更倾向于反对别人或者与别人分道扬镳。当人们将自己视为一个独立的创新者而非保守的组织成员的时候，不一致的结果就成为可能①。要预测强连带下不同观点者之间讨论的结果，可能会得出不一致的结论。

由此，产生了我们的第一个假设命题：

H1：强连带相同观点者的讨论越频繁（强社会互动）会导致更大的敌意媒体效果。

（四）社会互动对敌意媒体效果影响的条件：卷入

社会互动的影响并非是无条件的，并非在任何情况下，社会成员之间的互动都会显著地影响人们对媒体偏见的看法。个人卷入可能是一个重要的调节变量（moderator）。费斯廷格认为不存在客观的比较基础，或者别人的观点对该个体十分重要时，社会比较的结果才是重要的。② 卷入这一动机也可能成为社会影响的重要调节变量。那些高传统卷入的受众，在传播的过程中更可能成为意见领袖。他们对信息有着自己独立的见解，并影响着低卷入的追随者。这意味着人际的影响可能是巨大的，但只是需要具备一定的条件。在低卷入的情况下，受众更容易在社会互动中受到影响。

（1）卷入与敌意媒体效果。Johnson 和 Eagly 通过对说服研究领域中卷入效果的元分析（meta-analysis）发现了三种不同的卷入类型：价值相关、结果相关和印象相关卷入。③ 这三种卷入都分别代表着一种动机状态，并且在信息加工过程中有着完全不同的作用。④ Choi 等人对价值相关和结果相关卷入进行了专门的研究，认为价值相关与敌意媒体有更直接的关系，但他们未对印象相关做出任何说明。我们在进行假设研究中将印象相关卷入看着是对边缘路径寻求的一种动机，考虑其与社会互动对敌意媒体效果的交互作用；而价值相关卷入作为中心路径加工动机的一个控制变量；根据 Choi 等人的研究结果，结果相关卷入不予考虑。

（2）价值相关卷入（value-relevant involvement）是指被与重要价值观相连

① 罗家德.社会网络分析[M].北京：社会科学文献出版社，2005.

② Mark. The Strength of Weak Ties[J]. American Journal of Sociology，2003，78(2)：105－130.

③ Mason W A，Conrey F R，Smith E R. Situating social influence processes：dynamic，multidirectional flows of influence within social networks[J]. Personality & Social Psychology Review，2007，11(3)：279－300.

④ Festinger L. A Theory of Social Comparison Processes[J]. Human Relations，1954，7(2)：117－140.

的态度所激活的一种心理状态。通常也被称为自我卷入(ego involvement),价值相关卷入与其他两种类型的卷入是不同,它与人们的社会和个人价值观联系更紧密。Sherif 和 Cantril 认为自我概念(ego concept)会作为判断标准和参考框架来影响其个体的社会行为和反应。所以,自我卷入态度是基于人们自我定义的方式[①]。

在价值相关卷入层面上,高卷入的受众要比低卷入的受众更难被说服(Johnson 和 Eagly, 1989)。根据社会判断理论,自我卷入的建构是整体的,卷入会抑制说服。Sherif 认为态度包含了接受维度(可被接受立场的范围)、拒绝维度(被拒绝立场的范围)和不表立场的维度(既不接受也不拒绝的范围)。当个人对某一问题表现出高的自我卷入状态时,拒绝的维度就开始扩大而另外两个维度开始缩小。因此,当某人高卷入时,被接受的立场范围就很窄,不管是积极还是消极的评估都会很少;但被拒绝立场的范围将会变得很宽。因此,价值相关卷入可能与极端的态度是呈正相关,越明确的极端态度越难被改变[②]。

社会判断理论为卷入程度和敌意媒体效果提供了一个理论的框架。在 Hovland 等人的研究中,持这种观点的人更倾向于赞同中度的传播方式,而那些有极端观点的人更倾向于消极地看待传播的内容。Sarup, Suchner 和 Gaylord 的研究也证明了在社会问题上高卷入的人比低卷入的人更倾向于将传播内容中观点向与自己观点相反的方面解释[③]。Choi,Yang 和 Chang[④] 在此研究的基础上进行了推测,提出了对于高价值相关卷入的人而言,媒体的报道更容易陷入拒绝维度范围内,并最终导致敌意媒体现象。他们的研究最终证实自我卷入是敌意媒体效果产生的重要前提原因,根据个人价值观来判断的受众更容易产生偏见[⑤]。

对于高价值相关卷入的受众而言,态度的接受范围是很窄的,那么接受他人的影响就可能会变得微不足道。人们会根据自己根深蒂固的价值观去判断媒体报道的"偏见",会精细地加工媒体报道,而不是考虑别人的看法。相反,对于那些低卷入的受众来说,因为缺乏固有观念,他人的看法便成为一个重要的参考标

---

① Johnson B T, Eagly A H. Effects of involvement on persuasion: A meta-analysis[J]. Psychological Bulletin, 1989, 106(2):290-314.

② Choi J, Yang M, Chang J. Elaboration of the Hostile Media Phenomenon The Roles of Involvement, Media Skepticism, Congruency of Perceived Media Influence, and Perceived Opinion Climate[J]. Communication Research, 2009, 36(1):54-75.

③ Sherif M, Cantril H. The psychology of ego-involvements : social attitudes & identifications[M]. John Wiley & Sons, Chapman & Hall, 1947.

④ Sherif, Carolyn W, Al E. PERSONAL INVOLVEMENT, SOCIAL JUDGMENT, AND ACTION [J]. Journal of Personality & Social Psychology, 1973, 27(3):311-328.

⑤ Harvey O J, Rutherford J. Gradual and Absolute Approaches to Attitude Change[J]. Sociometry, 1958, 21(1):61-68.

准，社会互动为其提供了信息加工的一种边缘路径。因此提出我们的第二个假设命题：

H2：低价值相关卷入的情况下，社会互动对敌意媒体效果的作用会比高卷入情况下大。

（3）印象相关卷入（impression-relevant involvement）最初被称为反应卷入（response involvement）是指个人对自己对某事件所作出的反应，以及这种反应所带来的结果的一种关注。印象相关卷入关注的是传播的后果而非信息本身。Johnson 和 Eagly 指出这一定义意味着传播的结果可以有很多种类，但是之前的实验只关注了一种结果：某人对他人的印象，并将反应卷入改为印象相关卷入[①]。印象相关卷入涉及的是对他人对自己行为和态度的感知，其目的既不是为了自我实现（自我卷入），也不是为了达成某一目的（问题卷入），而是为了满足获得他人认可的需求。那些被印象相关卷入驱动的受众更可能按照他人对自己隐性和显性的期望来行动。这种卷入程度的高低，并非意味着是对信息本身加工程度的精细与否，而是一种他人取向的动机，一种边缘路径加工的可能性标准。

由印象相关卷入的研究可以得出高印象相关卷入的受众，其观点更容易受到他人对其希望的影响，但是在敌意媒体效果的研究中还基本没有涉及，虽然 Cho 和 Boster 认为自我卷入和问题卷入与舆论的关系更为密切，研究结果也证明了两者之间的一致，但后来的研究就很少再探讨印象相关在敌意媒体效果中的地位。但高卷入的人更倾向于在态度和行为上迎合他人、顺从社会环境、隐藏自己真实的观点。因此，在自我报告式的问卷调查中，如果忽略了印象动机，那么结果就有可能不准确。而且，印象动机本身也可能导致态度的激化，最终使得偏见的增加；同时在媒体是否存在偏见的问题上，他人对自己的期望也可能导致其最终表达了媒体存在偏见的看法。印象相关卷入与社会影响可能是非常相关的，高卷入的受众可能更容易受到他人的影响，并影响到敌意媒体效果。

在中国这样一个注重“关系”的国家里，面子需求和面子关系都体现得较为突出。面子是人们在与他人交谈的过程中表现出来的自我形象[②]。有的人很注重保持自己的面子或他人的面子，一旦面子受到威胁时，他们会想方设法做面子工作以修复面子危机[③]。来自不同文化背景的成员对他人面子的关心程度会有所不同，在美国这样的个人主义主导的文化里，人们更关心“消极的面子”（保持

① Sarup G, Suchner R W, Gaylord G. Contrast Effects and Attitude Change: A Test of the Two-Stage Hypothesis of Social Judgment Theory[J]. Social Psychology Quarterly, 1991, 54(4):364 - 372.

② Johnson B T, Eagly A H. Effects of involvement on persuasion: A meta-analysis[J]. Psychological Bulletin, 1989, 106(2):290 - 314.

③ Cho H, Boster F J. Development and Validation of Value, Outcome, and Impression-Relevant Involvement Scales[J]. Communication Research, 2005, 32(2):235 - 264.

自己的独立性）；而中国这样的集体主义主导的文化更注意“积极的面子”（与他人建立相互关系），从而更容易关注他人对自己的印象。这种文化的差异可能是导致在美国这一变量未被重视的原因，也暗示着印象相关卷入研究在中国环境下将具有重要的意义。高印象相关卷入的情况下，受众更注重他人的意见，社会互动对敌意媒体效果的影响也可能会比低卷入时大。由此，产生了我们的第三个假设命题：

H3：高印象相关卷入的情况下，社会互动对敌意媒体效果的作用会比低卷入情况下大。

二、假设命题的分析框架

（一）数据收集

1. 研究话题选择

为了满足被调查者在这一问题上的观点存在广泛的差异，并且被媒体所关注和报道，受众对这些报道有所了解，我们把近三年最热门话题通过专家调查法进行筛选，最后确定近年来中国最热门的话题之一——“山寨”产品作为研究话题。有关该话题的讨论在网络、传统媒体上都得到了广泛关注。

2. 抽样及调查实施

本研究数据来源于上海交通大学、复旦大学和华东师范大学的在校学生。选择在校大学生是因为他们具有较高的教育背景，有自己对问题独特的见解，对媒体的关注以及敏感度比较高；同时因为这三所大学风格各异，学生的特征以及他们关注问题的角度也不一样，以此保证样本的多样性。我们从 2011 年 4 月 16 日到 28 日的两个星期里，对学生进行了问卷调查，共发放问卷 370 分。抽样规则为任意选取 100 人左右的通选课（不同学科背景的学生参与）学生 5 个班，以尽量保证学科背景的多样性。学生本着自愿诚实的原则填写问卷，收回有效问卷 316 份，有效回收率 85.4%。男性为 54.4%，女性为 42.1%。

（二）变量的测量

1. 敌意媒体效果的测量

本研究使用 Choi 等人[①]曾经使用过的方法，用个人对媒体偏见认知与个人立场之间的方向距离来衡量敌意媒体效果的强弱。当个人观点与认识到的媒体立场在相反方向相差越远，敌意媒体的效果就越大；反之亦然。

---

① Tiryakian E A. Interaction Ritual：Essays on Face-to-Face Behavior［J］. American Sociological Review，1968，33.

为了计算敌意媒体效果的强弱，我们通过以下两个步骤来测量：

(1) 首先通过几个问题来测量个人的立场和感知到的媒体偏见。个人对“山寨”产品的立场，由4个问题(如：您对“山寨”产品持有何种立场)来询问，用李克特7点量表来测量，从－3(非常不支持)到3(非常支持)，信度为 $\alpha=0.85$，由四个问题的平均值来表示个人的立场。按照惯例，均值为0的数据将被剔除。之所以使用4个问题，是为了避免太多的人选择中立立场，而损失可用的有效问卷。用一个7点量表测量受众所感知到的媒体立场(如：就您所了解到的情况，平均而言新闻媒体(报纸、杂志、门户网站等新闻报道，而不包括博客、网络论坛的言论等)对“山寨”产品的报道是中立的，还是支持或不支持的?)，从－3(非常不支持)到3(非常支持)。

(2) 对调查问卷中敌意媒体效果的计算：①个人的立场减去感知到的媒体立场，②对反对者的数据取其绝对值。在这个敌意媒体效果指数里，正数就意味着敌意媒体效果，且数值越大，效果越强，而负数表示媒体与自己的立场相宜，效果较弱。从理论上来讲，这样计算出的敌意媒体效果范围会在－2(非常相宜)到6(非常敌意)之间。

2. 社会互动的测量

提名生成法(name-generator)被用于测量每一个人的个体讨论中心网(ego centered network)。被调查者被要求列出与其讨论过“山寨”产品的人(最多5人)，以字母代替真实姓名。然后询问每一个与其讨论的人与被调查者观点是否相同，从5(非常相同)到1(非常不同)，以此来衡量态度差异。接着被试需要回答他们与自己讨论该问题的频率，从5(很频繁)到1(1～2次)。

为了测量个体中心网中每一个人与被调查者之间连带的强度，我们使用赵延东(2001)针对中国人所提出的测量方法[①]。被调查者要求回答每一个被提名者与其认识久暂，交往频繁程度、熟悉程度、亲密程度和信任程度。然后通过因子分析法，以因子得分作为连带强度的一个测度，并被转换为一个0到1的系数。具体转换公式为

$$\text{连带强度系数}=\frac{\text{因子值}-\text{因子最小值}}{\text{因子值最小值}-\text{因子最大值}}$$

根据社会网络分析的视角，强连带相似观点的频繁讨论所带来的影响是最大，描述社会影响对态度改变的数学模型(DeGroot，1974)[②]。

① Ting-Toomey S. Intercultural conflict styles: A face-negotiation theory[J]. California State University, 1988.

② Choi J, Yang M, Chang J. Elaboration of the Hostile Media Phenomenon The Roles of Involvement, Media Skepticism, Congruency of Perceived Media Influence, and Perceived Opinion Climate[J]. Communication Research, 2009, 36(1):54-75.

$$y_{t+1}=\boldsymbol{W}y_t$$

式中:y_t 表示在时间 t 时,网络中各个单位所持有的态度;$\boldsymbol{W}$ 为一个系数矩阵。在实证测量中,$\boldsymbol{W}$ 由社会接近性决定,在本研究中由连带强度所决定。对于个体 i 而言:

$$y_{i,t+1}=y_{it}+\sum_{\substack{j=1\\j\neq i}}^{n}W_{ij}(y_{jt}-y_{it})$$

根据这一模型,可得

社会互动指数$=\sum_{i=1}^{5}$与第 i 个讨论者的连带强度系数×第 i 个讨论者态度变量

其中:

第 i 个讨论者态度变量=与第 i 个讨论者的频率×与第 i 个讨论者的态度差异

社会互动指数越高,表明其连带越强、同观点讨论越频繁;社会互动指数越低,表明弱连带,不同观点讨论越不频繁。根据这一公式,社会互动指数取值范围从 0(即没有任何讨论)到 125(即连带强度为最大值,且都与自己观点相同的 5 个人人之间最频繁的讨论,1×5×5×5=125)。实际的分布情况为 0 到73.53,这说明极强的社会互动并没有出现在我们的研究对象中。按照惯例,我们将这一连续的变量按中间值分为“强社会互动”和“弱社会互动”两个组便于比较其组间差异。

3. 价值相关、印象相关卷入

本研究使用 Cho 和 Boster 开发的量表,测量价值相关卷入包括“就我而言,支持或不支持‘山寨’产品是一个原则性问题”等;测量印象相关卷入包括“当我和别人谈论对‘山寨’产品的态度时,别人对我的印象对我来说很重要”等。每一个变量由 3 个问题测量,从 1(非常不同意)到 7(非常同意),最后以 3 个问题的平均值作为卷入程度指标,分数越高表明相应的卷入就越高。

三、研究结果与解释

根据选定的研究方法,通过调查问卷中敌意媒体效果、社会互动价值相关、印象相关卷入三个主要变量的测量,我们有以下三个重要的发现。

(一) 敌意媒体效果的普遍存在性

我们首先要说明是敌意媒体效果在中国这一环境下是否存在?根据上述对敌意媒体的计算方法,本研究发现有 91.6%为正数,仅有 6 人(2.3%)是小于 0 的,最小值为-1.75,最大值为 4,均值为 1.05(SD=0.93)。这意味着,有九成多的被调查者都表示当自己态度越极端的时候,会认为媒体的报道越偏离自己的观点。而只有少数几个人认为媒体与自己的立场是相似的(小于或等于 0 的时候)。这说明敌意媒体效果是存在的。

为了进一步说明卷入作用,为敌意媒体效果的存在性提供更有力的理论证据,我们比较在不同的卷入程度下,不同观点者之间对媒体报道所感知到的偏见的差异。

对所收集数据进行方差分析显示,就总体而言支持者、不支持者和中立者之间媒体偏见认知的差异并不显著($F=1.579, p>0.05$)。考虑价值观卷入的调节作用后,在高卷入情况下发现不同观点者之间存在显著差异($F=2.727, p<0.05$)。进一步检验发现,在高卷入水平上,不支持者感知到的媒体立场均值为-0.7($SD=0.223$);支持者感知的媒体立场均值-2.5($SD=0.705$),支持者比不支持者感知到了更多负面的报道(见图 1)。这一结果支持了经典的敌意媒体定义:在高卷入下不同观点受众的媒体认知是不同的,并偏向对立面。这也说明,对敌意媒体效果定义的扩大是具有意义的,也是可行的。

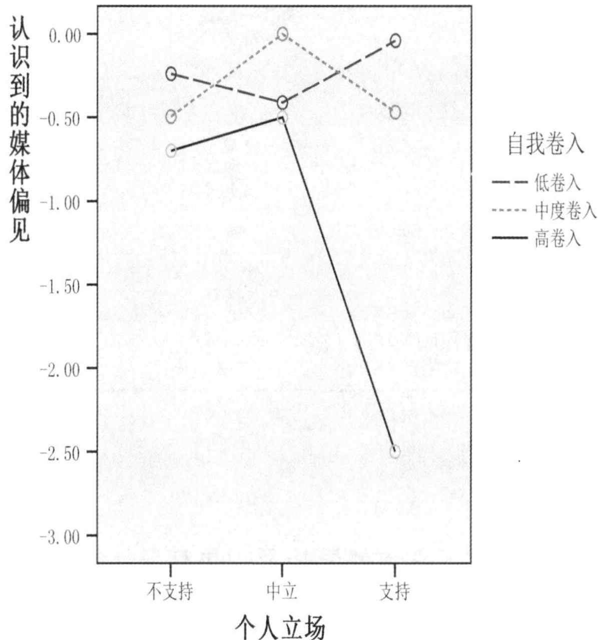

图 1　个人立场×自我卷入程度对媒体偏见认知的影响

(二)连带强度对社会互动具有正向的影响中的作用

根据 Eveland 和 Shah(2003)研究的结果,安全讨论的频率与敌意媒体成正相关。仿照他们的方法,将所测的个体中心网中,$\sum_{i=1}^{5}$ 讨论的频率×态度的差异作为危险讨论和安全讨论一个对应的变量。计算讨论频率与敌意媒体效果的相关性，相关系数为 0.145($p < 0.05$)，这与 Eveland 和 Shah(2003)的结果差不多。但当控制连带强度再计算其偏相关时，系数减小为 0.056 < 0.145，且不显著($p > 0.05$))。社会连带与敌意媒体效果的相关系数为 0.136($p < 0.05$)，而社会互动指数与敌意媒体效果的相关系数为 0.147($p > 0.05$)(见表 1)。这在一定程度上说明，安全或危险讨论对敌意媒体效果的影响是通过连带强度来产生作用的，不考虑社会连带的测量方法可能会失之过简。只有当控制好连带强度以后，讨论社会互动对敌意媒体效果的影响才是有意义的。

表 1　主要变量的描述以及其相关性

	平均值	标准差	1	2	3	4	5
1. 个人立场	−0.35	1.05					
2. 认识到的媒体偏见	−0.40	1.02	0.12 *				
3. 敌意媒体效果	1.05	0.93	0.29 * *	0.06			
4. 价值相关卷入	3.47	1.02	−0.34 * *	−0.15 *	0.24		
5. 印象相关卷入	3.40	0.97	−0.15 * *	0.01	−0.40	0.37 * *	
6. 社会互动指数	11.49	11.47	0.18 *	−0.11	0.15	−0.20	0.01

* 相关系数在 0.05 水平上显著(双尾检验)。* * 相关系数在 0.01 水平上显著(双尾检验)。变量具体计算方法见方法部分。

（三）社会互动对敌意媒体效果的影响是有条件的

从表 1 可以看到，社会互动指数与敌意媒体效果之间并没有显著的线性关系($r = 0.15$, $p > 0.05$)。将社会互动分为“强”和“弱”两组以后作为自变量，以敌意媒体效果作为因变量进行单因素方差分析。强社会互动者中所产生的敌意媒体效果并未显著大于弱社会互动这($F = 2.082$, $p > 0.05$)。也就是说在不考虑其他因素的情况下，社会互动的强弱对敌意媒体效果没有什么影响。假设 1 未得到支持。但是这充分说明了，社会互动对敌意媒体效果的影响并非是无条件的。可能只是在某些特殊的环境下，社会成员间的互动才是有用的。因此，卷入在其中的作用需要做进一步的考虑。

将自我卷入考虑进社会互动和敌意媒体效果这对关系中，我们的分析进一步当社会互动在低自我卷入水平上时，社会互动对敌意媒体效果的影响存在显著效应 $F(1,30)=6.239$，$p<0.018$；而其他两个水平均不显著（见图2）。这意味着当受众缺乏对信息进行精细加工动机的时候，社会互动可能产生重要的作作。假设2得到验证。

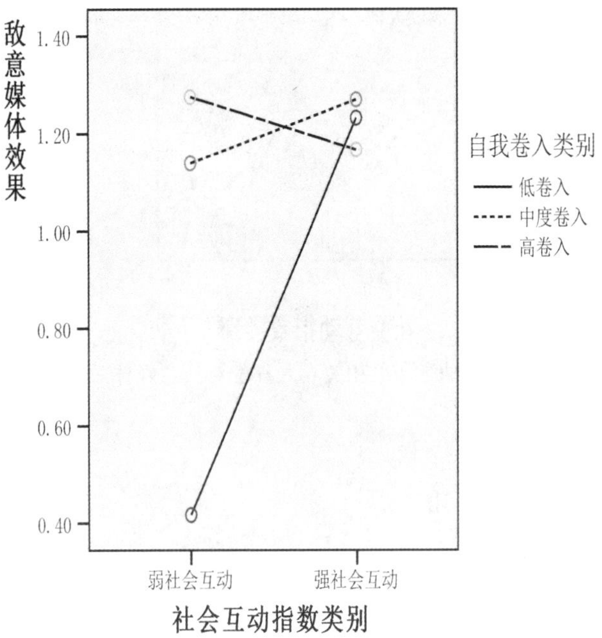

图2　社会互动×自我卷入程度对敌意媒体效果的影响

社会影响是有条件的，下面的分析将进一步证明这种可能性，即受众对媒体偏见的认知来自社会的影响而不是通过对媒体报道本身的信息加工。用多因素方差分析印象相关卷入与社会互动的交互效应，结果显示交互作用显著 $F(2,143)=3.907$，$p<0.05$。社会互动只有在高印象相关卷入时才有显著效应（$F=10.815$，$p<0.05$）（见图3）。这就说明了，那些非常关注他人对自己印象的人，更可能因社会互动强度的不同而对媒体偏见的认知有所不同。这种动机并非对信息本身的关注，而是对传播结果、他人期望等边缘的线索相关的。假设3得到验证。

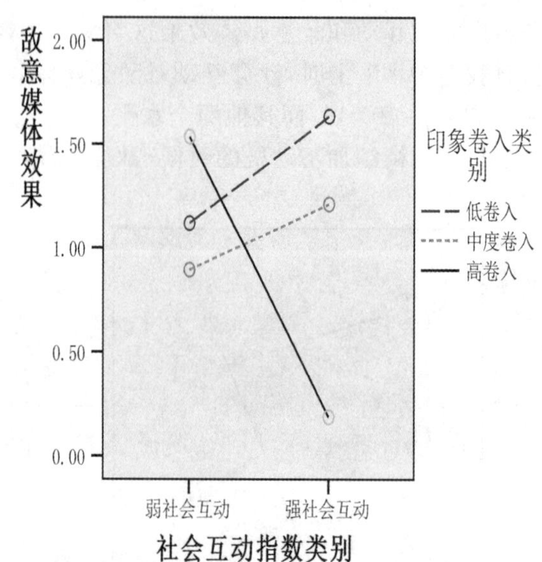

图 3　社会互动×印象相关卷入程度对敌意媒体效果的影响

四、研究结论与改善视角

（一）研究结果的讨论

通过对假设命题的讨论与验证,我们在前人研究的基础上,对社会互动对敌意媒体效果的影响提出了以下四个观点。

1. 在低卷入情况下,社会互动对敌意媒体效果才具有显著的影响

社会互动对媒体偏见的认知和判断的影响是有条件的。高传统卷入(价值相关卷入)的受众因为精细的信息加工而由中心路径产生对媒体报道的认知偏差,这在以前的研究中都得到了广泛的证据,卷入是敌意媒体效果产生的一个前提因素。但正如一些不一致的研究(如:Giner-Sorolla 和 Chaiken,1994)所显示的那样,低卷入受众在某些时候也可能产生较大的认知偏差,根据本研究所得,低卷入下敌意媒体效果也同样有可能。同时,社会互动的作用只是在价值相关卷入最低的情况下,沿社会互动这种边缘路径进行信息加工而发生的。这意味着我们未来的研究可以进一步探索其他边缘路径在低传统卷入情况下对敌意媒体效果的影响。

2. 社会互动中的连带强度的强弱对敌意媒体效果有着不一致的作用

以往的研究在对讨论网中社会连带强度的研究还不够深入。本研究在 Eveland 和 Shah(2003)的安全讨论和危险讨论的基础上,将连带强度加入其中作为社会影响的一个系数，在我们的调查及研究计算中，发现控制社会连带强度以后，讨论频率与敌意媒体效果就不再有显著线性关系。这也许是危险讨论的假设在 Eveland 和 Shah(2003)的研究中未得到证实的一个原因：对于弱关系而言，危险讨论可能会因本身群体划分的不同而导致群体的激化、敌意的增加；而强关系又倾向在讨论中寻求一致的观点。在强弱关系混杂的情况下，不同观点者之间讨论的结果可能是一致的，也可能是不同的，故很难准确地预测敌意媒体效果的大小。因此，相比之前对于相同观点之间的讨论而言，就要复杂得多。

3. 社会互动的强弱对态度认知方向具有明显的影响

社会互动对态度的影响已经有大量的文献可查，但社会影响所导致的态度改变的方向的研究还没有太多的论述，而这种改变的方向极大地影响着认知偏差的方向。本研究通过 H2、H3 的验证，发现在低自我卷入的情况下，强社会互动能导致更多媒体偏见认知；而高印象相关卷入的情况，弱社会互动同样也能导致更多的媒体偏见认知。不同程度的社会互动都能产生类似的作用，意味着以前社会影响研究中态度"一致性"演化的假设可能过于简单。

4. 低价值相关卷入，说明受众需要寻求一种边缘的路径来进行评价媒体的内容，而社会互动正好提供了这样一种途径

前人对于强连带的同类观点者之间的讨论有很多，方向也明确，即加强彼此的态度以及信念等的强度。在高印象相关卷入的情况下，受众更重视彼此对自己的看法，所以弱连带不同观点者之间的讨论，最终所导致的结果更可能是彼此为了维护个人独立或组织身份认同而变得更不一致，从而引致了更大的敌意媒体效果。但这种观点的差异性结果并没有发生在低价值相关卷入的情况下，其原因就在于低卷入中，受众本身的观点就不够"顽固"，更容易受他们的影响。在本研究中得出，在印象相关中，由于自我卷入的作用，人们可能会考虑维护自己哪一种"面子"，是要迎合他人的观点还是保持个人的独立性。对于弱关系而言，迎合的动机可能就要小得多，所以最终结果是不一致。这正如 Moscovici 所说：内在和人际间冲突的解决是社会影响过程的驱动力①。

（二）未来研究的方向

对于社会影响对态度改变的方向，本研究可能只涉及了一半的问题。对于高印象相关卷入下，强连带的同类讨论为什么会导致较小的敌意媒体效果还没有得到十分明确的解释。所以，本研究在未来的会主要从以下两方面做进一步的研究：

（1）对价值相关观卷入和印象相关卷入的测量中，本研究只是翻译了西方

① Moscovici S. Social influence and conformity[C].Handbook of Social Psychology, 1985:347 - 412.

学者所开发的量表,对于这些量表能否真实的代表中国受众的心理状况,需要今后专门的研究做补充。

(2) 本文所使用的三个变量所能解释的方差仅为20%($R^2=0.196$),社会互动也只是作为一个边缘的路径而存在,是不是还存在其他边缘线索以及中心路径的进一步加工情况,也需要在未来的研究中得到的解决。

作者:薛　可、梁　海、余明阳

原载《上海交通大学学报》(哲学社会科学版),2011年第6期

从播客现象解读网络的亚文化传播对社会个体现实行为的影响

亚文化(subculture)是整体文化的一个分支,是由各种社会和自然因素造成的各地区、各群体文化特殊性的方面。如因阶级、阶层、民族、宗教以及居住环境的不同,人们在统一的民族文化之下,形成具有自身特征的群体或地区文化。亚文化作为与主文化相对应的非主流的、局部的文化现象,在主文化或综合文化的背景下,以其特有的观念和生活方式在特定的范围内存在,其不仅包含着与主文化相通的价值与观念,也有属于自己独特的价值与观念。这些文化极少被专业出版物、媒体与展示单位所介绍,甚至也不为专业的文化学者所重视。一些具有亚文化思想的人们在现实生活中由于社会关系的制约,不敢真实表露自己的思想;即便敢于真实表露自己的思想,由于传播范围有限,其影响也大大受到限制。但是,互联网的快速发展已为人类创造了一个既有别于现实社会又与现实社会有着千丝万缕联系的虚拟空间。在这个虚拟空间里,发言者由于身体的缺失和身份的隐匿,愿意真实、充分甚至略带夸张地在尽可能多的人面前表达自我,其在现实生活中隐藏深处的非主流的思想也得到肆意释放。特别是在播客兴起之后,这种非主流的思想和行为得到更为公开、广泛的传播,并对社会个体的现实行为产生了潜移默化的影响。笔者对 20～39 岁的青年人群随机抽取 100 个样本进行了有关播客认知程度的调查,回收有效率为 96%。本文将在此调查基础上试图从播客现象来解读网络中的亚文化传播对社会个体现实行为的影响。

一、"播客现象"

"播客"又被称作"有声博客",是 podcast 的中文直译。播客们用麦克风、电脑录下自己的音频版日记、然后传到自己的播客上,与网友分享。播客们上传的音视频文件内容包括八卦杂烩、娱乐艺术、动漫游戏,每日流水账、情感、工作等。播客发展潜力巨大,市场广阔。据报道,目前在美国有 84 万人使用"播客",预计到 2010 年这一数字将上升到 5 600 万。同时,这种带有"草根"色彩的传播方式正受到传统传媒巨头 ABC、NBC、ESPN 迪士尼的追捧,这些媒体陆续在其网站上推出了免费的"播客"服务。个人电子消费品巨头苹果公司于不久前发布了内置"播客"功能的 iTunes。笔者的调查结果显示,有高达 84%的被调查者了解播客，其中11%非常了解（见图1）。另外，47.2%的被调查者表示完全接受播客，不太接受和非常反感播客的比例还不到20%（见图2）。这些数据都表明，大众生活正在经历一场前所未有的“播客现象”。任何一个人，只要愿意，都可以成为播客的焦点，成为网络“红人”。

受调查者对播客的熟悉程度

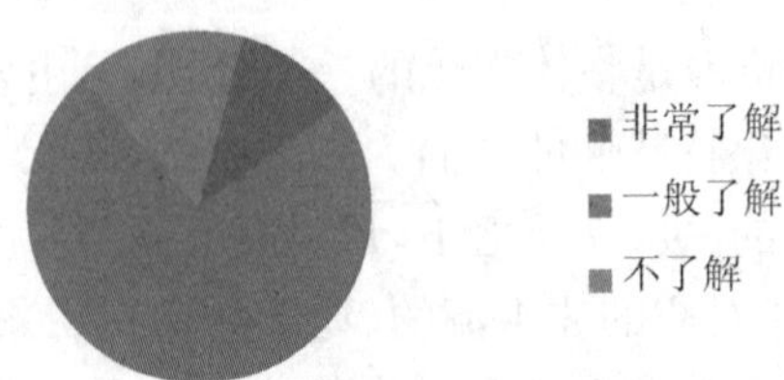

图1　受调查者对播客的熟悉程度

受访者对播客的接受程度

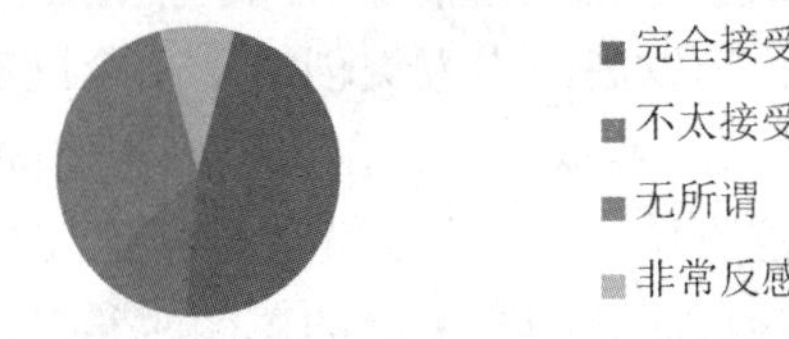

图2　受调查者对播客的接受程度

二、播客的传播特点

网络与传播的第一波结合，导致了以大型门户网站为代表的主流网络传播巨人的产生，而播客将激发第二波结合，即网络资源与传播的结合，导致网络资源得到空前广义、自动、自发、全息的调动。在这些方面，播客已经表现出很多激动人心的优势。

（一）深度颠覆传统媒体的传受双方角色

从某种意义上来说，播客是一个以互联网为载体的个人电台和电视台，是传统媒体的综合产物，具有巨大的影响力。播客让每个人的声音（甚至声像）都有机会平等地在世界范围内展示。它改变了传统媒体对传播内容的绝对控制，也改变了传统受众对传播内容的完全受制性。播客使普通人可以录制、上传自己的音频（视频）文件。同时，播客也让人们可以任意播放、下载甚至订阅自己喜欢的播客内容。传统媒体的传受关系在网络播客的颠覆下被冲击。

（二）多样化地体现传播内容的个性化和创造性

"播客"中存在着大量原创作品，即"播客"作者根据一些素材，包括现实事件、虚拟故事、心情表白录制一段音频、视频文本，粘贴到自己的"播客"中。这些文本通常较为粗糙，但它们所展现的自由个性和真实贴近却是传统媒体无法比拟的。除了原创以外，"播客"中还存在一种文本再生产方式：即对已经存在的现成文本进行一定的加工处理，形成新的媒介文本。这些素材包括电影、电视剧、电视新闻、综艺节目、广告、音乐录影带等。这些具有个性和创造性的新文本，如果构思巧妙、给人以独到享受，就极易借助网络的力量迅速家喻户晓。《一个馒头引发的血案》就是一个很好的例子。另外，播客的素材更加广泛、随机。2004 年底的南亚大海啸期间，世界各地的播客们提供了大量受灾地区的一手音频和视频。这些信息的传递比传统媒体更加的快捷与及时，事件前、中、后全程贴近自发报道的特征异常明显，包括事后募捐和寻找失踪人员等。从这个角度讲，播客对大事件的信息反映和信息运动的效率，本质上体现了自由、民主和独立的人性价值。因此，播客是传播效率、广度、深度、独家等方面的绝佳统一。

（三）深含义地体现网络传播的"草根"色彩

无论是原创的作品还是再生产文本，大众播客作品都是普通百姓的一种构思和创造。这种完全在百姓群里炮制出来的作品具有很浓郁的百姓味道。另外，播客使人们在网络上由无声表达走向了有声表达，从文字图片表达走向了音频视频的立体表达。播客还带来了话语规则的改变。传统声频媒体的主持人，需要讲标准的普通话，把握适当的说话频率，并时时坚守着自己的媒体人身份，而播客则颠覆了传统声频媒体的程式化播报风格，让各具特色的民间声音和口语化的信息得以传播和共享。

三、播客中体现的亚文化潮流

播客给渴望表达自我的人们提供了一个网络化的虚拟平台，从而化解了人们在现实生活里表达思想的欲望与现实生活的制约所产生的矛盾。人们压抑于内心的思想以网络文字、音频（视频）文件的形式表现出来。当前中国播客节目的内容类别较多，有广播节目、音乐、情感空间、娱乐搞笑、学习和教育、艺术文化、体育、儿童天地、宗教信仰、家居生活等。在本次的问卷调查中，我们发现从数量和受关注程度看，播客节目以娱乐搞笑和情感交流为主。两者的受欢迎比例分别高达55.3%和89.5%。更是有63.4%的被调查者将娱乐搞笑作为首选喜爱的节目。同时,我们也可以发现关注另类现象的人占有近40%的较高比例,略低于包含体育、文化、生活等内容的其他类目(见图3)。在受关注的播客作品中,有一部分是表达主流文化的作品,虽带有草根色彩,但表达的是一种积极向上的价值取向,当然其中也包括一些脱离社会实际、近乎完美的理想主义的作品。另外很大一部分是颠覆传统文化的恶搞性作品,或是反映现代人空虚和迷惘的作品,或是表达一种极端偏激思想的作品,或是表现抑郁症患者、街头流浪者等边缘人群和弱势群体的作品,或是表现同性恋等敏感话题的作品。如果没有网络,没有播客,这些非主流但却又真实存在的思想是很难如此通畅地被我们接触和感知的。对于大多数网民来说,亚文化的播客作品有别于主流文化作品。这些新奇的播客作品由于迎合了当今社会尤其是年轻人猎奇心理的需要而大受欢迎。如这几年火爆网络的恶搞播客作品,使得传统文化受到前所未有的挑战。从《大史记》到《分家在十月》再到《一个馒头引发的血案》,这些基于既有文化素材的网络播客作品,以特有的夸张、嘲弄、调侃的叙事方式,微妙地和社会现实紧密结合,使得严肃沉重的社会主题显得无足轻重。网络扩张了现代网民的触角和欲望,有一种颠覆的快感,一旦他们发现什么,就会火速通过"自己的网络"再度传播出去。播客不拘一格的传播风格和主题思想以个人化的语言传播着亚文化,并升级和扩张这种文化以鼓动更多的人认可并加入他们的群体。

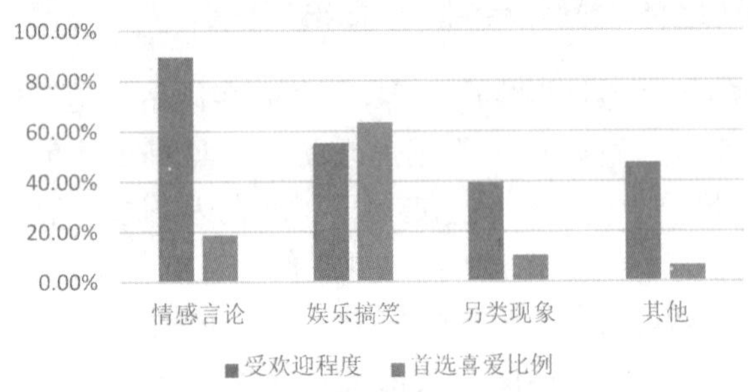

图3 各种播客内容的受欢迎程度

四、亚文化的网络传播对社会个体现实行为的影响

(一)亚文化的网络传播对社会个体现实行为的正向引导

传播亚文化的播客作品广受欢迎和迅速蔓延让我们看到,亚文化正以相当快的速度和迅猛的势头侵入现实生活。主流文化的传播渠道主要是学校教育、传统媒体等,而亚文化则往往是在"随风潜入夜,润物细无声"的状态下不知不

觉地成为人们思想、意识、规范的一部分。亚文化对人们的影响虽隐蔽但更为持久，具有潜移默化的影响。对于整个社会价值的均衡与和谐，起到积极的作用。

（1）亚文化的网络传播能够引发广大社会个体对弱势群体给予关爱和帮助。在经济高速发展的今天，虽然人们的整体生活水平得到很大提高，但社会弱势群体在权力、财富、社会地位、知识、生存能力等社会资源的占有上仍处于劣势，网络给了他们或者关注他们的人们一个诉说和诉求的平台，让千千万万的网民通过文字、图片、音频视频文件了解他们的故事和内心的痛苦。笔者调查发现，近九成的网民关注这些反映边缘群体的播客作品，只有11%的人不太关注（见图4）。这是一股强大的积极力量，给弱势群体以精神上的鼓励或者经济上的资助，并且用网络舆论的力量为其鼓呼。

图4　受调查者对反映边缘群体的播客作品的关注程度

（2）亚文化的网络传播能够引导广大社会个体对患有心理疾病或思想偏激的群体给予关爱和帮助。社会的迅速发展和巨大的社会压力致使现在患有心理障碍的人越来越多。他们中，有的人尽管获得非常成功的事业，但内心的苦闷却始终得不到化解；有的人把现实生活的不如意扭曲成一种偏激、消极的价值观，对社会和周围人充满敌意；有的人沉迷于消极的游乐中，逃避现实生活。他们对世界的诠释大都是违背主流文化和主流价值的负面思想，他们通过网络把自己的这种负面思想宣泄出来，并广泛地传播。但与此同时，一些持有正确价值观并乐于助人的人们也通过网络传播把积极的、正确的价值观、人生观传播给这些有心理障碍的人们。就如笔者所调查，87.5%的被调查者表示会劝慰和教育那些价值观和人生观出现偏差的网友，其中超过15%的人经常这么做（见图5）。身份的隐匿此时便成了建立彼此信任的重要因素，偏离的亚文化思想也可在信任和关爱中得到有效的修正。

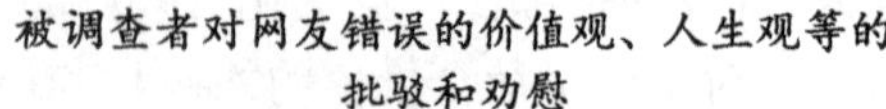

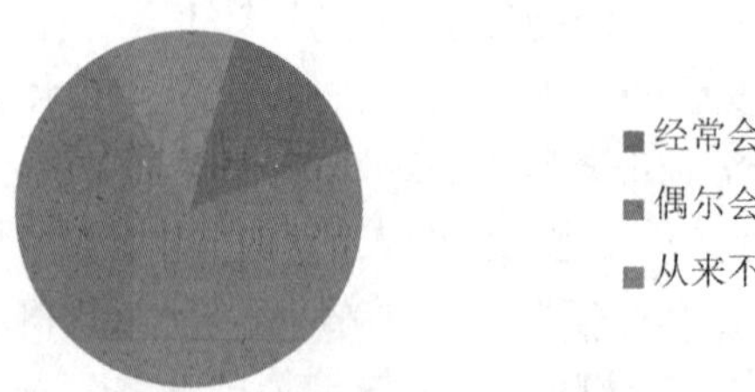

图 5 被调查者对网友错误的价值观、人生观等的批驳和劝慰

(3) 亚文化的网络传播有利于个人价值的实现。以播客为代表的网络亚文化传播,能够使得部分人得以施展所学,自我价值得以体现,并被社会与他人认同。播客是他们生命中必不可少的一部分。一个人只有不断地得到自我实现和自我提升,才能把自己的智慧和能量发挥至最大。而网络的传播所具有的无门槛性、即时性、互动性、全球性与个性化,为个人社会价值的实现创造了完美的平台,给每个人一个展示自我的舞台。

(二) 亚文化的网络传播对社会个体行为实现负功能分析

从性质上看,网络只是个人公开表达想法和思想的一种渠道,属于民间舆论的一种。播客表达也仅仅只是个人意思的表示,缺乏公共引导、合理辨评和公平裁定等第三方机构,故而严格地区别于公共会议、BBS、论坛等组织型表达方式。因此,一方面,播客具有真实表达人们思想意愿的特征;但另一方面,博客上也很容易出现不负责任,甚至是虚假的和恶意的信息,给社会造成一定的负面影响。

(1) 引发个人主义和集体主义的价值冲突。现代社会个体渴望超越他人的引导,而尊崇自我意识的引导。他们崇尚自发性、直接性以及某种以自我为中心的情感强度。个人主义的价值观通常在正常的学习和工作环境下是被隐蔽起来的,但在网络亚文化传播的激发下就会冲破束缚而浮现于意识层面,借助网络的力量在现实或者想象的反抗与抵抗之中强化其反社会的诉求。久而久之,这种意识在现实生活中就有可能转化为对现实的反叛和颠覆。

(2) 引发消费欲望与现实生活的矛盾。在全球化时代,以欲望为中心、以个体为寄托的消费意识形态借助于现代大众传播媒介广泛流布。而大众借助网络传播的力量以解码文化权威的方式,将脆弱、易逝和弱势的消费欲望导入文化母体之中,引发了母体文化霸权的崩溃。亚文化播客作品反射了主流文化以及新生的大众文化之中的盲点,释放了一直被压制在文化母体之中的潜在裂变力量。在一定的社会环境中,消费总是以社会化的形式出现的,个人的情感宣泄、释放、满足、表达或沟通并不是一个随心所欲的过程，总是受到社会条件和社会结构的制约和影响。而网络传播开辟了社会个体的另一种消费形式，这种消费形式使得社会个体在现实生活中不能满足的欲望得到满足，同时看轻在现实生活中不能实现的欲望，使得一部分人能够逃避现实的痛苦，他们中，一部分人做到淡泊名利，也有一部分人颓废消极。

（3）引发自我实现和责任规范的碰撞。网络传播让各个角落持相同亚文化思想的人相遇，在彼此的网络作品中得到共鸣和慰藉。他们在网络中寻求虚拟的完美人生，消极地对待有缺陷的现实生活。他们在网络上生活得越是自由自在，越是难以积极应对复杂的社会生活。他们通过在网络上发表反映内心思想的作品试图推陈出新、标新立异来引起社会的关注及并进而产生道德恐慌，但他们自己却不愿意直面现实，公开地捍卫自己的权利，而只是躲在自己的小圈子里，表现自我。他们寻求“真”，却正在丧失主体意识；他们追求“很我”的风格，但自我却被他们弄成了一堆碎片。现实的不满和现实自我的迷失让他们不惜以违背现实的法律道德规范来满足自我实现的追求。

综上所述，以播客为代表的亚文化网络传播为处于社会从属地位的广大网民所接受，这种从属、次要与支流的文化，既受制于主流文化又向主流文化渗透。虽然亚文化的表现形式主要是颠覆和反叛，但却是相对的。它作为主文化的另一面而存在，它能否引领社会个体的现实行为朝着积极向上的方向前进在于对它的价值引导。同时，网络是亚文化传播的土壤，也为现代文化根据时代变迁而重新整合起着积极的推动作用。

参考文献

[1] 百度百科[EB/OL]. http:// baike.baidu.com/ view/ 40246.htm，2007-9-30.

[2] 邓若伊.学子论文：播客经济价值初探[EB/OL]. http://media.people.com.cn/GB/ 22114/ 44110/ 75857/ 6099066.html，2007-9-30.

[3] 谭雪莱.美媒体巨头追捧播客未来数年人数有望井喷[EB/OL]. http://net.chinabyte.com/ 66/ 2038566.shtml，2007-9-30.

[4] 顺风.论博客传播的新闻核心价值[EB/OL]. http://www.blogchina.com/new/ display/ 66497.html，2007-9-30.

[5] 陈达夫.博客加速思想的深度传播与沉沦[EB/OL]. http:// blog.sina.com.cn/ s/ blog_4922e5b3010006qp.html，2007-9-30.

作者：薛　可、方　慧

原载《新闻界》，2007 年第 5 期

微博口碑传播对综艺节目收视意愿的影响

一、引言

网络改变了人们的生活方式,一家人聚在电视机前收看节目的情景似乎已成明日黄花,随着智能终端的发展以及无线网络技术的完善,电视节目纷纷与互联网保持同步,人们能随时随地收看节目,摆脱了电视台档期的限制。一边看节目,一边玩SNS刷微博,已经成为年轻受众群体的媒介消费习惯,比如春晚、《爸爸去哪儿》等,都引起了大量网友自发地进行互动,短时间内在各个网络平台形成热门话题。近年来,越来越多的受众会在观看综艺节目后上微博等平台发表评论并与其他网友互动。这些网络口碑传播是否会成为受众选择收视的依据?本研究的目的就是为了了解电视节目的网络口碑传播对于收视意愿是否存在影响以及如何影响收视意愿。

二、文献回顾与研究假设

(一)网络口碑传播

网络口碑(online word of mouth)是指消费者利用互联网对特定产品进行自身经验与意见的分享和讨论[①][②](Thurau,2004;Sun,2006)。网络时代,越来越多的消费者依靠网络沟通来搜索购买决策的信息[③](Kozinets,1999),这种通过网络所形成的产品信息沟通与交换属于口碑传播的一种形式[④](Gelb &

---

① Hennig-Thurau T, Gwinner K P, Walsh G, et al. Electronic word-of-mouth via consumer-opinion platforms: what motivates consumers to articulate themselves on the internet? [J].Journal of interactive marketing, 2004, 18(1): 38-52.

② Sun T, Youn S, Wu G & Kuntaraporn M. Online Word-of-Mouth (or Mouse): An Exploration of Its Antecedents and Consequences[J].Journal of Computer-Mediated Communication, 2006,11: 1104-1127.

③ Kozinets R V. E-tribalized marketing? the strategic implications of virtual communities of consumption[C].European Management Journal,1999:252-264.

④ Gelb B, Johnson M. Word-of-Mouth Communication: Causes and Consequences[J]. Journal of Health Care Marketing, 1995, 15(3):159-160.

Johnson,1995),不同之处在于信息呈现形式由语音转换成了文本[①](Christiansen 和 Tax,2000)。

网络口碑突破了时空限制,与传统口碑相比具有更强的传播力[②](Helm,2000;Kozinets,2002;Thurau,2004)。相对于在非公开个人层面上的传统口碑,网络口碑传播则重在公开群体层面上进行的传播,它的传播速度和波及范围都是前者所无法比拟的,网络口碑较传统口碑更具有传播的放大效应[③](金立印,2007)。

(二)人际关系强度对网络口碑传播效果的影响

口碑传播是人际信息源(Interpersonal Sources)的一种形式(Duhan,1997)。传统口碑研究中,关系强度被证明是影响口碑传播的重要因素,强关系的传播效果要好于弱关系[④⑤⑥](Duhan,1997;Bansal Voyer,2000;Writz & chew,2002)。

网络口碑传播中,关系强度也是重要的影响因素[⑦⑧⑨](Money,1998;Bruyn,2004;郭国庆等,2007),关系强度越大,口碑的影响程度越大。

(三)文化娱乐产品与网络口碑传播

国外的研究主要集中在具有相似消费特征的电影、书籍等文化娱乐产品方面,研究表明,文化娱乐产品由于产品的无形性和无法预估的风险性更易受到网络口碑的影响。

---

① Tim Christiansen, Stephen S. Tax. Measuring word of mouth: the questions of who and when? [J]. Journal of Marketing Communications, 2000, 6(3):185-199.

② Sabrina Helm. Viral Marketing—Establishing Customer Relationships by 'Word-of-mouse'[J]. Electronic Markets, 2000, 10(3):158-161.

③ 金立印.网络口碑信息对消费者购买决策的影响:一个实验研究[C].2007 年 JMS 中国营销科学学术年会暨博士生论坛,2007.

④ Duhan D F, Johnson S D, Wilcox J B, et al. Influences on consumer use of word-of-mouth recommendation sources[J]. Journal of the Academy of Marketing Science, 1997, 25(4):283-295.

⑤ Wirtz J, Chew P. The effects of incentives, deal proneness, satisfaction and tie strength on word-of-mouth behaviour[J]. International Journal of Service Industry Management, 2002, 13(2):141-162.

⑥ Voyer P A. Word-of-Mouth Processes within a Services Purchase Decision Context[J]. Journal of Service Research, 2000, 3:166-177.

⑦ Money R B, Graham J L. Explorations of National Culture and Word-of-Mouth Referral Behavior in the Purchase of Industrial Services in the United States and Japan[J]. Journal of Marketing, 1998, 62(4):76-87.

⑧ Bruyn A D, Lilien G L. A multi-stage model of word of mouth through electronic referrals[J]. Ebusiness Research Center, 2004.

⑨ 郭国庆,杨学成,张杨. 口碑传播对消费者态度的影响:一个理论模型[J]. 管理评论, 2007, 19(03):20-26.

在文化娱乐产品的网络传播研究中,比较偏重对电影网络口碑传播效果的研究,其中,网络口碑成为预测电影票房的指标(Liu,2006;Dellarocas,Zhang和Awad,2007;Duan,2008;Moon,2010)[①②③④],测量网络口碑传播的指标主要包括了网络口碑的量(Volume)和价(Valence),口碑的量即测量口碑信息的总量,口碑的价则是指口碑信息内容的本质(如正面、负面评价)(Liu,2006)。在其他类型文化产品的相关研究中,学者也证明了量与价对网络口碑传播效果的影响。Chevalier和Mayzlin[⑤](2003)对雅虎在线书评的研究中,就证明网络书评的量和价都与书籍的销售量呈正相关。

Godes和Mayzlin[⑥](2004)提出了影响电视节目收视率的另一指标——口碑的离散度(Dispersion),即口碑在不同网络社群的分布程度。在研究了44个电视节目的收视率以及在线新闻组的口碑后,发现口碑离散度与电视未来收视率高度相关。Godes和Mayzlin指出离散度测量的是口碑信息的传播范围,主要为了比较新闻组内和组间由于口碑传播速度不同而对收视率产生的不同影响,讨论口碑信息在异质群体间和群体内部传播的差异,并表示这一影响随着电视节目的播放而减弱。

目前国内也已有学者关注到网络口碑影响电视收视的现象[⑦⑧](丁俊杰等,2010;吕艳丹等,2012),尤其指出了微博等社交新媒体上的口碑传播对电视收视的影响,但偏重传播过程和效果的分析,鲜有对网络口碑中影响收视因素的实证研究。鉴于此,本研究选择了通过实证的方法考察微博网络口碑对收视意愿的影响。

---

① Liu Y. Word-of-Mouth for Movies: Its Dynamics and Impact on Box Office Revenue[J]. Social Science Electronic Publishing, 2006, 70(3):74-89.

② Dellarocas C, Zhang X, Awad N F. Exploring the value of online product reviews in forecasting sales: The case of motion pictures[J]. Journal of Interactive Marketing, 2007, 21(4):23-45.

③ Duan W, Gu B, Whinston A B. The dynamics of online word-of-mouth and product sales—An empirical investigation of the movie industry[J]. Journal of Retailing, 2008, 84(2):233-242.

④ Moon S. Dynamic Effects Among Movie Ratings, Movie Revenues, and Viewer Satisfaction[J]. Journal of Marketing A Quarterly Publication of the American Marketing Association, 2010, 74(1):108-121.

⑤ Chevalier J A, Mayzlin D. The Effect of Word of Mouth on Sales: Online Book Reviews[J]. Nber Working Papers, 2003, 43(3):345-354.

⑥ Godes D, Mayzlin D. Using Online Conversations to Study Word-of-Mouth Communication[J]. Marketing Science, 2004, 23(4):545-560.

⑦ 吕艳丹,郑苏晖,张树庭.基于双循环扩散模式的电视节目网络传播效果研究[J].现代传播(中国传媒大学学报),2012,34(11):83-87.

⑧ 丁俊杰,张树庭,李未柠.视网融合背景下的电视节目影响力评估体系创新初探[J].现代传播(中国传媒大学学报),2010,(11):99-102.

三、研究假设

本研究选取微博作为研究平台，主要考察网络口碑信息的量与价以及关系强度对电视综艺节目收视意愿的影响。

文献回顾中所提及的离散度本次研究暂不讨论。因为离散度的主要在于讨论口碑信息在不同网络社群的传播广度；而微博则是一个大型开放平台，用户主要通过关注来定制个性化内容，并不以固定的讨论组形式进行口碑信息的传播，传播形态不同，并不适用于本研究。

Asch①(1957)的经典研究证明：从众是人类的一种倾向，群体规范会影响个体认知。在网络环境中，群体意见对于个体的影响依然存在，微博上人们更愿意点击热门话题，或是一些点评数量众多的微博，以获得和微博用户间互动的内容，了解更多的信息。所以，口碑的量表现出对受众行为意愿的显著影响力。由此我们提出：

H1：微博口碑信息的量对受众收视意愿具有正向影响。

前人的研究中，口碑信息的价对文化产品决策行为或观看意愿影响的结论并不一致。在 Chevalier 和 Mayzlin(2003)对于书评的研究以及 Dellarocas(2007)针对电影评论的研究中得到了口碑的价对传播效果呈显著性影响的结论；而 Liu(2006)、Duan(2008)、Moon(2010)对电影票房的研究中并未显示出口碑的价对传播效果影响的显著性。电视节目作为文化娱乐产品，消费前无法感知体验，正、负面的评价对受众的影响就更显重要。故我们提出口碑信息的价对收视意愿会产生显著影响，提出假设：

H2：正价口碑信息比负价口碑信息能带来更高的收视意愿。

在网络口碑研究中，关系强度是重要的影响因素，郭国庆等(2007)提出口碑影响力受到人际关系要素的调节。由于 Web2.0 所具有的社交属性延伸了我们现实中的人际交往，信息交换时传者和受者所处的社会关系形成的社会网络就是口碑网络，因此人际关系要素成为口碑影响力的一个重要调节因素。我们提出在口碑信息的量和价对收视意愿的影响中，关系强度有调节作用，并提出假设：

H3：关系强度调节口碑信息量对收视意愿的影响。

H4：关系强度调节口碑信息价对收视意愿的影响。

---

① Asch S E. Studies of independence and conformity: I. A minority of one against a unanimous majority.[J]. Psychological Monographs General & Applied, 1956, 70(9):1-70.

四、研究设计和调查

(一) 研究设计

本研究将采用网络口碑研究中常见的调查研究法结合现场研究进行测试。我们设定综艺节目口碑的量和价为自变量,微博关系强度(强/弱)为其调节变量,收视意愿为因变量,研究设计如图1所示。

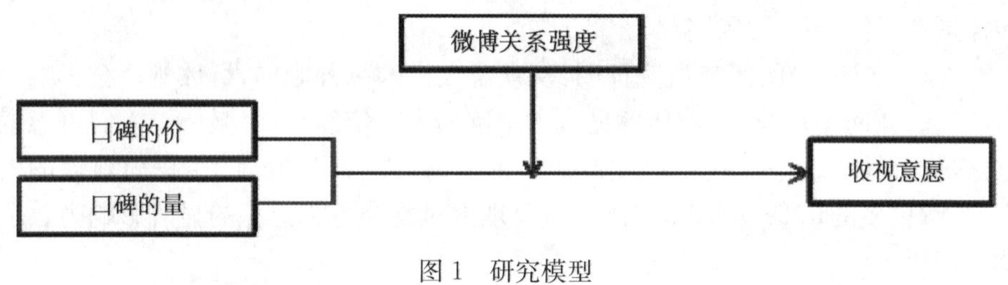

图1 研究模型

(二) 问卷设计和变量的操作化

问卷分为两个部分:第一部分测量不同量和价的口碑信息对收视意愿的影响,第二部分为人口统计学变量。

我们研究的主要问题是综艺节目口碑信息对收视意愿的影响,因此选择口碑信息的量和价作为自变量,微博关系强度为调节变量,收视意愿为因变量。

1. 自变量:综艺节目口碑的量和价

1) 综艺节目口碑的量

口碑的量被设定为两个水平,高口碑量信息和低口碑量信息。在微博情境中,口碑量的表现形式有转发量和评论量,由于两者代表的意义没有冲突,故在调查中高口碑量信息表现为高转发、高评论,低口碑量信息表现为低转发、低评论。在调查前期进行了24人的焦点小组访谈确定了口碑信息量这一变量。

2) 综艺节目口碑的价

口碑的价同样被设定为两个水平,正价口碑信息和负价口碑信息。在测试中使用的口碑信息,是通过热门微博、微博排行等找到近期热门综艺节目并搜集相关正面、负面评论60条,进一步去除有关节目内容等因素的评论,最终选出了10条正面评论和10条负面评论进行测试。接着,进行了小范围24人的测试,筛选出最正面的评论以及最负面的评论成为调查研究的材料。

2. 调节变量:微博关系强度

相对于传统口碑以其他网络平台口碑的特点,微博有其特殊性,强弱关系不能通过传统社会关系进行分类，也不能仅从是否互相关注来区分强弱关系。在前期的焦点小组访谈中我们向被访者询问了其微博好友构成、联系频率等，得出“互动频率”是一个主要区分关系的指标。由此我们将强关系定义为在微博中“经常互动的用户”，通常是微博好友；弱关系则是在微博中“几乎不互动的用户”，通常关注是单方面的。在调查中我们将强关系操作化为“微博经常互动的好友”，弱关系操作化为“微博中并没有互动的用户”。

3. 因变量：收视意愿

基于理性行为理论的基本假设，个人行为主要是由他的行为倾向决定的，倾向是行为的最直接的前因，因此在本项研究中我们选择测试收视意愿。我们将采用里克特5级量表对收视意愿进行测量，选项分别为：肯定不会＝－2；或许不会＝－1；不确定＝0；或许会＝1；肯定会＝2。

（三）研究地点和抽样

本文的数据来自2013年12月至2014年1月于上海交通大学闵行校区新图书馆进行的问卷调查，由于是调查微博口碑与收视意愿，因此调查对象选择了微博用户，研究者本身不介入，仅作观察，调查内容为被调查对象自身观看视频的意愿，内容不涉及隐私和心理变量。

参与调查的对象为本科生（48%）、研究生（45.5%）和博士生（6.5%），每组男女比例大致相同（96∶104），调查分为8组共200人。

根据研究设计，按照量（高/低）、价（正/负）、关系强度（强/弱）分成8组问卷，每份问卷25人进行填写，在学校内使用随机抽样。

参与调查的对象被要求浏览一则微博，然后回答在此微博场景下观看节目的意愿，问卷要求独立作答。

（四）统计分析

由于涉及量和价处于不同程度的微博口碑对于收视意愿的影响以及关系强度的调节作用，本研究采用单因素方差分析的统计方法来讨论不同程度的量、价对收视意愿影响的差异，以及关系强度与微博口碑的交互作用。

五、研究发现

（一）微博口碑传播量对收视意愿的影响

根据调查结果的ANOVA显示（ANOVA的结果就是报告F值），$F(1, 198)=30.002$，$p=0.000$，高传播量的口碑信息场景中被试的收视意愿（$M=$

1.06,$SD=0.973$)高于低传播量的口碑信息场景中被试的收视意愿($M=0.24$,$SD=1.138$),两者的组间差别显著,说明微博口碑信息的量越高,受众的收视意愿也越高,假设H1成立。同时也验证了Chevalier和Mayzlin(2003)以及Liu(2006)等的结论:网络口碑对受众行为意愿的影响中,口碑的量是重要的影响因素。

微博口碑信息的量会对受众收视意愿产生正向作用,不但支持了Asch的从众说,不愿意被疏离的安全需求刺激着人们"随大流",而且,这种现象在中国社会特别明显。因为中国传统文化中集体主义思想对国人的影响引致从众心理,与大多数人保持一致以避免冲突,是国人普遍的处事方式。网络中的口碑信息传播量越多,越能激发这种内在动力,从而推动人们收看节目。因此,在微博平台中,网络口碑评论的量成为影响综艺节目收视意愿的重要因素。无论是受到群体压力的影响,还是倾向于从众行为以获得认同,都证明了网络口碑信息的量越高,受众的收视意愿也越高。

(二)微博口碑传播价对收视意愿的影响

根据调查,我们发现正价口碑信息场景中被试的收视意愿($M=0.55$,$SD=1.136$)略高于负价口碑信息场景中被试的收视意愿($M=0.48$,$SD=1.230$)。ANOVA显示,两者组间差别不显著,$F(1,198)=0.016$,$p=0.901$。因此,说明口碑信息的价对收视意愿不产生显著影响,H2不成立;由于口碑信息的价对收视意愿不产生显著影响,即无法进行调节变量的测量,H4不成立。

这一结果则显示出了电视节目收视过程中,口碑的价,即正、负面评价并不会对收视意愿产生显著影响,接收到负价口碑的受众并没有比接收到正价口碑的受众收视意愿来得低。主要原因为以下三点:

(1)心理学中的负面偏好(Negativity Bias)表明为了避免负面经验的影响,人们倾向于负面评价[①](Baumeister, 2001)。负面评价更容易受到关注,影响力与正面评价不相上下。俗话说,好事不出门,坏事传千里。自古以来,负面偏好一直存在并影响我们的生活,出于自我保护的目的,人们对坏消息更敏感。

负面评价的表达通常更让人印象深刻,更容易受到关注。一方面,当下网络社会弥漫着负面气息,各种奇葩、重口味的吐槽反而大受追捧,成为吸引眼球的必备手段,透露出当下社会的浮躁喧嚣,人们生活空虚、无聊,追求刺激来填补寂寞;另一方面,网络成为负面情绪的宣泄口,大量网民通过反讽、恶搞反映社会现象,引发网友共鸣,受到网民的追捧。

---

① Baumeister R F, Bratslavsky E, Finkenauer C, et al. Bad is stronger than good[J]. Review of General Psychology, 2001, 95(3):477-509.

（2）根据 Petty[①]（1983）提出的 ELM 模型，收看电视节目作为一个低风险的行为决策，受众的卷入度低，并不会过多关注口碑信息的正、负面评价，所以，口碑的价，即正面、负面评论未显示出对收视意愿的显著差异。

（3）综艺节目的口碑评价本身具有主观性，仅个人观感，所以口碑评价并不会成为评判标准。在综艺节目这类文化产品的网络口碑传播中，“一千个读者就有一千个哈姆雷特”，评价可能更具主观性，倾向于表达受众的感受。

（三）微博关系强度的调节作用

基于以上发现，我们进一步考察口碑信息的量与关系强度的交互作用，分析的结果如表 1 所示，$F(1,198)=4.168$，$p=0.043$，口碑信息的量对收视意愿的影响中，关系强度有调节作用，H3 成立。

表 1　主体间效应的检验

因变量:收视意愿					
源	III 型平方和	*Df*	均方	*F*	*Sig.*
量	33.620	1	33.620	31.141	0.000
关系强度	5.780	1	5.780	5.354	0.022
量 * 关系强度	4.500	1	4.500	4.168	0.043
a. R 方=0.172(调整 R 方=0.0159)					

关系强度的调节作用如图 2 所示。在微博强关系传播场景中，口碑信息的量对收视意愿的影响显著 $F(1,98)=5.614$，$p=0.02$；在微博弱关系传播场景中，口碑信息的量对收视意愿的影响则更为显著 $F(1,98)=32.834$，$p=0.000$。这一结果表明了口碑信息量在影响收视意愿时受到关系强度的调节。

虽然整体的收视意愿上，强关系调节下的收视意愿仍高于弱关系调节下的收视意愿，但是可以发现图 2 中，在口碑信息传播量低的情况下，强关系调节的收视意愿明显高于弱关系调节的收视意愿，而在口碑信息传播量高的情况下，强关系调节的收视意愿与弱关系调节的收视意愿差距缩小，相差无几。即关系强度的调节作用在低口碑信息量的场景中要更为显著。这是由于在口碑信息量高的情况下，受众收视意愿也相应较高，关系强度的调节作用较小；在口碑信息量低的情况下，受众收视意愿相对偏低，此时，关系强度的调节作用就更为突出，来自强关系的网络口碑能够带来更高的收视意愿。

---

① Petty R E, Schumann D. Central and Peripheral Routes to Advertising Effectiveness: The Moderating Role of Involvement[J]. Journal of Consumer Research, 1983, 10(2):135 - 146.

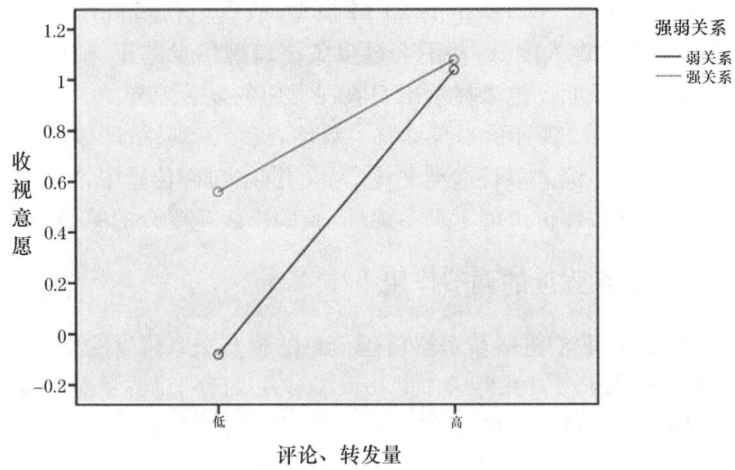

图 2 关系强度调节口碑信息量对收视意愿的影响

这个发现说明在微博口碑传播中,强关系的传播效果要好于弱关系的传播效果,随着关系强度的增加,口碑传播量对收视意愿的影响会减弱。因为在微博平台中互动频率最多的依然是较为熟悉的人,多为现实生活中人际关系的延续,受众一般不会拒绝来自熟人的推荐,因此强关系能够调节收视意愿。

六、结论和展望

本研究利用互联网平台,通过现场研究结合问卷调查的方法探索了微博网络口碑传播对电视综艺节目的收视意愿影响,丰富了新闻、书籍、电影之外媒介消费领域的网络口碑传播研究;探讨了网络口碑传播中影响收视意愿因素之间的交互作用,不仅证明网络口碑传播对综艺节目收视意愿的重要影响,还发现人际关系是调节网络口碑对收视意愿影响的重要因素(见 H4)。

本研究属于探索性研究,在未来的研究中将通过引入中性评价形成多级评价,进一步讨论口碑信息的价对于受众收视行为意愿的影响;本研究为了研究操作,并未将转发量、评论量分开考察,而转发量主要指向传播范围,评论量则更偏重深度互动,在未来的研究中,我们将分列转发和评论,讨论比较两者对受众收视行为意愿影响的异同,进一步完善网络口碑对媒介消费的影响机制。

作者:薛　可、张　漪

原载《当代传播》,2015 年第 1 期

社会化媒介对品牌资产的影响
——基于品牌成熟度的调节效应

网络营销虽然有着高感知风险的特征，但是其便利性是传统营销无法比拟的[①]，因此建立良好口碑就成为各个销售商的营销重点[②]，而这也是社会化媒介的擅长指出。现在互联网的信息传播发展趋势是社会化媒介和传统门户网站并存的时代，传统门户网站仍然存在于信息采集、信息加工、信息制作、信息传递的传播全过程。而社会化媒介更强调弥补传统媒介的不足，专注于信息的互动性与个性化。在宾夕法尼亚大学的研究报告中发现，社会化媒介中 20%的内容都指向品牌、产品或服务，这将极大地影响潜在顾客对品牌的评价[③]。

一、文献回顾与研究假设

（一）社会化媒介营销的作用

社会化媒介改变了企业惯有的媒介战略，企业的新闻发布与媒介布局开始更多地趋向于社会化媒介环境[④]。社会化媒介改变了企业与消费者之间的联系形式，企业希望通过社会化媒介吸引客户、建立并保持信赖与声誉[⑤]。可以说，社会化媒介就是一种保持市场营销与沟通的工具[⑥]，它正以细分市场、高度个性化的社区服务、实时互动、自发组织和合作活动来赢得受众青睐[⑦]，但现有营销方式的单一化、雷同化使其营销效果正在减弱。从传播内容来讲，虽然八卦、笑话等内容固然很受大众用户欢迎，且能快速增加粉丝、提高转发数与评论数，但

---

① 孔伟成，李琪，姜素芳.网络服装购买行为的影响因素分析[J]. 财经论丛，2011，(02)：105 - 109.

② 孙春华，刘业政.网络口碑信息可信度的实验研究[J]. 财经论丛，2009，(04)：96 - 102.

③ Stuth K，Mancuso J. How Current Are Your Beliefs About Social media? [J]. Marketing Research，2010.

④ Waters R D，Natalie T J，Tindall，Timothy S，Morton[J].Journal of Public Relations Research，2010，22(3)：241 - 264.

⑤ 胡钰沛. 试论社会化媒介营销发展状况[D].上海：复旦大学，2011.

⑥ Weiss M. The use of social media sites data by business organizations in their relationship with employees[J]. Journal of Internet Law，August，2011：16 - 27.

⑦ Kerrigan F，Graham G. Interaction of Regional News-Media Production and Consumption through The Social Space[J]. Journal ofMarketing Management，March，2010，26：302 - 320.

通过这些方式获取的粉丝并不是潜在用户①。虽然社会化媒介营销拥有显著的本地化趋势,能有效展开本地化营销,但网络“水军”和单一的营销方式使得受众开始审美疲劳,导致营销效果弱化②。社会化媒介营销已经历了从无到有的蜜月期——消费者已显出了对其营销手段单一化的疲态。

(二)社会化媒介

从信息的角度来讲,虽然商业的触角已渗入了社会关系网络,并且增长迅猛,但我们看到的更多的是失败的营销案例,因为这些媒介大多是在传播企业新闻,而不是在传播对受众有足够价值的信息③。从传播者的角度来讲,虽然成熟品牌在广告效果与媒介战略方面有着自身的优势,但成熟品牌的广告难以影响消费者对品牌持有的态度④。另外,成熟品牌更容易引起消费者的主动信息跟踪、再传播,非熟悉品牌需要花费更大的力气来培养新的粉丝,这就需要在内容上倾注更多的趣味性、互动性、利益性、创新性来粘住受众。企业可以利用社会化媒介来进行市场研究、建立公共关系、培养意见领袖、制造广告效应、开发新产品、降低服务成本、建立品牌忠诚⑤。

(三)品牌成熟度与媒介效果

Machleit 认为,成熟品牌就是诸如 Coke、McDonald's、Nike 这样被消费者成百上千次知晓的品牌⑥。Gibson 认为相对于非熟悉品牌来讲,成熟品牌的商业活动受到外界条件的影响更小。Huffman 探讨了品牌资产与品牌成熟度之间的联系,发现那些保持长久的消费者-品牌之间的关系并不一定要求品牌的高成熟度⑦。从社会化媒介营销来讲,成熟品牌更容易引起消费者的主动信息跟踪、再传播,非熟悉品牌需要花费更大的力气来培养新的粉丝,这就需要在内容上倾注更多的趣味性、互动性、利益性、创新性来粘住受众。

---

① 史亚光. 企业微博客营销策略研究[D].上海:华东师范大学, 2011.

② 郑亚琴, 郭琪. 微博营销对企业品牌传播的影响[J].吉林工商学院学报, 2011,(4):27-31.

③ Ramsay M. Social media etiquette: A Guide and Checklist to The Benefits and Perils of Social Marketing[J].Journal of Database Marketing & Customer Strategy Management, 2010,17: 257-261.

④ Gibson B. Can Evaluative Conditioning Change Attitudes toward Mature Brands? New Evidence from the Implicit Association Test[J].Journal of Consumer Research, June, 2008,35:178-188.

⑤ Ang L. Community Relationship Management and Social Media[J].Journal of Database Marketing & Customer Strategy Management, 2011,18:31-38.

⑥ Machleit K A, Allen C T, Madden T J. The Mature Brand and Brand Interest: An Alternative Consequenceof Ad-Evoked Affect[J].Journal of Marketing, 1993,(57) :72-82.

⑦ Huffman C. Beyond Brand Equity:Managing Mature Brands[J].Advances in Consumer Research, 1997,(24):251-252.

（四）品牌资产与媒介效果

迄今为止，绝大部分学者都是从消费者角度来定义品牌资产，其理论前提是强势品牌的力量归根结底来自该品牌与消费者之间的关系①。Aaker 提出从品牌知名度、感知质量与领导力、品牌忠诚、品牌联想与差异化维度衡量品牌资产②。严格来讲，它属于市场/顾客影响力评估品牌资产的方法，即根据品牌对市场亦即顾客产生的影响力进行测评，以此来评估品牌资产的价值③。基于上述，我们引出以下假设：

H1：社会化媒介营销会提升成熟品牌资产的价值。

H1a：社会化媒介营销会提升成熟品牌知名度；

H1b：社会化媒介营销会提升成熟品牌忠诚；

H1c：社会化媒介营销会提升成熟品牌感知质量与领导力；

H1d：社会化媒介营销会提升成熟品牌联想与差异化。

H2：社会化媒介营销会提升非熟悉品牌资产的价值。

H2a：社会化媒介营销会提升非熟悉品牌知名度；

H2b：社会化媒介营销会提升非熟悉品牌忠诚；

H2c：社会化媒介营销会提升非熟悉品牌感知质量与领导力；

H2d：社会化媒介营销会提升非熟悉品牌联想与差异化。

成熟品牌相对于非熟悉品牌来讲会有诸多的先天优势，传播效果取决于广告品牌的熟悉度④。对成熟品牌不利的方面是，成熟品牌的广告难以影响消费者对品牌持有的态度⑤，但有利的方面是成熟品牌的商业活动受到外界条件的影响更小。基于上述，我们引出以下假设：

H3：品牌成熟度对社会化媒介营销提升品牌资产有着调节效应。

H3a：品牌成熟度对社会化媒介营销提升品牌知名度有着调节效应；

H3b：品牌成熟度对社会化媒介营销提升品牌忠诚有着调节效应。

---

① 赵占波．品牌资产维度的探索性研究[J]．管理科学，2005，18(05)：10-16.

② Aaker D A. Measuring Brand Equity Across Products and Markets[J]. Caufornia Management Review，1996，38(3)：102-120.

③ 陆娟，芦艳，娄迎春．服务忠诚及其驱动因素：基于银行业的实证研究[J].管理世界，2006，(08)：94-103.

④ Campbell M C，Keller K L. Brand Familiarity and Advertising Repetition Effects[J].Journal of Consumer Research，September，2003，(30)：291-304.

⑤ Yoo B，Donthu N，Lee S. An examination of selected marketing mix elements and brand equity[J]. Journal of the Academy of Marketing Science，Feb，2000，(54)：195-211.

二、研究方法

（一）研究设计

我们选取“新浪微博”作为实验平台，所有受试者都必须为使用微博 6 个月以上的活跃用户，并进行 2(社会化媒介营销——接受前和接受后) × 2(品牌成熟度——成熟和非熟悉) 的混合因子设计，其中“社会化媒介营销”为组内因子，“品牌成熟度”为组间因子。我们把受试者分为两组，一组受试者在新浪微博中关注成熟品牌“宝马中国”，另一组受试者关注非熟悉品牌“保丽净官方微博”。为防止消费者对“宝马”汽车公司产品已有过于充分的了解，我们对受试者的选择条件之一就是没有购买过宝马汽车，平时对汽车品牌、行业动态并不关心的非车迷群体，以防止“天花板效应”的产生。对非熟悉品牌“保丽净”涉及的受试者要求其从未使用过该产品。对实验时间跨度的选取，我们认为社会化媒介营销是一种较长期的营销过程，因此两组受试者均被要求连续登录微博 60 天。

（二）量表选取与检验

由于品牌资产相关议题已经有了较为长期的研究，本文参考 Yoo 等人、Netemeyer 等人的品牌资产量表并进行优化后进行品牌资产的测量[①]。Cronbach'α 系数问卷信度检验结果发现，受试者对品牌知名度(0.841)、感知质量与领导力(0.842)、品牌忠诚(0.855)和品牌联想与差异化(0.812) 的 Cronbach'α 系数均超过了 0.80，达到了在基础研究中信度超过 0.80 的要求。在内容效度方面，由于本文采用的量表参考以往学者类似研究的问卷，并通过专家意见多次修订，从而保证了本文所用量表具有较好的内容效度。另外，在收敛效度检验中，每个因子载荷均大于 0.5，每个潜在变量的 AVE 均大于 0.5，各个潜在变量的组合信度均大于 0.8，收敛效度达到相关要求。在区别效度检验中，我们看到每列(或行) 的最大值均为对角线上的 AVE 平方根，区别效度达到相关要求。因此，本文选取的品牌资产量表具有符合要求的信度和效度。

（三）数据收集

正式实验共选取 465 位消费者样本进行实验。有效问卷共计 433 份，212 位受试者来自关注“宝马中国”，221 位受试者来自关注“保丽净”。其中，网络电子版问卷回收 252 份，纸质问卷回收 181 份，有效问卷回收率为 93.1%。在消

---

① Netemeyer R G, Krishnan B, Pullig C. Developing and Validating Measures of Facets of Customer-Based Brand Equity[J].Journal of Business Research, 2004,(57):209 - 224.

费者样本中，男性 212 名，女性 221 名，本科以下学历受试者 18 名，本科学历受试者 310 名，本科以上受试者 105 名。

三、研究假设检验

首先我们检验 H1。由表 1 可知，数据分析结果没有支持 H1a 和 H1b。社会化媒介营销并不会显著提升成熟品牌知名度和感知质量与领导力。但数据分析结果支持了 H1c 和 H1d。作为一个感情联系的纽带，社会化媒介的互动性和趣味性等特征让消费者有着建立“友谊”的感觉，这使得品牌与消费者之间的情感得到提升，品牌忠诚也就顺其自然地提升了。而对品牌联想与差异化来讲，消费者在社会化媒介中看到了传统媒介难以接触和记忆的产品知识，并且这种信息是通过游戏和兴趣被客户所“拉”出的，其效果也比传统媒介的广告优越。因此，社会化媒介营销会提升成熟品牌资产的价值(H1) 部分成立。

表 1 成熟品牌的品牌资产各维度变化

品牌资产维度	实验前	试验后	效果差	F 值	相伴概率
品牌知名度	6.369	6.498	0.129	0.642	0.528
品牌感知质量与领导力	5.672	5.767	0.095	0.137	0.893
品牌忠诚	4.726	5.655	0.929	6.093	<0.001
品牌联想与差异化	5.014	5.845	0.831	4.243	0.001

接着我们检验 H2。由表 2 可知，数据分析结果支持了 H2a、H2b 和 H2d。社会化媒介营销会提升非熟悉品牌知名度、感知质量与领导力及品牌联想与差异化。非熟悉品牌本身对自身的行业知名度较低，社会化媒介的低成本宣传有效地弥补了非熟悉品牌的品牌知名度短板。而感知质量与领导力的提升则有效地依托了社会化媒介互动性这一独特优势，使买卖双方能及时地良好互动，并通过意见领袖对产品质量的肯定或否定影响潜在消费者对产品的评价。非熟悉品牌也能通过社会化媒介很好地塑造企业品牌联想与差异化，这是由于相比于传统媒介低信息量、高成本的营销，社会化媒介营销能很好地通过较大的信息量塑造一个清晰的产品轮廓，帮助潜在消费者更好地辨识产品细节。但数据分析结果并未支持 H2c。因此，社会化媒介营销会提升非熟悉品牌资产的价值(H2) 部分成立。

表 2　非熟悉品牌的品牌资产各维度变化

品牌资产维度	实验前	试验后	效果差	*F* 值	相伴概率
品牌知名度	2.630	5.161	2.531	7.990	<0.001
品牌感知质量与领导力	2.308	2.667	2.359	5.739	<0.001
品牌忠诚	2.109	2.422	0.313	1.146	0.271
品牌联想与差异化	1.691	2.703	1.012	4.583	<0.001

最后我们检验 H3。由表 3 可知，数据分析结果支持了 H3a、H3b 和 H3c。由于品牌成熟度的影响，品牌在接受社会化媒介营销后的效果有着显著的差异。在品牌知名度和感知质量与领导力两个维度中，非熟悉品牌的品牌资产提升要显著高于成熟品牌；在品牌忠诚维度中，成熟品牌获得的资产提升又要显著高于非熟悉品牌。而在接受社会化媒介营销后，品牌资产维度的品牌联想与差异化并未受到品牌成熟度的调节效应影响，数据分析结果也没有支持 H3d。在接受社会化媒介营销后，品牌联想与差异化对成熟品牌还是非熟悉品牌都有显著的提升，但它们的提升程度趋于一致水平。因此，品牌成熟度对社会化媒介营销提升品牌资产的调节效应（H3）部分成立。

表 3　品牌成熟度对接受社会化媒介营销的品牌资产提升效果差异

品牌资产维度	成熟品牌	非熟悉品牌	效果差	*F* 值	相伴概率
品牌知名度	0.129	2.531	−2.402	25.000	<0.001
品牌感知质量与领导力	0.095	2.359	−2.264	15.125	<0.001
品牌忠诚	0.929	0.313	0.616	12.500	0.003
品牌联想与差异化	0.831	1.012	−0.181	1.316	0.268

四、结论与启示

媒介不是营销的全部手段，但不可否认媒介是营销活动中不可或缺的重要组成部分。微博作为社会化媒介最成功的方式，已成为企业进行品牌营销的重要手段[①]。对不同的品牌来讲，社会化媒介营销都是他们理想的商业手段，但在进行商业活动前，分析自身能利用社会化媒介营销得到哪些价值，这是企业管理

① 杨辉.产品因素对网络消费者感知风险的影响研究[D].杭州：浙江财经学院，2011.

者必须弄清楚的问题[①]。本文基于品牌成熟度差异，发现社会化媒介营销对品牌资产的提升有着较大的差异。对成熟品牌来讲，社会化媒介营销能提升其品牌忠诚和品牌联想与差异化。而对非熟悉品牌来讲，社会化媒介营销能提升其品牌知名度、感知质量与领导力及品牌联想与差异化。另外，品牌成熟度对社会化媒介营销提升品牌知名度、感知质量与领导力及品牌忠诚有着调节效应。

作者：王　爽、余明阳、薛　可

原载《财经论丛》，2014 年第 4 期

① 史有春，耿修林.消费者风险承担和回避特征的差异研究[J].商业经济与管理，2008，(6)：50－57.

奢侈品品牌传播中语意形式及群体规范对说服效果影响的研究

近年来,中国经济的巨大发展推动了社会阶层结构的变动,中产阶层的崛起以及各种新富群体的出现,推动了奢侈品行业在国内市场的繁荣,使得奢侈品市场在中国得以快速发展。我国成为全球第一大奢侈品消费国,高盛 2010 年底的数据显示,2010 年中国奢侈品消费高达 65 亿美元,连续三年全球销售量和增长率均排第一(王海忠,秦深,刘笛,2012)[①],也因此开始逐步受到研究者的重视。同时由于欧洲百年奢侈品品牌进入中国这个新兴市场,使得中国奢侈品市场面临了消费者的品牌忠诚度低、文化差异等严峻的问题,因此正确认识奢侈品品牌传播效果的影响因素及作用机制,建立消费者的品牌忠诚度成为品牌竞争市场中制胜的关键。调查显示,24.71%的消费者是为了追求虚荣而选择奢侈品(彭传新,2010)[②],而虚荣效应则是在消费者所在群体施以的无形压力作用下而产生的,因此群体的存在直接影响了消费者对品牌传播中的提示模式、释义模式和诉求模式等语意形式的偏好和敏感程度,而群体规范是其中一个较为重要的影响因素。然而,在过去的文献中,关于奢侈品的相关研究并不少,但多集中于品牌体验(Atwal 和 Williams,2009)[③]、互联网品牌维系(Okonkwo,2009)[④]、面子效应(Han, Nunes 和 Drèze,2010)[⑤]、品牌文化(Dubois 和 Duquesne,1993)[⑥],而关于传播的语意形式、消费者群体规范对品牌传播的说服效果影响的相关研究较少。于是本文将对群体规范作用下传播的语意形式对说服效果影响进行研究,以探索不同群体规范作用下消费者对不同语意形式接受程度的影响路径和作用机制。

---

① 王海忠,秦深,刘笛.奢侈品品牌标识显著度决策:张扬还是低调——自用和送礼情形下品牌标识显著度对购买意愿的影响机制比较[J].中国工业经济,2012,11:148-160.

② 彭传新.奢侈品品牌文化研究[J].中国软科学,2010,2:69-77.

③ Atwal G, Williams A. Luxury brand marketing — The experience is everything! [J]. Journal of Brand Management, 2009, 16(5-6):338-346.

④ Okonkwo U. Sustaining the luxury brand on the Internet[J]. Journal of Brand Management, 2009, 16(5):302-310(9).

⑤ Han Y J, Xavier Drèze. Signaling Status with Luxury Goods: The Role of Brand Prominence[J]. Journal of Marketing, 2010, 74(4):1547-7185.

⑥ Dubois B, Duquesne P. The Market for Luxury Goods: Income versus Culture[J]. European Journal of Marketing, 1993, 27(1):35-44.

一、理论背景与研究假设

（一）提示模式与说服效果

品牌传播中的提示模式主要包括一面提示和两面提示，其中一面提示是在传播信息中仅向受众提示于己有利的判断材料；两面提示是既包含产品优点的信息，也适当暴露产品的不足（Wright 和 Page，1976：157－159）[①]。一面提示和两面提示可视为信息单面性的不同程度的两个极端。而说服效果则是受传者的态度沿传播者说服意图方向发生变化程度。根据经济学理论，随着产品价格的不断升高，消费者对其价格的边际敏感度会逐渐升高（Vickrey，1945：319－333）[②]。然而在整个产品市场中，奢侈品价格整体上处于同类产品之上，其价格的边际敏感度较大，受众对其中的边际风险意识也较大，因此在该情况下受众对单面信息与双面信息的接受程度可视为一个风险决策过程，单面积极信息反映了感知确定性收益，两面提示中的负面信息反映了感知损失程度，根据前经济学中的大多数人属于风险规避者的研究结论（Varian 和 Repcheck，2010：53－54）[③]，受众更倾向于选择单面提示的信息，而规避具有感知风险的两面提示，因此单面信息能起到产生更佳的说服效果。基于此，可以提出如下假设：

H1：奢侈品品牌传播中信息的单面性程度对说服效果有着显著的正向影响。

（二）释义模式与说服效果

品牌传播中的释义模式主要包括明示结论和寓观点于材料，其中明示结论法向受众所展示的观点鲜明，受众易于理解传播者的意图和立场；寓观点于材料的释义法容易使所要表达的主旨隐晦、模糊，增加理解难度，不易迅速和简明地获知传播者的意图（Johnson 和 Eagly，1989）[④]。奢侈品属于非必需品，它的有无不会明显影响人们正常的日常生活，同时由于较高的价格，消费者在对奢侈品的购买决策时更为谨慎，在该情况下受众对其中的风险更为敏感（Aaker 和

---

① Mccormack T，Wright C R. Mass Communication：A Sociological Perspective[J]. Contemporary Sociology，1976，5.

② Vickrey W. Measuring Marginal Utility by Reactions to Risk[J]. Econometrica，1945，13(4)：319－333.

③ Varian，H. R.，& Repcheck，J. Intermediate microeconomics：a modern approach（Vol. 6）[M]. New York：WW Norton & Company，2010.

④ Johnson B T，Eagly A H. Effects of involvement on persuasion：A meta-analysis[J]. Psychological Bulletin，1989，106(2)：290－314.

Maheswaran, 1997)[①],传播中的寓意的释义模式降低了受众品牌信息理解的准确性,增加了对购买后损失风险可能性的认知,而明示结论却降低了因语义含蓄而导致的感知风险,因此明示结论释义模式会产生更佳的说服效果。基于此,可以提出如下假设:

H2:奢侈品品牌传播中结论明示程度对说服效果有着显著的正向影响。

(三)诉求模式与说服效果

诉求模式是品牌传播中传播者有意识地运用各种策略,激发潜在消费者针对产品进一步搜集信息,形成或改变对该产品的态度和认知,并最终导致购买行为(Wang 和 Wang,2010)[②],主要包括理性诉求和感性诉求。其中理性诉求是采取理性说服的方法,有理有据地直接论述产品的特性和长处,使受众经过概念、判断、推理等思维过程,理智地做出决定。感性诉求则向受众动之以情,抓住受众的情感需要,向受众诉求该产品能满足其自尊、自信的特征,激发受众的情绪,影响受众对该信息和产品的印象,从而产生强大的情感上的感染力和影响力(McQuail,1987:131-133)[③]。奢侈品作为一种高雅的产品,往往可以给消费者提供一种与众不同的品位和象征价值,而感性诉求能够将积极的情感体验和品牌联系起来,增强对品牌的喜爱程度,同时能够更好地降低价格的敏感性(Chevalie 和 Mazzalovo,2008:89-90)[④],增加受众购买的可能性,提高了品牌的传播效果。基于此,可以有如下假设:

H3:奢侈品品牌传播中诉求的感性程度对说服效果有着显著的正向影响。

(四)文化程度调节作用

认知理论认为,知觉是人们对所接受到的刺激物赋予意义的过程,这个过程依赖于来自环境和来自知觉者自身的信息(即已有知识)。在人的认识和行为过程中,他们头脑中已有的知识结构对其产生决定性作用。完整的认知过程是"定向—抽取特征—比较"的循环过程,而知识在其中是通过图式(schema)来发挥作用(Ratneshwar 和 Chaiken,1991)[⑤]。知识结构完善的人有较大的图式网络,

---

① Aaker J L, Maheswaran D. The effect of cultural orientation on persuasion[J]. Journal of Consumer Research, 1997, 24(3):315-328.

② Chih-Chien Wang, Yi-Ting Wang. Persuasion Effect of e-WOM: The Impact of Involvement and Ambiguity Tolerance[J]. Journal of Global Academy of Marketing Science, 2010, 20(4):281-293.

③ McQuail, D. Mass communication theory: An introduction[M]. Sage Publications, Inc,1987.

④ Chevalier, M., & Mazzalovo, G. Luxury brand management: a world of privilege[M]. John Wiley & Sons,2008.

⑤ Ratneshwar S, Chaiken S. Comprehension's Role in Persuasion: The Case of Its Moderating Effect on the Persuasive Impact of[J]. Journal of Consumer Research, 1991, 18(1):52-62.

而知识结构狭窄的受众的图式网络较小，因此文化程度高的人在信息处理和加工的过程中能够使用较大的图式网络进行发散性思维，具有较强的逻辑性，容易接受辩证性和理性推理的两面信息，也能更好地理解不同释义形式的信息，因此信息的单面性程度和感性程度对该类受众产生较差的说服效果，结论明示程度能产生较佳的说服效果；而文化程度低的人他们的图式网络较小，难于做到对事物进行辩证和理性的分析，对信息理解程度也较低（Richardson，2004）①，因此信息的单面性程度和感性程度对该类受众产生较佳的说服效果，结论明示程度则产生较差的说服效果。基于此，可以提出如下假设：

H4a：奢侈品品牌传播中文化程度在信息单面性程度与说服效果间存在负向调节。

H4b：奢侈品品牌传播中文化程度在结论明示程度与说服效果间存在正向调节。

H4c：奢侈品品牌传播中文化程度在信息感性程度与说服效果间存在负向调节。

（五）群体规范调节作用

群体规范，是指人们在群体中共同遵守的行为方式的总和。社会上有许多各式各样的群体，每个人都会隶属于一个或几个群体，其中的群体规范对其成员的态度和观点具有重要的影响，它统一着群体成员的意见和看法，调节着他们的行为（Barber，Stone，Hunt 等，2005：185－210）②。个人独处时，各人的看法往往是不同的，当他们一旦结合成为群体，群体成员就会受到群体规范的约束和群体舆论压力，会潜意识地形成群体思维惯性，并不自觉地通过自身的言行表现出来（Tuddenham，1958）③。严格的群体规范比松散的群体规范更能使群体成员产生严谨的思维方式和行为习惯，在对接收到的信息更倾向于采用理性和辩证的方式对信息进行加工和处理，同时由于规范的严格性，违反规范可能面对较重的惩罚和舆论的压力（Terry 和 Hogg，1996）④，在该心理压力的情况下他们更偏好意义明确的信息表达方式，以避免理解不准确而产生的风险，而两面提示、明示

① Richardson P M. Possible Influences of Arabic-Islamic Culture on the Reflective Practices Proposed for an Education Degree at the Higher Colleges of Technology in the United Arab Emirates[J]. International Journal of Educational Development, 2004, 24(4):429－436.

② Barber B L, Stone M R. Benefits of activity participation: The roles of identity affirmation and peer group norm sharing[C].In J.L. Mahoney, R.W. Larson, & J.S. Eccles(Eds.),2005.

③ Read D. Tuddenham. The Influence of a Distorted Group Norm upon Individual Judgment[J]. Journal of Psychology Interdisciplinary & Applied, 1958, 46(2):227－241.

④ Terry D J, Hogg M A. Group Norms and the Attitude-Behavior Relationship: A Role for Group Identification[J]. Personality & Social Psychology Bulletin, 1996, 22(8):776－793.

结论和理性诉求正体现了该思维方式,因此信息的单面性程度和感性程度对处于该类群体中的受众能产生较差的说服效果,结论明示程度能产生较佳的说服效果。基于此,可以提出如下假设:

H5a:奢侈品品牌传播中群体规范在信息单面性程度与说服效果间存在负向调节。

H5b:奢侈品品牌传播中群体规范在结论明示程度与说服效果间存在正向调节。

H5c:奢侈品品牌传播中群体规范在信息感性程度与说服效果间存在负向调节。

(六) 理论框架

本研究以奢侈品品牌传播中的提示模式、释义模式和诉求模式作为自变量,以说服效果作为因变量,以文化程度作为个体层次调节变量,以群体规范作为群体层次调节变量,构建多层线性模型。其理论框架图如图 1 所示。

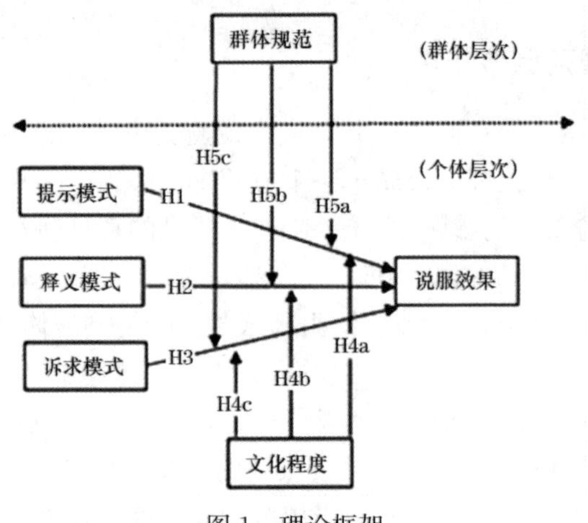

图 1　理论框架

二、研究方法与设计

(一) 研究方法

由于提示模式、释义模型、诉求模式和文化程度均为个体层面的变量,而群体规范则为群体层面的变量,需要对数据进行跨层次分析,传统的线性回归模型对于方差齐性,尤其是个体间随机误差相互独立的假设很难满足,而多水平线性模型不仅考虑到不同水平的变异,而且在模型的假设上与实际情况更吻合,使用该方法分析得到的结果能更合理、正确地揭示事物之间的真实关系。

（二）量表及问卷设计

因变量：说服效果，主要根据 Hovland（1951a）①的研究成果，以意见和态度的改变程度来衡量说服的效果，共 4 个测项。

自变量：提示模式，参考 Hovland（1948b：371－375）②设计的量表，主要测量信息的单面提示程度，共设计 3 个题项；释义模式，参考 Hovland 和 Mandell（1952）③开发的量表，主要测量信息结论的明示程度，共 3 个测项；诉求模式，参照 Hurlemann 等（2008）④和 Duda（1998）⑤开发出的心理量表，主要测量信息诉求的感性程度，共 3 个测项。

控制变量：收入水平，该变量会影响到受众对奢侈品的购买意愿，从而影响品牌传播的说服效果，需把该变量作为控制变量加以处理。

第一水平调节变量：文化程度，以“4”表示大专及以上，“3”表示高中，“2”表示初中，“1”表示小学及以下。

第二水平调节变量：群体规范，参考 Katz 和 Lazarsfeld（1970：273－276）⑥的研究成果，主要测量受众所在群体的群体规范正式和严格程度，共设 4 个题项。

以上变量的测量除“文化程度”外均采用李克特五点量表，“1”表示非常不同意，“5”表示非常同意，具体的研究量表如表 1 所示。

表 1　研究量表

变量	题　　项
奢侈品定义	Q1：在你眼中，奢侈品概念的定义
	Q2：你使用奢侈品的频率

① Hovland C I. Changes in attitude through communication[J]. Journal of Abnormal Psychology, 1951：46.

② Hovland C I. Social Communication[J]. Proceedings of the American Philosophical Society, 1948, 92(5)：371－375.

③ Allen W. An experimental comparison of conclusion-drawing by the communicator and by the audience[J]. Audiovisual Communication Review, 1953, 1(2)：143.

④ Hurlemann R, Jessen F M, Frommann I, et al. Interrelated neuropsychological and anatomical evidence of hippocampal pathology in the at-risk mental state[J]. Psychological Medicine, 2008, 38(6)：843－851.

⑤ Duda J L. Advances in sport and exercise psychology measurement[M]. Fitness Information Technology, 1998.

⑥ Katz E, Lazarsfeld P F, Roper E. Personal influence : the part played by people in the flow of mass communications[J]. Canadian Journal of Economics & Political Science, 1955, 80(13)：1583－1583.

(续表)

变量	题　　项
提示模式	Q3:在你所使用的奢侈品的信息传播中关于品牌价值的概述使用的积极有利信息所占比例
	Q4:在你所使用的奢侈品的信息传播中关于品牌文化的概述使用的积极有利信息所占比例
	Q5:在你所使用的奢侈品的信息传播中关于品牌个性的概述使用的积极有利信息所占比例
释义模式	Q6:在你所使用的奢侈品的信息传播中关于品牌价值的描述直接给出明确观点的信息所占比例
	Q7:在你所使用的奢侈品的信息传播中关于品牌文化的描述直接给出明确观点的信息所占比例
	Q8:在你所使用的奢侈品的信息传播中关于品牌个性的描述直接给出明确观点的信息所占比例
诉求模式	Q9:在你所使用的奢侈品的信息传播中关于品牌价值的描述使用了理性逻辑分析的信息所占比例
	Q10:在你所使用的奢侈品的信息传播中关于品牌文化的描述使用了理性逻辑分析的信息所占比例
	Q11:在你所使用的奢侈品的信息传播中关于品牌个性的描述使用了理性逻辑分析的信息所占比例
说服效果	Q12:你在看过(或听过)这些奢侈品品牌传播信息后你对该品牌意见有多大程度改变
	Q13:你在看过(或听过)这些奢侈品品牌传播信息后你对该品牌态度有多大程度改变
	Q14:你在看过(或听过)这些奢侈品品牌传播信息后你对该品牌购买意愿有多大程度改变
	Q15:你在看过(或听过)这些奢侈品品牌传播信息后向你周围的人推荐该品牌的意愿有多大程度改变

（续表）

变量	题　　项
群体规范	Q16：你对这些奢侈品的购买意愿是否收到所在群体的影响，如果是，那主要收到来自哪类群体的影响
	Q17：你觉得你所属于的主要群体的正规性如何
	Q18：你觉得该群体对违反群体规定的成员惩处的严重程度如何
	Q19：你觉得该群体中的成员能够自由决策的数量收到群体规范约束的程度如何
	Q20：你觉得该群体中的成员能够自由决策的范围收到群体规范约束的程度如何
文化程度	Q21：你的文化程度
收入水平	Q22：你的收入水平

（三）数据收集

本研究使用的数据来自该课题组于 2013 年 10 月开展的“奢侈品品牌传播说服效果状况”问卷调查。为了进行问卷效度和信度分析，在问卷正式发放之前进行了预测试，选择在上海交通大学发放了共 100 份问卷，回收了 63 份。对回收的问卷进行处理分析，其中纠正条款相关系数（CITC）在题项 Q13 上小于 0.30，其余的题项均大于 0.30；各潜变量的 Cronbach's α 和量表总 α 值均大于 0.7；在因子检验中，除文化程度与收入水平外其他每个变量也均不存在单维度。因此删除测量项 Q13，其余测项均保留。正式的问卷调查以上海市全体市民为抽样总体，涵盖了上海市高校、企业、培训机构等不同行业和领域。调查采用分层抽样法，共分为两层，第一层先把抽样总体分为学校、服务业、制造业、培训机构、事业单位、党群机关等 12 大类，该层样本框为样本所在单位的类型名称，采用随机数表法进行随机抽样，从中抽取 6 个样本类型，即该层样本量为 6；第二层抽样亦采用随机数表法分别从第一层所抽取的 6 个类型中各抽取 2 个单位作为第二层抽样的样本量，样本框为该 6 个类型所包含的所有企业和单位的名单，样本量为 12，最后将所抽取的这些样本合并构成本次抽样的总样本。在整个调查过程中，除了严格遵循随机抽样和社会调查的原则外，为了作为回报，调查组还为能认真填写问卷的每位受访者提供价值 10 元的小礼物，以提高调查的准确性和有效性。该调查共历时 2 个月，共发放问卷 1 769 份，回收问卷为 1 528 份，有效问卷 1 305 份，抽样大小即为 1 305 人，有效问卷回收率为 73.77%（即有效问卷数除以问卷总数），样本具体的人口统计学特征如下：男性 741 人，占

56.78%,女性564人,占43.22%;20~30岁279人,占21.38%,31~40岁427人,占32.72%,41~50岁283人,占21.69%,51~60岁316人,占24.21%;大专及以上406人,占31.11%,高中253人,占19.37%,初中481人,占36.86%,小学及以下165人,占12.64%;学生418人,占32.03%,工人625人,占47.89%,其他262人,占20.08%。该样本资料涵盖了上海市不同性别、年龄、文化程度和职业的抽样个体,从人口学统计特征来看,抽样结果与上海市整体人口统计学特征(即男性约占51.5%,女性约占48.5%;20~34岁约占47%,35~65岁约占38%;小学及以下约占14%,初中约占36%,高中约占21%,大专及以上约占29%等)相差不大,可以代表整个上海市的抽样总体体征。

三、数据处理与假设检验

(一)信度与效度分析

量表的结构效度。在对各个变量进行探索性因子(EFA)前,先进行KMO测定和Bartlett球形检验,其中KMO值为0.814,大于0.7,Bartlett检验的p值均为0.000,小于0.001,拒绝原假设,说明该测量问卷内部存在显著的相关性,适合进行EFA分析。在EFA分析(除文化程度和收入水平题项外)中,结果可以提取5个因子,该5个因子累积所能解释的方差为73.41%,同时除了测项Q16的因子负荷为0.34外,其他各项在对应变量上的因子负荷均大于0.5,说明量表具有良好的结构效度。

量表的信度。使用SPSS13.0进行问卷各题项的内部一致性检验,经数据处理,提示模式、释义模式、诉求模式、说服效果和群体规范各分量表的Cronbach's α分别为0.76、0.87、0.81、0.73、0.79,整个问卷的总Cronbach's α为0.88,所有的α值均大于0.7的标准,说明该问卷的信度较佳。

利用验证性因子分析(CFA)对收集的数据进行内敛效度和判别效度检验,各测量题项与所度量的潜在变量间的标准负荷系数都大于0.60,对应的t值均大于3.31($p=0.001$)的临界值。同时各变量的AVE值均大于0.50,其复合信度(CR)均大于0.70,表明测量变量能有效地反映其潜变量的特质,各组测量指标间具有较好的一致性,说明该调查问卷具有较好的收敛性。同时,所有潜变量AVE值的平方根(括号内的值)均大于潜变量之间相关数的绝对值,表明各潜变量间具有较好的判别效度。

(二)聚合分析

在聚合检验方面,使用组内相关系数ICC和组内一致性系数R_{wg}来判断个体感知的群体规范聚合到群体层面的适合性。ANOVA分析显示,群体规范的组间均方和组内均方存在显著差异（$F=4.37$，$p<0.01$）其中 $ICC(1)$ 和 $ICC(2)$ 分别为 0.179 和 0.635，均大于 0.12 和 0.47 的临界标准，R_{wg} 平均值为 0.806 亦大于标准值 0.70，表明变量在不同的群体中有充分的内部同质性，且可信度较高，满足可聚合的条件，因此可以利用个体数据作为群体层面的观测量。

（三）假设检验

在创建多层次线性模型中，添加个体层次变量时使用小组中心化变量，而添加群体层次的变量时无须中性化处理以减少可能的多重共线问题。本文采用 Hox 和 Kreft（1994）①和 Singer（1998）②所推荐的方法：第一步，建立不含任何预测变量的空模型；第二步，将群体规范纳入空模型；第三步，将提示模式、释义模式、诉求模式、文化程度、收入水平以及相关交互项纳入个体层次模型中；第四步，检验个体水平模型中的斜率是否存在随机性；第五步，检验跨水平交互作用的存在性。

在空模型中，

个体层次：说服效果$=\beta_0+\gamma$ 群体层次：$\beta_0=\gamma_{00}+\mu_0$

说服效果的组内方差 σ^2 为 0.907，组间方差 τ_{00} 为 0.174，χ^2 检验结果显示此组间方差显著（$\chi^2=261.43$，$p<0.001$），$ICC(1)$ 为 0.16，说明说服效果中约有 16%是来自组内方差，因此数据需要进行多层次模型分析。按照以上步骤依次进行模型变量的添加和拟合，最后其完整的多层线性模型如下：

个体层次：

说服效果$=\beta_0+\beta_1\times$提示模式$+\beta_2\times$释义模式$+\beta_3\times$诉求模式$+\beta_4\times$文化程度$+\beta_5\times$收入水平$+\beta_6\times$提示模式$\times$文化程度$+\beta_7\times$释义模式$\times$文化程度$+\beta_8\times$诉求模式$\times$文化程度$+\beta_9\times$提示模式$\times$收入水平$+\beta_{10}\times$释义模式$\times$收入水平$+\beta_{11}\times$诉求模式$\times$收入水平$+\gamma$

群体层次：

$$\beta_0=\gamma_{00}+\mu_0$$
$$\beta_1=\gamma_{10}+\gamma_{11}\times\text{群体规范}+\mu_1$$
$$\beta_2=\gamma_{20}+\gamma_{21}\times\text{群体规范}+\mu_2$$
$$\beta_3=\gamma_{30}+\gamma_{31}\times\text{群体规范}+\mu_3$$
$$\beta_4=\gamma_{40}+\mu_4,\quad \beta_5=\gamma_{50}+\mu_5$$
$$\beta_6=\gamma_{60}+\mu_6,\quad \beta_7=\gamma_{70}+\mu_7$$
$$\beta_8=\gamma_{80}+\mu_8,\quad \beta_9=\gamma_{90}+\mu_9$$
$$\beta_{10}=\gamma_{10}+\mu_{10},\quad \beta_{11}=\gamma_{11}+\mu_{11}$$

---

① Hox, J. J., & Kreft, I. G. Multilevel analysis methods[J]. Sociological Methods & Research, 1994, 22(3): 283 - 299.

② Singer, J. D. Using SAS PROC MIXED to fit multilevel models, hierarchical models, and individual growth models[J]. Journal of educational and behavioral statistics, 1998, 23(4): 323 - 355.

为了计算个体层次和群体层次的解释方差，需要将完整模型与空模型进行比较，在此使用 Bryk 和 Raudenbush(1987)方法，其中完整模型个体层次可解释变异的 R^2_{wg} 为 0.81，群体层次可解释变异的 R^2_{bg} 为 0.11，模型加入交互项后，完整模型对说服效果总的方差解释度 $R^2_{total}=R^2_{wg}\times(1-ICC_1)+R^2_{bg}\times ICC_1=0.698$。完整模型的具体参数估计如表 2 所示。

表 2　完整模型参数估计

层次	变量	系数	标准误	t 值
个体层	截距	3.147	0.036	7.31 * *
	提示模式	0.732	0.014	2.14 *
	释义模式	0.128	0.069	9.08 * *
	诉求模式	0.814	0.027	4.62 * *
	文化程度	0.361	0.034	2.43 *
	收入水平	0.397	0.037	6.34 * *
	文化程度 * 提示模式	−0.843	0.052	5.97 * *
	文化程度 * 释义模式	0.169	0.068	2.15 *
	文化程度 * 诉求模式	−0.655	0.056	6.39 * *
	收入水平 * 提示模式	0.427	0.075	6.47 * *
	收入水平 * 释义模式	0.296	0.043	2.65 *
	收入水平 * 诉求模式	0.571	0.046	8.27 * *
群体层	群体规范 * 提示模式	−0.105	0.041	3.38 * *
	群体规范 * 释义模式	0.079	0.035	1.74
	群体规范 * 诉求模式	−0.092	0.079	2.36 *

* 表示 $p<0.05$，* * 表示 $p<0.01$。

在表 2 中，“释义模式×群体规范”的系数 t 为 1.74，其绝对值小于 1.96，未达到显著水平，但在进行多水平线性模型分析过程中由于该交叉项在群体层次中的变异已达到 0.05 的显著水平，该交叉项需作为预测项存在于完整模型中，而不能把它从中删除，其余各项的系数 t 检验均达到显著水平，表明该模型拟合良好，而且相关各项的系数正负均与对应的研究假设想吻合，因此表明除了 H5b 未获支持外其余各研究假设均得到支持。

四、结论与启示

（一）研究结论

本研究以奢侈品品牌传播中的提示模式、释义模式和诉求模式作为自变量，以文化程度、群体规范作为调节变量，以收入水平作为控制变量，对在品牌传播中语意形式对说服效果的影响进行了跨层分析，得出如下结论：

（1）因信息的单面性程度、结论明示程度及感性程度与说服效果均呈正向相关，这表明单面提示、明示释义和感性诉求的语意形式会产生更佳的说服效果，双面提示、寓意释义及理性诉求的说服效果相对较差。而过去的多数研究结果则表明奢侈品在进行品牌传播时使用双面提示、明示释义和理性诉求的语意形式有着更佳的说服效果（Kapferer，1997；Nueno 和 Quelch，1998）①②，本文的研究结论与过去传统研究结论则有一定程度的差异，这可能是由于信息技术的不断发展，不同形式的媒体不断涌现，各种信息充斥着人们生活中的每个角落，同时也改变了整个传播媒体的结构以及人们对信息的处理和接受模式，使得过去在传统媒体背景下进行的研究结论不再完全被当今媒介高度融合的现状所证实。

由于新媒体的出现，它使得传播具有速度快、效率高、转载报道多、虚假报道多等特点，特别是互联网快速发展，使得更多人成为传播者，同时由于网络传播者传播水平有限，导致大量垃圾信息流入受众生活，很大程度上影响了受众对传播信息的信任度。在该语境下的品牌传播中的任何负面信息都可能被受众高度信任，甚至使得负面影响的范围和程度在受众的认知中会变得更大。同时由于新媒体语境下虚拟群体及舆论导向的作用表现更加突出，受众更容易受到情绪等感性知觉的影响（Kahn 和 Kellner，2004）③，因此奢侈品的单面提示和感性诉求的信息产生更佳的说服效果。

关于释义模式，不管是在传统媒体语境还是新媒体语境下，受众对寓意性释义的理解均需要经过更多的信息节点和路径才能达到目标信息点，这常常使得受众对品牌信息的理解变得更模糊；而对于明示结论的释义方式，受众无须经过

① Kapferer，J. N. Managing luxury brands[J]. Journal of brand management，1997，4(4)：251－259.

② Nueno，J. L.，& Quelch，J. A. The mass marketing of luxury[J]. Business Horizons，1998，41(6)，61－68.

③ Kahn R，Kellner D. New Media and Internet Activism：From the 'Battle of Seattle' to Blogging[J]. New Media & Society，2004，6(1)：87－95.

任何信息节点和路径就能迅速而准确地获知传播者的意图(Anderson,1990:204-206)[①],避免了信息处理过程中的复杂性和不确定性,因此明示结论的释义模式就能产生更佳的说服效果。

(2) 受众文化程度在提示模式、诉求模式以及释义模式与说服效果间均具有调节作用。社会学研究结果显示,文化程度较低的人通常会选择更为简单的信息加工模式对信息进行处理,在他们头脑中形成的图式网络较窄,难于进行发散性思维和全面性思考,他们对接收到的信息多为进行一些相对较直观和低层次的加工和处理,难于进行辩证性和逻辑性分析,他们难于理解两面性作为万物特征的常理(Glaser,1984)[②],因此两面提示中的负面信息在很大程度上破坏了品牌的正面形象,不再起到预防和免疫的效应,而单面提示中的单向信息却强化了他们对品牌形象的正面认识。

(3) 群体规范在提示模式与说服效果间以及诉求模式与说服效果间产生调节作用,在释义模式与说服效果间的调节作用不显著。群体规范是一种行为准则,会产生一种无形的压力,它约束着人们的行为。群体成员如果违反了规范,就会受到群体舆论的压力,该压力迫使其改变行为,与群体成员保持一致,从而就形成一种群体压力和群体性思维惯性,改变他们对事物的思考方式,从而形成对信息提示方式和诉求方式的不同偏好,因此群体规范在其中产生了显著的影响力(Postmes,Spears 和 Lea,2000)[③]。然而群体规范属于一个外部环境影响因素,由于人们究竟对直观还是含蓄信息的偏好在很大程度上与受众生理上固有的性格特质相关联,主要受到文化教育等主动性条件的影响,而被动性的外部因素难以对此产生明显的改变(Winograd,1972)[④],因此群体规范难以对此释义模式产生显著作用。

(二) 管理启示

(1) 在奢侈品品牌传播中,传播信息不管在内容还是形式都应该注意使用单面提示、明示结论和感性诉求的传播技巧,使其与受众对奢侈品品牌传播信息的处理模式相匹配,从而获得更佳的传播效果。

(2) 在奢侈品品牌传播战略上,企业可以把受众的文化程度或群体规范作为受众市场细分标准,把受众整体划分为若干细分市场,采取受众部门化,实施

---

① Anderson,J. R. Cognitive psychology and its implications[M] WH Freeman/Times Books/Henry Holt & Co,1990.

② Glaser R. Education and Thinking: The Role of Knowledge[J]. American Psychologist,1984,39(2):93-104.

③ Postmes T, Spears R, Lea M. The Formation of Group Norms in Computer-Mediated Communication[J]. Human Communication Research, 2000, 26(3):341-371.

④ Winograd T. Understanding natural language[M].Academic Press,1972:1-191.

差异化传播战略，在激烈的品牌传播竞争中赢得利基市场，使传播产生更佳的说服效果，获得持续的竞争优势。

本研究还存在如下局限性：①调查问卷的某些题项设计不够详细和具体，这主要由于具体化而全面性的题项设计会大大增加整个问卷的长度，从而影响受访者对问卷填答的耐心和认真程度，进而会降低样本的质量和信度；②本研究仅在上海市范围内进行随机抽样调查，虽然研究的样本涵盖了不同的人口特征群体，也遵循了随机抽样的原则，但样本特征仍然难以充分代表中国的总体人口特征，希望未来能扩大研究调查范围，提高研究发现的普适性。

作者：薛　可、阳长征、余明阳

原载《国际新闻界》，2015 年第 3 期

第四章

新媒体运营模式

数字新媒体的蓬勃发展，不仅改变着传播环境，也革命性地开创了新的信息传播模式，引发媒体在内容和形式上的巨大变革。在这一背景下，网络社区、微博、微信等社会化媒体的运营模式成为业界和学界共同探讨的焦点之一。对于组织而言，新媒体运营已经成为组织发展、运营不可或缺的部分，如 B2C 电商在微信开设服务号或公众号，已经成为企业营销的标配，传播优质的内容，讲产品的故事，搭建社群，让顾客成为粉丝。在媒体领域，"大媒体业"的竞争已经深入了整个传统媒体生态圈，左右着传统媒体的生存、发展，传统媒体向新媒体转型，新媒体运营更是其转型过程中的必修课。随着新媒体形态越来越成熟，其运营模式也越来越完善。新媒体渐渐成为一种生活环境，做好新媒体运营对于媒体行业的发展、企业的运营、品牌的打造等具有重要意义。传统媒体向新媒体转型的过程中，最重要的部分就是运营模式的转型，为什么有些传统媒体在转型中游刃有余，为什么有些则逐渐疲软消沉乃至死亡，问题的关键即运营的模式是否能够跟上新媒体的节奏。对于企业而言，研究好新媒体运营模式是公司做好品牌宣传与推广、赢得消费者支持的重要渠道，也是进军新媒体时代的必经之路。

学界关于新媒体运营模式的研究，在有关品牌的部分相对较为薄弱，而本书在对于新媒体运营模式探讨的基础上，从品牌传播的角度去探索，拓展到品牌延伸，拓展了新媒体运营研究的视野，对于企业运营提出了很好的建议。学界对新媒体运营模式的相关研究日渐增多，主要集中在媒体内容运营和盈利模式两个方面，内容涉及全媒体运营模式、新媒体企业运营模式、广告运营模式、媒体商业模式、媒介融合下的传统媒体运营模式探究等。早期的研究主要集中于有线数字电视、互动电视等运营模式，2006 年以后，研究客体向手机短信等转移，随着互联网的发展，2010 年"三网融合"则成为研究特点，出现了很多关于全媒体研究的文章，2011 年以后社交新媒体的蓬勃发展带动了关于新媒体运营研究一个新的高峰期(见图 1)。

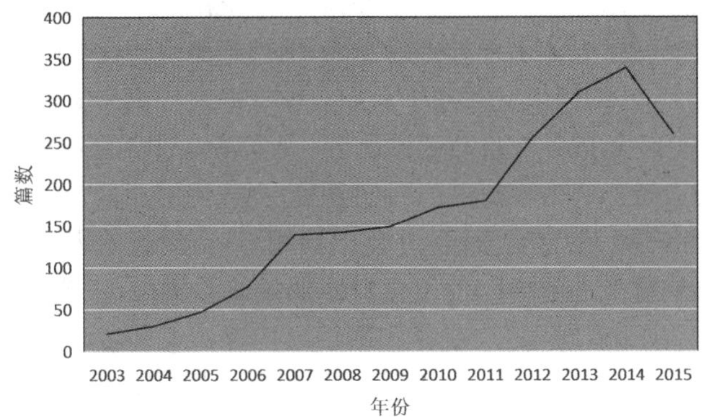

图 1　2003—2015 年新媒体运营模式研究篇数折线图

首先，新媒体的内容运营模式包括了对传统媒体内容的盘削和压榨模式、数据库构建内容的模式和发动用户参与构建内容的模式。在广告营销模式方面，互联网媒体的运营，除了传播内容、提供信息交流和分享，也挖掘了多样态的营销模式，包括“一对多”式的广播式营销，广告主和用户、用户和用户之间的互动式营销，为广告主提供以精准为目标的数据库式营销，发动用户参与广告主的线下活动式营销（周艳，2012）①。王斌和董芃飞（2015）②以新浪微博为例，解析微博在用户拓展、服务创新和关系构建 3 方面的运营模式，研究发现微博在聚合自媒体的用户及内容的基础上，通过营销闭环、情感强势、圈子社区等机制可将其转化为规模化商业开发的资源，对“粉丝-关注”关系的构建和维护是微博商业化开发的关键环节。

其次，广告运营模式与媒体商业模式，关注于媒体的盈利模式。随着通信技术的不断发展，手机媒体正在逐渐演化成影响巨大的第五媒体，手机媒体的传播价值不容忽视。刘明在 2010 年梳理了手机媒体的相关研究文献以及欧美、日韩等国手机媒体的发展现状，对手机媒体的收视偏好、商业模式及法律法规进行了调查研究，从中探讨手机媒体广告的运营模式，挖掘出其目前存在的问题，并对手机媒体广告市场的发展提出了对策建议（刘明，2010）③。张金海和林翔（2012）④认为，商业模式作为网络媒体成长的内生动力，是网络媒体发展成熟的

① 周艳.解析互联网媒体的内容运营和广告营销新模式[J].现代传播（中国传媒大学学报），2012，(12)：105 - 109.

② 王斌，董芃飞.用户、服务与关系的聚合机制——新浪微博运营模式分析[J].编辑之友，2015，(1)：84 - 89.

③ 刘明.手机媒体广告运营模式探析[J].中国广告，2010，(12)：108 - 111.

④ 张金海，林翔.网络媒体商业模式的构建[J].现代传播（中国传媒大学学报），2012，(08)：92 - 96.

一个标志。聚焦中国，审视中国网络媒体商业模式演进发展过程，进而提出信息流已不足以支撑网络媒体未来可持续发展，网络媒体应构建起整合信息流、资金流、物流“三流合一”的网络交互式平台商业模式以适应未来发展需要的观点。

最后，从2010年国务院推动三网融合，到全媒体战略的全面推进，传统媒体借由新媒体的力量，从“内容提供商”到与用户互联化的互动交流的实现，再到潜在的战略性业务单元的整合重组，并且面向用户，与更多的市场力量合作共赢，全媒体运营模式越来越清晰。各传统媒体通过整合资源，主要包括内容生产平台和业务处理、决策管理、客户服务和网络支撑等四大平台，打造数字一体化模式。新媒体的另一个典型代表是微信，关于微信运营模式的研究主要集中于公众号，正处于转型期的传统媒体纷纷试水新闻传播新模式，将微信公众平台作为“移动转型”的重要入口，注册开通官方微信公众账号。比如成文胜(2015)①研究发现“借船”和“造船”两种不同的移动转型思路，决定了人民日报社和上海报业集团旗下的时政类微信公众号在组织结构、运行机制、内容生产等方面有一些差异，虽然各具特色和优势，但也多有隐忧和不适。无论是“借”，还是“造”，当互联网这艘大船真正摆在面前时，从传统媒体走来的航海人要想驾驭得好，关键还在于是否能够真正运用互联网思维去实现转型。

如果说媒体内容是运营模式的基础，媒体形式是运营模式的架构，盈利是运营模式的根本目的，那么品牌则是运营模式的灵魂，本章关于新媒体运营模式的研究即从媒体品牌的视角出发，主要侧重于媒介融合背景下传统媒体的整合传播模式、盈利模式，以及媒体品牌竞争力的打造、品牌延伸等，本章内容从如下三个方面展开：

第一，传统媒体运营模式日益向新媒体转型。《报纸网络版品牌的整合传播模式》分析了在新媒体时代，报纸网络版的转型现状，分析了报纸网络版品牌的整合传播模式，提出了打造报纸网络版品牌的四种整合传播模式，即传播类型的整合、传播渠道的整合、需求挖掘的整合，以及竞争环境分析的整合。《中国电视购物传播效果实证研究》则对另一传统媒体电视的购物运营传播效果开展的实证研究，中国电视购物通过对高知人群的实证研究，分析了中国电视购物传播效果的基本现状，揭示了电视购物传播模式中存在的问题，总结出问题产生的原因，并提出了修正思路。

第二，品牌竞争力是运营模式的重要组成部分。不管是传统媒体，还是新媒体，品牌竞争力无疑是运营模式的重要组成部分。本章从理论出发，到实践应用，着力对媒体品牌竞争力进行了透彻的剖析。《基于FMEA的媒体品牌竞争力风险模式研究》一文运用FMEA的基本原理，在对媒体品牌竞争力进行了可

① 成文胜.传统媒体时政类微信公众账号的运营模式探析[J].当代传播，2015(05).

行性分析的基础上，通过对媒体品牌竞争力因子的分析，设计了媒体品牌竞争力风险的模式，提出了媒体品牌竞争力失效的评价标准并建立了媒体品牌竞争力风险预警流程。《媒体品牌竞争力评估的理论模型》提出在媒体品牌竞争力五大因子的基础上，分析了影响媒体品牌竞争力评估的构成参数及其相互间的动态关联，并根据参数的基本因子建立了媒体品牌竞争力评估的理论模型。在《出版社品牌力的五大构成》中提出，在高度同质化竞争的出版业，出版社品牌成为出版社发展和产业突围的必然选择。通过品牌理念、品牌性格、出版社物化品牌、出版社人化品牌和品牌表征五大要素的分析，建构出了系统的出版社品牌体系。并提出建议，通过系统盘点，理性规划和执行力强化来打造出版社品牌。

第三，适当的品牌延伸可提升市场价值。媒体品牌延伸，是指在已经确立媒体品牌地位的基础上，将原有品牌运用到新的产品或服务，从而期望减少新产品进入市场的风险，以更少的营销成本获得更大的市场回报。《媒体品牌的延伸模式》采用品牌生命体的概念来分析和描述媒体品牌在受众心理空间的活动规律，把品牌的延伸看作品牌生命体在消费者心理空间的“繁殖”，消费者对品牌延伸的心理认知过程，在某种程度上可看作是一种在遗传与变异规律影响下的模式匹配过程，在此基础上采用了生物学中的遗传与变异规律及人工智能模式匹配理论来分析和论述品牌延伸的模型。《品牌延伸：资产价值转移与理论模型创建》通过对品牌延伸的研究综述和实证研究，提出决定品牌延伸的三大因子，并在此基础上构成品牌资产价值，进而研究其在品牌延伸过程中的价值转移，这就构成了评估品牌延伸成败的标准，最终将各种因子和评估标准进行整合，提出了品牌延伸的理论模型。、

报纸网络版品牌的整合传播模式

随着传统市场内品牌竞争日益激烈，越来越多的传统媒体品牌开始将竞争重点逐渐偏向网络。这使得报纸等传统媒体在考虑网络品牌的传播战略时，不得不关注如何打造品牌网络形象的新策略，以实现新的品牌价值增长——基于网络而非传统媒介中的品牌。面对网络带来的诸多未知性(受众、信息、竞争对手、竞争环境等)，打造报纸网络版的核心演变为网络环境下的新型整合传播模式的研究。根据报纸的特点和网络的性质，我们提出打造报纸网络版品牌的四种整合传播模式。

一、传播类型的整合

网络环境下的报纸等传统媒体的品牌传播，包括人际传播、群体传播、大众传播等多种传播类型。与传统纸质媒体以大众传播为主的模式相比，报纸网络版的传播更偏向群体传播和人际传播，这是网络强调个性和人际互动的特点所致。

网络中的人际传播，包括报纸品牌与读者的互动、读者与读者间的交流。报纸媒体的人际传播的表现，如“与编辑部交流”、“读者信箱”、“新闻点评”等实时或延时的交流互动，强调个性化和针对性；群体传播包括报纸在论坛等社区中的作为；大众传播主要指宣传报纸品牌的各种广告、报纸针对网络受众发布新闻信息等表现。如图 1 所示。

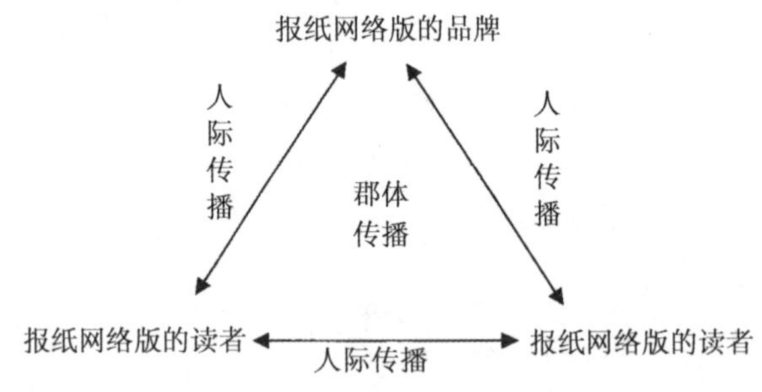

图 1　报纸网络版的人际传播和群体传播

报纸网络版要特别注意网络群体传播。网络中的受众不确定性更大，这就需要报纸媒体能够定位其目标受众，进行有效和集中的品牌传播；研究也表明，消费者在与他人互动中投入越多的时间和精力，就越不可能再在现实中去营造这样的关系。错过了人们投入大量精力和时间的社区互动，报纸品牌就很难再在现实生活中实现更有力和有效的口碑营销、人际传播①。

然而，我国多数报纸网络版仅仅关注自有品牌的社区建设，表现也差强人意。报纸媒体在成功经营自有社区的同时，还应对一些目标读者经常光顾的其他类型社区，进行必要的分析，并付诸品牌传播的实践（如在相关社区内署名或匿名的新闻链接发布、关于报纸网络版独家新闻的话题掀起，对报纸网络版的宣传广告，等等）。

总体来讲，报纸网络版的品牌打造，要实现网络环境下对人际传播、群体传播和大众传播这三种传播类型的整合。

通过网络社区传播等品牌的群体传播，实现对品牌和读者间的互动内容的确认和巩固，或由报纸品牌匿名参与群体传播，引导群体压力朝利己方向发展，对读者间的互动的态度进行引导与转变。应特别关注网络论坛等群体环境内与个别读者（尤其是群体中意见领袖）的交流。

一旦单个群体传播形成影响力的规模效应或多个相关群体内的报纸品牌传播形成数量的规模效应，就会促进报纸网络版在互联网中成为媒体品牌大众传播的主导角色，因此，要在大众传播过程中适度、有力地突出报纸网络版的目标群体特征及品牌在该群体中的口碑和影响力。应重点关注的，是不同群体环境间报纸网络版品牌传播活动的相互呼应，如品牌在不同群体内引发的不同话题的相关性越高，越易产生协同效应和规模效益。

换言之，报纸网络版通过各种品牌广告、新闻发布等大众传播活动的影响力，会加强读者对报纸网络版的正面认知、态度和情感，利于更良性的品牌人际传播和群体传播。因此，报纸网络版在与读者进行人际互动时，应突出品牌的大众传播影响力，以及在目标群体中的号召力。

综上所述，报纸网络版的品牌传播类型整合，是人际传播、群体传播和大众传播相互渗透、相互促进的关系（见图 2）。

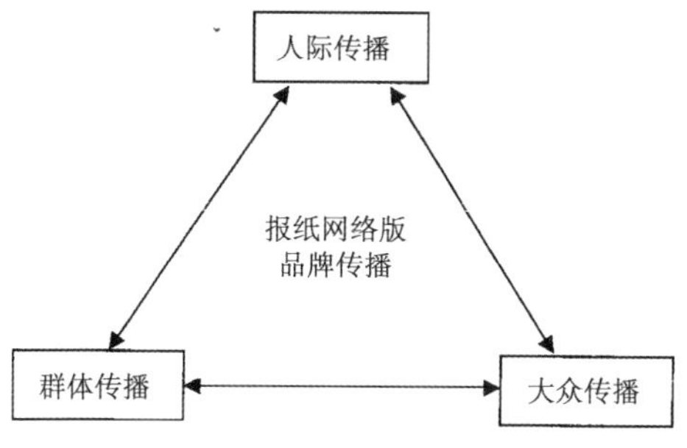

图 2　报纸网络版的品牌传播类型整合

① G. Reza Kiani. Marketing opportunities in the digital world. Internet Research: Electronic［J］. Networking Applications and Policy, 1998, 8(2): 185 - 194.

美国报界巨头《华盛顿邮报》,就是用“广播模式”的运作,每月提供至小时网上实时闲聊或其他谈话类节目,由《华盛顿邮报》记者、评论员和各类嘉宾,与公众进行互动交流。[①] 通过人际互动,进行群体范围内的网络传播,取得了很好的品牌传播效果。

我国报业在该模式的整合方面也已做出不少有益探索。如广州日报报业集团大洋网《名记专家在线》栏目,以嘉宾、网民以及记者编辑的原创信息发布为主,每次邀请相关领域专家和资深记者与网友实时交流,在随后的报纸版面上,也有一些选题得到反映,成为新闻素材。[②] 这种整合,通过人际互动实现群体传播的效果,并为纸质报纸的大众传播提供了资源。但现在我国的报纸网络版还比较欠缺在网络大众传播方面的主动意识和多维实践。

二、传播渠道的整合

传统报纸媒体的传播渠道整合,包括本报与他报的传播整合、跨媒介的传播整合、报上与报下传播的整合。从我国报纸媒体的实践来看,本报与他报的传播整合,多见于同一报业集团内部;跨媒介的传播整合,囿于同一媒体集团内部或仅在招贴、灯箱等体制外媒体;报上读者来信等互动和报下读者俱乐部活动等互动两方面的整合,是传统报业中品牌传播渠道中运行得最为成熟的一种,但这种方式的社会影响力和读者渗透力不强。面对网络这一受者个体渗透力极强的第四媒体,传统报纸的网络版的传播渠道整合,可从以下三方面入手。

(一) 站内站外整合

报纸网络版的品牌打造,在网络空间内,应跨出自有站点的局限,通过与其他与目标读者相关站点的互动或者单方的品牌传播等,在网络范围形成一定的传播规模,实现海量信息中的“注意力经济”价值。年月,纽约时报集团表示欲收购信息门户网站,试图进一步在网络上推销自己。纽约时报集团还与美国其他大报业集团共同组建新闻网站“新世纪网络”,投资财经网站,通过并购以及投资其他网站,在网络世界打响品牌。[③]

(二) 线上线下整合

报纸网络版作为纸质版的品牌延伸,其读者认同基于一定的对原有报纸品牌的认识、情感和态度。因此,在报纸网络版的品牌打造中,首先应将线下的各

---

① 喻国明,吴文汐.数字报业:从网络版的经营做起[J].采写编,2007,(02):11-13.

② 陈子文.报网互动下的编辑观念更新及资源整合[J].中国报业,2007,(09):46-48.

③ 曾凡斌,张玉敏,曾妍.国外大报报网互动探析[J].中国报业,2007,(05):68-70.

种纸质版上的传播活动与报纸网络版的各种网络环境中的品牌打造活动相结合、协调,甚至相互补充。如时下流行的剧情连载广告,都将悬念公布留给品牌网站。这种手法,一可引发读者好奇心,通过加深情感参与,增加对报纸网络版的品牌关注度,培养对网络版的使用黏度;二可增加网站访问量,连载小说和猜字游戏等囿于时空的信息发布,在网络上得到延伸并可提高纸质的版面利用效率;三可将读者吸引到品牌网站,使其有更多机会接触报纸历史、品牌文化等其他纸质和网络版品牌信息。

同时,线下的各种读者公关、客户公关活动等,与线上传播整合,形成规模效应,在整个社会传播环境下实现宏观议程设置,不仅可增加报纸品牌的知名度、认知度,还能提升忠诚度。

（三）传播媒介整合

报纸网络版不应将品牌打造囿于网络空间,还应借助其纸质版,进行媒介整合,这也是线上线下整合传播的一个部分。同时,在我国通常按媒介分类进行集团化区隔的背景下,报纸网络版如何跨出既有思维,在电视、广播、杂志甚至手机等新媒体的各种媒介渠道,进行对网络版报纸品牌的传播和营销,是品牌传播新途径的一个重要考虑。

三、需求挖掘的整合

相比传统纸质媒体,报纸网络版读者的不确定性更大。但正是读者市场的无限扩大,更使定位目标读者、提高传播效率、增加品牌认同成为一项重要任务。

从网络受众对接触内容的选择来看,主要是为满足更加显性的需求(受众自知并懂得如何满足的需求)。根据“使用与满足理论”,首先,网络赋予受众更多的能动选择权,在报纸等传统媒体的可替代性使用的包围中,受众选择网络,很大一部分原因是通过网络可更方便地满足自知需求;其次,网络信息芜杂海量,受众接触若无非常明显的目的性,将成为一种耗费精力和成本的消费;再次,网络相对传统媒体,传播形式更丰富立体,信息接收难度降低,使受众对网络的媒介接触选择更多了一个显性需求。

纸质报纸存在更大的对受众隐性需求(受众自己未知但却客观存在的个人需求)的满足潜力。一方面,报纸的精简和权威信息,大大减少受者检索、辨别和删选的精力成本、时间成本;另一方面,由于报纸“把关”作用,其传播内容未必与受众对个人需求的自我认知一致,使其隐性需求得到满足的可能性大大增加。

对报纸等传统媒体,使用与满足理论意味着,媒体要主动关注社会热点等受众媒介诉求的显性需求,同时通过互动更深入了解其隐性需求。网络媒体则应充分借助技术优势，对受众媒介使用行为精准分析，挖掘其符合社会认可的显性需要（如对网民的搜索关键词的输入频度进行分析、研究网站各版块点击量排名等）。

报纸网络版，作为传统媒介和新媒介的结合，既要满足读者的显性需求，与其选择网络（而非其他媒介）的接触目的一致，又要考虑到读者的隐性需求。当然在网络环境下，对受众显性需求的了解更为重要。特别对于报纸网络版的媒介选择，主要体现了读者对新闻信息的显性需要——在提供海量信息和丰富娱乐资源的其他网络媒体的包围下。根据需要层次理论，只有满足低层需要，才能实现更高层需要的满足。因此，提供读者最想知道的信息，是报纸网络版的基本建设要务，而非一味改造成类门户的娱乐综合网站——正如我国许多报纸网络版的现行实践。相较之下，纸质报纸的读者满足，更在于对隐性需求的满足，对读者显性需求的把握——由于技术和关注度等原因，则不能很好地完成。借助网络本身的技术便利和个性服务本质，报纸网络版既可解决显性需求满足的技术条件，又轻松地关注到读者个体需要。

此外，通过技术手段、社区关注等，挖掘网络版读者的个体显性需求，运用到网络群体传播、网络大众传播和纸质大众传播中，就能满足不同受众的各种显性和隐性需要，从而实现对读者需要的高效度挖掘和资源利用。

四、竞争环境分析的整合

网络环境中的竞争，更加复杂，报纸网络版在进行其品牌塑造和传播的同时，必须进行实时动态的整合竞争环境分析。因为报纸网络版的竞争是来自多方面的。

（一）网络读者

在网络中，必须时刻对各种来自读者的负面传播：人际传播、群体传播，甚至大众传播，进行监控管理和危机处理。从我国报纸网络版建设现状来看，显然处一种自娱自乐状态，对品牌传播效果缺少动态监控，多以“大报”或“名报”高姿态，忽略网络读者对报纸纸质版和网络版品牌的种种负面评价。

（二）其他报纸的网络版

原有报业市场中强大竞争者的网络版。对这样的对手，不仅要通过各种数据资料收集（包括纸质版的情况、网络版的运行情况、读者对对方网络版的评价等）了解竞争对手，更要主动出击，从网络读者的角度去亲身体验对方的各项建设成效。

原有报业市场内不构成威胁的报纸网络版。在网络中，传统竞争格局改变。由于传播成本低，许多弱小报纸的网络版——在传统媒介市场中并不构成威胁的竞争对手，可能会给报纸网络版带来新的更大的威胁。许多小报网站，只要内容有趣、报道独家，都吸引到了相当规模的读者。对此，报纸网络版的品牌传播分析，要能放低心态，借鉴对手可取之处，并考虑是否可通过与一部分有质量和信誉保证的对手建立互动链接，吸引部分读者。

（三）各类门户网站及搜索引擎服务商

这是报纸网络版在网络信息关注力争夺中最大的竞争对手。门户网站以其范围广阔的信息提供、较为可信的信息报道、综合娱乐与信息等多种服务的模式，成为越来越多网络使用者的媒介接触首选。越来越多的报纸网站，也意识到这之后的新模式要求，正往门户的方向发展。然而，究竟是简单地成为另一个门户的拷贝，还是孤立地保留报纸母版的特色进行网络版建设？取舍和平衡，是报纸网络版的品牌建设必须要注意的长远考虑。

（四）其他各种网络信息传播者

除了来自各类门户、搜索引擎、报纸网络版和网络读者的品牌传播竞争力，其他各类网络信息传播主体的活动（即时聊天工具等），都势必导致报纸网络版读者注意力分流，转向其他信息源获知信息。要在此方面注意向读者收集其网络使用习惯的数据，了解其中可能存在的各种新闻源、社会关注点以及目标读者群的兴趣和喜好所在。

（五）纸质报纸的信息传播

注意力争夺。纸质报纸的品牌传播，会在一定程度上分散读者对其网络版的注意力。看过纸质报纸的读者，一般就不太愿意再去关注其网络版内容。这就要求报纸网络版的各项内容策划，与纸质版实行一定的差异化战略，或者形成相互补充的关系。如，在纸质版上故意留下悬念，让读者在网络版中寻找结局和答案等，但要注意这种方法可能只适用部分非核心的报纸内容（如游戏、散文等）。

信息不协调。报纸的网络版和纸质版，在信息的协调性上，可能存在不平衡。要注意分析报纸的网络版读者和纸质版读者在信息阅读、认知、接受和理解方面的差异，采取不同的传播策略，尽量保证不同读者群体对同一内容的接受和理解，不会产生内涵和意义在不同媒介上的传播效果不一致。报纸品牌在这个方面应特别小心，谨防自己破坏品牌的形象。

以上方面中，读者、其他各种网络信息传播者和纸质报纸的信息传播，是报纸网络版要重点分析并制定相应战略和具体措施的竞争对象，其他报纸的网络版、各类门户网站及搜索引擎服务商则是可学习、借鉴成功经验的竞争对象。只有对各种竞争要素进行整合分析，才能更好地打造报纸网络版的品牌。事实上，最好的发展环境是网络版与其他各类竞争要素形成竞合关系、互相促进。因此，对其所处竞争环境的整合分析，不仅要对不同竞争要素全面考虑，还要分析与竞争者进行合作的可能，共同营造良性的发展空间。

报纸网络版，作为传统媒体和网络的结合，其品牌打造虽有其独特性和复杂性，但整合传播则是这种特殊环境下的最好品牌运营策略，多个系统下的读者品牌体验综合创造，必将产生 1+1>2 的协同效应，形成规模，提升品牌。

作者：薛　可、周少慧、余明阳

原载《新闻记者》，2008 年第 9 期

中国电视购物传播效果实证研究

——基于高知人群的视角

一、电视购物发展沿革研究

1992年,美国俄克拉荷马大学的Robert Lush等人提出了无店铺零售运营理论,该理论认为,随着零售商业本身和科学技术手段的快速发展,零售商业正在经历着一场革命性的变迁,无店铺零售运营理论下的运营模式如电话购物、网络购物等将成为商品零售业第三次革命后的标志形态。

正是基于这样的认识,电视购物在欧美日韩等经济发达国家和地区已逐步形成了一种综合电视传媒、电信传播、商品零售和物流多个领域的具有良好发展前景的新兴产业种类。如今电视购物已成为美国、日本、加拿大、西欧各国人们重要的购物方式。

美国的电视购物市场1998年达到941亿美元,德国在2001年估计其电视购物市场为410亿马克,法国的电视购物市场规模为485亿法郎,日本2003年的电视购物市场规模扩大至8.4兆日币左右,英国的电视购物市场规模为88亿英镑,韩国在2002年电视购物市场达到了22亿美金,而2005年则达到了120亿美元[①]。

资料显示,在美国有26%的商业消费额度是由电视直销开发的。其中,仅美国有线电视网电视直销一年的销售额就达50多亿美元。当前美国电视购物总规模超过千亿美元,并且在以每年10%的速度递增;2003年,美国电视购物销售额占全国年度零售额的8%,韩国为4%。目前全球最大的电视购物企业美国QVC,1987年其营业额仅有1亿多美元,到2002年已增长到43.8亿美元,2004年营业额57亿美元,2005年销售额达到65亿美元[②]。

在我国台湾地区,据E-ICP的调查显示,从2001年到2004年底,利用电视购物通路进行消费的比例,从2%成长到8%,亦即在四年间,电视购物消费者成

---

① 北京正邦高科信息技术有限公司.电视购物解决方案[EB/OL].http://218.106.252.127/solution/s_index.jsp.

② 中国电视购物平台博客.电视购物在零售行业的地位[EB/OL].http://hi.baidu.com/tv_shopping/blog/item/5f32227bd9879cf40bd1875c.html,2007-2-28;电视购物的审判与救赎[EB/OL].http://voiceone.opress.mynet.cn/_d268684258.htm,2007-6-27.

长达四倍。2005年时,台湾著名的东森购物台会员人数已超过了250余万,销售总额也达到了350亿元新台币(90亿元人民币)的规模[①]。

我国内陆地区的电视购物则起步较晚。广东电视台和广州电视台在1992年推出的《美的精品TV物惠店》和《直销848广告杂志》是我国内陆地区出现最早的电视购物节目。在经历了1999年到2003年以来的发展低谷以后,内陆地区的电视购物在2006年时再度掀起新高。除去已经在市场上站稳先机的上海东方购物、广东GS以及重庆LG等合资电视购物频道以外,江苏、湖南、陕西等各家电视台已经开办和正在开办的电视购物频道也成为该年度的亮点。与发达国家相比,虽然近年来我国的电视购物市场有了很大发展,但在目前商品零售业市场上所占的比重却仍然十分偏低,市场份额才只达到了0.1%的比例[②],市场潜力和发展空间依然巨大。

二、中国电视购物传播模式的刺激物选择与调查

为了更好地研究我国电视购物的传播模式,我们就目前我国电视购物的高知人群进行了实证研究。本研究采用问卷调查,被调查人数为350人,回收问卷284份,其中有效问卷259份;95%的被调查者的学历为本科及以上,其中博士、硕士及本科分别有23人(9%)、90人(35%)和132人(51%)。

此次调查的目的主要有以下5个方面:

(1) 中国电视购物品牌的知名度

(2) 电视购物节目的到达程度

(3) 大众对电视购物这种传播模式的态度

(4) 电视购物对其所售商品的影响

(5) 大众的电视购物消费行为

三、调查数据分析与处理

(一) 中国电视购物品牌的知名度

根据对259名被调查者的调查结果分析,除了16人不了解任何电视购物品牌外,其余均或多或少听说过题目中罗列的国内主要电视购物品牌,详情如图1所示。

---

① 陈炳宏,许敬柔.台湾电视购物频道产业之市场进入障碍与竞争策略分析[J].视听界,2006,(3).

② 杨状振.电视购物:现象与思考[J].广告大观,2007,(6).

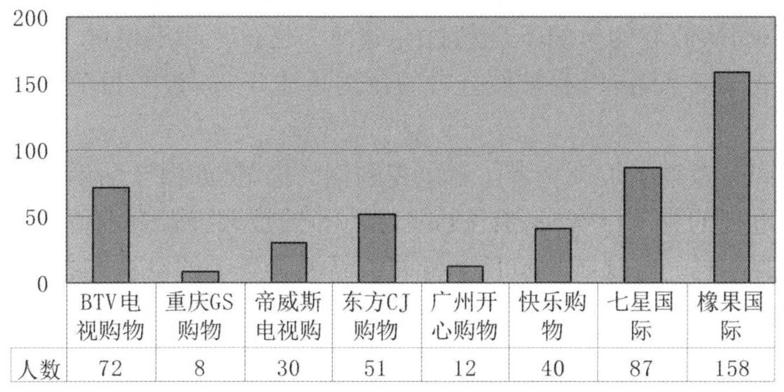

图 1 被调查者对中国电视购物品牌知名情况

如图 1 所示，被调查者中听说过橡果国际的人最多(158 人)，占 61%；在该调查对象范围内，国内主要电视购物品牌的知名度高低依次为：橡果国际、七星国际、BTV 电视购物、东方 CJ 购物、湖南快乐购物、帝威斯电视购物、广州开心购物、重庆 GS 购物。调查发现，电视购物品牌的知名度有一定的地域差异，例如：上海地区的被调查者听说过东方 CJ 购物的人数比例超过其他地区的比例。此外，另有两人分别补充了 TVSN 和深圳电视购物，这也是在某些地区有一定知名度的电视购物品牌。

在调查的企业里，橡果国际、七星国际、BTV 电视购物和东方 CJ 购物的品牌知名度相对较高，而其他电视购物品牌知名度很低，这说明了我国电视购物品牌还处于区域性发展阶段，规模较小，区域分割过大，尤其是由于中国的媒体管理体制具有区域块状管理的特征导致难以形成覆盖全国的电视购物强势品牌。

（二）电视购物节目的到达程度

被调查者中有 31 人从来不看电视购物节目，120 人极少看，99 人偶尔会看，只有 9 人(3.5%)表示经常看电视购物节目，259 名被调查者中无一人表示每天必看电视购物节目。从表 1 中数据可以看出，电视购物节目在该调查对象中的到达程度比较差，这其中可能有一个重要的影响因素，即此次调查的对象平时收看电视节目的时间比较有限。

表 1 被调查者每次收看电视购物节目的平均时间

(单位：分钟)

≤5	5～10	10～30	30～60	>60
149	76	22	6	6

除去31名从来不看电视购物节目的被调查者，收看电视购物节目的人中有149人平均每次收看的时间不会超过5分钟。收看时间不超过10分钟的被调查者总数有225人，占所有被调查者的比例高达87%，说明目前电视购物节目缺乏黏性。

我们同时考察了被调查者了解电视购物的渠道（如图2所示），其中最重要的渠道是电视购物节目本身，有71%（185人）的被调查者表示曾经通过这种形式了解电视购物。电视购物节目本身既然是消费者了解电视购物的一大渠道，也就自然而然成为电视购物品牌一个重要的形象窗口，节目的质量将影响该品牌在消费者心目中的形象。

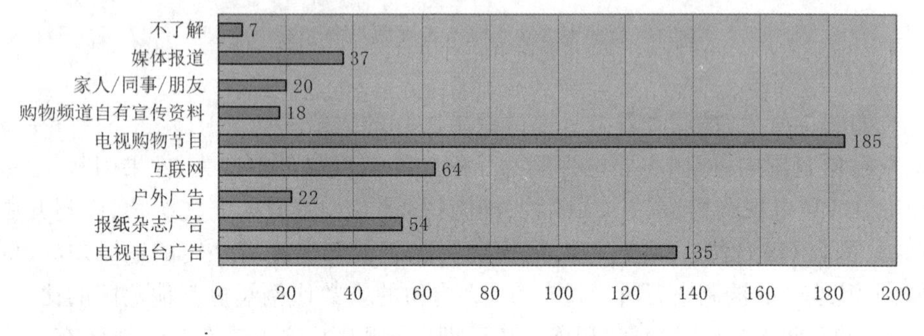

图2　被调查者了解电视购物的渠道

综合以上数据，我们认为，我国电视购物品牌到达率低的主要原因在于：一是目前我国消费者大多是通过电视购物节目本身来了解电视购物的，而当前我国电视购物内容老套、缺乏新意、叫卖式的主持风格、轰炸式的滚动播放以及不合理的节目编排都严重影响了节目的到达率。二是各种宣传媒体利用不足，最突出的表现就是通过宣传资料、户外广告和报刊等手段了解电视购物的比例过低。

（三）大众对电视购物传播模式的态度

259名被调查者中有86人表示，通常看到电视购物节目就立刻换台，占33%；其余大部分人则表示只有看到自己感兴趣的产品才会驻足观看。在所有被调查者中，只有1人表示会专门选择自己喜欢的电视购物频道观看。关于收看电视购物节目的原因，只有8名被调查者表示会为了买东西专门去看，大部分人是为了打发时间（60人）或是因为正好看到新奇物品而逗留片刻（176人）。此外，有3名被调查者表示收看该类节目的原因是主持人风趣幽默。以上数据表明，很多人会被电视购物节目中的新奇商品吸引，但真正将电视购物作为一种商品零售模式对待的人寥寥无几。

从态度上看消费者对电视购物的认知趋向负面。有70%的被调查者(182人)选择“多次重播,让人厌烦”。“形式千篇一律,枯燥乏味”也被许多被调查者(118人)视为目前电视购物节目的不足。这就要求各电视购物企业要在节目创新方面多下功夫,不要再像播放传统的广告一样重复播放电视购物节目。在这方面,国外电视购物节目有很多值得借鉴的地方。

由图3可以看出人们对于电视购物存在着相当大的心理障碍,在调查中,有205名被调查者认为“电视购物节目可信度低”,占所有被调查者的79%。可信度低可以说是大众对目前电视购物的普遍共识。

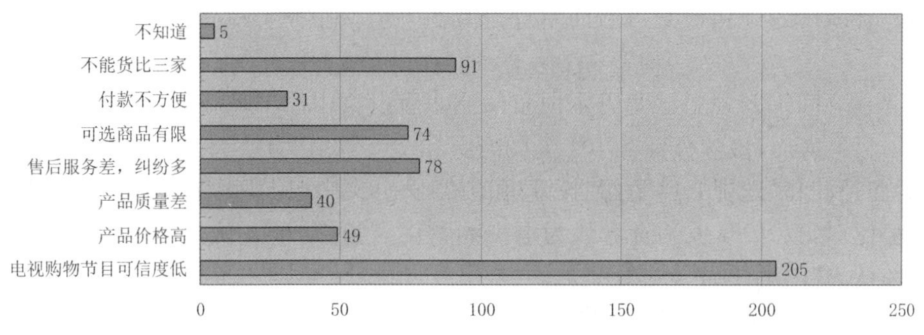

图3 被调查者对电视购物的劣势认知

结合分析,我们认为造成消费者对电视购物缺乏信任的原因在于:

第一,电视直销广告夸大其词,消费者难辨真伪。电视购物行业多以电视直销广告的形式推销商品,其中有的广告违反广告管理法规,对产品进行夸大虚假宣传;有的广告贬低其他生产者经营的商品,进行不正当竞争;有的电视台内部由非广告部门非法经营电视直销广告,对广告未进行必要的发布审查,导致广告严重违反国家法律、法规。第二,电视购物中的商品价格昂贵、质量没有保证。“电视购物就是高消费”是绝大多数消费者对电视购物的第一印象。商品价格昂贵,令广大消费者难以接受。由于企业要支付昂贵的电视片制作费、电视频道租赁费,使得原本可以低价出售的直销商品,价格却变得昂贵起来。由于电视直销的独家性和其特殊的服务方式,因而消费者不能货比三家,这样给一些伪劣商品假电视直销之名粉墨登场、蒙骗不明真相的消费者提供了可能。第三,电视购物中商品的售后服务得不到保障。电视购物商品供货不及时、售后服务跟不上等现象时有发生,一些电视直销商品甚至是“三无”产品。这主要是有些供货商“打一枪换一个地方”,产品出了问题,消费者找到电视直销商,但电视直销商已找不到供货商了。

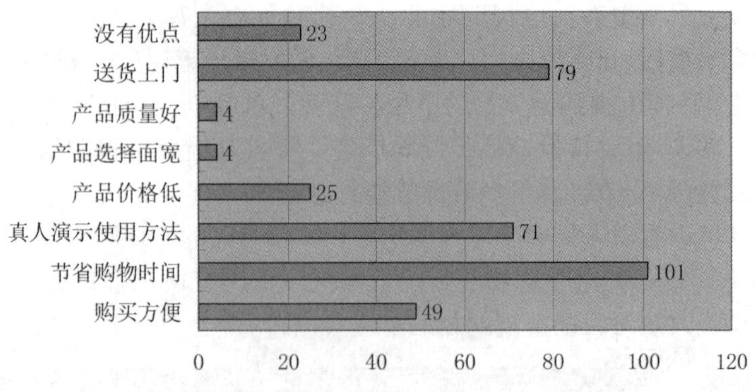

图 4　被调查者对电视购物的优势认知

另一方面,虽然分别有 101 人(39%)和 79 人(31%)认为电视购物有"节省购物时间"和"送货上门"的优点,但也有 23 人(9%)认为其无任何优点。通过优劣势比对,仅 10%被调查者认为电视购物优点更多,59%认为缺点更多,其余 31%认为"两者相当"(见图 4)。

电视购物这一营销传播模式中,内容并非新鲜之物,在其与传统媒体的竞争中不成卖点,相对地,传播渠道才是制胜所在。除节目主持、商品等传播内容,如何使渠道优势为大众认可,需整合更多媒介资源对受众进行相关媒介素养教育。

(四) 电视购物对其所售商品的影响

在该部分,我们首先了解被调查者对电视购物销售的哪些产品感兴趣。根据调查,最受大众关注的两大类产品分别是"时尚的数码产品"和"实用的家居用品",分别有 132 和 112 人表示对这两类产品感兴趣。

其次,被调查者对电视购物节目所售商品的品质做出评价(见图 5)。不管产品有无特色,有超过一半的被调查者认为电视购物所售商品的质量差,仅有 7%的人认为质量高,其余 40%的被调查者持中立态度。

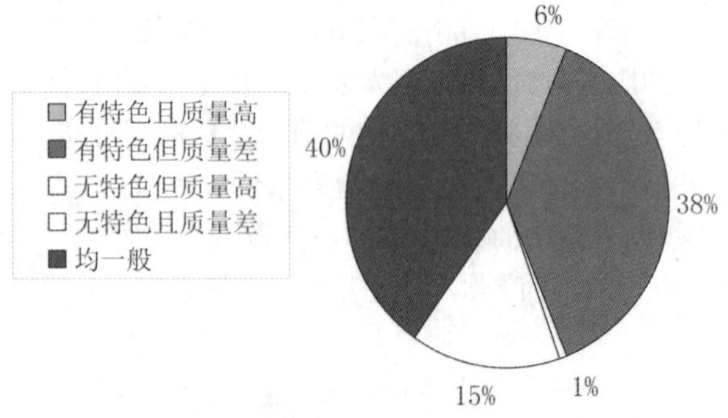

图 5　被调查者对电视购物商品的品质评价

再次，被调查者对电视购物所售商品的价格评价如图 6 所示，被调查者对电视购物所售商品价格的判断基本上呈现一个正态分布的状态，这说明电视购物并没有显著提高或降低消费者对其所售商品价格的预期。

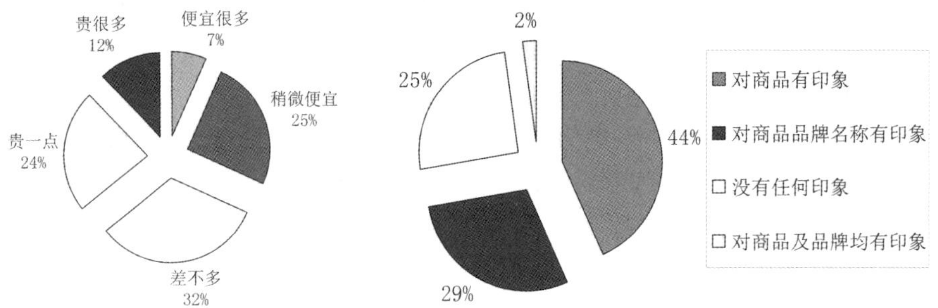

图 6　被调查者对电视购物的商品价格评价　　图 7　被调查者对电视购物的记忆程度

最后，电视购物节目对其所售商品的总体作用如图 7 所示：有 44%的被调查者通常对电视购物节目中的商品会有印象，而 29%的被调查者通常对商品品牌名称会有印象，2%的被调查者表示对以上两者均有印象。我们可以推算出，有 75%的被调查看过电视购物节目后，通常会留下一定的印象。这值得电视购物企业关注和深思的。

（五）大众的电视购物消费行为

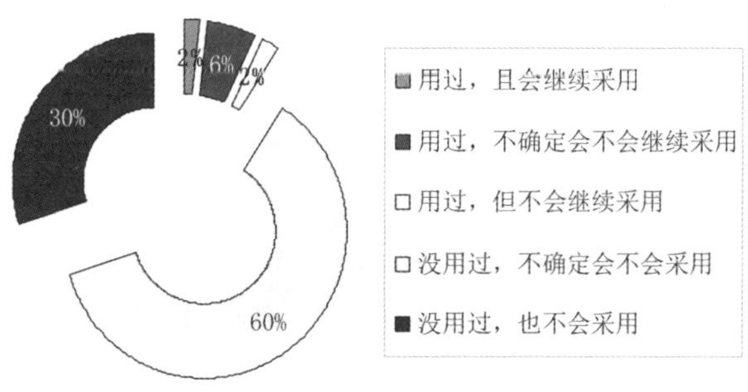

图 8　被调查者的电视购物经历

由图 8 可以看出，只有 10%的被调查者有过电视购物经历。就简单的满意度而言，有超过半数的消费者表示一般；只有 3 人表示比较满意，而有点不满意者与很不满意者的人数总和为前者的两倍，即总体的消费满意度不高。大部分被调查者(60%)表示，不确定会不会采用，也就是说存在这个可能性。

分析图中数据，90%的消费者没有用过电视购物。可以看出国内电视购物企业在激发消费者现实购买行为方面较之国际同行差距很大,如美国 QVC 购物和 HSN 电视购物采取多种有效措施激发消费者"冲动购买"的做法。而对于用过电视购物的不足 10%的消费者中会继续采用的比例也只占两成,说明消费者在前期的电视购买中至少是没有达到购买前的预期水平,从而放弃继续采用。

由此可见,可信度、到达率等因素影响的是消费者最初的电视购物行为,而后续的连续购买活动是建立在消费者在消费过程及消费之后对电视购物产品的一个整体的评价上,具体表现为满意度水平。也就是说消费者的电视购物行为可以划分为初期购买行为和后续购买行为两种,而两类行为的动力机制不同:初期购买行为大多为冲动购买,新、奇、特的商品、巧妙的定价和花哨的促销方式等是其动力基础;后续购买是建立在消费者满意基础之上。所以说,国内电视购物企业需要努力的地方还有很多,只有深刻认识这一消费者行为动力机制,才有可能进一步挖掘潜在的市场空间。

四、结论与建议

(一)基本结论

(1) 目前,国内几大电视购物品牌有一定的品牌知名度且呈现一定的地区差异,其中知名度最高的是橡果国际。但就行业整体而言,品牌知名度还有待提升,行业主导品牌尚未形成。

(2) 由于目前电视购物节目的黏性不足,导致电视购物节目的到达度不甚理想。电视购物企业需要在节目创新方面多做工作,结合自主创新和借鉴国外成功经验,增强电视购物节目的吸引力。

(3) 消费者对电视购物的总体评价,负面评价多过于正面评价,消费者对电视购物的可信度评价尤其差。如图 9 所示,就可信度而言,持负面态度的被调查者高达 82%。这不是个别企业的问题,而是整个行业的危机,需要所有电视购物企业及行业相关部分长期的共同努力。提高可信度是行业的必然趋势,随着行业的逐步成熟,一批注重诚信的电视购物企业必将脱颖而出。

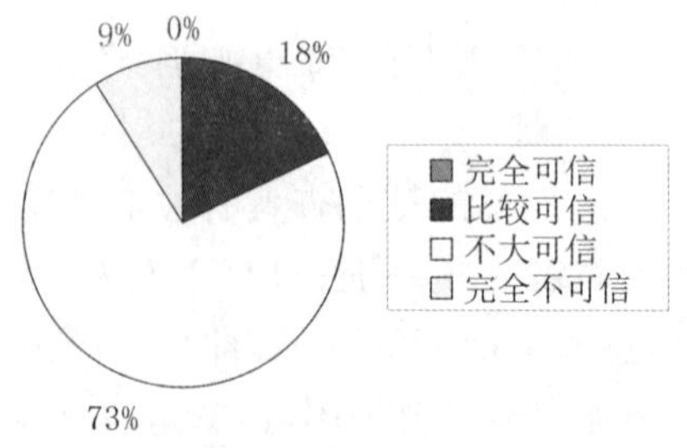

图 9 被调查者对电视购物的可信度评价

(4) 从被调查者对电视购物所售商品的印象来看,电视购物在一定程度上有助于提高商品的知名度。虽然被调查者对电视购物所售商品的价格判断呈现正态分布,即电视购物对其所售商品的价格预期没有显著影响,但是超过一半的被调查者认为电视购物所售商品的质量差,这说明电视购物对其所售商品的美誉度存在一定的负面影响。而从被调查者感兴趣的电视购物销售的商品来看,实用的家居产品和时尚的数码产品最受追捧,表明这两大类产品还是适合采用这种销售方式的;此外,图书与音像制品也相对较适合。而传统的电视购物热销产品——减肥丰胸产品,受关注程度则相去甚远。除此之外,珠宝首饰的被关注程度也较低,其原因可能在于该类产品的价值较高而目前消费者对电视购物的信任程度又较低。

(二) 建议

(1) 制定相关法律与规范,加强对电视购物的政府管理。电视购物传播涉及新闻传媒机构、工商行政管理机构、广告管理机构等多个部门,处于监督的边缘地带和盲区,社会各界多次呼吁就此进行立法,但这项工作因为职能部门的权限和边界的因素迟迟难以到位。因此,加强立法已是当务之急,不但对于提高媒体公信力、净化传播信息意义重大。而且对于中国电视购物市场的可持续发展尤为必要。

(2) 提高相关各方对电视购物传播的理解水平,提升电视购物传播的公信力。电视购物传播涉及广告主、广告代理公司、媒体、电视购物企业、销售终端、销售代理公司等各方面的协作。因此,各方都需要对电视购物传播有更为准确和清晰的认识。从理念上格外珍惜品牌,立足于忠诚消费者的培养,提升产业价值链整合,使之成为营销体系中的重要组成部分,形成对方共赢的市场效果。

(3) 提升对电视购物传播方式的理解,使其产生更好的传播效果。电视购物传播所适用的产品和对品牌传播的阶段有不同的价值,也就是说有些产品比较适合进行电视购物传播,产品在不同阶段对电视购物传播的依赖也不相同。而在运用电视购物传播工具时因考虑与其他媒体和传播方式的整合性。这一点正是中国电视购物传播作为一种新生传播方式的智能之处。

作者:薛　可、周少慧、余明阳

原载《杭州师范大学学报》(人文社科版),2009 年第 5 期

基于FMEA的媒体品牌竞争力风险模式研究

早在1995年，哈佛大学商学院汉斯教授曾预言：“15年前，各公司在价格上竞争，今天在质量上竞争，明天将在品牌上竞争。”在经济全球化的大背景下，传媒领域里的现实状况印证了这一预言。因为随着市场经济的发展，国内媒介市场上出现了越来越多同质性很强的栏目；而加入世贸组织则促使国内媒介市场进一步开放，媒介产品的更新换代日益加快，品牌竞争力已成为开拓商业媒体市场的主要竞争手段。如何增强品牌竞争力，减少运营风险，在众多国内外传媒中脱颖而出，成为当今媒体最为关注的焦点。

一、媒体品牌竞争力及其风险的研究现状

纵观国内外学者关于媒体市场化带来的挑战、媒体的未来发展问题以及媒体品牌构建、维护及其风险的研究，我们发现，大部分学者认为：依据经典的传播学理论和传播媒体的演进历史，旧的传播媒体一般不会被新媒体完全取代。如威尔伯·施拉姆(1994)针对媒体的“卖点”设计，提出了传播获取的或然率公式：媒体选择率＝预期报偿/付出代价×100%，该公式是设计和策划媒体有竞争力的传播产品乃至传播媒介的基本思路，也是构筑媒体品牌的理论基础之一；杰克·富勒(2000)的“相对优势”概念，麦克卢汉(2000)①的“新尺度”(the new scale)概念，以及罗杰·菲德勒(2000)②的“媒介形态变化说”。对于媒体的竞争手段，不同的学者倒是有各自的看法。有的学者认为媒体应凭借自己的比较优势重新定位自己在现代传媒产业中的位置，展开差异化竞争，其主要理论基础是杰克·富勒(2000)的“相对优势”概念、托尼·哈里森的传播定位理论；有的学者则认为媒体应该借助自己在资本、社会公信力等资源方面的优势，进行业务整合，如菲欧娜·吉尔摩的塑造媒体品牌竞争力的四个维度；还有的学者则认为媒体应该凭借品牌优势展开竞争，打造核心竞争力，如拉夫特、朗各的受众注意力理论、麦克奎尔的媒体地域影响力理论、瑞恩·里德的整合报纸概念等，这些研究主要集中在对媒体品牌竞争力的塑造和实施。

但是，面对日益激烈的竞争，如果媒体应对不当，其市场地位和影响力则极有可能被竞争对手替代，甚至原有的竞争优势会成为品牌发展中的陷阱，造成无

---

① 麦克卢汉.理解媒介：人的延伸[M].北京：商务印书馆，2000.

② 罗杰·菲德勒.媒介形态变化：认识新媒介[M].北京：华夏出版社，2000.

数的风险，所以现在对于媒体品牌竞争力风险的研究在学界及业界都引起了高度的重视，我们也希望运用 FMEA 模式建立媒体品牌竞争力的风险模式及预警程序，以减少媒体品牌竞争力运营风险。

二、FMEA 用于媒体品牌竞争力风险研究的可行性

FMEA（failure mode and effect analysis，失效模式影响分析）是分析系统中每一产品所有可能产生的故障模式及其对系统造成的所有可能影响，并按每一个故障模式的严重程度、检测难易程度以及发生频度予以分类的一种归纳分析方法，主要用于对复杂系统和高风险过程潜在风险的分析。执行 FMEA 的目的在于利用预防措施控制风险，是一种事前行为。

对于在管理体系中执行“预防措施”，如果采用 FMEA，同样将会极大降低失败的机会，事实上这亦是“预防措施”的最终目的。当然对于管理体系而言，不一定完全按照故障模式的严重程度、检测难易程度以及发生频度之评价标准进行评分，完全可以视本企业之实际情况设定一系列类似的评价标准以执行对策作业，且在具体操作手法上也可根据实情采用适合于自身的方式，只要能达到更有效地识别、控制潜在问题的发生即可。

媒体品牌竞争力是一个复杂的管理体系，又是一个动态的管理过程，处于这个系统中的每一个环节都可能对媒体品牌竞争力的效果产生正面或负面的影响，促进或阻碍媒体品牌竞争力的进程。如果用 FMEA 对媒体品牌的竞争力进行分析，找出媒体品牌竞争力的失效模式，分析失效模式背后的原因、可能发生的影响、严重程度以及发生的可能性等，可以为媒体品牌的竞争力提供另一套思维模式。

把 FMEA 技术用于媒体品牌竞争力，是基于一种未雨绸缪的危机管理思想，以防止在媒体品牌竞争力的过程中，出现不利于媒体品牌的操作。在媒体品牌经营的任何环节中，都有可能出现不利于品牌竞争力的因素，如何避免这些不利的因素，是品牌竞争力中必须面对的问题。FMEA 意味着事件发生之前就采取行动，对失效模式进行纠正，尽可能降低系统的风险，而不是在事件发生之后进行补救。所以要把 FMEA 用在媒体品牌的竞争力上，就要关注哪些事件将影响媒体品牌竞争力，这些事件中含有哪些失效模式，产生失效模式的原因有哪些，失效模式的严重程度如何，发生的可能性有多大，会产生哪些影响，以及如何对失效模式进行纠正。从这个意义上来说，FMEA 会成为媒体品牌竞争力中的一个有效的工具。

把 FMEA 应用于媒体品牌竞争力，关注的是事件的失效模式对媒体品牌竞争力成果的影响，这就要求我们把媒体品牌竞争力的成果作为研究的对象。媒

体品牌竞争力是媒体品牌竞争力成效的最突出的表现。媒体品牌竞争力是媒体品牌显赫于世的一个最核心的指标,媒体品牌没有了竞争力,就没有了存在的价值。所以媒体品牌竞争力既是媒体品牌资产的反映,又是媒体企业竞争力的反映。可以说,媒体品牌竞争力的成效,都可以归结到媒体的品牌竞争力上来。因此,失效模式对媒体品牌竞争力成果的影响,也就是失效模式对媒体品牌竞争力的影响。

三、基于FMEA的媒体品牌竞争力风险模型设计

实践中,影响到媒体品牌竞争力的因素是多种多样的,因素之间的重要程度也各不相同,在目前情况下还难以建立精确的定量数学模型对品牌竞争力与这些因素之间的关系进行较好地描述。我们根据多年来从事品牌研究的工作实践对影响品牌竞争力的各主要因素进行了分析和总结,确定这些因素的先后次序及重要程度,在此基础上提出了FMEA在媒体品牌竞争力中的具体应用。

(一)媒体品牌竞争力的因素层次模型

影响媒体品牌竞争力因素往往是复杂多样的,为了做出正确的决策,必须对这些因素进行全面、综合的分析和考虑。我们认为,影响媒体品牌竞争力决策的主要因素分为以下五类:

品牌价值力(品牌资产):是对媒体品牌所具有的全部价值认知能力。它主要包括媒体知名度、媒体性格、品牌忠诚、品牌伴生物以及品牌的相关资产,具有客观性、流动性、经济性、计量性、促销性、扩张性等特点。

品牌创新力:这里的创新是指有效的创新,是能满足市场新的需求的创新。主要包括创新环境、创新团队、创新资金、创新产品的市场适应性、研发转化为市场的能力。

品牌品控力:主要指包括对媒体的基础资源、质量、艺术、流程的驾驭,即对媒体品牌质量保证的能力。

品牌营销力:主要是指包括渠道、终端、媒体产品定位与市场定位、营销体制,即能将媒体产品通过一定的渠道、借助一定的终端、销售给特定的消费者的能力。

品牌传播力:主要是指包括媒体性格、媒体文化、美誉度、品牌传播技巧,以提高媒体知名度、美誉度、定位度和忠诚度为核心的、针对消费受众的、有效的品牌传播。

为了更好地研究品牌竞争力,我们把上述参数划分为若干层次,如图1所示。

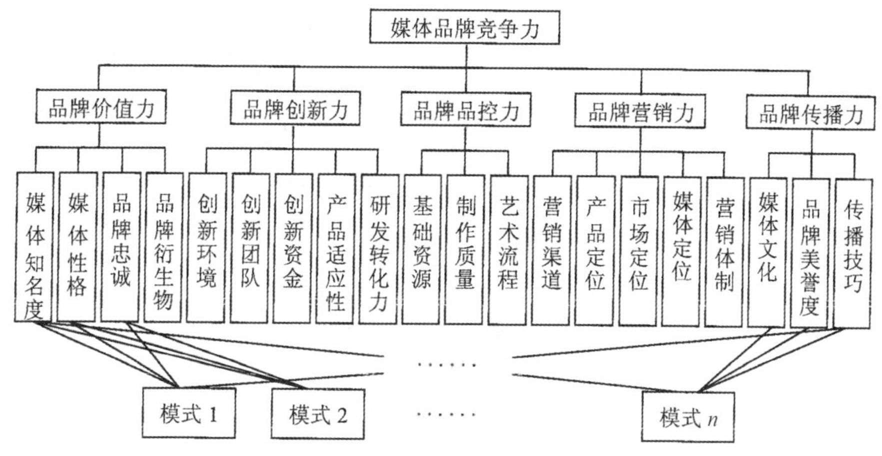

图 1　媒体品牌竞争力的因素层次模型

（二）媒体品牌竞争力的因素重要程度

媒体品牌竞争力的因素重要程度，也就是在对对象进行分析时的各个因素的权重系数，可以通过专家评定法、层次分析法、因子分析法等方法来确定。

假设第一个层次的五个因素的权重系数为

$$\boldsymbol{W}=(w_1, w_2, w_3, w_4, w_5)$$

第二个层次相对于上一层次的权重系数分别为

$$\boldsymbol{W}_1=(w_{11}, w_{12}, w_{13}, w_{14})$$

$$\boldsymbol{W}_2=(w_{21}, w_{22}, w_{23}, w_{24}, w_{25})$$

$$\boldsymbol{W}_3=(w_{31}, w_{32}, w_{33})$$

$$\boldsymbol{W}_4=(w_{41}, w_{42}, w_{43}, w_{44}, w_{45})$$

$$\boldsymbol{W}_5=(w_{51}, w_{52}, w_{53})$$

（三）媒体品牌竞争力的失效模式及其原因

接下来要做的就是分析具体的事件对媒体品牌竞争力的影响。影响媒体品牌竞争力的事件有多种，如一个新节目的实施、栏目的调整、广告方案的执行等，每一个事件都有可能产生对媒体品牌竞争力不利的结果，这种不利的结果就是媒体品牌竞争力的失效模式。失效模式的产生，是因为事件有很多环节，也有很多影响事件的可控的或不可控的因素。我们的任务，就是要找到失效模式，并寻找产生失效模式的原因，这样才能评价失效模式对媒体品牌竞争力产生的风险有多大。以电视台上一个新节目为例，其失效模式和原因可以如表 1 所示。

表1　媒体品牌竞争力的失效模式及其确定

事件	风险模式	产生原因
XX节目	收视率较低; ……	不合观众品位;播放时间不佳;制作不精良;…… ……

(四)媒体品牌竞争力失效模式评价标准的选择

前文已经讲到,对于管理体系而言,不一定完全按照失效模式的严重程度、检测难易程度以及发生频度之评价标准进行评分。对于影响媒体品牌竞争力的事件,我们可以度量的是失效模式的严重程度;而这种失效模式不可能多次发生,故不能使用发生频度作为评价标准,但我们可能使用发生的可能性来代替;至于检测的难易程度,一般来说,失效模式一旦发生就可以观测得到,故这里不采用;另外,失效模式对媒体品牌竞争力的各因素的影响程度是不一样的,我们把影响程度作为一项评价标准。需要注意的是区别严重程度和影响程度是不同的概念,一个失效模式可以一定对某项因素产生影响,但不至于很严重;一个失效模式可以对某因素产生轻微的影响,但即使轻微的影响也是非常的严重。我们用严酷度,发生度,影响度作为媒体品牌失效模式的评价标准。

1. 媒体品牌竞争力失效模式的严酷度评价

严酷度指某一失效模式对媒体品牌竞争力造成的后果的严重程度。失效模式(见表1)通过第二层次的各因素影响第一层次,最终影响媒体品牌的竞争力。严酷度的度量如表2所示。

表2　媒体品牌竞争力失效模式的严酷度评价

后果	警告	严重	很高	高	中等	低	很低	轻	很轻	无
等级(s)	10	9	8	7	6	5	4	3	2	1

设失效模式对第二层次各因素的严酷度为

$$S_1=(s_{11},s_{12},s_{13},s_{14})$$
$$S_2=(s_{21},s_{22},s_{23},s_{14},s_{15})$$
$$S_3=(s_{31},s_{32},s_{33})$$
$$S_4=(s_{41},s_{42},s_{43},s_{14},s_{15})$$
$$S_5=(s_{51},s_{52},s_{53})$$

失效模式对第一层次各因素的严酷度为 $S=(s_1,s_2,s_3,s_4,s_5)$,其中 $s_i=S_i\boldsymbol{W}_i^{\mathrm{T}}$, $i=1,2,3,4,5$。

则失效模式对媒体品牌竞争力的严酷度为 $s=S\boldsymbol{W}^{\mathrm{T}}$

2. 媒体品牌竞争力失效模式的发生度评价

发生度是对失效模式发生可能性的评价，它与媒体品牌竞争力的层次因素是无关的。发生度的度量如表 3 所示。

表 3　媒体品牌竞争力失效模式的发生度评价

可能性	一定	极高	很高	高	中高	中低	低	很低	极低	无
等级(d)	10	9	8	7	6	5	4	3	2	1

设媒体品牌失效模式的发生度为$\boldsymbol{o}$ 。

3. 媒体品牌竞争力失效模式的影响度评价

影响度是失效模式对相应因素产生影响的程度的评价。影响度的度量如表 4所示。

表 4　媒体品牌失效竞争力模式的影响度评价

影响程度	一定	极高	很高	高	中高	中低	低	很低	极低	无
等级(o)	10	9	8	7	6	5	4	3	2	1

设风险模式对第二层次各因素的影响度为

$$D_1=(d_{11},d_{12},d_{13},d_{14})$$

$$D_2=(d_{21},d_{22},d_{23},d_{14},d_{15})$$

$$D_3=(d_{31},d_{32},d_{33})$$

$$D_4=(d_{41},d_{42},d_{43},d_{14},d_{15})$$

$$D_5=(d_{51},d_{52},d_{53})$$

失效模式对第一层次各因素的影响度为

$D_1=(d_1,d_2,d_3,d_4,d_5)$，其中 $d_i=D_i\boldsymbol{W}_i^T$，$i=1,2,3,4,5$。

则失效模式对媒体品牌竞争力的影响度为 $d=D\boldsymbol{W}^{\mathrm{T}}$

（五）媒体品牌竞争力失效模式风险评价

根据以上得出的媒体品牌竞争力失效模式的严酷度、影响度及发生度，但我们还不能仅仅将三者相乘即 $RPN=s\times o\times d$ 来得到失效模式相对于媒体品牌竞争力的风险优先数(risk priority number，PRN)，这是因为在这个乘式中，因素的权重被重复使用了一次，使得风险优先数被人为地减小了。

事实上，每一个失效模式对媒体品牌竞争力的因素具有一定的风险性(risk)，这里风险性被定义为严酷度和影响度的乘积。这样，失效模式对第二层次的各因素的风险性为

$$R_1=(r_{11},r_{12},r_{13},r_{14})$$
$$R_2=(r_{21},r_{22},r_{23},r_{14},r_{15})$$
$$R_3=(r_{31},r_{32},r_{33})$$
$$R_4=(r_{41},r_{42},r_{43},r_{14},r_{15})$$
$$R_5=(r_{51},r_{52},r_{53})$$

其中 $r_{ij}=s_{ij}\times d_{ij}$ 。

失效模式对第一层次的各因素的风险性为 $PRN=o\times R\times W^{T}$,其中 $r_i=R_iW_i^{T},i=1,2,3,4,5$。

失效模式的风险优先数可通过下式来定义:$PRN=o\times R\times W^{T}$,这就避免了因素权重的重复使用。

计算同一事件下的不同失效模式的风险优先数,并对其排序,对那些具有较高风险优先数的失效模式,寻找其发生的原因,可以使决策者及时纠正事件中的不利因素提供参考,从而使事件的结果更好地保持或提高媒体品牌的竞争力。

四、基于 FMEA 的媒体品牌竞争力风险预警流程

利用 FMEA 在媒体品牌竞争力的风险研究中,应经过以下几个步骤(见图 2)。

(1) 确认事件职能。当媒体企业要进行某一事件前,应首先对该事件进行 FMEA 分析,分析的第一步就是确认事件的职能,即事件将达到哪些可以描述的目标。如 XX 节目的其中一个职能就是提高电视台的收视率。

(2) 列举事件的失效模式及其原因。失效模式可以被定义为事件的职能没有达到预期效果。如 XX 节目的其中一个失效模式就是未达到预期收视率,进一步分析这一失效模式产生的原因是什么。

(3) 计算各失效模式对于媒体品牌竞争力各因素的严酷度、发生度、影响度。这三者的度量可综合历史经验、基于其他媒体的分析、所处的市场环境等,采用专家评定法进行评定。

(4) 计算各失效模式对于媒体品牌竞争力的风险优先数,并对其排序。

(5) 决定是否实施预防措施。如果具有最高风险优先数的失效模式,其风险优先数在可容忍的范围,则进行该事件;否则,对于风险优先数超过容忍范围的失效模式,根据其发生原因,做出预防或改进,并出具 FMEA 报告。

(6) 对经过预防或改进后的事件继续实施 FMEA 分析,直至所有的风险优先数都落在可容忍的范围,才可以进行该事件。

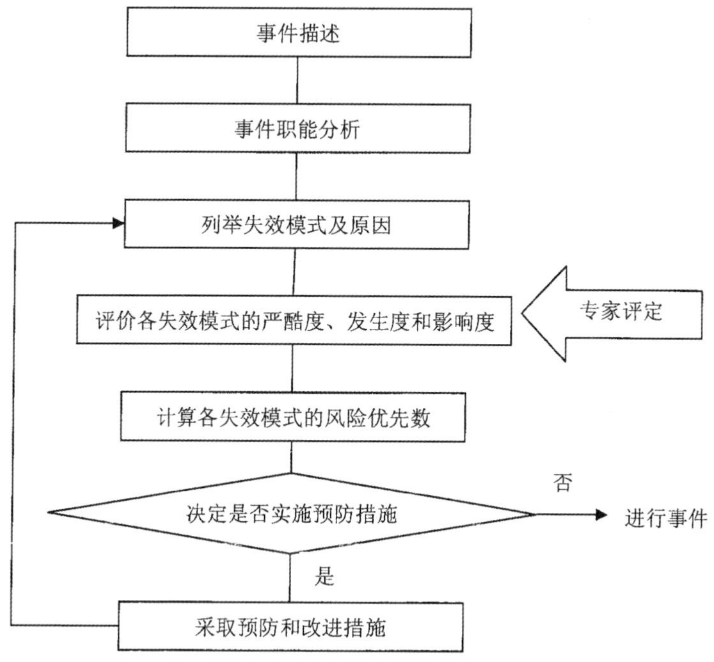

图 2　基于 FMEA 的媒体品牌竞争力风险预警流程图

把 FMEA 应用于媒体品牌的竞争力的风险研究可以在进行不同的事件前就对事件的各失效模式进行评价，以采取预防和改进措施，把进行事件的风险降到最低，以保持或促进媒体品牌竞争力，具有操作流程明确、简洁且容易实行的特点。此外，FMEA 技术在媒体品牌竞争力的风险研究中，成功地与层次因素的重要性结合起来，使得在计算失效模式的风险优先数时使相对重要的因素的风险更加突出，从而更具有合理性。但这个模式还需要大量的实证研究，这正是我们下一步正在进行的研究工作。

参考文献

[1] Kai Meng Tay, Chee Peng Lim.Application of Fuzzy Inference Techniques to FMEA, Advances in Soft Computing Springer Berlin / Heidelberg, 2006.

[2] G. Q. Huang, J. Shi, K. L. Mak.Failure Mode and Effect Analysis(FMEA) Over the WWW, The International Journal of Advanced Manufacturing Technology Springer London, Volume 16, Number 8.

[3] Steve Pollock.Create a Simple Framework To Validate FMEA Performance, ASQ Six Sigma Forum Magazine. Milwaukee: Aug 2005. Vol. 4, Iss. 4.

[4] R.L. Daft, R.H. Lengel.Organizational Information Requirements, Media

Richness and Structural Design, Management Science, 1999.
[5] D. McQuail. Media Performance: Mass Communication and the Public Interest, Canadian Journal of Communication, 1996.
[6] 凯文·莱恩·凯勒.战略品牌管理[M].李乃和，等，译.北京：中国人民大学出版社，2003.

作者：薛　可、余明阳、刘春章

原载《新闻与传播研究》，2007 年第 3 期

媒体品牌竞争力评估的理论模型

学界对于品牌为其所有者带来的市场竞争收益的研究始于1955年,由伯利·B.加德纳和西德尼丁·J.李维在《哈佛商业评论》上发表《产品与品牌》[①]一文才正式开始。此后,对品牌竞争收益研究的文献数量猛增。我国对于品牌与品牌竞争力的研究始于20世纪90年代,而媒体的市场化使媒体品牌竞争力的研究作为一个主要的品牌研究分支也越来越受到学界与业界的重视。

媒体品牌竞争力是指媒体品牌参与市场竞争一种综合能力,它是由于个性的定位、独特的表现方式以及不易被竞争对手模仿的动态优势而形成可持续发展的品牌核心竞争力。这种竞争力具有开拓市场、占领市场的能力,可以帮助媒体品牌形成超越了时空的品位和文化,从而获取长期利润。媒体品牌竞争力是媒体品牌显赫于世的一个最核心的指标,一个品牌没有了竞争力,就没有了存在的价值。所以媒体品牌竞争力既是品牌资产的反映,又是媒体竞争力的反映。

一、媒体品牌竞争力因子分析

实践中,影响到媒体品牌竞争力的因素是多种多样的,因素之间的重要程度也各不相同,在目前情况下还难以建立精确的定量数学模型对媒体品牌竞争力与这些因素之间的关系进行较好的描述。我们根据多年来从事品牌研究的工作实践对影响媒体品牌竞争力的各主要因素进行了分析和总结,并通过层次分析方法确定了这些因素的先后次序及重要程度,在此基础上提出了媒体品牌竞争力的评估模型。

实践中,影响媒体品牌竞争力评估的因素往往是复杂多样的,为了做出正确的决策,必须对这些因素进行全面、综合的分析和考虑。当然,影响媒体竞争力评估的这些因素的重要程度是有着很大区别的,而且针对不同的延伸情况,其重要程度也有所不同。为了最大限度地避免主观性的影响,根据多年的实践,将影响媒体品牌竞争力决策的主要因素分为以下五类(见图1):

① Burleigh B Gardner and Sidney J Levy."The Product and the Brand"[J]. Harvard Business Review, March-April,1955.

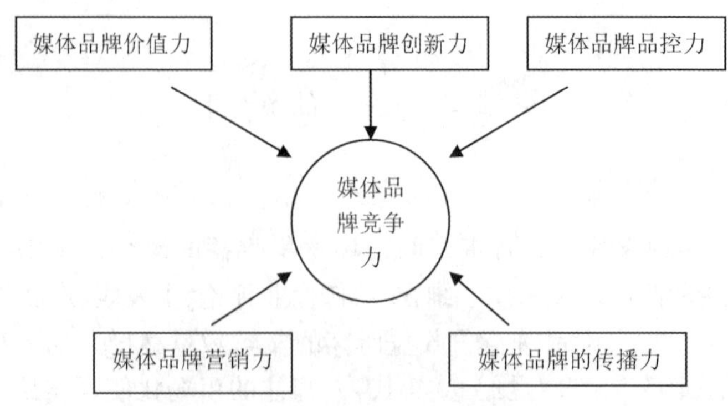

图 1 影响竞争力决策的因素

(1) 媒体品牌价值力(品牌资产)。是对媒体品牌所具有的全部价值认知能力。它主要包括了品牌知名度、品牌性格、品牌忠诚、品牌伴生物以及品牌的相关资产。具有客观性、流动性、经济性、计量性、促销性、扩张性等特点。

(2) 媒体品牌创新力。这里的创新是指有效的创新,是能满足市场新的需求的创新。主要包括创新环境、创新团队、创新资金、创新产品的市场适应性、研发转化为市场的能力。

(3) 媒体品牌品控力。主要指包括对制造的基础资源、原材料、质量、工艺、流程的驾驭,即对品牌质量保证的能力。

(4) 媒体品牌营销力。主要是指包括网络(渠道)、终端、产品定位与市场定位(价格)、营销人员和营销体制,即能将品牌产品通过一定的渠道、借助一定的终端、销售给特定的消费者的能力。

(5) 媒体品牌的传播力。主要是指包括品牌性格、品牌文化、美誉度、品牌传播技巧,以提高品牌知名度、美誉度、定位度、知名度和忠诚度为核心的、针对消费受众的、有效的品牌传播。

二、媒体品牌竞争力评估的理论模型构建

(一) 建立因子层次关系

为了更好地研究媒体品牌竞争力,我们把上述参数划分为若干层次,并运用层次因子分析法来确定各因子的相对影响程度。

根据层次因子分析法的要求,建立如下因子层次关系:

将复杂问题分解为元素或因子,并按属性分组,形成不同层次(同层元素关联性小)。第一层称为"目标层",最后一层称为"方案层",中间层次称为"准则

层”(见图 2)。

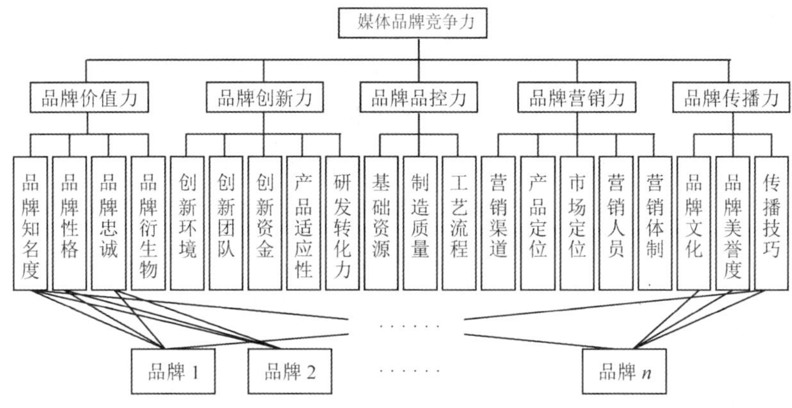

图 2 竞争力的因子层次关系

目标层:

A:媒体品牌竞争力。

准则一层:

B_1:媒体品牌价值力;B_2:媒体品牌创新力;B_3:媒体品牌品控力;

B_4:媒体品牌营销力;B_5:媒体品牌传播力。

准则二层:

C_{11}:品牌知名度;C_{12}:品牌性格;C_{13}:品牌忠诚;C_{14}:品牌衍生物。

C_{21}:创新环境;C_{22}:创新团队;C_{23}:创新资金;C_{24}:产品适应;C_{25}:研发转化力。

C_{31}:基础资源;C_{32}:制造质量;C_{33}:工艺流程。

C_{41}:创营销渠道;C_{42}:产品定位;C_{43}:市场定位;C_{44}:营销人员;C_{45}:营销体制。

C_{51}:品牌文化;C_{52}:品牌美誉度;C_{53}:传播技巧。

方案层:

D_1:品牌 1;D_2:品牌 2;……D_n:品牌 n。

(二)层次因子分析

为了进一步确定上述各因子对媒体品牌竞争力影响的程度及次序,我们采用因子分析方法。

1)构建判断矩阵

我们选择了 20 位从事品牌实践工作多年、有丰富实践经验的专家,对各层次之间的因子相对重要程度进行了标度评分,平分采用了 9 分制。如在比较 A、B 两因子的重要程度时的标度评分如表 1 所示。

表1 标度评分

标度	标度含义
1	元素A与元素B相比，元素A与元素B同等重要
3	元素A与元素B相比，元素A比元素B略微重要
5	元素A与元素B相比，元素A比元素B明显重要
7	元素A与元素B相比，元素A比元素B非常重要
9	元素A与元素B相比，元素A比元素B极端重要
2,4,6,8	为上述相邻判断的中值

2）确定标度给出判断矩阵

对20名专家的上述评分进行平均后，构建如下判断矩阵：

$$\mathbf{A}\quad\begin{bmatrix} a_{11} & a_{12}\cdots a_{1n} \\ a_{21} & a_{22}\cdots a_{2n} \\ \cdots & \cdots & \cdots \\ a_{n1} & a_{n2}\cdots a_{nn} \end{bmatrix},\text{其中 } a_{ij}>0,\ a_{ij}=\frac{1}{a_{ji}},\ a_{ii}=1(i,j=1,2,\cdots,n)$$

B_1,B_2,B_3,B_4,B_5相对于$\mathbf{A}$的判断矩阵为

$$\mathbf{A_0}=\begin{bmatrix} 1 & 5 & 3 & 7 & 9 \\ 1/5 & 1 & 1/3 & 3 & 5 \\ 1/3 & 3 & 1 & 5 & 7 \\ 1/7 & 1/3 & 1/3 & 1 & 3 \\ 1/9 & 1/5 & 1/7 & 1/3 & 1 \end{bmatrix}$$

$C_{11},C_{12},C_{13},C_{14}$相对于$B_1$的判断矩阵为

$$\mathbf{A_1}=\begin{bmatrix} 1 & 1 & 1/5 & 3 \\ 1 & 1 & 1/3 & 5 \\ 5 & 3 & 1 & 7 \\ 1/3 & 1/5 & 1/7 & 1 \end{bmatrix}$$

$C_{21},C_{22},C_{23},C_{24},C_{25}$相对于$B_2$的判断矩阵为

$$\mathbf{A_2}=\begin{bmatrix} 1 & 1/3 & 3 & 5 & 7 \\ 3 & 1 & 5 & 7 & 9 \\ 1/3 & 1/5 & 1 & 3 & 5 \\ 1/5 & 1/7 & 1/3 & 1 & 3 \\ 1/7 & 1/9 & 1/5 & 1/3 & 1 \end{bmatrix}$$

C_{31},C_{32},C_{33}相对于B_3的判断矩阵为

$$\boldsymbol{A_3}=\begin{bmatrix}1 & 1/5 & /13\\ 5 & 1 & 3\\ 3 & 1/3 & 1\end{bmatrix}$$

$C_{41},C_{42},C_{43},C_{44},C_{45}$相对于 B_4的判断矩阵为

$$\boldsymbol{A_4}=\begin{bmatrix}1 & 1/7 & 1/5 & 1/3 & 3\\ 7 & 1 & 3 & 5 & 7\\ 5 & 1/3 & 1 & 3 & 7\\ 3 & 1/5 & 1/3 & 1 & 5\\ 1/3 & 1/7 & 1/7 & 1/5 & 1\end{bmatrix}$$

C_{51},C_{52},C_{53}相对于 B_5的判断矩阵为

$$\boldsymbol{A_5}=\begin{bmatrix}1 & 3 & 5\\ 1/3 & 1 & 3\\ 1/5 & 1/3 & 1\end{bmatrix}$$

3）元素单排序向量及一致性检验

单一准则下各元素的排序向量可通过计算相应矩阵的最大特征根 $\lambda_{\max}$所对应的特征向量 $\boldsymbol{W}$ 来表示，其计算步骤如下。

（1）计算判断矩阵每行所有元素的几何平均值。

$$\boldsymbol{W}'=(w'_1,w'_2,w'_3,\cdots,w'_n)^{\mathrm{T}}=\left(\sqrt[n]{\prod_{j=1}^{n}a_{1j}},\ \sqrt[n]{\prod_{j=1}^{n}a_{2j}},\cdots,\ \sqrt[n]{\prod_{j=1}^{n}a_{nj}}\right)^{\mathrm{T}}$$

（2）将向量 $\boldsymbol{W}'$的每个元素归一化。

$$\boldsymbol{W}-(w_1,w_2,\cdots,w_n)^{\mathrm{T}}=\left(\frac{w_1{}'}{\sum_{i=1}^{n}w_i{}'},\frac{w_2{}'}{\sum_{i=1}^{n}w_i{}'},\cdots,\frac{w_n{}'}{\sum_{i=1}^{n}w_i{}'}\right)^{\mathrm{T}}$$

（3）计算判断矩阵的最大特征值 $\lambda_{\max}$。

$$\lambda_{\max}=\sum_{i=1}^{n}\frac{(\boldsymbol{AW})_i}{nw_i}$$，其中$(\boldsymbol{AW})_i$ 为向量 $\boldsymbol{AW}$ 的第 i 个元素。

（4）一般需要进行判断矩阵的一致性检验，当专家经验比较一致时，可省略。计算一致性指标 $CI=\dfrac{\lambda_{\max}-n}{n-1}$及随机一致性指标 $CR=\dfrac{CI}{RI}$（当 $n\geqslant3$ 时）。

这里 RI 为平均随机一致性指标，其取值是根据矩阵的不同阶数如表 2 所示。

表 2

N	3	4	5	6	7	8
RI	0.58	0.90	1.12	1.24	1.32	1.41

对各判断矩阵进行检验,当 $CR<0.10$ 时,矩阵具有满意的一致性。

本单元排序及一致性检验结果如下:

对于 B_1,B_2,B_3,B_4,B_5 相对于 $\boldsymbol{A}$ 的判断矩阵 $\boldsymbol{A}_0$,

$$\boldsymbol{W}^{(0)}=(0.5100,0.1296,0.2683,0.0636,0.0329)^{\mathrm{T}}$$

$$\lambda_{\max}=5.2372, CI=0.0593, RI=1.12, CR=0.0529$$

对于 $C_{11},C_{12},C_{13},C_{14}$ 相对于 B_1 的判断矩阵 $\boldsymbol{A}_1$,

$$\boldsymbol{W}^{(1)}=(0.15916,\ 0.20547,\ 0.57888,\ 0.05649)$$

$$\lambda_{\max}=4.1062, CI=0.0354, RI=0.90, CR=0.0393$$

对于 $C_{21},C_{22},C_{23},C_{24},C_{25}$ 相对于 B_2 的判断矩阵为 $\boldsymbol{A}_2$,

$$\boldsymbol{W}^{(2)}=(0.26383,\ 0.51004,\ 0.12957,\ 0.06364,\ 0.03292)$$

$$\lambda_{\max}=5.2372, CI=0.0593, RI=1.12, CR=0.0529$$

对于 C_{31},C_{32},C_{33} 相对于 B_3 的判断矩阵 $\boldsymbol{A}_3$,

$$\boldsymbol{W}^{(3)}=(0.10473,\ 0.63699,\ 0.25828)$$

$$\lambda_{\max}=3.0385, CI=0.0193, RI=0.58, CR=0.0332$$

对于 $C_{41},C_{42},C_{43},C_{44},C_{45}$ 相对于 B_4 的判断矩阵 $\boldsymbol{A}_4$,

$$\boldsymbol{W}^{(4)}=(0.06515,\ 0.49661,\ 0.27013,\ 0.13267,\ 0.03544)$$

$$\lambda_{\max}=5.3026, CI=0.0757, RI=1.12, CR=0.0676$$

对于 C_{51},C_{52},C_{53} 相对于 B_5 的判断矩阵 $\boldsymbol{A}_5$,

$$\boldsymbol{W}^{(5)}=(0.63699,\ 0.25828,\ 0.10473)$$

$$\lambda_{\max}=3.0385, CI=0.0193, RI=0.58, CR=0.0332$$

4) 方案总排序

在同一个元素下,对不同的方案进行比较(如采用百分制、五分制等,对方案打分),再利用元素的分层次排序进行加权平均。

例如:假设 6 个品牌分别为 a、b、c、d、e、f,采用 5 分制打分,计算结果如表 3 所示。

表 3　6 个品牌的比较

准则	权重	元素	权重	品牌 a	品牌 b	品牌 c	品牌 d	品牌 e	品牌 f
媒体品牌价值力	0.510 0	C_{11}:品牌知名度	0.159 16	1	1	5	4	1	4
		C_{12}:品牌性格	0.205 47	3	2	5	2	2	5
		C_{13}:品牌忠诚	0.578 88	2	3	3	3	3	5
		C_{14}:品牌衍生物	0.056 49	4	4	2	2	5	5
		加权平均		2.159 3	2.532 7	3.672 8	2.897 2	2.589 2	4.840 8
		排名		6	5	2	3	4	1

（续表）

准则	权重	元素	权重	品牌 a	品牌 b	品牌 c	品牌 d	品牌 e	品牌 f
媒体品牌创新力	0.129 6	C_{21}：创新环境	0.263 83	5	5	2	4	2	3
		C_{22}：创新团队	0.510 04	4	5	1	5	2	2
		C_{23}：创新资金	0.129 57	2	2	3	3	3	2
		C_{24}：产品适应性	0.063 64	3	4	4	2	4	1
		C_{25}：研发转化力	0.032 92	3	1	5	1	3	3
		加权平均		3.908 1	4.416	1.845 6	4.154 4	2.289 8	2.233 1
		排名		3	1	6	2	4	5
媒体品牌品控力	0.263 8	C_{31}：基础资源	0.104 73	4	3	4	3	5	1
		C_{32}：制造质量	0.636 99	1	4	4	4	2	2
		C_{33}：工艺流程	0.258 28	1	4	3	4	2	2
		加权平均		1.314 2	3.895 3	3.741 7	3.895 3	2.314 2	1.895 3
		排名		6	1	3	1	4	5
媒体品牌营销力	0.063 6	C_{41}：营销渠道	0.06515	3	3	3	5	1	1
		C_{42}：产品定位	0.496 61	3	5	2	3	2	2
		C_{43}：市场定位	0.270 13	4	4	1	2	3	3
		C_{44}：营销人员	0.132 67	5	4	1	2	4	1
		C_{45}：营销体制	0.035 44	4	3	3	1	4	4
		加权平均		3.570 9	4.396	1.697 8	2.656 6	2.541 2	2.143 2
		排名		2	1	6	3	4	5
品 牌 传播力	0.032 9	C_{51}：品牌文化	0.636 99	3	2	4	2	4	2
		C_{52}：品牌美誉度	0.258 28	3	1	3	3	3	3
		C_{53}：传播技巧	0.104 73	4	3	5	4	5	1
		加权平均		3.104 7	1.846 4	3.846 4	2.467 7	3.846 4	2.153 6
		排名		3	6	1	4	1	5
		总加权平均		2.283 9	3.232 2	3.334 2	3.294	2.516 2	3.465 7
		总排名		6	4	2	3	5	1

从计算结果可以看出，如果以总目标即品牌竞争力对各品牌的排名，也可以看出各品牌相对于准则层一即媒体品牌价值力、媒体品牌创新力、媒体品牌品控力、媒体品牌营销力和媒体品牌传播力的排名。比较总排名与相对于准则层一的排名，可以进一步分析媒体品牌竞争力的优势与劣势。

三、媒体品牌竞争力评估模型的研究价值

媒体品牌竞争力评估模型的提出，将使媒体品牌竞争进一步走向定量化，通过层次分析法所建立的上述媒体品牌竞争力评估模型在一定程度上避免了延伸评估的主观性和个体差异，提供了可供操作的定量分析方法，在此基础上人们可以将这种指数扩展为然后媒体品牌竞争力指数，论坛品牌竞争力指数，如博鳌论坛和达沃斯论坛，奥斯卡、戛纳、威尼斯电影节，中国的金鸡奖和百花奖等奖项的品牌竞争力指数都可以量化。

然而，该方法所提供的各因子的相对权系数是固定的，实际对不同的行业和不同的竞争产品而言，影响竞争力成功率各因子的重要程度是有所区别的。较好地解决这一问题的途径有两条：

(1) 针对具体行业或媒体品牌竞争力的情况先运用层次分析法重新确立各因子的相对权系数，在此基础上再根据模型进行评估。

(2) 建立具有权系数自适应调整机制的评估模型。若存在大量的可供训练的样本数据，一种较好的选择即采用人工神经网络模型。

此外，如何进一步建立各因子评分的客观准则，避免各种人为主观因素的影响是今后研究工作中值得继续探讨的问题。

参考文献

[1] Burleigh B Gardner and Sidney J Levy.The Product and the Brand[J]. Harvard Business Review, March-April,1955.

[2] John M. Balmer.Corporate Branding and Connoisseurship[J].Journal of General Management, 1995,9.

[3] De Chernatory and McDonald.Creating Powerful Brands[J].Oxford: Buderworth-heinermann,1998.

[4] 王永贵.服务质量、顾客满意与顾客价值的关系剖析[J].武汉理工大学学报(社会科学版).2002,(6).

作者：薛　可、余明阳

原载《新闻大学》，2007 年第 3 期

出版社品牌力的五大构成

出版社作为重要的文化载体，面临着国际化竞争和市场化生存的双重压力。在优胜劣汰、强者愈强，弱者愈弱的市场环境下，以打造强势品牌来营造竞争优势，提升生存状态，成为出版社发展的必由之路。

一、出版社品牌的意义解析

品牌来自古代的Brand“烙印”之意，即给任何产品打上一个具有制造者性格投射的独特识别和独特存在方式。从而使消费者和受众一旦感受到某一品牌的符号，便能产生对该品牌与其他品牌的差异认知，从而产生由该品牌自然延伸而得来的品牌联想。出版社品牌的打造具有三方面的意义。

首先，有助于推广出版社的全部产品，即图书。当消费者在市场上感受到某一出版社的出版物时，消费者往往难以在很短的时间内对这一出版物是否值得购买进行有效的价值判断。在中国目前图书市场空前繁荣的背景下，同样的选题，相关的内容，往往有多种出版物可供选择。而在消费者缺乏选择能力的时候，出版社品牌通常成为其选项的核心理由。我们知道，品牌的价值在于同样的产品卖得比竞争对手多；同样的销量，卖得比竞争对手贵；同样的销量和价格，卖得比竞争对手快，即所谓的更多、更高、更快的品牌溢价。随着信息时代的到来，这一现象和趋势在不断地强化。

其次，出版社品牌的打造有利于整合各种社会资源。对于出版社来说，除了消费者因素以外，最核心的资源无疑是作者。因为优秀的作者能提供优秀的出版物，而优秀的出版物将会有利于市场业绩的提升和社会影响力的提升，即所谓的出版社通常讲的“社会效益和经济效益的双丰收”。而优秀的作者身边总是充满着各类热切的出版人的约稿，对于优秀的作者来说，也非常希望寻找品牌力强的出版社来发布他们的最新研究成果。因为品牌出版社不但编校力量强大、装帧设计水平高、发行渠道广泛、传播推广有力，在版税稽核等方面均有较好的商业成绩，乃至于出版以后的书评、评奖等一系列环节具有相对优势，所以名家选名社、名社出名书、名书进一步成就名家与名社，构成一种良性的三角互动。除了作者资源以外，品牌出版社还拥有发行渠道、传播媒介、终端陈列位置、编辑、设计、发行投入等诸多社会资源，因为出版社的品牌优势可以集中和整合这些资源，为出版物服务。

最后，品牌出版社有助于为出版社的产业延伸和产业整合提供条件。随着中国文化体制改革的深入，出版社全产业链延伸和以出版为轴心的产业平台搭建已是大势所趋。其延伸的方向既有上游的信息资源整合，也有中游的印刷装帧产业，更有下游的渠道和终端建设，甚至有些出版社开始全面的与网络等新媒体和报刊等传统媒体联动，构成集约性的信息传播体系。至于教材出版时的，附送电子课件、教师参考物更是成为行业当中的共识。为了将简单的图书出版演绎成系统的出版产业链打造，很多出版社开始介入实体运作。有些开始做自营和加盟的销售终端（书店），有些于报刊、网络组建新型传媒集团，有些与广告公司、公关公司和设计公司建立战略联盟，有些甚至尝试走公众上市公司这样的资本经营之路。而这种合作是一种更为广泛的资源整合，需要进行系统的市场博弈，品牌无疑为博弈中出版社的优势增添砝码。所以，无论从哪一个角度来说，出版社进入品牌竞争时代已是无须争辩的事实。

二、出版社品牌的构成要素

出版社品牌是一个系统的概念，是由内在和外在，隐性和显性，作品和人物等多重元素构成。其系统关系如图 1 所示。

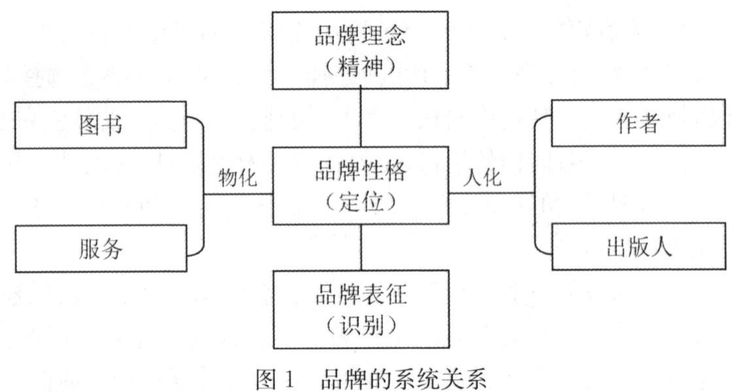

图 1　品牌的系统关系

根据图 1 不难看出，出版社品牌是由五大要素构成的。

（一）出版社的品牌理念

理念是社会组织全部行为的最终缘由和动力，是品牌在精神层面的集中体现。一个出版社要构成系统完整的强势品牌，必须有明确鲜明的品牌理念，这一品牌理念不但是内部员工必须共同遵守的精神使命，而且是作者和读者认知和认同出版社的核心定位。出版社的品牌理念包括出版社的发展宗旨和社会使命、出版观、价值观、人才观、行为准则，及其在制度和规范上的体现。中国目前出版社的品牌同质化程度比较高，尽管我们共同生活在社会主义社会这一基本的社会形态中，我们共同遵行党的出版方针和政策，但这并不是说出版社就不需要自身独特的品牌理念。与制度和信仰相比，理念更具有行业性、操作性和可识别性。

（二）出版社的品牌性格

出版社的品牌性格是这一出版社区别于其他出版社的独特的内质。它包括产品定位，消费者定位，装帧风格，作品的类别差异，宣传推广差异等。这种性格通常由物化的产品和人化的作者编者构成。由于长年积累，形成被内部员工广泛认同和外部消费者普遍感知的出版社品牌特性。品牌犹如有生命的人，品牌也可以进行拟人化的联想，会在消费者心目中留下性格化的记忆。比如，商务印书馆的权威与国际化，中华书局的厚重与本土化，三联出版社的隽永和现代化，便构成了出版社性格的显著差异。至于贝塔斯曼这样的强势出版机构，更是以其信誉卓著，美轮美奂，产业包容，服务周全而构成充满性格魅力的强势出版品牌。

（三）出版社的物化品牌

出版社品牌由于其产品和流程的特殊性，通常以物化的出版物作为品牌的载体。因此，出版物既是出版社的产品，也是出版社最为核心的品牌载体。出版物形象既有优劣等质的差异，也有风格、专业等定位化差异。以中国的大学出版社为例，像清华大学出版社在计算机类图书的出版便构成重要的物化形象定位，中国人民大学出版社的人文社科教材，上海外语教育出版社的外国语言文学读物，复旦大学出版社的经济管理类教材都已经形成了特色性的差异化定位。而机械工业出版社、华夏出版社等过去行业局限显著的出版社大量出版最新的英文版原版或中文版翻译版的前卫书籍，可以看作是出版社对自身出版物定位的有效校正和全新突破。而复旦大学出版社开始打造高端教材的“博学”系列，以及职业类的“卓越”系列，是出版物品牌定位走向母子品牌体系的成功范例，这样的尝试武汉大学出版社的“珞珈”系列也是异曲同工。

（四）出版社的人化品牌

出版社的作品是人们精神劳动的产物，也就是说出版物是人们思想和精神的物化体现。因此，作者和编者以及组织、整合作者和编者的出版人便构成品牌的重要组成部分。事实上，大量出版社就是争取到了著名作者的优秀作品，经过优秀的编辑细细打磨，经过优秀设计师精心包装，经过优秀出版人精心推出而构成的出版精品。这其中人的力量不但是能动的，甚至是决定性的。近年来，在人文社会科学领域中,像易中天、余秋雨、于丹、陈丹青等作品市场火爆,销量屡创新高,甚至一部作品创造一栋楼的经营奇迹也屡有发生。教材的发行更是如此,像《大学英语》、多年前的《政治经济学》等发行量更是令国际出版业瞠目结舌。因此,权威的作者群体无疑是出版社品牌的重要支柱。随着出版品牌的差异化竞争,品牌出版人开始浮出水面:像出版湘军,像以广东经济出版社为代表的南方板块均是出版界关注颇多和讨论颇多的热点。因此,作为精神产物的出版品牌,人化的因素必须被高度重视。

(五)出版社的品牌表征

品牌表征是指品牌的名称、概念、标志、色彩、吉祥物以及视觉识别体系(VIS)。这些看似表面的东西恰恰是出版社和读者沟通的最直观的介质。中国三十年来,随着改革开放,出版物的表征体系发生了翻天覆地的变化。在出版史上值得一提的是,二十年前的“走向未来”丛书,当时以其全新的视角、另类的装帧在中国社会兴起了巨大的波澜。此后的丛书很多受这一品牌表征的影响,无论是“五角”丛书、“布老虎”丛书都为出版品牌表征的创新和风格的积淀提供了示范的意义。在信息大爆炸的今天,当出版物犹如汗牛充栋般的抢夺人们的眼球,表征是别无疑是直观的,甚至有决定性的意义。

总之,出版社品牌是有五大要素构成的系统结构。因此,其打造过程也必定是一项复杂的系统工程。

三、出版社品牌的打造与提升

既然出版社品牌系统而复杂,在中国目前由出版社高度同质化走向多元差异化的过程中有必要进行以下三项工作:

首先,盘点出版社的资源,对现有品牌状况有一个明确的认知。中国的现有出版社,其历史、归属、资源均各不相同,多年以来,开始形成自身的独特优势。打造出版社品牌不能脱离这一现实,需要对自身出版社品牌的优势、劣势、机会、风险进行系统的 SWOT 分析。不但要盘点自身的特点,还需要分析和研究其他出版社的状况和愿景,尤其是出版物雷同性高、竞争性强的兄弟出版社。通过分析比较,找出差异性定位,分化意味着深化,这种盘点必将为自身的品牌营造打下扎实的基础。

其次,系统规划出版社品牌。出版界过去通常将自己定位成为他人做嫁衣裳的幕后英雄。这种精神是可贵的,但当我们在提供优秀的出版作品时,实际上同时在传播着出版社自己的品牌,甚至是编辑和出版人的品牌。而后者也是出版作品的不可或缺的组成部分。所以,出版社的品牌本身也是需要进行规划的。

思路决定出路，定位决定地位，眼界决定境界。没有清晰的品牌规划，顺其自然的去打造品牌，所产生的品牌必定是混乱的，甚至是矛盾的。这就像造房子一样，造个平房或者二层楼的房子，凭直觉还可以完成；如果盖一个十层楼的房子，没有一个系统的设计图纸，后果将不堪设想。因此，在出版业竞争白热化的今天，有必要对出版社的品牌进行系统规划。

最后，视品牌为生命，强化执行力，十年磨一剑。中国社会已进入由中国制造向中国创造过渡的全新时代。创新型国家强调无形控制有形，对出版社来说，过去最值钱的可能是出版大楼、印刷厂、排版设备等有形资产，而未来出版社最有价值的资源将是品牌、商誉、选题策划人、优秀的编辑群落、健全的发行体系、良好的传播通道。出版社要像爱护眼珠一样爱护自己的品牌，不但从图书选题定为这些大的根本性的方面着手，而且充分考虑名片制作、编辑流程、作者读者沟通等过去看来微小的难以量化的方面着手，通过持久的、细节化的工作来构建出版社品牌。

总而言之，出版社品牌已成为出版业竞争的利器，而出版社品牌的内在结构复杂而系统，需要通过理性的作为来打造出版社品牌。同时，品牌的成功打造必将给出版社带来丰厚的眼前和前瞻性效益。

参考文献

[1] 余明阳，2007 年中国品牌报告[M].上海：上海交通大学出版社，2007.
[2] 张梦欣，面向市场打造品牌建设专业权威出版社[J].科技与出版，2005，(04).
[3] 林为建，品牌建设的思考[J].科技与出版，2002，(04).
[4] 黄光虹，出版社的品牌建设[J].出版科学，2006，(05).

作者：薛　可，余明阳
原载《科技与出版》，2008 年第 1 期

媒体品牌的延伸模式

媒体品牌延伸,是指在已经确立媒体品牌地位的基础上,将原有品牌运用到新的产品或服务,从而期望减少新产品进入市场的风险,以更少的营销成本获得更大的市场回报。据统计(Crawford,1979;Booz,Allen 和 Hamilton,1982;Bragg,1986;Aaker,1991 年),在 20 世纪七十年代至八十年代企业向市场推出的新产品中,真正获得成功的仅占 20%,其中有 30%~35%因为不被受众所接受和过高的市场初期导入费用而失败。解决上述问题的有效途径之一,就是充分利用已有的品牌名称和品牌资产,通过延伸转移到新的产品或服务,从而大大降低新产品进入市场的壁垒。据统计,美国电视综艺类节目总收入中约有 40%来自广告收入,60%来自对节目品牌的延伸营销[①]。所以,媒体品牌延伸是媒体品牌战略的主要内容之一,是再造媒体品牌,使之发样光大的重要途径。

一、媒体品牌生命体探讨

媒体品牌的延伸就是为了增强媒体品牌的市场竞争力,提升品牌的价值力。要做到这一点,就必须充分考虑到媒体品牌的延伸能否被受众所认同和接受,只有考虑到这一点,才能促成符合受众意愿的良性收看、阅读行为,真正达到不断提升媒体品牌的目的。因此,我们在研究媒体品牌延伸的模式时,首先把媒体品牌看作是活动在受众心理空间的生命体(brand life activity),具有出生、发育、繁殖和衰亡的生命过程,以及新陈代谢、遗传与变异等特性。

媒体品牌在受众心理空间的生命周期可分为如图 1 所示几个阶段。

① 刘为民,粟晓瑜.对“超级女声”的大众传播学分析[EB/OL].http://theory.people.com.cn/GB/40557/53891/53898/3751373.html.

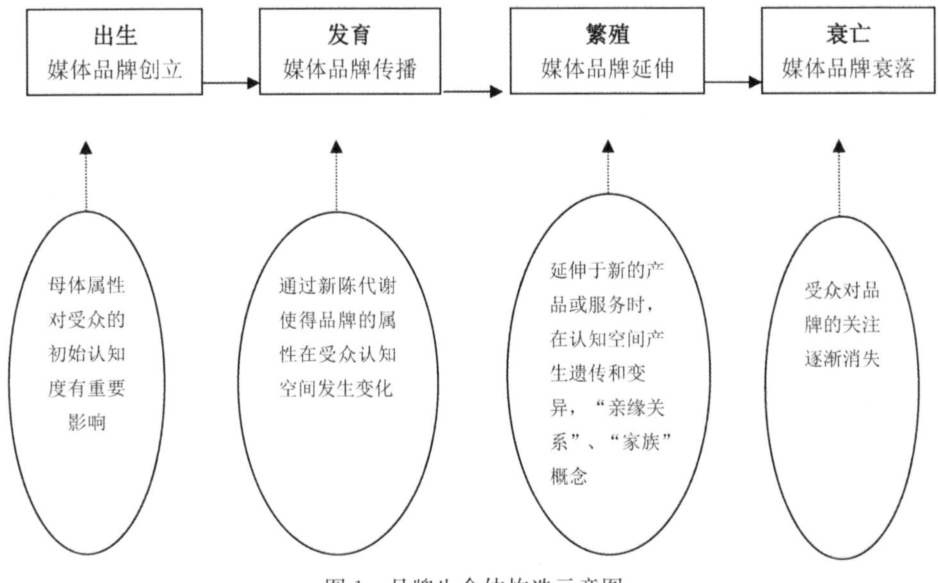

图1　品牌生命体构造示意图

（一）出生（品牌创立）

在媒体品牌创立的初始时期，由于受众对品牌缺乏足够的了解，创立品牌的媒体（母体）的属性对受众的初始认知度有着重要的影响。对受众媒体品牌的初始认知是与媒体的背景知识、品牌的个性化密切相关的，往往对知名度和美誉度高的媒体所创立的品牌和具有独特定位的品牌具有较高的认可度。

（二）发育（品牌传播）

创立后的媒体品牌通过经营活动把自己独特的定位传播到更多的受众群体中，使越来越多的受众有所认知，其影响力不断扩大。值得注意的是，这一过程也呈现出品牌生命体的新陈代谢特征，与初始认知相比较，随着对媒体品牌了解的深入，品牌属性和内涵在受众的心理空间也会发生变化。因为媒体品牌的日趋成熟，受众已形成习惯性消费，媒体的新产品变成了普及产品，同类产品竞争更为激烈。

（三）繁殖（品牌延伸）

当媒体品牌延伸到新的产品或行业时，在受众认知空间所产生的变化类似于生命体的“繁殖”，这种认知过程要受到遗传和变异规律的影响。受众对品牌的延伸的心理行为认知取决于对延伸后的品牌与原有品牌之间的“亲缘关系”和“家族”概念的认同，可以看作是一种模式匹配的过程。

（四）衰亡（品牌消失）

受众对品牌的关注程度逐渐下降直至消失的过程，也就是媒体品牌生命体在心理空间的衰亡过程。在这一时期，媒体品牌的形象开始老化，原有产品已逐步变成老产品，其他新的品牌已逐步进入甚至开始替代媒体的现有品牌，品牌资产价值出现了减弱。应该说，这一阶段已到了品牌是否能长期立市的危急关头了，如果找不准时机进行品牌的基因变异改变，品牌被市场淘汰则是肯定无疑的了。

二、媒体品牌生命体延伸中的遗传与变异分析

从媒体品牌生命体中可知，媒体品牌延伸是媒体品牌在受众心目中的延续，它包括了媒体品牌生命体延伸的“遗传”和“变异”。

媒体品牌生命体延伸中的遗传变化是指一个品牌是从原有的品牌向新品牌延伸，它原有的 DNA 特性的遗传状况，也就是延伸品牌从原品牌中继承的基因在受众心理的认同度，我们也可把它称为品牌状态。对于这种品牌在受众心中得到认同的遗传变化，最有效的传递多数不是通过文字，而是通过那些在受众大脑里储存和记忆的东西所形成的遗传基因相关度。这是媒体品牌进一步延伸的保证和与其他企业品牌的基本分别。

媒体品牌生命体延伸中的变异是指品牌因子在延伸中通过 DNA 的重组或 DNA 的序列变化使其原品牌的某些基本特性变异，以新颖的内涵或形象增加受众对品牌产品的新鲜感，以满足日益变化的受众心理需求。

因此，根据前人的研究，我们提出通过媒体品牌生命体来描述品牌延伸在受众心理空间的活动规律，把对媒体品牌延伸的心理认知过程，看作是一种在上述遗传与变异规律影响下的模式匹配过程（见图 2）。

受众对媒体品牌延伸的认知首先是一个特征抽取的过程，那些被受众所关注的产品属性特征（如知名度、品质档次、价位等）被受众所感知，并依照不同受众的个人特征选择偏好（如 11～12 岁的孩子对于产品的感官属性具有偏好，低收入者对产品的价格属性具有偏好）被选取出来进行比较和匹配，最终形成对延伸产品的认知结果。认知过程中的关注视角、特征选择偏好与模式匹配规则又要受到不同的受众需求动机、个性心理特点与环境因素的影响。

从心理认知过程来看，媒体品牌的延伸可以看作是原有品牌在延伸空间的一种遗传与变异。从这一角度看，媒体品牌的延伸能否被受众所接受，将取决于以下几个方面的因素：①受众对品牌的认识与态度；②体现品牌核心价值的“遗传物质”（DNA）在延伸产品中能否被受众所感知与认同；③延伸产品中的“变

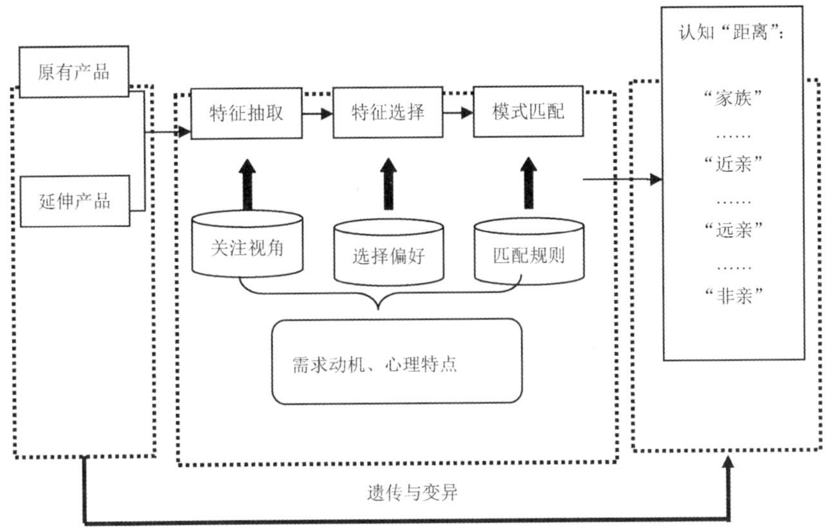

图 2　受众对品牌延伸的心理认知过程

异"部分能否满足受众心理变化的需要。

可见,媒体品牌的延伸实际上是原有品牌在受众心理空间的一种"繁殖"现象,受众对品牌的认知要受到"遗传"和"变异"规律的影响。媒体品牌延伸基础中的"遗传"特性能使受众获得对原有品牌的亲缘关系与"家族"认同感,"变异"特性能使受众感知品牌内涵的新颖性,满足受众心理变化的需要。

三、媒体品牌延伸的模式

根据以上研究的机理,我们以媒体品牌延伸中的"遗传"和"变异"特征为脉络来探讨起延伸的模式。

(一)"遗传"性延伸模式:基因相关性延伸

相关性延伸是指核心品牌与延伸品牌之间的相关程度。根据生物学中的遗传规律,遗传的基因越高,认知度也就越高。核心品牌与延伸产品的遗传变化是指核心品牌与延伸产品的遗传基因相关程度。这种相关程度越高,延伸成功率也就越高,相关程度低,延伸成功率也越低。其遗传变化的相关性主要包括延伸产品与主体产品的相关性和延伸领域与主体领域文化理念的相关性。

1. 产品的遗传基因的相关性

产品的遗传基因相关性主要是指媒体核心品牌与延伸产品在产品内容、形式、原材料等方面的 DNA 关联程度,这种产品遗传基因相关度越高,产品传播的借鉴就越容易,受众的接受也就越方便,其品牌延伸的成功率也越高,反之亦然。

产品内容遗传基因的相关性是指媒体核心品牌与延伸产品在产品内容方面的遗传相关程度。这种相关不但导致内容上的资源共享,而且影响受众对延伸品牌的评价,影响受众对母体及新产品的信心。像山东卫视在从其名牌栏目《道德与法制》中派生出了《金剑之光》和《评案说法》两个子品牌后,新品牌一直深受受众欢迎,就属此类。

产品形式遗传基因的相关性是指媒体核心品牌与延伸产品在产品形式方面的遗传相关程度。在媒体品牌延伸中,不少新产品尽管在内容近少关联,但在表现形式上近似,也会导致延伸的成功。如《解放日报》在自身品牌发展成熟后,先后办起了《新闻晨报》《新闻晚报》《申江服务导报》《报刊文摘》《人才市场报》《I时代》《房地产时报》《上海学生英文报》九份报纸,《支部生活》《上海小说》《新上海人》三份刊物,还有解放日报电子网络版和上海沪剧院,共计,并于 2000 年成立了解放日报报业集团。虽然其九报三刊一网一院明确各自特色,覆盖市场不同领域、层面、人群也不同,但因其产品形式遗传基因的相关性较大,延伸品牌还是得到了受众的认可。

产品原材料遗传基因的相关性是指媒体核心品牌与延伸产品在产品与材料方面的遗传相关程度。媒体品牌作为一种特殊的品牌表现形式,我们在这里指的原材料并不是硬性材料,而是软性材料——名主持、名编辑等,他们在各自的媒体母品牌运营中已有了较高的知名度,利用他们的知名度来进行品牌的延伸,也会得到受众的认同。以凤凰卫视为例,在窦文涛主持《锵锵三人行》获得成功,品牌形象渐入人心后,公司即利用其知名度开办《明星三人行》《老窦一家亲》《老窦酒吧》《文涛拍案》等一系列以窦文涛为核心的节目,同时有推出了窦文涛主编的《锵锵三人行——一笑了之》,窦文涛、闻正兵合著的《加拿大的中国面孔》等书籍,扩大了媒体品牌的影响力,成功实现了品牌延伸战略。

一般而言,延伸品牌产品与原品牌产品在受众心目中产品的遗传基因相关性的概念一致,就得以延伸,其相关性越大,延伸的成功率就越大;其相关性越小,延伸的成功率就越低。

2. 文化理念遗传基因的相关性

文化理念遗产基因的相关性是指媒体品牌在延伸时原品牌的文化理念与延伸品牌的文化理念之间的相关性。它主要包括了核心文化和标识设计等方面 DNA 的相关程度。这两方面的相关性越大,消费者就越容易辨认,对延伸品牌的心理认知度就越高。

核心文化的遗传基因相关性是指核心品牌产品与延伸品牌产品在组织精神、组织使命、组织价值和组织目标等方面的相互关联程度。这种深深融入品牌的内涵，是起着与别的同类产品形成分界的重要标志。它对延伸品牌的遗传基因的高低，是直接影响着受众心目中已有的“磁场效应”。通过受众已有的强势“心理定势”，可以很快得到受众对延伸品牌的承认。

中国台湾东森媒体科技集团在“立足台湾、放眼世界”的经营宗旨、力争“全球第一的华文媒体”的经营愿景和“淬励奋进、永无止息”经营哲学以及“诚实正直、企业公民、创新、成长、承诺”价值观的指导下，从1991年成立之初的两个电视台开始，东森就一直努力用核心文化的遗传基因来整合不断扩展的事业。十几年来他们整合了报纸、广播、网路、电视，成为台湾地区最大的媒体品牌，在此基础上东森集团向不同领域延伸着经营的范围，他们向百货、饭后休闲业延伸，成立了东森得易购公司、台北海鲜馆、衣蝶百货；他们向电信网络业延伸，成立了东森宽频电信公司、东森国际网络公司、东富资讯公司；除此之外，他们的经营领域还延伸到仓储航运业。但无论是在哪个领域，他们恪守组织的核心文化，都用自己的行动随时随地地向受众传递着自己的核心文化，以此获得了各个事业领域的成功。可以说核心文化理念遗传基因的高度相关性使东森的受众在其延伸的各个领域都能找到他们熟悉的文化基因，根据心理学原理，受众对他们熟悉的事物的接受度要比对新事物的接受度高，因此这种相似性促使了东森媒体品牌延伸的顺利与成功。

标识设计的遗传基因相关性是指原品牌产品与延伸品牌产品在视觉设计上的相关度。其相关度越大，受众的认知度就越高，可信度也就越高；反之亦然。如1985年创建的CNN，在品牌效应形成后，逐步建立了CNN国际频道、CNN财经频道、CNN体育频道、CNN标题新闻频道、CNN西班牙语频道、CNN机场频道、CNN互联网和CNN广播，但无一例外地都运用了CNN的识别设计；《纽约客》杂志就用其标识设计创办了“《纽约客》商城”(the New Yorker store)、《纽约客》的网站、“《纽约客》节”、“《纽约客》的名作家大学校园巡游”，均收到很好的效果；《凤凰卫视》从电视媒体向杂志《凤凰周刊》延伸时，也在杂志的封面上印上了《凤凰卫视》大大的的台徽，以强化延伸的品牌可信度和影响力。

总之，消费者对品牌延伸的态度是与原品牌产品的遗传基因特征的认知、适应度的认知、可信度的延伸、延伸增值的认知有关的。品牌延伸成功与否主要取决于产品的内在特征。图3就可清晰表示出消费者如何评价品牌延伸的。

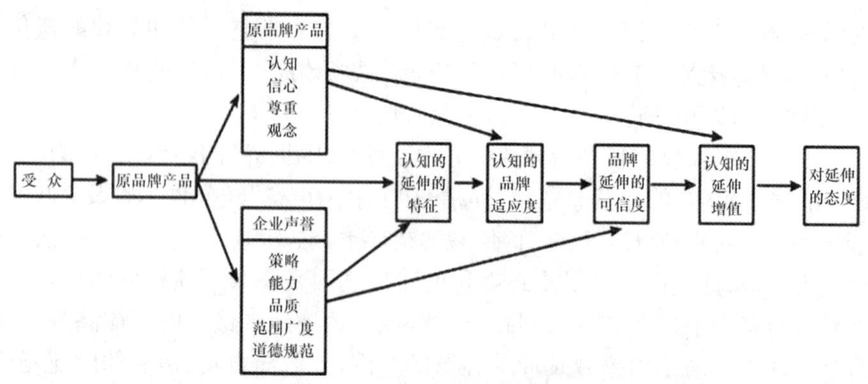

图 3　受众对产品延伸遗传相关性认知模型

（资料来源：参考有关文献绘制）

（二）“变异”性延伸模式：基因变异性延伸

基因变异性延伸指品牌因子在延伸中通过基因的重组或基因的序列变化使其原品牌的某些基本特性变异而引起的延伸。它主要指基因变异重组和基因变异的序列变化的两种基因变异的情况。

1. 基因变异的重组

全球信息一体化以及新经济时代的到来，使得媒体品牌受到了前所未有的冲击，媒体品牌的模仿率越来越高，受众的消费偏好也高速变幻。按照马斯洛的需求理论，受众的需求是会随着不断的满足而提高的。过去曾经合理的品牌特性或品牌承诺逐渐会被受众所抛弃而成为新的发展需求中的不合理现象。因此这就要求延伸品牌通过对原有品牌基因的重组使受众获得同一需求的不同程度的价值体验或新的需求的满足，否则，品牌很可能就会被受众、被市场所抛弃。《南方日报》从 2002 年开始，根据受众的喜好和特征，连续四次进行改版扩版，不断地提升了广东地区读者和面向广东市场的报刊传媒消费者对“南方报业集团”主品牌的忠诚度，取得了较好的市场效果。浙江卫视《周末版》的主创人员就曾谈到：“在《周末版》运作的每个阶段，我们都感到迫在眉睫的威胁，常常以为凭《周末版》的现状，仅可维持半年，而在半年中维持常态，也就意味着进入了滑坡态势，而这种态势一旦确立，往往便回天乏术，或者说要花费巨大的努力才能扭转这种态势。事实上，正是由于这种危机感，这种内在的压力，促使我们不断进行节目调整，策划主体性活动，改进编排方式和加强包装意识。一句话，不断向《浙江卫视周末版》这个品牌注入新的内涵。”正是因为有了这样的基因变异的重组,《周末版》节目不断求新,多年都保持较高的收视率以及较高的受众满意度。[①]

2. 基因变异的序列变化

在以受众为导向的媒体经济中,受众需求具有关键性的作用。媒体品牌不是经营者的品牌,而是受众的品牌,因此,品牌的维系与受众的意愿和偏好紧密相关。通过对延伸品牌的基因变异的序列变化不仅可以扩大品牌产品的种类,形成规模生产效应,扩大受众的认知范围,最大限度地减弱因产品的单一性而给受众带来的厌倦感,强化受众对品牌的喜爱度。因为受众的心理认知能力决定了延伸品牌的前途。如《21 世纪经济报道》就按品牌的基因变异的序列变化延伸出了《21 世纪商业评论》;《第一财经》电视栏目成功延伸到《第一财经日报》;《南方周末》培育出了男性杂志《名牌》和介绍时代精英及热门人物的《南方人物周刊》等都是基于品牌的基因变异序列变化的延伸模式,为延伸品牌受众的维系起到了巨大牵引的作用,而谋求到了最大限度的受众喜爱。

综上所述,媒体品牌的延伸品牌模式,是利用消费者的心理反应特性突出品牌在延伸产品或服务中的"遗传"与"变异"特点,引起关联联想、刺激心理需求和促进购买行为。因此,无论是遗传,还是变异都是为了强化受众对延伸品牌的心理认知,从而达到其对延伸品牌的喜爱、忠诚。实际上在现实生活中,受众对延伸品牌的认知常常是受"遗传" 和"变异"双重影响的。"遗传"为"变异"提供巨大的空间和题材,"变异"为"遗传"提供充分的支持和动力。这样的运作如果成功,将促"遗传"与"变异"的交相呼应、相得益彰。

作者:薛　可,余明阳

原载《国际新闻界》,2006 年第 7 期

① 石长顺,吴麟.现代电视传媒的品牌运营策略[J].电视研究,2005,(09):35－37.

品牌延伸：资产价值转移与理论模型创建

一、品牌延伸的综述

（一）品牌延伸课题的提出

品牌延伸(brand extension)，是指在已经确立品牌地位的基础上，将原有品牌运用到新的产品或服务，从而期望减少新产品进入市场的风险，以更少的营销成本获得更大的市场回报。

近年来，随着市场竞争程度的加剧和广告费用的日益高涨，新产品的市场导入已面临着越来越大的风险。据统计(Crawford，1979；Booz，Allen 和 Hamilton，1982；Bragg，1986；Aaker，1991)，在 20 世纪七十年代至八十年代企业向市场推出的新产品中，真正获得成功的仅占 20%，其中有 30%～35%因为不被消费者所接受和过高的市场初期导入费用而失败。解决上述问题的有效途径之一，就是充分利用已有的品牌名称和品牌资产，通过延伸转移到新的产品或服务，从而大大降低新产品进入市场的壁垒。据 Aaker 的另一项研究表明(Aaker，1990)，凡是业绩优秀的消费品公司，在开拓新产品时，有 95%采用了品牌延伸策略进入市场。由 Nielsen 公司所作的调查结果也表明(Kepferer 等，1992)，在 1977 年至 1984 年间，所有进入超级市场的新产品中，有 40%是通过品牌延伸而完成的。

然而，品牌延伸涉及原有品牌的市场定位变化、消费者对不同种类新产品的接受能力以及品牌资产的变化等一系列复杂的新问题，在实践中成功和失败的例子也与日俱增。因此，与品牌延伸有关的理论问题也已受到国内外学术界的高度重视，并成为近年来的研究热点和前沿课题之一。

（二）国内外品牌延伸研究综述

品牌延伸问题的系统研究起源于 20 世纪 70 年代末，1979 年，Tauber 发表了学术论文“品牌授权延伸，新产品得益于老品牌”，首次系统地提出了品牌延伸(brand extension)的理论问题。八十年代，品牌延伸问题的研究获得了进一步发展并引起了国际学术界的广泛兴趣，Tauber、Boush、Ries、Trout、Anderson、Booz、Allen、Bragg、Lynch 和 Srull 等学者根据大量的案例从不同的角度分析了品牌延伸的效果和价值,并对影响品牌延伸的各种要素、品牌延伸对原有品牌资产的影响和品牌定位的变化等问题做了深入地研究,大大丰富了品牌延伸的理论体系。九十年代以来,品牌延伸问题进一步成为国内外学术界研究的热点,Aaker 和 Keller 分别于 1990 年①、1992 年②发表的"消费者对品牌延伸的评价"及"品牌延伸连续性引入的影响"等论文将品牌延伸的理论研究引入到了新的发展阶段。同时,品牌延伸效果的市场测定和评估、品牌的多重延伸、品牌延伸的反馈效应等新的研究课题也已被提出,品牌延伸理论的研究获得了前所未有的发展。

国内关于品牌理论的研究开始于八十年代,但真正涉及品牌延伸问题的研究直到九十年代中叶才开始。尤其是 1995 年以后,陆续出版了品牌和无形资产方面的书籍 30 多种,发表各类学术论文近百篇。这些著作和论文结合我国的实际案例对品牌延伸问题进行了分析和研究,促进了品牌延伸理论在我国的发展和推广。

为了系统地掌握国内外有关品牌延伸问题的研究状况,本文将从以下三个方面对有关文献进行综述和评价。

1. 品牌延伸策略的认识

在对消费者决策行为的进一步研究中人们发现,消费者的购买行为在很大程度上受到由产品的品牌所提供的先验知识的影响,不同的品牌在消费者心目中存在着形象上的差异,影响着消费者的选择和购买行为(Bettman,James 和 Park,1980③;Park 和 Lessig,1981④;Alba,Joseph 和 Hutchinson,1991⑤)。Mcfadden(1973)、kamakura 和 Russell(1989)⑥、McCulloch 和 Rossi(1992)⑦等学者根据消费者对不同品牌的偏好矩阵运用对数多项式离散选择模型对消费者的品牌选择问题做了深入的研究,并将消费者对不同品牌选择概率的大小作为

---

① Aaker,D.A. & Keller,K.L.,Consumer Evaluation And Brand Extension[J]. Journal of Marketing Research,1990,54.

② Keller,K.L. & Aaker,D.A.,The Effect Of Sequential Introduction Of Brand Extensions[J]. ournal of Marketing Research,1992,29.

③ Bettman J R, Park C W. Effects of Prior Knowledge and Experience and Phase of the Choice Process on Consumer Decision Processes: A Protocol Analysis[J]. Journal of Consumer Research, 1980, 7(3):234-248.

④ Park C W, Lessig V P. Familiarity and Its Impact on Consume Biases and Heuristics[J]. Journal of Consumer Research, 1981, 8(2):223-230.

⑤ Hutchinson J W, Alba J W. Ignoring irrelevant information:Situational determinants of consumer learning[J].Journal of Consumer Research,1991.

⑥ Kamakura W A, Russell G J. A Probabilistic Choice Model for Market Segmentation and Elasticity Structure[J]. Journal of Marketing Research, 1989, 26(4):379-390.

⑦ Mcculloch R E, Rossi P E. Bayes Factors for Nonlinear Hypotheses and Likelihood Distributions[J]. Biometrika, 1992, 79(4):663-676.

品牌市场定位的依据。优秀的品牌代表着卓越的产品质量和服务,能够大大降低消费者的购买风险,往往成为消费者的首选对象,并可获得高于一般品牌的成交价格。因此,品牌作为一种市场策略受到越来越多的企业关注,成为企业占领市场和获得超额利润的重要手段,同时也成为企业无形资产的重要组成部分。

20 世纪 70 年代以来,随着市场竞争程度的加剧,产品的寿命周期已大大缩短,产品的创新机制已成为企业发展的重要源泉。而与此同时,随着市场同类产品的增多和广告费用的日益高涨,新产品进入市场的风险也越来越大。越来越多的公司在宣传其新产品时往往借助于公司的名气和原有产品的市场优势,由此而产生的品牌延伸问题已引起了学术界的兴趣和关注。Tauber 在 1979 年发表了著名的学术论文“品牌授权延伸,新产品得益于老品牌”,较全面地分析了品牌延伸的意义和价值,系统地提出了品牌延伸的一系列理论研究问题。Park 和 Lessig(1981)①进一步研究了品牌延伸对于消费者选择决策的影响,对品牌延伸策略给予了充分的肯定。然而,Ries 和 Trout(1986)②却指出,品牌延伸将会造成消费者的心理混乱,影响原有品牌的市场定位以及在消费者心目中的良好形象。Tauber 在 1981 年所发表的论文中也指出,不成功的产品延伸将严重影响到其原有的品牌。根据美国全国广告者协会(ANA)的另一项研究结果表明(ANA,1984),在公司所采用的品牌延伸策略中有 27%是失败的。

Aaker③、Keller④、Smith 和 Park 等人在 1990 年至 1993 年期间发表了多篇学术论文,根据大量的统计资料对影响品牌延伸成败的关键要素以及消费者对品牌延伸的评价等重要问题作了深入地研究,使人们对品牌延伸策略的认识上升到了一个新的阶段。此外,Keller 和 Aaker(1992)还对品牌的多重延伸(multiple extension)问题进行了探讨,提出了核心品牌向相关性较小的产品延伸时可采用连续性引入(sequential introduction)的策略。Park、Sung 和 Shocker 等人(1996)⑤对品牌的复合延伸(composite extension)进行了研究,并以“IBM with Inter Inside”为例指出了将两个密切关联或具有互补性的品牌复合延伸到某一种类的新产品所具备的新优势。他们还对品牌延伸后所形成的反馈效应进行了研究,通过实例分析了品牌延伸过程中的正反馈和负反馈现象。

---

① Park C W, Lessig V P. Familiarity and Its Impact on Consume Biases and Heuristics[J]. Journal of Consumer Research, 1981, 8(2):223-230.

② Ries A, Trout J. Marketing de guerra[J]. Coleçao Eficâcia Empresarial, 1986.

③ AakerD.A & Keller, K.L.Consumer Evaluation and Brand Extension[J]. Journal of Marketing, 1990,54:112-112.

④ Keller,K.L & Aaker,D.A.The Effects of Sequential Iniroduction of Brand Extensions[J].Journal of Marketing Research,1992,29:245-261.

⑤ Park C.,Sung S.Y. & Shocker A.D.,Composite Branding Allances: An Investigation of Extension and Feedback Effct,Journal of Marketing Research,1996,33.

2. 品牌延伸要素的研究

随着对品牌延伸策略认识的深入，人们对影响品牌延伸的关键要素做了进一步的探索和研究，Boush(1987)、Bridges(1990)[①]、Aaker 和 Keller(1990)[②]、Herry 和 Farquhar(1990)、Park 和 Milberg(1990)等众多的学者都认为品牌延伸的成功与否主要取决于以下两方面的要素：①消费者对核心品牌的“感知质量”(perceived quality)；②延伸产品与核心品牌之间的“相似性”(similarity)。Smith 和 Park(1992)[③]等人则指出，任何品牌延伸的市场效果都将受到以下三个基本因素的影响：①核心品牌的特性，包括核心品牌的强势度和该品牌已有的延伸产品数目；②延伸产品的特性，包括延伸产品与核心品牌现有产品之间的相似程度、延伸产品的质量评估方式和延伸产品被引入市场的时间长短；③延伸产品的市场特性，包括消费者对延伸产品所拥有的知识程度和同类产品市场竞争者的数目。Daniel 等人将延伸产品根据其质量的评估方式不同划分为两大类：若产品的质量可通过简单的视觉检查进行评估，则称之为“search goods”；若产品的质量必须通过实际试用后才能评估，则称之为“experience goods”。他们认为，核心品牌对“experience goods”的影响力要大于对“search goods”的影响力，因而对前者的延伸更容易成功。Reddy、Holak 和 Bhat(1994)[④]的研究结果表明公司的大小及其市场能力、延伸过程的市场推广力度等因素对于品牌延伸的成功率亦有着重大的影响。

延伸产品与核心品牌之间的“相似性”是一个广泛的概念，它包括产品物理特性、工艺、功能方面的相似程度和消费者群体、分销渠道以及销售程序的相同性。Smith 和 Park(1992)[⑤]等人认为“相似性”对品牌延伸的作用体现在两个方面：①供方相似性效应(supply-side essects of similarity)，指延伸产品和核心品牌的原有产品之间能够共享分销渠道和分销队伍等市场资源；②需方相似性效应(demand-side essects of similarity)，指消费者能够从延伸产品中感受到核心品牌的共同优势。消费者对于延伸产品与核心品牌之间的主观“相似性”程度一般是通过对消费者抽样后所做的心理测验来测定的。认知心理学认为，人类对

---

① Bridges, Sheri. A Schema Unification Modelof Brand Extensions[D]. Graduate School of Business, Stanford University, 1990.

② Aaker D A, Keller K L. Consumer Evaluations of Brand Extension. Journal of Marketing[J]. Journal of Marketing, 1990, 54.

③ Smith D C, Park C W. The Effects of Brand Extensions on Market Share and Advertising Efficiency[J]. Journal of Marketing Research, 1992, 29(3):296-313.

④ Reddy S.K., Holak S.K. & Bhat S, To Extend Or Not To Extend: Success Determinants Of Line Extensions, Journal of Marketing Research, 1994, 31.

⑤ Smith D C, Park C W. The Effects of Brand Extensions on Market Share and Advertising Efficiency[J]. Journal of Marketing Research, 1992, 29(3):296-313.

自然界不同种类物体的认知存在着由“度”而构成的梯度结构(Barsalou,1985[①];Rosch and Mervis,1975[②])。因此,物体的归类和比较是可以通过“度”来表示的。Boush、David 和 Shannon(1987)[③]等人根据认知心理学的梯度结构理论对品牌延伸的“相似性”作了定量分析,David、Boush 和 Loken(1991)[④]等人进一步将梯度结构理论运用于品牌宽度的测定。

3. 品牌延伸价值的评估

品牌延伸价值的评估对于进行正确的品牌延伸决策和指导品牌战略实践具有十分重要的意义,也是品牌延伸理论的重要研究方向之一。Smith 和 Park(1992)[⑤]认为,品牌延伸的价值在于与独立品牌在新产品的市场导入期所产生的现金流的差异,并建立了以市场份额和广告效率为评估目标函数的统计分析模型。其研究结果表明:采用品牌延伸策略而引入市场的新产品比通过独立品牌引入的新产品能获得平均 8.3%以上的市场份额,并使广告费用降低 8.7%。Reddy、Holak 和 Bhat(1994)[⑥]根据对 34 种香烟品牌 20 年期间的数据分析结果,提出了基于品牌延伸各要素的数量经济学模型,以此可对品牌延伸的价值进行计算和样本。目前,从总体上看有关品牌延伸的价值评估研究尚处于探索阶段,人们更多的是根据统计分析结果对影响品牌延伸的各要素进行分析,尚未提出有效的品牌延伸决策模型和具有较好预测意义的品牌延伸价值评估模型。

二、决定品牌延伸的因子分析

根据 Daniel、Simth 和 Park(1992)提出的三因子基本假设,我们通过 62 个专家访谈样本,对决定品牌延伸的因子进行了分解与分析。

---

① Barsalou L W. Ideals, central tendency, and frequency of instantiation as determinants of graded structure in categories.[J]. Journal of Experimental Psychology Learning Memory & Cognition, 1985, 11(4):629-654.

② Rosch E, Mervis C B. Family resemblances: studies in the structure of categories[C].Cognitive Psychology,1975:N/A.

③ Boush,David,Shannon. Affect generalization to similar and dissimilar brand extensions; consumer behavior seminar[J]. Psychology & Marketing, 1987, 4(3):225-237.

④ Boush D M, Loken B. A Process-Tracing Study of Brand Extension Evaluation[J]. Journal of Marketing Research, 1991, 28(1):16-28.

⑤ Smith D C, Park C W. The Effects of Brand Extensions on Market Share and Advertising Efficiency[J]. Journal of Marketing Research, 1992, 29(3):296-313.

⑥ Reddy S K, Holak S L, Bhat S. To Extend or Not to Extend: Success Determinants of Line Extensions[J]. Journal of Marketing Research, 1994, 31(2):243-262.

（一）品牌强势度

品牌的强势度是品牌延伸的决定性因素，因为一个没有强势度的品牌是没有延伸的必要的。品牌强势度中最重要的品牌美誉度、品牌的定位度、品牌知名度 3 个指标。

应价值比(指该品牌的产品价值与同类同质量产品的平均价值比率)。品牌的美誉度是体现品牌资产价值的市场功能的重要因素。

1. 品牌的美誉度

品牌的美誉度是消费者对品牌的“感知质量”(perceived quality)，它是消费者对品牌所传达的质量、信誉、档次等信息与同类产品相比的优势的综合体验，它决定了品牌的效度。

2. 品牌的定位度

品牌定位度是指品牌的独特档次与个性特色，是依据企业优势和公众评价的风格选择、市场选择、消费者选择和发展战略选择。具有个性化、独特化、专门化的特点。任何品牌都有定位，任何品牌都是特定定位的展示，不管品牌拥有者是主动、自觉地寻求定位，还是被动、自发地接受定位，公众对品牌的定位评价是与品牌本身共存的，是构成品牌强势度不可或缺的因素。主要讨论包括：品牌定位的适应度、品牌的核心竞争力。

3. 品牌的知名度

品牌的知名度是指品牌在消费者群体中的知晓熟悉程度，它也体现了品牌在创立过程中所投入市场宣传的人力和物力大小。由于品牌的知名度在一定程度上反映了消费者对品牌已有的经验知识程度，从消费者行为理论来看，是对消费者的初期购买决策行为有着重大影响。

（二）核心品牌与延伸品牌的相关性

一个品牌从原有的品牌向新品牌延伸，除了需要品牌强势度，还需要产品相关性，也就是品牌状态。品牌状态是按品牌在消费者心中得到赞同的相关度，最有效的传递品牌多数不是通过文字，而是通过那些在我们大脑里储存和记忆的东西所形成的相关度。这是品牌进一步延伸的保证和与其他企业品牌分别。核心品牌与延伸产品的相关程度越高，延伸成功率也就越高，相关程度低，延伸成功率也越低。其相关性包括延伸主体的产品相关和延伸接受者的受众相关。

（三）品牌的环境因素

品牌的环境因素是指品牌延伸的成功与否，除了品牌本身的强势度及原有品牌与延伸品牌在产品和受众方面的相关性外，环境因素不可忽视。甚至可以这么说,尽管上述两个要素完全一样,品牌延伸在不同环境因素条件下完成,完全有可能出现成功或失败两种结局,目标市场环境、同行竞争环境以及延伸推广力度,其作用有时是决定性的。因此,环境因素是指品牌在延伸过程中,影响并决定其成败的除品牌强势和相关性要素以外的其他综合要素的统称,其主要集中表现为市场、自身的营销能力两大方面。

1. 市场环境

这里所指的市场环境是品牌的外部环境,是指品牌延伸所新进行业的难度。主要包括了竞争对手和成本高低。进入新行业必须要对竞争对手分析了解,确定自己延伸的定位。杰弗里·摩尔在《穿越断层》中提出用 X/Y 轴表示如何定位以及如何避开市场竞争。如图 1 所示。

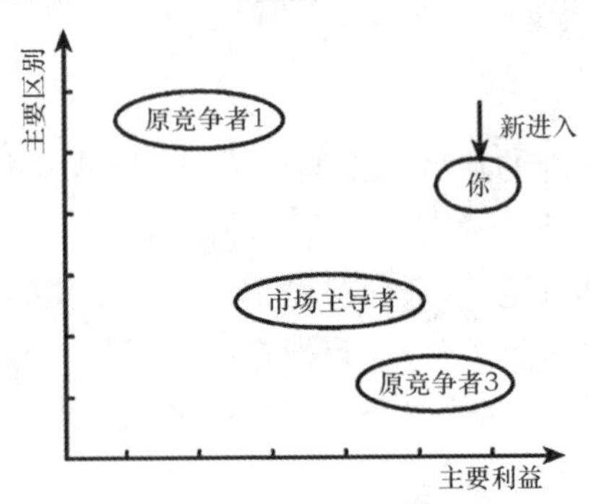

图 1 竞争对手分析

(资料来源:参考有关文献绘制)

图中的 X 轴代表买方主要利益——不管是有意识或无意识地从购买中获得的益处。这可能是任何一种东西:一种特征(如可靠性),一种利益(如方便使用),一种社交因素(如名誉、地位),或者一种特殊需求(如一辆可供有 3 个以上小孩的家庭乘坐的小汽车)。这就是消费者选择他们物品的一种方法。X 轴上的利益有助于减少你的选择。Y 轴则是从剩余选择中做出最后抉择的因素。

品牌资产价值延伸的成本主要分为两个:①产品成本,它是企业利润的这样指标;②形象成本,它是指品牌从一个定位点转移到另一个定位点,或更有效地维持原有形象所支付的成本费用。

2. 企业的营销能力

企业的营销能力主要包括了营销渠道和营销队伍。

在品牌延伸中是否存在有效的品牌营销渠道和训练有素的营销队伍,是品牌延伸成功的关键因素。因为即使消费者愿意购买,但都会因铺货不到位、销售人员素质差等原因而使消费者买不到,或不清楚延伸产品为何物,放弃购买等,所以强化营销队伍的建立、营销网络的建设,是品牌延伸中市场资源的主要组成部分。

三、品牌资产价值的要素与品牌延伸

品牌延伸过程是一个复杂的传播学、社会心理学、消费者行为科学和经济学过程，目前对这一过程内在的复杂机理的研究尚处在探索阶段。现有的研究成果均建立在对各种案例和问卷实验结果的统计分析基础之上，由于缺乏用以描述品牌延伸过程的统一的理论模型，目前尚无法对各种延伸现象做出较好的理论解释。1990 年，Stanford 大学的 Bridges 和 Sheri 在其博士论文“A Schema Unification Model of Brand Extension”①中提出了品牌延伸过程的概念，指出了品牌的强势度和产品相关性是决定了品牌延伸成功的核心因素，为品牌延伸模型的建立提供了很好的起点。我们在此基础上将进一步从分析形成品牌资产的各要素在延伸过程之中所表现的不同特性入手，对品牌延伸过程的内在机理进行深入的探讨和研究，在此基础上提出描述品牌延伸过程的理论模型，并对各种品牌延伸现做出了有效地分析和解释。

（一）品牌资产价值的要素组成及其在延伸过程中的价值转换

品牌资产价值是指品牌所具有的价值的总和，一方面在品牌的创立过程中必须投入一定的物化劳动和活劳动，另一方面品牌本身又具备一定的增值能力，不同的品牌可为经营者带来不同的超额利润。因此，品牌作为一种重要的无形资产也参与商品的生产与流通过程，并能在这一过程中完成自身的价值转换与价值积累。品牌延伸就是其资产的价值转换的重要途径之一，并通过这一过程能实现品牌资产价值的进一步积累和增值。

将一个品牌延伸到新的产品或服务，其资产的价值主要体现在品牌的知名度、美誉度、适应度（品牌所适用的目标市场范围）和品牌的市场资源 4 个因子。

即从品牌延伸的角度看，品牌的资产是上述各要素价值的总和，可表示为

$$E=f(K, Q, S, R)$$

式中：E 为品牌的资产；K 为品牌的知名度；Q 为品牌的美誉度；S 为品牌的适应度；R 为品牌的市场资源。

然而，针对不同的目标市场而言，品牌资产价值体现程度是不一样的。例如，一个在制药行业非常著名且已高度定位的品牌，对于汽车制造业来说其价值可能已微小到无足轻重的程度。因此，将任何品牌运用到某个特定的产品目标市场时都存在一个价值转换过程。

假设品牌资产向目标市场 $\boldsymbol{M}_i$ 的价值转换过程可定义为映射 T：

① Bridges，Sheri.A Schema Unification Modelof Brand Extensions[D].Graduate School of Business，Stanford University，1990.

$$T: E \rightarrow E_i$$

这里,E_i 为品牌资产 E 在目标市场的所转换的价值总和。

为了进一步研究组成品牌资产的各要素在向目标市场转换时所表现的不同特点和作用,现将品牌资产 E 表示为由各要素组成的矢量形式:
并认为映射 T 为线性过程,则 $\boldsymbol{E}$ 可表示为:

$$\boldsymbol{E}_i = \boldsymbol{AE}$$

式中:$\boldsymbol{E} = \begin{bmatrix} K \\ Q \\ S \\ R \end{bmatrix}$;$\boldsymbol{A}$ 为线性传递矩阵,它具有如下结构:

$$\boldsymbol{A} = \begin{bmatrix} a_1 \\ a_2 \\ a_3 \\ a_4 \end{bmatrix}$$

通过对 $\boldsymbol{A}$ 的研究,可揭示品牌延伸过程的价值定量转换程度以及形成品牌资产的各要素在转换过程中所表现的不同特性。在某种程度上,$\boldsymbol{A}$ 也反映了品牌与其所延伸的目标市场之间的“相关性”。

对于 $\boldsymbol{A}$ 中各元素的大小,目前尚无法提出较准确的客观定量测定方法,采用市场调查与专家评定相结合的方式来进行确定。

以下是对乐百氏延伸案例进行分析后,所给定的 $\boldsymbol{A}$ 的结果:

“乐百氏”品牌由果奶向纯净水产品延伸

$$\boldsymbol{A} = [0.96,\ 0.82,\ 0.91,\ 0.95]$$

由此可见,品牌在向一个新的目标市场延伸时,其资产的各要素的价值转换程度或被利用程度是不一样的。这种差异还表现在随时间的变化上,以下是1996年至1999年期间,对“乐百氏”品牌由果奶向纯净水产品延伸所做的分析:

1996年:

$$\boldsymbol{A} = [0.86,\ 0.65,\ 0.75,\ 0.88]$$

1997年:

$$\boldsymbol{A} = [0.87,\ 0.74,\ 0.78,\ 0.90]$$

1998年:

$$\boldsymbol{A} = [0.93,\ 0.82,\ 0.90,\ 0.91]$$

1999年:

$$\boldsymbol{A} = [0.96,\ 0.82,\ 0.91,\ 0.95]$$

从1996年起,我们课题组20多位成员,以复旦大学、北京大学、华中科技大学、上海交通大学等院校的研究生为助理,通过对乐百氏、曲美、海尔、活力28、农夫山泉等品牌的系统研究，获得了许多品牌延伸的相关资料和数据。研究方法包括问卷调查（北京、上海、深圳、广州、成都、重庆、西安、乌鲁木齐、沈阳、郑州、武汉、昆明等12个城市，共发放问卷12 000多份，问卷回收率为73%，有效问卷率为68%）、专家访谈（包括国家有关部委、高校相关专业教授、社会科学院有关研究人员、专业媒体资深记者共62人）、文献法（通过对相关行业统计年鉴、行业信息汇编、专业媒体、专业网站等资料的汇总）、个案法（追踪国际、国内酒类、汽车、房地产、饮料、药品、家电、家具、日用品等14个行业的强势品牌追踪）。通过这些调查方法获得相关数据，并在此基础上建立起实证分析。通过对这些大量的实际案例和实验结果进行分析发现：

（1）组成品牌资产的各要素在延伸过程中所表现的特性是不同的，如品牌知名度可以很快地延伸到具有相同或相近消费者群体的目标市场中，而品牌的美誉度则根据具体的产品种类不同存在着较大差异。

（2）上述延伸过程是动态的，随着时间的变化 $\boldsymbol{A}$ 的各元素也在不断变化。一般而言，a_2、a_3 随时间的变化程度要大于 a_1、a_4 的变化程度。由此可以认为，品牌延伸的过程首先是品牌知名度的价值转换，若所延伸的新产品的目标市场与该品牌原有产品的目标市场之间存在着较大的共同空间，则该品牌原有的市场资源也可以很快被利用。品牌的美誉度则根据新产品与该品牌原有产品之间的相关性而在消费者群体中具有不同的初期心理接受程度，并且必须经过对新产品一定时间的使用实践后才能形成较稳定的评价和判断。品牌的适应度则更是随着新产品进入市场时间的长短和消费者使用时间的长短而逐渐形成的。

（二）品牌资产价值各要素在延伸过程中的动态特性

为了给出品牌资产各要素在延伸过程中动态特性的定量描述指标，根据如上所述的调查方法获得的相应数据，提出了实证分析，对延伸过程时间响应特性作研究，建立描述其动态特性的有关参数指标。

以下为3个行业中具有典型意义的部分案例资料。

（1）饮料行业（见表1）。“活力28”品牌由肥皂粉向纯净水产品延伸。

表1 “活力28”的参数

品牌资产要素	0个月	2个月	4个月	6个月	8个月	10个月
知名度（a_1）	1.00	1.028	1.043	1.056	1.067	1.076
美誉度（a_2）	1.00	0.976	0.965	0.953	0.961	0.962
适应度（a_3）	1.00	0.980	0.970	0.967	0.971	0.973
市场资源（a_4）	1.00	1.024	1.037	1.049	1.062	1.064

(2) 家电行业(见表 2)。“海尔”品牌由冰箱向彩电产品延伸。

表 2 “海尔”的参数

品牌资产要素	0 个月	2 个月	4 个月	6 个月	8 个月	10 个月
知名度(a_1)	1.00	1.037	1.055	1.075	1.094	1.112
美誉度(a_2)	1.00	1.026	1.040	1.053	1.068	1.071
适应度(a_3)	1.00	1.021	1.030	1.046	1.058	1.067
市场资源(a_4)	1.00	1.025	1.040	1.053	1.067	1.121

(3) 家具行业(见表 3)。“曲美”品牌由沙发向整套家具产品延伸。

表 3 “曲美”的参数

品牌资产要素	0 个月	2 个月	4 个月	6 个月	8 个月	10 个月
知名度(a_1)	1.00	1.016	1.024	1.033	1.041	1.048
美誉度(a_2)	1.00	1.012	1.018	1.024	1.030	1.32
适应度(a_3)	1.00	1.018	1.027	1.037	1.045	1.045
市场资源(a_4)	1.00	1.014	1.021	1.028	1.036	1.042

根据如上所述的调查案例数据的分析,发现品牌资产价值的各要素在延伸过程中具有如图 2 所示的时间响应特性规律。

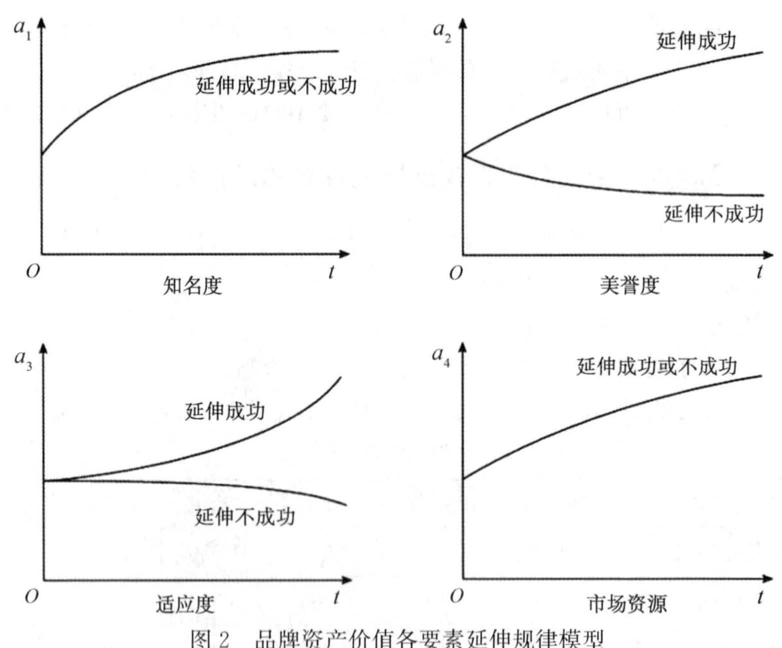

图 2 品牌资产价值各要素延伸规律模型

(资料来源:由作者本人绘制)

为了对上述时间响应特性做定量研究，建立如下指数模型：

$$A(t)=A_0e^{\xi t}$$

式中：A_0 为 $a_i(i=1,2,3,4)$的初始值；ξ 为时间常数，它反映了 $a_i(i=1,2,3,4)$对时间的弹性。

令 ξ_1、ξ_2、ξ_3、ξ_4 分别为 $a_i(i=1,2,3,4)$的时间常数，则矢量

$$\boldsymbol{\xi}=[\xi_1,\xi_2,\xi_3,\xi_4]^T$$

表示了上述延伸过程的动态特性。

采用上述模型对以上延伸案例作最小平方误差参数估计，得如下结果：

（1）饮料行业："活力 28"品牌由肥皂粉向纯净水产品延伸。

$$\boldsymbol{\xi}=[0.014, -0.012, -0.010, 0.012]^T$$

（2）家电行业："海尔"品牌由冰箱向彩电产品延伸。

$$\boldsymbol{\xi}=[0.018, 0.013, 0.012, 0.013]^T$$

（3）家具行业："曲美"品牌由沙发向整套家具产品延伸。

$$\boldsymbol{\xi}=[0.008, 0.006, 0.009, 0.007]^T$$

四、品牌延伸过程的理论模型创建

（一）品牌延伸过程的理论模型设定

实践中，各种品牌延伸现象是复杂而多样的，其延伸效果也是各不相同的，品牌与其所延伸的产品之间还存在着某种反馈效应。因此，国际学术界围绕着"品牌是否应该延伸？""品牌应该向何处延伸？""影响品牌延伸成功的关键因素是什么？""如何对品牌延伸的价值进行评估？"等一系列问题展开了讨论和研究。由于学者们研究过程中所采用的案例都存在着一定的个性，难以具备广泛的代表意义，所得出的结论也各不相同。其实，首先应该对品牌延伸过程的内在机理进行深入的研究，在此基础上建立描述品牌延伸问题的理论模型，再根据模型对不同的延伸现象进行定量分析，才能对品牌延伸的各种问题做出更加科学、有效地解释。

根据如上所述的对大量的品牌延伸实例进行分析和研究，我们提出如图 3 所示用以描述品牌延伸问题的多向反馈控制模型。

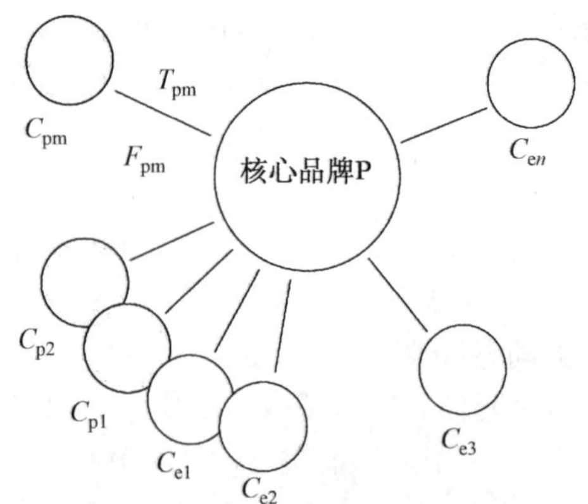

图 3　品牌延伸多项反馈模型

在该模型中,$C_{pi}(i=1,2,3,\cdots,m)$代表核心品牌 P 原有的产品种类的目标市场,而 $C_{ei}(i=1,2,3,\cdots,n)$为品牌 P 向新产品种类延伸时所形成的新的目标市场。本模型将核心品牌 P 向新产品种类 $C_{ei}(i=1,2,3,\cdots,n)$延伸的过程看作控制系统的 n 个闭环控制过程,在每个闭环控制环节内均存在着正向传递过程 T_{ei}和反馈过程F_{ei}。它表示:品牌向新产品延伸时,一方面存在着品牌资产价值向新产品目标市场的映射和价值转换的过程;另一方面,新产品在目标市场的发展情况反过来又影响着原有的品牌属性和品牌资产价值,其反馈过程用 F_{ei}表示。当品牌向多个新产品种类延伸时,这一过程要受到多个方向的闭环反馈过程影响。

品牌在延伸过程中各要素的变化将遵循如下法则:

(1) 品牌资产价值中各要素向新产品目标市场的价值转换程度将取决于该目标市场与品牌原有产品的目标市场的"相关程度",在图 3 中用重叠区域的面积表示。"相关程度"越大,则转换程度越高。

(2) 品牌延伸后,不管是否成功,其知名度(K)及市场资源(R)都将增值。

(3) 品牌延伸若成功,则其适应度(S)有较大增加,美誉度(Q)有较小增加;反之,其适应度(S)有较大减少,美誉度(Q)也有较小减少。

(二) 品牌延伸过程的理论模型剖析

运用所建立的理论模型来对各种延伸现象做出解释,可以得出以下结论。

1. 延伸结果的成功与不成功

由本模型可知品牌资产价值向新产品目标市场的价值转换量大小将受到原有品牌资产价值的大小和新老目标市场的"相关程度"影响。资产价值微弱的品牌根本没有延伸的价值,而"相关程度"很小的目标市场也非力所能及。此外,各种外部环境因素的影响也对最终的延伸成功率有着一定程度的影响。正是由于上述因素的种种差异，才导致了众多的延伸或成功或失败的现象。当品牌的资产价值状况和新产品的目标市场都已确定时，是否采用延伸策略将在为提高延伸成功率而改善各种环境因素所需投入的资金量和采用独立品牌开拓市场所需投入的资金量大小之间进行决策。

2. 延伸结果对原有品牌的影响

由本模型可知，品牌与延伸产品之间存在着反馈效应，并且品牌资产价值各要素的变化将遵循着一定的法则。因此，成功的延伸将扩大原有品牌的知名度及市场资源状况，并且品牌的适应度空间也将加大(这一变化也有一定的负面影响，若该品牌原来已高度定位，将在一定程度上使该品牌原有产品的消费者产生心理模糊，降低其在原来目标市场的影响力)，消费者对品牌的总体美誉度也有一定程度的提高，这无疑将增加原有的品牌资产。若品牌延伸不成功，尽管其知名度和市场资源状况仍会加强，但品牌的适应度和美誉度都将有一定程度的负面影响，品牌资产价值的变化情况将取决于上述因素综合作用的结果。值得注意的是，品牌延伸往往是企业改变品牌定位状况和积累品牌资产价值的重要策略。

3. 品牌的多重延伸策略

由于品牌资产价值向新产品目标市场的价值转换程度将在很大程度上受到新老产品目标市场的“相关程度”影响，当品牌向一个“相关程度”很小或根本不相关的目标市场延伸时可以采用“连续性引入”的多重延伸策略。如在上述图中，当品牌欲向本不相关的目标市场 C_{e2} 延伸时，可先选择与 C_{e2} 及该品牌原有目标市场 C_{p1} 均有一定相关性的中间目标市场 C_{e1} 以提高延伸的成功率。当该延伸成功后，品牌的资产价值和属性有了进一步变化，C_{e2} 也变成了具有一定相关性的目标市场了，再延伸就要容易得多了。

（三）进一步的研究

将理论模型通过实证研究的方法应用于不同产品及行业，取得相应定量数据，应用 AHP 因子分析法，计算决定品牌延伸成败的因子的权重系数，建构评估模型，并进一步向神经网络模型过渡。

作者：薛　可、余明阳

原载《南开管理评论》，2003 年第 3 期

后记
Postscript

“新媒体”一词于 1967 年首次在美国被提出，此后逐渐成为人们使用量越来越多的术语。当今，新媒体主要是指在数字技术、计算机信息技术基础上产生的以互联网媒体为代表的新型媒体形式，具有良好的交互性、即时性、海量性与共享性，呈现出多媒体、个性化、社群化、跨时空、多元化等特点，它在现代信息传播中扮演着极其重要的角色，被形象地称为“第五媒体”。新媒体的出现及迅速发展已经使得当下信息传播形态形成了全媒体格局，不同阶层已实现了网上平等对话和交流，每个人都可能成为传播信息的渠道，都可以成为意见表达和利益诉求的主体。

在新媒体时代，诸如各种网站、微博、微信、论坛等媒体上拥有极其便捷而强大的信息发布、转载、评论等功能，导致了信息二次传播变得异常活跃。而从媒介生态学的角度来看，整个社会的信息格局是一个巨大的媒介生态系统，主要是由各种媒体、社会环境和受众以及三者之间的相互关系和相互作用构成，特别是作为核心要素的媒介系统的变革将对其他要素以及整个传媒结构产生深远影响。新媒体的出现和迅速发展极大地改变了媒介生态环境，打破了传统媒体的霸权传播的格局，使得信息传播无时不在、无处不有，而且由原来只有大众媒体才能发布信息的状况演化成当下每个公众均可以成为一个信息源的格局，这些变化已经给传统媒体发展带来了前所未有的挑战。此外，新媒体以其强大功能和独有特征也正改变着人类社会的发展进程。首先，传播方式的移动性、即时性和互动性使得人们出现了新的生活方式、学习方式、工作方式及娱乐方式，进而形成和出现了新的社会结构和社会状态。其次，新媒体独有的信息传播特征和机制，使得传播过程具有用户平民化、内容生成以及信息传播门槛低等特征，这对社会的文化生态起着重要的重塑作用，发展了新的知识结构以及出现了新的文化生产和传播方式，出现了后现代文化的发展趋势，使整个文化生态呈现出开放性和多元化的特征。同时,信息和数字技术的快速发展不断促使传统媒体与新媒体实现全方位的融合与共生,也导致了我国整个媒介生态环境和基本格局正在发生前所未有的改变。随着如此迅猛的传播实践的发展及传播手段的更新,特别是新媒体的广泛应用大大丰富了现有的传播形式,同时也对传统的新闻传播理论提出了新的挑战和启示,尤其对传统媒体的传播模式和产业运营模式的冲击,使得传统传播理论也必然受到了质疑和挑战。

在过去的十几年里,无论是学界还是业界,关于新媒体环境下传播生态理论主题的研究一直是人们关注的热点和重点。在这方面,我带领的团队从 2009 年开始对该领域的相关主题进行了持续地专注和研究,先后主持和参与了国家社科基金重点项目"互联网群体传播的管控方案与社会引导"、教育部社科基金一般项目"基于大数据的突发危机中非官方正能量信息的挖掘"、教育部新世纪人才优秀人才支持计划"中文网络论坛中突发事件传播模式比较分析及其应用研究"、教育部人文社科专项课题"高校网络舆论领袖的形成、作用和管理研究"、上海交通大学文科科研创新计划项目"中文网络论坛突发事件舆情分析及其应用研究"等 20 多项,出版《人际传播学》《媒体品牌》等专著 10 多部,在 *Public Relations Review*、*Communication & Society*、*Quality & Quantity*、《新闻与传播研究》《上海交通大学学报》《同济大学学报》《新闻大学》《国际新闻界》《现代传播》等中外学术专业期刊上发表 SSCI、CSSCI、EI 论文 100 余篇,在网络传播、新媒体研究等领域取得了一定的研究成果。为了进一步整合团队研究力量,发挥协同研究效应,我们于 2016 年成立了上海交通大学网络信息传播与社会发展研究中心,依托上海交通大学的多元交叉学术科研积淀,涵盖传播学、管理学、信息科学等多个学科视角,致力网络信息传播与社会发展研究,未来将在网络空间信息的分类研究、互联网群体传播研究、网络生态研究、网络空间信息行为与引导研究、公共危机传播管理、国家形象及城市形象研究、互联网品牌传播等领域,继续我们的研究探索。

本书是我们团队在新媒体传播受众、新媒体传播模型、新媒体传播效果、新媒体运营模式等方面的积极思考和探索。随着网络技术及信息技术日新月异地发展,新媒体环境下的传播生态已变得越来越复杂,这样的变化趋势必将也会一直不可遏制地向前推进。而对于几乎所有的科学,理论作为实践的指导思想及实践活动制定和落实的关键,在这样的媒体传播环境下,人们只有正确认识和掌握当前背景下传播生态的正确理论知识,才能较好地制定出当前传播生态的治理及构建策略和措施,从而提高实践的效率和效果。而要实现新媒体环境下对传统理论的更新以及对新理论的不断完善，则需要广大学者一起同心协力、持续地关注和投入到该领域全面内容的研究中，从而为新媒体环境下传播生态理论的构建和完善添砖加瓦，做出自己应有的一份贡献。

本书在编写过程中团队成员付出良多，阳长征、余来辉、李星灿、菅超颖参与了编排工作，感谢他(她)们辛苦的工作。本书的出版特别感谢北京师范大学新闻传播学院喻国明教授和上海交通大学出版社责任编辑黄强强老师的大力支持与帮助。

上海交通大学媒体与设计学院
新闻与传播系主任、教授、博士生导师
2016年12月于交大闵行校区